개념
원리
핵심포인트로 잡아내는
빅데이터 분석기사

필기 | 완성

김진화, 김명석, 박성택, 박은미, 오명률, 이성원, 정재림, 신지아 공저

光文閣
www.kwangmoonkag.co.kr

➤➤ 저자 소개 ◀◀

➤ 김진화
서강대학교 경영학과 (경영전문대학원) 교수
한국지능정보시스템학회 회장
국제미래학회 미래경영예측 위원장
데이터 사이언스 & 아트 포럼 회장
한국빅데이터학회 부회장
대한산업경영학회 부회장

➤ 김명석
서강대학교 경영대학 교수
서강대학교 인공지능 빅데이터 이노베이션 MBA 과정 주임교수
Marquis 세계 인명사전 등재
미국 JP Morgan Chase 은행 시계열 모델링 애널리스트

➤ 박성택
(재)천안과학산업진흥원 전략기획본부장
선문대학교 SW융합학부 교수
성균관대학교 경영학과 초빙교수
충북대학교 경영정보학과 연구교수
(사)한국디지털정책학회 감사

➤ 박은미
(사)한국소프트웨어기술인협회 책임연구원
경북대학교 경영학박사
경영빅데이터분석사 출제 및 감수위원(한국경제신문)
공공빅데이터분석사 출제 및 감수위원(한국소프트웨어기술인협회)

➤ 오명륜
충북대 창의융합교육본부 교수
한국소프트웨어기술인협회 교수

➤ 이성원
(재)천안과학산업진흥원 선임연구원
서울시립대학교 박사 수료
경영빅데이터분석사 출제 및 감수위원(한국경제신문)
마케팅빅데이터관리사 출제 및 감수위원(한국생산성본부)

➤ 정재림
남서울대학교 교수
충북대학교 경영정보학과 박사수료
(사)한국디지털정책학회 상임이사

➤ 신지아
서강대학교 대우교수
서강대학교 경영학박사

기술의 발전은 많은 것을 변화시켰고, 그중에서 우리는 4차 산업혁명 시대에 살고 있다. 4차 산업혁명 시대에는 인공지능(AI), 빅데이터(Bigdata), 클라우드(Cloud), IoT(사물인터넷), Network, 모바일 등이 중요한 핵심으로 자리 잡고 있다.

4차 산업혁명의 핵심 기반은 데이터이며, 이러한 데이터들을 수집하고, 정제 및 분석을 하여 실무와 비즈니스에 활용을 하는 기업과 기관들이 늘어나기 시작하면서, 빅데이터 분석과 활용에 대한 관심이 높아지고 있는 실정이다.

이러한 상황에 발맞춰 대용량 데이터에서 유의미한 정보를 찾고, 분석하여 결과를 예측하는 역량을 가진 빅데이터 분석 전문 인력의 필요성은 더욱 증가하고 있다.

빅데이터 분석기사는 데이터 전문 인력의 높은 수요를 기반으로 전문 인력의 빅데이터 수집·저장·처리·분석·시각화와 관련된 실무적인 능력을 체계적으로 검증하기 위한 국가기술자격이다.

전 세계적으로 빅데이터가 미래 성장 동력으로 인식돼, 각국 정부에서는 관련 기업 투자를 끌어내는 등 국가·기업의 주요 전략 분야로 부상하고 있다. 국가와 기업의 경쟁력 확보를 위해 빅데이터 분석 전문가의 수요는 증가하고 있으나, 수요 대비 공급 부족으로 인력 확보에 어려움이 높은 실정이다. 이에 정부 차원에서 빅데이터 분석 전문가 양성과 함께 체계적으로 역량을 검증할 수 있는 국가기술자격 수요가 높은 편이다.

본 교재는 빅데이터 분석기사 시험을 대비하기 위해 7명의 공동 집필진이 빅데이터 분석기사 이론 출제 과목(빅데이터 분석 기획, 빅데이터 탐색, 빅데이터 모델링, 빅데이터 결과 해석) 기준에 맞게 수많은 빅데이터 관련 도서, 기출문제 분석과 관련 지식을 기반으로 집필하였다.

교재의 객관성 및 정확성을 높이기 위해서 한 명의 전문가가 아닌 출제 과목에 해당하는 분야 전문가들을 중심으로 집필하였고, 관련 분야 전문가 그룹을 대상으로 본 교재에 대한 검수를 추가적으로 진행하였다.

　　또한, 수험자들이 쉽고 효율적으로 공부할 수 있도록 출제기준에 맞춰 단원을 구성하고, 체계적인 이론 내용과 함께 실무적인 부분도 함께 작성하였다.

　　수험자들이 이 교재를 통해서 '빅데이터 분석기사' 자격을 취득하여 디지털 트랜스포메이션 시대의 핵심 인력으로서 각 분야에서 활약할 수 있기를 기원한다.

2022년 2월 저자 일동

자격 소개

❯ 빅데이터 분석기사 정의

빅데이터 이해를 기반으로 빅데이터 분석 기획, 빅데이터 수집·저장·처리, 빅데이터 분석 및 시각화를 수행하는 실무자를 말한다.

❯ 빅데이터 분석기사의 필요성

전 세계적으로 빅데이터가 미래 성장 동력으로 인식돼, 각국 정부에서는 관련 기업 투자를 끌어내는 등 국가·기업의 주요 전략 분야로 부상하고 있다.

국가와 기업의 경쟁력 확보를 위해 빅데이터 분석 전문가의 수요는 증가하고 있으나, 수요 대비 공급 부족으로 인력 확보에 어려움이 높은 실정이다.

이에 정부 차원에서 빅데이터 분석 전문가 양성과 함께 체계적으로 역량을 검증할 수 있는 국가기술자격 수요가 높은 편이다.

❯ 빅데이터 분석기사의 직무

대용량의 데이터 집합으로부터 유용한 정보를 찾고 결과를 예측하기 위해 목적에 따라 분석 기술과 방법론을 기반으로 정형/비정형 대용량 데이터를 구축, 탐색, 분석하고 시각화를 수행하는 업무를 수행한다.

시험 일정

구분		접수기간	수험표 발급	시험일	결과 발표
제4회	필기	3.7 ~ 3.14	3.25	4.9(토)	4.29
	실기	5.23 ~ 5.27	6.10	6.25(토)	7.15
제5회	필기	8.29 ~ 9.2	9.16	10.1(토)	10.21
	실기	11.7 ~ 11.11	11.18	12.3(토)	12.23

※ 자격 검정 일정은 변경될 수 있으니 반드시 한국데이터산업진흥원(https://www.dataq.or.kr) 홈페이지를 확인하시기 바랍니다.

응시 자격

❯ 다음 중 하나에 해당하는 사람

1. 대학 졸업자 등 또는 졸업 예정자 (전공 무관)
2. 3년제 전문대학 졸업자 등으로서 졸업 후 1년 이상 직장 경력이 있는 사람 (전공, 직무분야 무관)
3. 2년제 전문대학 졸업자 등으로서 졸업 후 2년 이상 직장 경력이 있는 사람 (전공, 직무분야 무관)
4. 기사 등급 이상의 자격을 취득한 사람 (종목 무관)
5. 기사 수준 기술훈련과정 이수자 또는 그 이수 예정자 (종목 무관)
6. 산업기사 등급 이상의 자격을 취득한 후 1년 이상 직장 경력이 있는 사람 (종목, 직무분야 무관)
7. 산업기사 수준 기술훈련과정 이수자로서 이수 후 2년 이상 직장 경력이 있는 사람 (종목, 직무분야 무관)
8. 기능사 등급 이상의 자격을 취득한 후 3년 이상 직장 경력이 있는 사람 (종목, 직무분야 무관)
9. 4년 이상 직장 경력이 있는 사람 (직무분야 무관)

※ 졸업증명서 및 경력증명서 제출 필요

검정 방법 및 합격기준

❯ 필기

검정 방법	문제 수	시험 시간	합격기준
객관식	80문제 (과목당 20문제)	120분	과목당 100점을 만점으로 1. 전 과목 40점 이상 2. 전 과목 평균 60점 이상

❯ 실기

검정 방법	시험 시간	합격기준
통합형(필답형, 작업형)	180분	100점을 만점으로 60점 이상

출제기준(필기)

필기과목명	주요 항목	세부 항목	세세 항목
빅데이터 분석 기획	빅데이터의 이해	빅데이터 개요 및 활용	• 빅데이터의 특징 • 빅데이터의 가치 • 데이터 산업의 이해 • 빅데이터 조직 및 인력
		빅데이터 기술 및 제도	• 빅데이터 플랫폼 • 빅데이터와 인공지능 • 개인정보 법·제도 • 개인정보 활용
	데이터 분석 계획	분석 방안 수립	• 분석 로드맵 설정 • 분석 문제 정의 • 데이터 분석 방안
		분석 작업 계획	• 데이터 확보 계획 • 분석 절차 및 작업 계획
	데이터 수집 및 저장 계획	데이터 수집 및 전환	• 데이터 수집 • 데이터 유형 및 속성 파악 • 데이터 변환 • 데이터 비식별화 • 데이터 품질 검증
		데이터 적재 및 저장	• 데이터 적재 • 데이터 저장
빅데이터 탐색	데이터 전처리	데이터 정제	• 데이터 정제 • 데이터 결측값 처리 • 데이터 이상값 처리
		분석 변수 처리	• 변수 선택 • 차원축소 • 파생변수 생성 • 변수 변환 • 불균형 데이터 처리
	데이터 탐색	데이터 탐색 기초	• 데이터 탐색 개요 • 상관관계 분석 • 기초통계량 추출 및 이해 • 시각적 데이터 탐색
		고급 데이터 탐색	• 시공간 데이터 탐색 • 다변량 데이터 탐색 • 비정형 데이터 탐색
	통계기법 이해	기술통계	• 데이터 요약 • 표본 추출 • 확률분포 • 표본분포
		추론통계	• 점추정 • 구간추정 • 가설검정

		분석 절차 수립	• 분석 모형 선정 • 분석 모형 정의 • 분석 모형 구축 절차
	분석 모형 설계	분석 환경 구축	• 분석 도구 선정 • 데이터 분할
빅데이터 모델링	분석 기법 적용	분석 기법	• 회귀분석 • 로지스틱 회귀분석 • 의사결정나무 • 인공신경망 • 서포트벡터머신 • 연관성 분석 • 군집분석
		고급 분석 기법	• 범주형 자료 분석 • 다변량 분석 • 시계열 분석 • 베이지안 기법 • 딥러닝 분석 • 비정형 데이터 분석 • 앙상블 분석 • 비모수 통계
빅데이터 결과 해석	분석 모형 평가 및 개선	분석 모형 평가	• 평가 지표 • 분석모형 진단 • 교차 검증 • 모수 유의성 검정 • 적합도 검정
		분석 모형 개선	• 과대적합 방지 • 매개변수 최적화 • 분석모형 융합 • 최종모형 선정
	분석 결과 해석 및 활용	분석 결과 해석	• 분석모형 해석 • 비즈니스 기여도 평가
		분석 결과 시각화	• 시공간 시각화 • 관계 시각화 • 비교 시각화 • 인포그래픽
		분석 결과 활용	• 분석모형 전개 • 분석결과 활용 시나리오 개발 • 분석모형 모니터링 • 분석모형 리모델링

출제기준(실기)

실기과목명	주요 항목	세부 항목	세세 항목
빅데이터 분석 실무	데이터 수집 작업	데이터 수집하기	정형, 반정형, 비정형 등 다양한 형태의 데이터를 읽을 수 있다. 필요시 공개 데이터를 수집할 수 있다.
	데이터 전처리 작업	데이터 정제하기	정제가 필요한 결측값, 이상값 등이 무엇인지 파악할 수 있다. 결측값과 이상값에 대한 처리 기준을 정하고 제거 또는 임의의 값으로 대체할 수 있다.
		데이터 변환하기	데이터의 유형을 원하는 형태로 변환할 수 있다. 데이터의 범위를 표준화 또는 정규화를 통해 일치시킬 수 있다. 기존 변수를 이용하여 의미 있는 새로운 변수를 생성하거나 변수를 선택할 수 있다.
	데이터 모형 구축 작업	분석 모형 선택하기	다양한 분석 모형을 이해할 수 있다. 주어진 데이터와 분석 목적에 맞는 분석 모형을 선택할 수 있다. 선정 모형에 필요한 가정 등을 이해할 수 있다.
		분석 모형 구축하기	모형 구축에 부합하는 변수를 지정할 수 있다. 모형 구축에 적합한 형태로 데이터를 조작할 수 있다. 모형 구축에 적절한 매개변수를 지정할 수 있다.
	데이터 모형 평가 작업	구축된 모형 평가하기	최종 모형을 선정하기 위해 필요한 모형 평가지표들을 잘 사용할 수 있다. 선택한 평가지표를 이용하여 구축된 여러 모형을 비교하고 선택할 수 있다. 성능 향상을 위해 구축된 여러 모형을 적절하게 결합할 수 있다.
		분석 결과 활용하기	최종 모형 또는 분석 결과를 해석할 수 있다. 최종 모형 또는 분석 결과를 저장할 수 있다.

▶ 학습 방향 ◀

본격적인 학습에 들어가기 전 과목별 학습 방향을 제시하여 효과적인 학습 계획을 세울 수 있습니다.

▶ 핵심 내용 ◀

과목별 핵심 내용을 제시하여 해당 과목에서 반드시 알아야 할 핵심 포인트를 파악하고 학습을 시작할 수 있도록 하였습니다.

▶ 핵심 콕콕 ◀

핵심 내용에서 언급한 개념을 이해하는 것이 중요합니다. 학습자가 반드시 알고 있어야 하는 내용으로 확실히 이해할 수 있도록 제시하였습니다.

▶ 중요도 구분 ◀

학습의 중요도를 별점 기준으로 제시합니다. 특히 중요도가 높은 학습 내용은 반드시 시험 전에 최종 마무리 학습을 하시길 추천합니다.

CHAPTER

01 빅데이터의 이해

[학습 방향]

빅데이터 분석
기술 및 제도

빅데이터 분석 기획은 문제를 해결하기 위한 준비 작업이다. 빅데이터의 이해 부분은 빅데이터의 역사, 개념, 특징, 가치 등 전반에 관한 사항과 기술 및 제도에 대한 맥락을 파악하는 정도로만 이해하면 될 것이다.

[핵심 내용]

- 분석의 대상이 되는 데이터의 정의와 그 데이터를 활용하여 창출할 수 있는 가치에 대해 알아본다.
- 데이터에 대한 이해와 데이터 산업의 가치를 이해하고 빅데이터의 기술과 제반 환경에 대한 이해를 통해 데이터 분석의 기반을 마련할 수 있다.

1. 빅데이터의 개요 및 활용

1) 빅데이터의 등장 배경

- 인터넷이 일상화된 최근 10년 사이 인류는 디지털 데이터가 폭증하는 데이터 홍수(Data Deluge) 현상에 직면
- 2007년부터 전 세계적으로 생성된 디지털 정보량이 사용 가능한 저장 공간을 초과하기 시작하였으며 정보량이 기하급수적으로 증가하여 2025년에는 관리해야 할 정보량이 현재보다 50배 이상 급증하고 10배 이상 많은 서버가 필요
- 기술 발전에 따른 데이터 저장 및 처리 비용의 하락, 소셜 네트워크 서비스의 확대 등으로 막대한 데이터 폭발이 진행 중이며 앞으로 도로, 건축물 등에 내장된 (bedded System)에서 막대한 데이터가 생성될 것으로 보임

핵심 콕콕

빅데이터(Big Data) 대
디지털 정보량의 증가 부각
규모 데이터가 중요 는 용
하며 '빅데이터'

이터의 활용★★
이터의 범주

- 계로는 감당할 수 없는 거대한 데이터의 집합을 지칭
- 리 및 분석 천문·항공·우주 정보·인간 게놈 정보 등 특수 분야에 한정
- 현재는 정보통신기술의 발달에 따라 전 분야로 확산

과목 예상문제

[데이터 수집 원]

01. 데이터 유형을 위치별로 구분해 볼 때, 그 특성이 다른 것은?

② SCM 데이터

① ERP 데이터
④ SNS 웹크롤링 데이터

해설
내부 데이터: 조직 내부에 관리되고 있는 데이터로 데이터 웨어하우스, SCM(공급관계관리), CRM(고객관계관리), ERP(전사적자원관리)

04. 구성 형태별 데이터 유형으로 볼 때 그 성격이 서로 다른 것끼리 묶여 있는 것은?

① RDB, 스프레드시트, CSV
② 웹로그, 문서
④ 소셜데이터, 비디오,

해설
정형 데이터: 스프레드시트, CSV
반정형 데이터: XML, JSON, 웹로그, 웹문서, 센서 데이터
비정형 데이터: 문서, 이미지, 오디오

정답
⑥ ⑤ ⑦ ④ ⑨ ③ ⑧ ② ⑩ ⑦ .1

상문제 15□

▶ 과목 예상문제 ◀

- 과목(CHAPTER)별 주요 내용을 확실히 학습할 수 있도록 각 과목별로 출제 가능성이 높은 예상문제를 출제하여 어떤 유형의 문제에도 대비가 가능하도록 하였습니다.
- 문제 아래 해설을 배치해 학습한 내용을 바탕으로 빠르게 정답을 생각할 수 있도록 하였습니다.
- 과목 예상문제의 하단에 바로 정답을 찾을 수 있지만, 문제를 읽는 과정에서 정답을 바로 인지하지 않도록 뒤집어서 배치했습니다.

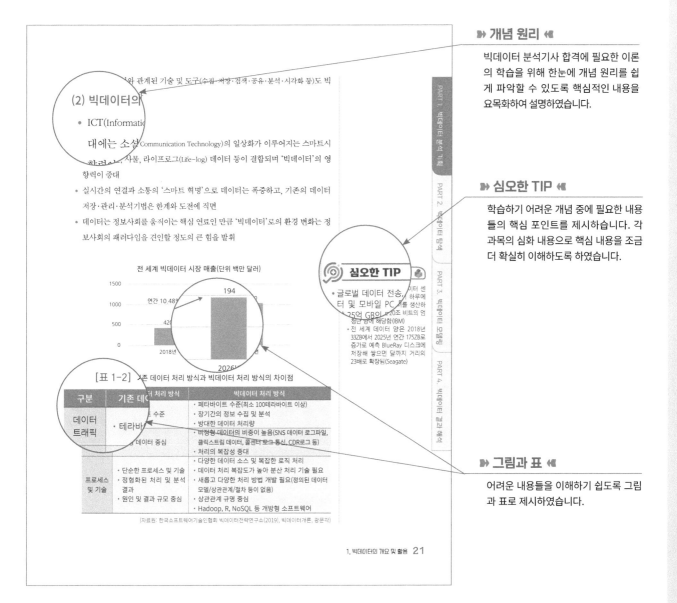

···와 관계된 기술 및 도구(수집·저장·검색·공유·분석·시각화 등)도 빅

(2) 빅데이터의 ···

- ICT(Informati···

  대에는 소셜(Communication Technology)의 일상화가 이루어지는 스마트시
  ···려···, 사물, 라이프로그(Life-log) 데이터 등이 결합되며 '빅데이터'의 영
  향력이 증대

- 실시간의 연결과 소통의 '스마트 혁명'으로 데이터는 폭증하고, 기존의 데이터
  저장·관리·분석기법은 한계와 도전에 직면

- 데이터는 정보사회를 움직이는 핵심 연료인 만큼 '빅데이터'로의 환경 변화는 정
  보사회의 패러다임을 견인할 정도의 큰 힘을 발휘

전 세계 빅데이터 시장 매출(단위 백만 달러)

개념 원리

빅데이터 분석기사 합격에 필요한 이론의 학습을 위해 한눈에 개념 원리를 쉽게 파악할 수 있도록 핵심적인 내용을 요목화하여 설명하였습니다.

심오한 TIP

학습하기 어려운 개념 중에 필요한 내용들의 핵심 포인트를 제시합니다. 각 과목의 심화 내용으로 핵심 내용을 조금 더 확실히 이해하도록 하였습니다.

🔍 **심오한 TIP**

- 글로벌 데이터 전송··· ···이터 센··· 하루에
  터 및 모바일 PC ···를 생산하···
  ···25억 GB이나 20조 비트의 엄
  청난 양에 해당함(IBM)
- 전 세계 데이터 양은 2018년
  33ZB에서 2025년 연간 175ZB로
  증가로 예측 BlueRay 디스크에
  저장해 쌓으면 달까지 거리의
  23배로 확장됨(Seagate)

[표 1-2] 기존 데이터 처리 방식과 빅데이터 처리 방식의 차이점

구분	기존 데··· 처리 방식	빅데이터 처리 방식
데이터 트래픽	· 테라바··· ···트 수준 ··· 데이터 중심	· 페타바이트 수준(최소 100테라바이트 이상) · 장기간의 정보 수집 및 분석 · 방대한 데이터 처리량 · 비정형 데이터의 비중이 높음(SNS 데이터 로그파일, 클릭스트림 데이터, 콜센터 로그 통신, CDR로그 등) · 처리의 복잡성 증대
프로세스 및 기술	· 단순한 프로세스 및 기술 · 정형화된 처리 및 분석 결과 · 원인 및 결과 규모 중심	· 다양한 데이터 소스 및 복잡한 로직 처리 · 데이터 처리 복잡도가 높아 분산 처리 기술 필요 · 새롭고 다양한 처리 방법 개발 필요(정의된 데이터 모델/상관관계/절차 등이 없음) · 상관관계 규명 중심 · Hadoop, R, NoSQL 등 개방형 소프트웨어

(자료원: 한국소프트웨어기술인협회 빅데이터전략연구소(2019), 빅데이터개론, 광문각)

그림과 표

어려운 내용들을 이해하기 쉽도록 그림과 표로 제시하였습니다.

실전 모의고사

- 필기시험 실전에 대비할 수 있도록 집필진이 출제 경향을 완벽히 분석하여 엄선한 문제들로 구성하여 실전에 대비한 평가를 할 수 있도록 하였습니다.
- 실전에 대비하기 위한 문제 풀이를 위해 정답과 해설을 별도의 페이지로 분리하여 모든 문제 풀이 후 점수를 평가하고 부족한 과목의 학습을 스스로 보충하여 시험 합격을 위한 충실한 가이드를 제공합니다.

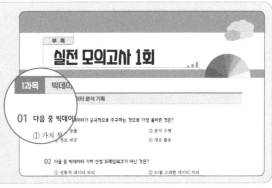

부록

실전 모의고사 1회

1과목 빅데··· ···이터 분석 기획

01 다음 중 빅데이터···이터가 궁극적으로 추구하는 것으로 가장 올바른 것은?
① 가치 창··· ···값 창출 ② 분석 수행
···③ ···정보 제공 ④ 정보 활용

02 다음 중 빅데이터 가치 선정 프레임워크가 아닌 것은?
① 전통적 데이터 처리 ② 3V를 고려한 데이터 처리

차례

PART 1
빅데이터 분석 기획

PART 2
빅데이터 탐색

PART 3
빅데이터 모델링

PART 4
빅데이터 결과 해석

부록

빅데이터
분석기사
동영상 강의

LAB edubig

(핵심 포인트로 잡아내는) 빅데이터 분석기사 필기

PART 01

빅데이터 분석 기획

CHAPTER
01 빅데이터의 이해

[학습 방향]

빅데이터 분석 기획은 문제를 해결하기 위한 준비 작업이다. 빅데이터의 이해 부분은 빅데이터의 역사, 개념, 특징, 기치 등 전반에 관한 사항과 기술 및 제도에 대한 맥락을 파악하는 정도로만 이해하면 될 것이다.

[핵심 내용]

• 분석의 대상이 되는 데이터의 정의와 그 데이터를 활용하여 창출할 수 있는 가치에 대해 알아본다.
• 데이터에 대한 이해와 데이터 산업의 가치를 이해하고 빅데이터의 기술과 제반 환경에 대한 이해를 통해 데이터 분석의 기반을 마련할 수 있다.

1. 빅데이터의 개요 및 활용

 핵심 콕콕

빅데이터(Big Data)
디지털 정보량의 증가에 따라 대규모 데이터가 중대 이슈로 부각하며 '빅데이터(Big Data)'라는 용어가 등장

1) 빅데이터의 등장 배경

• 인터넷이 일상화된 최근 10년 사이 인류는 디지털 데이터가 폭증하는 데이터 홍수(Data Deluge) 현상에 직면

• 2007년부터 전 세계적으로 생성된 디지털 정보량이 사용 가능한 저장 공간을 초과하기 시작하였으며 정보량이 기하급수적으로 증가하여 2025년에는 관리해야 할 정보량이 현재보다 50배 이상 급증하고 10배 이상 많은 서버가 필요

• 기술 발전에 따른 데이터 저장 및 처리 비용의 하락, 소셜 네트워크 서비스의 확대 등으로 막대한 데이터 폭발이 진행 중이며 앞으로 도로, 건축물 등에 내장된 임베디드 시스템(Embedded System)에서 막대한 데이터가 생성될 것으로 보임.

2) 빅데이터의 활용★★

(1) 빅데이터의 범주

• 기존의 관리 및 분석 체계로는 감당할 수 없는 거대한 데이터의 집합을 지칭
• 과거 빅데이터는 천문·항공·우주 정보·인간 게놈 정보 등 특수 분야에 한정
• 현재는 정보통신 기술의 발달에 따라 전 분야로 확산

- 대규모 데이터와 관계된 기술 및 도구(수집·저장·검색·공유·분석·시각화 등)도 빅데이터 범주에 포함

(2) 빅데이터의 성장

- ICT(Information & Communication Technology)의 일상화가 이루어지는 스마트시대에는 소셜, 사물, 라이프로그(Life-log) 데이터 등이 결합되며 '빅데이터'의 영향력이 증대
- 실시간의 연결과 소통의 '스마트 혁명'으로 데이터는 폭증하고, 기존의 데이터 저장·관리·분석기법은 한계와 도전에 직면
- 데이터는 정보사회를 움직이는 핵심 연료인 만큼 '빅데이터'로의 환경 변화는 정보사회의 패러다임을 견인할 정도의 큰 힘을 발휘

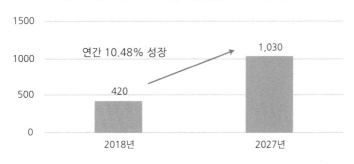

전 세계 빅데이터 시장 매출(단위 백만 달러)

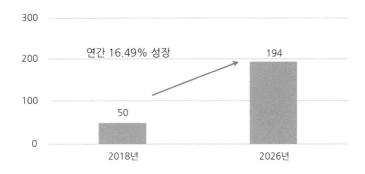

전 세계 빅데이터 애플리케이션 및 분석 시장 매출(단위 백만 달러)

(◉) 심오한 TIP

- 글로벌 데이터 전송, 데이터 센터 및 모바일 PC 등이 하루에 약 25억 GB의 데이터를 생산하며, 이는 하루에 20조 비트의 엄청난 양에 해당함(IBM)
- 전 세계 데이터 양은 2018년 33ZB에서 2025년 연간 175ZB로 증가로 예측 BlueRay 디스크에 저장해 쌓으면 달까지 거리의 23배로 확장됨(Seagate)

- IDC(International Data Corporation)에 따르면, 향후 빅데이터 시장과 빅데이터에 대한 수요는 급증할 것이라고 예측

데이터베이스

여러 사람이 공유하여 사용할 목적으로 체계화해 통합, 관리하는 데이터의 집합

3) 빅데이터의 개념

- 빅데이터란 기존 데이터베이스 관리 도구의 데이터 수집·저장·관리·분석의 역량을 넘어서는 대량의 정형 또는 비정형 데이터 세트 및 이러한 데이터로부터 가치를 추출하고 결과를 분석하는 기술을 의미

(1) 정의★★★

위키디피아	기존 데이터베이스 관리 도구의 데이터 수집·저장·관리·분석의 역량을 넘어서는 대량의 정형 또는 비정형 데이터 세트 및 이러한 데이터로부터 가치를 추출하고 결과를 분석하는 기술
국가전략위원회	대용량 데이터를 활용·분석하여 가치 있는 정보를 추출하고 생성된 지식을 바탕으로 능동적으로 대응하거나 변화를 예측하기 위한 정보화 기술
삼성경제연구소	빅데이터란 기존의 관리 및 분석 체계로는 감당할 수 없을 정도의 거대한 데이터의 집합으로, 대규모 데이터와 관계된 기술 및 도구(수집·저장·검색·공유·분석·시각화 등)를 모두 포함하는 개념
종합	빅데이터란 엄청나게 많은 데이터로 양적인 의미를 벗어나 데이터 분석과 활용을 포괄하는 개념으로, 빅데이터의 정의는 데이터 규모와 기술 측면에서 출발했으나 빅데이터의 가치와 활용 효과 측면으로 의미가 확대되는 추세

(2) 이슈화 요인

- 빅데이터는 고객정보와 같은 정형화된 자산정보(내부)뿐만 아니라 외부 데이터 및 비정형, 소셜, 실시간 데이터 등이 복합적으로 구성
- 빅데이터의 이슈화의 3가지 요인

요인	설명
스마트 기기	모바일 스마트 기기에 탑재된 센서, 원격감지 기술, 소프트웨어, 카메라, RFID 리더 등을 통해서 비정형화된 데이터를 수집 가능
클라우드 서비스	클라우드 서비스를 통해서 개인과 조직의 데이터가 한 곳으로 축적되고, 저장된 데이터를 분석하여 활용하고자 하는 요구 증가
소셜 미디어	**소셜미디어 활용이 일상화되면서 정보 유통 구조가 새롭게 재편** 소셜미디어의 특성상 쌍방향 커뮤니케이션이 활발하게 이루어지면서 상호작용 데이터의 증가를 가져왔으며, 이러한 상호작용 데이터를 비즈니스 측면에 활용하려는 관심이 높아짐

4) 빅데이터 특징★★

- 빅데이터의 특징은 규모(Volume), 다양성(Variety), 속도(Velocity)의 3V임

- 최근 빅데이터는 5V로 대표되는 규모(Volume), 다양성(Variety), 속도(Velocity), 신뢰성(Veracity), 가치(Value) 등 5가지 구성 요소를 갖추어야 함.
- 최근에는 정확성(Validity), 변동(휘발)성(Volatility)이 추가되어 7V로도 부르고 있음.

 심오한 TIP

정확성(Validity)
데이터 정확성을 의미, Veracity와 Validity는 비슷한 개념

변동성(Volatility)
데이터가 언제까지 오래 저장 및 사용될 수 있는지에 대한 것을 의미

[표 1-1] 빅데이터의 5가지 구성 요소

구분	주요내용
규모 (Volume)	• 기술적인 발전과 ICT의 일상화가 진행되면서 해마다 디지털 정보량이 기하급수적으로 폭증 → 제타바이트(ZB) 시대로 진입
다양성 (Variety)	• 로그 기록, 소셜, 위치, 소비, 현실 데이터 등 데이터 종류의 증가 • 텍스트 이외의 멀티미디어 등 비정형화된 데이터 유형의 다양화
속도 (Velocity)	• 사물 정보(센서, 모니터링), 스트리밍 정보 등 실시간성 정보 증가 • 실시간성으로 인한 데이터 생성, 이동(유통) 속도의 증가 • 대규모 데이터 처리 및 가치 있는 현재 정보(실시간) 활용을 위해 데이터를 처리 및 분석 속도가 중요
신뢰성 (Veracity)	• 빅데이터의 특성상 방대한 데이터들을 기반으로 분석을 수행 • 데이터 분석에서 질이 높은 데이터를 활용하는 것이 분석의 정확도에 영향을 줌
가치 (Value)	• 빅데이터가 추구하는 것은 가치 창출 • 빅데이터 분석을 통해 도출된 최종 결과물은 기업이 현재 당면하고 있는 문제를 해결하는데 통찰력 있는 유용한 정보를 제공

- 기존의 데이터 관리 시스템(DBMS)에 의한 데이터 처리 방식과 빅데이터의 처리 방식은 차이가 있음.

 심오한 TIP

데이터베이스 관리 시스템
다수의 사용자들이 데이터베이스 내의 데이터를 접근할 수 있도록 해주는 소프트웨어 도구의 집합

[표 1-2] 기존 데이터 처리 방식과 빅데이터 처리 방식의 차이점

구분	기존 데이터 처리 방식	빅데이터 처리 방식
데이터 트래픽	• 테라바이트 수준	• 페타바이트 수준(최소 100테라바이트 이상) • 장기간의 정보 수집 및 분석 • 방대한 데이터 처리량
데이터 유형	• 정형 데이터 중심	• 비정형 데이터의 비중이 높음(SNS 데이터 로그 파일, 클릭스트림 데이터, 콜센터 로그 통신, CDR 로그 등) • 처리의 복잡성 증대
프로세스 및 기술	• 단순한 프로세스 및 기술 • 정형화된 처리 및 분석 결과 • 원인 및 결과 규모 중심	• 다양한 데이터 소스 및 복잡한 로직 처리 • 데이터 처리 복잡도가 높아 분산 처리 기술 필요 • 새롭고 다양한 처리 방법 개발 필요(정의된 데이터 모델/상관관계/절차 등이 없음) • 상관관계 규명 중심 • Hadoop, R, NoSQL 등 개방형 소프트웨어

(자료원: 한국소프트웨어기술인협회 빅데이터전략연구소(2019), 빅데이터 개론, 광문각)

PART 1. 빅데이터 분석 기획
PART 2. 빅데이터 탐색
PART 3. 빅데이터 모델링
PART 4. 빅데이터 결과 해석

5) 빅데이터 가치★★

- 점차 처리할 데이터양이 방대해지고 날로 비정형 데이터의 비중이 커지면서 데이터 처리에 관한 복잡도가 높아지고 있음.
- 데이터가 엄청난 규모로 축적되면서 이를 저장·처리 및 관리하기 위한 비용이 급증
- 빅데이터를 통해 얻을 수 있는 경제적 효과인 투입 가치는 다음과 같음.

[표 1-3] 빅데이터의 투입가치

기관	내용
Economist(2010)	• 데이터는 자본이나 노동력과 거의 동등한 레벨의 경제적 투입 자본으로 비즈니스의 새로운 원자재 역할 수행
MIT Sloan(2010)	• 데이터 분석을 잘 활용하는 조직일수록 차별적 경쟁력을 갖추고 높은 성과를 창출
Gartner(2011)	• 데이터는 21세기의 원유이며 미래 경쟁 우위를 결정 • 기업은 다가올 '데이터 경제 시대'를 이해하고 정보 고립을 경계해야 생존
McKinsey(2011)	• 빅데이터는 혁신, 경쟁력, 생산성의 핵심 요소

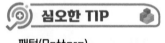

심오한 TIP

패턴(Pattern)
데이터의 규칙적인 특징(Feature)의 집합

- 기업에서 빅데이터를 활용할 때 발생할 수 있는 가치(Value)는 비용의 절감, 의사결정의 고도화, 고객 성향의 신속한 파악, 미래 예측 정확도 제고, 의미 있는 패턴의 발견 등에서 발견
- 최근에는 빅데이터 활용으로부터 얻어지는 경제적 가치를 추출할 수 있도록 디자인된 차세대 기술과 아키텍처로 빅데이터의 의미가 확장
- 맥킨지에 따르면, 미국 정부가 빅데이터 활용을 통해 보건 분야에서만 연간 3,300억 달러 상당의 가치를 창출하고 있다고 추정
- 팔러시 익스체인지 보고서에 따르면, 영국이 공공 부문에서의 빅데이터 활용을 통해 연간 160억 파운드에서 최대 330억 파운드를 절감할 것으로 추정

6) 빅데이터 사회·경제적 가치

- 빅데이터는 정치, 사회, 경제, 문화, 과학기술 등 전 영역에 걸쳐서 사회와 인류에게 가치 있는 정보를 제공할 수 있는 가능성을 제시

- 빅데이터 기술의 발전은 다변화된 현대 사회를 정확하게 예측하여 효율적 작동에 기여
- 개인화된 현대 사회 구성원마다 맞춤형 정보를 제공·관리·분석 등을 제공하며 과거에는 불가능했던 기술을 실현 가능
- 빅데이터의 도입과 활용은 산업 경쟁력 제고, 생산성 향상, 혁신을 위한 새로운 가치를 창출할 것으로 전망
- 맥킨지는 빅데이터의 사회·경제적 가치를 다섯 가지로 제시하고 있음.
- 산업의 투명성 증대, 소비자 니즈 발견·트렌드 예측·성과 향상을 위한 실험, 소비자 맞춤형 비즈니스를 위한 고객 세분화, 자동 알고리즘을 통한 의사결정 지원과 대행, 비즈니스 모델·상품·서비스 혁신

[표 1-4] 빅데이터의 사회·경제적 가치

구분	내용
산업의 투명성 증대	• 빅데이터를 시기적절하게 관련 부문에 제공하도록 하는 것만으로 검색과 처리 시간의 절감이 가능
소비자 니즈 발견 트렌드 예측 성과 향상을 위한 실험	• 기업들이 더 많은 거래 데이터를 디지털 형태로 축적하게 되면서 보다 정확하고 상세한 성과 데이터 수집이 가능 • 자연적으로 일어나거나 통제된 실험에 의해 일어나는 성과의 변동성 분석 및 근본적 원인과 결과 분석에 데이터를 이용 가능
소비자 맞춤형 비즈니스를 위한 고객 세분화	• 기업들이 매우 구체적인 고객 분류를 통해 고객의 니즈에 맞춘 맞춤형 서비스 제공 기능
자동 알고리즘을 통한 의사결정 지원과 대행	• 정교한 분석에 의해 의사결정 향상, 위험 최소화, 가치 있는 인사이트 발굴이 가능
비즈니스 모델, 상품, 서비스 혁신	• 기업들이 새로운 상품/서비스 개발, 기존 상품/서비스 향상, 새로운 비즈니스 모델 설계 가능

7) 빅데이터 사회·경제적 의미★★

- 빅데이터의 사회·경제적 의미 3가지: 천연자원, 새로운 재난, 산업적 도구
- 천연자원 의미는 데이터에 내포된 가치와 가능성에 대해 주목하고 사회적으로 현안과 위험을 해결할 수 있는 잠재력에 기대가 되며 이를 새로운 경제적 가치의 원천으로 활용이 가능

- 새로운 재난 의미는 정보의 범람으로 기회를 파악하기가 모호해지고 규정 준수가 어렵고 늘어나는 데이터로, 현 상태를 유지하는데 ICT 예산이 사용되어 혁신을 위한 새로운 동력에 투자가 어려워질 수 있으며, 데이터 처리의 잦은 응답 속도가 기업의 생산성 저하로 이어질 우려가 있음.

- 산업적 도구 의미는 데이터 효율적 관리와 분석을 통해 기업의 경쟁 우위 확보가 가능하고 데이터를 신속하게 처리해 실시간 의사결정 지원이 가능하며, 데이터 분석 역량이 기업 경쟁력을 좌우

[표 1-5] 빅데이터의 사회·경제적 의미

구분	주요내용
천연자원	• 데이터에 내포된 가치와 가능성에 대해 주목 • 사회적으로 현안과 위험을 해결할 수 있는 잠재력에 기대 • 새로운 경제적 가치의 원천으로 활용 • 새로운 원유, 데이터 골드러시, 데이터 금맥 찾기(data mining)
새로운 재난	• 정보의 범람으로 기회를 파악하기가 모호해지고 규정 준수가 어려움 • 늘어나는 데이터로 인해 현 상태를 유지하는데 ICT 예산이 사용되어 혁신을 위한 새로운 동력에 투자가 어려워짐 • 데이터 처리의 낮은 응답 속도가 기업의 생산성 저하로까지 이어질 우려가 있음 • 데이터 토네이도(data tornado), 데이터 홍수(data deluge)
산업적 도구	• 데이터 효율적인 관리와 분석을 통해 기업의 경쟁 우위 확보 • 데이터를 신속하게 처리해 실시간 의사결정에 지원 • 데이터 분석 역량이 기업 경쟁력을 좌우 • 데이터 산업혁명(Industrial Revolution)

8) 빅데이터 가치 측정 이슈

- 빅데이터를 통해 특정한 데이터의 가치를 측정하는 것은 쉽지만은 않은데, 데이터를 활용하는 방식(재사용 및 재조합, 다목적용 개발), 가치를 창출하는 방식, 분석하는 기술의 발전(발달), 즉 어떠한 방식으로 측정을 하느냐에 따라 가치가 달라질 수밖에 없음.

(1) 데이터를 활용하는 방식

- 재사용 및 재조합, 다목적용으로 데이터 개발 등이 보편화되면서 특정한 데이터를 언제, 어디서, 어떻게, 누군가가 활용하는지를 정확히 예측할 수가 없음.
- 이로 인해 가치를 산정하는 것도 어려울 수밖에 없으며, 데이터를 재사용하는 것은 과거 뿐만이 아니라 현재에도 수시로 일어남.

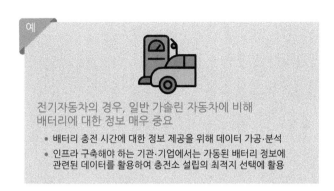

예

전기자동차의 경우, 일반 가솔린 자동차에 비해 배터리에 대한 정보 매우 중요
- 배터리 충전 시간에 대한 정보 제공을 위해 데이터 가공·분석
- 인프라 구축해야 하는 기관·기업에서는 가동된 배터리 정보에 관련된 데이터를 활용하여 충전소 설립의 최적지 선택에 활용

(2) 가치 창출하는 방식

- 데이터를 창의적으로 조합을 하게 되면 기존의 방식으로는 절대 풀 수 없었던 문제를 해결하는 데 큰 도움을 줄 수가 있음.

(3) 분석 기술의 발전

- 분석하는 기술의 발전도 데이터의 가치를 측정하고 창출하는 데 있어 영향을 줄 수 있음.
- 과거에는 데이터를 분석하는 비용이 전반적으로 높아서 분석할 수 없었던 빅데이터들을 지금은 클라우드 분산 컴퓨팅에서 저렴한 비용으로 분석할 수 있게 되면서 점점 그 활용도가 증가하고 있는 것이 대표적인 사례임.

9) 빅데이터 가치 산정 프레임워크★★★

- 3V를 어떻게 처리하고 정의하느냐에 따라 빅데이터가 창출할 수 있는 새로운 가치(value)가 결정
- 3V 자체가 새로운 부가가치를 창출하는 것이 아니라, 3V를 어떻게 정의하고 처리하느냐에 따라 새로운 부가가치를 창출할 수 있다는 것을 인식

 심오한 TIP

클라우드 컴퓨팅(cloud computing)
사용자의 관리 없는 데이터 스토리지(클라우드 스토리지)와 컴퓨팅 파워와 같은 컴퓨터 시스템 리소스를 필요할 때 제공하는 것

 심오한 TIP

3V
규모(Volume), 다양성(Variety), 속도(Velocity)

- 일반적으로 다양성(variety)은 통상적으로 부가가치 창출에 있어서는 장애 요인
- 빅데이터를 통해 새로운 부가가치 창출을 하기 위해서는 데이터의 다양성에 초점을 맞추는 것보다는 다양한 데이터를 처리하고 활용할 수 있는 적응성을 확보하는 것이 더 중요
- 빅데이터는 데이터 그 자체에서 가치를 찾는 것이 아니라 데이터 분석을 통한 적응성을 확보함으로써 비로소 가치를 창출
- 빅데이터 분석에 초점을 맞추었을 때 가치 창출이 가능해지며 비용 대비 효익이라는 경제적 타당성을 찾을 수 있음.

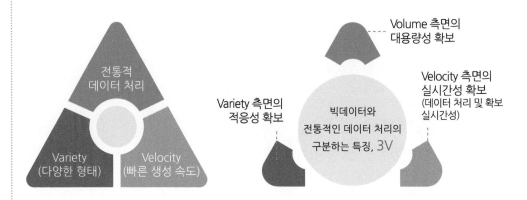

10) 데이터 산업의 이해**

- 데이터 산업은 데이터 처리, 데이터 통합, 데이터 분석, 데이터 연결, 데이터 권리 시대로 진화하고 있음.
- 최근 들어 데이터 분석, 데이터 연결, 데이터 권리 등이 동시에 발전하고 있으며, 대다수 기업과 기관은 차세대 시스템 구축을 통해 데이터 통합에서 상당한 발전을 이루고 있음(데이터산업백서, 2019).

[그림 1-1] 데이터 산업의 진화(자료원: 데이터산업백서, 2019)

(1) 데이터 처리 시대

- 컴퓨터 프로그래밍 언어를 이용하여 대규모 데이터를 빠르고 정확하게 처리할 수 있게 된 시대가 바로 데이터 처리 시대

- 기업은 전자적인 시스템인 Electronic Data Processing System을 도입하여 급여, 회계 전표 처리, 재무, 인사, 마케팅 캠페인, 물류, 생산 등의 업무에 적용

- 이 당시의 데이터는 업무 처리의 대상으로만 사용되었기 때문에 새로운 가치를 제공하지는 못했으며, 데이터 처리 결과는 파일 형태로 보관

- 주된 역할은 프로그래머들이 수행하였는데, 프로그래머들은 포트란(FORTRAN), 코볼(COBOL) 등 프로그래밍 언어를 활용할 줄 아는 능력을 가진 사람들이었음.

- 데이터 처리는 입력 → 처리 → 출력의 과정을 거침

 심오한 TIP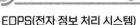

EDPS(전자 정보 처리 시스템)
디지털 컴퓨터와 그 부속품 등 전자 장치를 이용하여 조직의 행정 및 경영기능을 보조하는 의미에서 자료를 처리하는 것

(2) 데이터 통합 시대

- 기업에서 컴퓨터 등의 IT 기술을 업무에 활용하면서 데이터가 생성이 되고 쌓이고 있으나 각 업무 영역별로 데이터를 생성하다 보니, 데이터들이 서로 호환이 되지 않는다는 단점이 있음.

- 데이터가 각각의 업무 관점으로 처리되다 보니 전사적으로 데이터 일관성을 확보하는 어려움이 존재

- 데이터 모델링(Data Modeling)과 데이터베이스 관리 시스템(DBMS, Database Management System)이 등장
- 데이터 모델링은 하나의 사실을 하나의 장소에만 기록하여 데이터 일관성을 유지하기 위한 데이터 설계 기법
- 데이터베이스 관리 시스템은 데이터에 적용되는 비즈니스 규칙을 정의하고 구현하는 소프트웨어라고 할 수 있음.
- 데이터 통합은 BRP(Business Process Reengineering), CRM(Customer Relationship Management), ERP(Enterprise Resource Planning), SCM(Supply Chain Management) 등을 통해 업무 성과를 향상하는 데 기여하였으며, 주문 프로세서의 시간을 줄이고 고객에게 더 나은 서비스를 제공할 수 있는 이점을 제공
- 데이터 통합을 담당하는 역할로 데이터 모델러(Data Modeler), 데이터 아키텍트(Data Architect), 데이터베이스 관리자(DBA, Database Administrator) 등과 데이터베이스 성능을 향상하기 위한 기술자 등이 각광받음.
- 데이터는 파일 시스템이 아닌 보다 정교하게 설계된 DBMS에 보관되었고, 데이터 조회와 보고서 산출, 원인 분석 등을 위해 데이터 웨어하우스(Data Warehouse)가 도입

(3) 데이터 분석 시대

- 데이터가 폭발적으로 증가하고, 이를 분석할 수 있는 다양한 기법이 등장을 하게 되면서 데이터 분석 시대에서는 데이터로부터 인사이트(통찰력)를 찾아내고 이를 적용하여 성과를 창출하기 시작
- 최근에는 데이터를 학습한 인공지능 기술을 통해 과거보다 빠르게 정확한 의사결정을 내릴 수 있음.
- 데이터 분석 시대에 기업들은 데이터 분석을 위해 데이터를 보관 및 관리하고 접급할 수 있는 최적의 환경을 갖추어야 하고, 다양한 방식으로 데이터를 분석하고 이의 결과를 업무에 적용할 수 있는 도구가 반드시 준비가 되어야 함.
- 데이터 마켓플레이스(Data Marketplace)는 구조적 데이터를 보관하는 데이터 웨어하우스와 주로 비구조적 데이터를 관리하는 데이터 레이크(Data Lake)의 데이터 카탈로그(Data Catalog) 정보를 제공하고 필요한 데이터를 확보할 수 있는 큐레이션 기능을 지원

- 애널리틱스 플랫폼(Analytics Platform)은 데이터 분석 도구들을 지원하고 입증된 분석 알고리즘을 배포하는 기능을 지원

(4) 데이터 연결 시대

- 4차 산업혁명의 핵심은 DNA(Data, Network, AI)이며, 초연결과 초지능화가 중요하고 지능화되고 연결되며 융합되어 우리가 살고 일하고 상호관계를 맺는 방식을 근본적으로 바꾸는 혁신으로, 초지능(hyper-intelligence), 초연결(hyper-connectivity), 초융합(hyper-convergence)

- 초지능은 로봇과 드론, 자율주행 자동차 등과 같이 인공지능 기술이 구현된 사물이 프로그래밍 모델을 통해 학습된 자동화의 수준을 넘어 주변 환경, 다른 사물 및 사람들과 자연스럽게 상호 작용하며 스스로 판단하고 행동하는 인간 지능과 유사하거나 그 이상의 인공지능을 의미

- 초연결은 사물인터넷과 강화된 엣지(edge), 클라우드, 블록체인 등을 통해 사물과 사물, 사물과 사람 간에 안전하고 효율적으로 데이터를 공유하고 훨씬 높은 수준의 서비스를 제공할 수 있는 연결을 의미

- 초융합은 새로운 방식으로 최적의 사용자 경험을 제공하는 사이버물리시스템 (CPS, Cyber Physical System) 또는 온라인과 오프라인 통합 환경을 제공하는 다양한 기술의 융합을 의미 (https://www.cctoday.co.kr/news/articleView.html?idxno=2006020)

- 플랫폼 비즈니스 모델의 기본은 자신이 주도하는 네트워크에 포함된 노드 간의 상호작용을 데이터로 축적하고, 데이터를 분석하여 다시 노드 간의 상호작용을 강화

- 디지털 경제에서 발생하는 대부분의 거래는 어느 기업이 독자적으로 완결시키기가 불가능하다. 외부와 데이터 연결이 원활하게 이루어질 수 있어야 협업이 가능

- 데이터 경제의 데이터 연결을 강조하는 의미에서 <u>오픈 API</u> 경제(Open API Economy)라는 용어가 사용되기도 함.

- 오픈 API 경제에서는 개인의 모든 경제생활은 오픈 API를 소비하는 것으로 설명되며, 오픈 API 제공 수 및 접속 수, 오픈 API로 연결된 외부 실체 수 등이 기업의 지속가능성과 성장성을 확인할 수 있는 지표가 되기도 함.

 심오한 TIP

오픈 API
누구나 사용할 수 있도록 공개된 API를 말하며, 개발자에게 사유 응용 소프트웨어나 웹 서비스의 프로그래밍 적인 권한을 제공

- 오픈 API로 연결하기 위해서는 오픈 데이터 플랫폼이 필요하고 오픈 데이터 플랫폼은 외부의 파트너 및 서드 파티(Third Party)와 데이터 기반 협업을 가능케 함 (데이터산업백서, 2019).

11) 빅데이터 조직 및 인력★

- 기업에서 빅데이터 조직 및 인력을 구성하는 것은 매우 중요하며, 폭증하는 기업의 내부 데이터 외에도 외부의 데이터들로 인해 기업에서는 이러한 빅데이터를 분석할 수 있는 인력 및 조직을 갖추는데 많은 노력을 기울이고 있음.
- 수많은 기업의 정보를 다루는 조직일수록 데이터의 통합, 최신, 보안 등 관리해야 할 사항들이 많이 존재를 하고 있음.
- 기업 및 조직에서는 빅데이터의 데이터만을 다룰 수 있는 전담 조직의 구성이 반드시 필요하며, 데이터 수집·전처리·정제·저장·분석 등을 담당하는 전담자를 두는 것도 반드시 필요한 사항임.
- 단순한 데이터 분석을 하는 인력을 확보하는 것이 문제가 아니라 분석을 하는 인력들의 보유한 각자의 기술, 배경, 역량, 커뮤니케이션 등을 어떻게 잘 조화시켜서 하나의 유기적인 조직으로 구성을 하느냐가 중요함.
- 엑셀레이트의 케빈 리온스 부회장은 "분석 팀을 구성하는 것은 뚜렷한 자신의 기업에게 맞는 구체적인 '비즈니스 목표'를 설정하는 것에서부터 시작한다"라고 주장
- 빅데이터를 성공적으로 활용하기 위한 전략을 추진하기 위한 3대 요소로 빅데이터 '자원', 빅데이터 플랫폼, 빅데이터 분석 기술 및 데이터 분석 기법 등 '기술', 그리고 빅데이터 사이언티스트로 대표되는 '인력'이 있음.

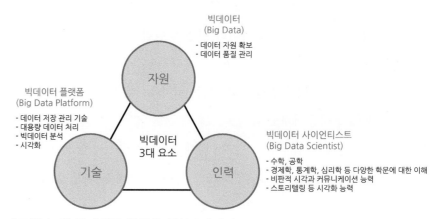

[그림 1-2] 빅데이터 활용을 위한 3대 요소(자료원: 한국디지털정책학회, 2019)

- 존 라우저 아마존 수석 엔지니어는 포브스와 인터뷰에서 데이터 사이언티스트 가 갖추어야 할 6가지 자질을 제시
- 데이터 사이언티스트는 기본적으로 ① '수학'과 ② '공학' 능력을 갖추어야 한다. 데이터를 분석하는 데 있어 필수인 가설을 세우거나 검증하는 데 필요한 ③ '비 판적 시각'과 이를 작성할 수 있는 ④ '글쓰기 능력'을 보유하여야 하며, 다른 사 람에게 구두로 내용을 적절히 전달하기 위해 ⑤ '대화 능력'도 필요하며 ⑥ '호기 심과 개인의 행복'도 중요한 소양으로 제시

2. 빅데이터 기술 및 제도

1) 빅데이터 플랫폼★★★

- 빅데이터 플랫폼이 빅데이터 처리에 필요한 전체의 순환 과정을 수행하기 위해 서는 확장성 있는 대용량 처리 능력, 이기종 데이터 수집 및 통합 처리 능력, 빠른 데이터 접근 및 처리 능력, 대량의 데이터를 저장 관리할 수 있는 능력, 대량의 이 기종 데이터를 원하는 수준으로 분석할 수 있는 능력 등을 갖추고 있어야 함.
- 다양한 데이터 소스로부터 데이터 수집, 저장 관리, 처리·분석 및 지식 시각화 (가시화)를 통해 지식을 이용하기까지 각 단계를 지원하는 데 필요한 공통 소프 트웨어를 빅데이터 처리 플랫폼(Big data analytics platform)이라고 함.

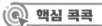
핵심 콕콕

빅데이터 플랫폼
다양한 데이터 소스에서 수집한 데이터를 분석 처리하여 지식을 추출하고, 이를 기반으로 지능화 된 서비스를 제공하는 데 필요한 환경

[그림 1-3] 빅데이터 플랫폼 개념도(자료원: 황승구 외, 2013)

- 빅데이터 처리 플랫폼은 빅데이터 수집, 빅데이터 저장/관리 기술, 빅데이터 처리 기술, 빅데이터 분석 기술 및 지식 시각화 기술 등을 적용하여 구현
- 빅데이터로부터 지식을 얻어 활용하기까지는 여러 단계가 필요하고, 그 단계마다 수많은 기술이 활용
- 빅데이터 플랫폼은 데이터를 수집해서 지식을 발굴하는 데 필요한 빅데이터 처리 플랫폼 기술과 대용량의 고속 저장 공간 및 고성능의 계산 능력을 갖춘 컴퓨터 등 컴퓨터 기반을 제공하는 빅데이터 컴퓨팅 인프라 기술로 구성

(1) 빅데이터 분석 프로세스 절차★★★

- 첫 번째는 분석대상이 되는 데이터를 수집하는 단계
- 두 번째는 수집된 데이터를 저장하고 관리하는 단계
- 세 번째는 저장된 빅데이터를 처리하는 단계
- 네 번째는 빅데이터를 분석하는 단계
- 다섯 번째는 분석된 결과를 시각화하고 의미를 도출하여 이용하는 단계
- 마지막은 저장된 데이터를 폐기하는 단계

[그림 1-4] 빅데이터 분석 처리 프로세스(자료원: 황승구 외, 2013)

(2) 빅데이터 수집★

- 빅데이터는 내부 조직에 있는 정형화된 데이터뿐만 아니라, 조직 외부에 존재하는 무한한 데이터 중에서 조직이 필요로 하는 데이터를 발견하여, 이를 수집하고 수집된 정보를 분석을 위한 특정 데이터 형식으로 변환하는 과정을 거침.
- 빅데이터 수집이란 단순히 데이터를 확보하는 기술이 아니라 데이터를 검색하여 수집하고 변환 과정을 통해 정제된 데이터를 확보하는 과정을 의미
- 빅데이터 수집은 수집 대상 데이터 선정, 수집 세부 계획 수립, 데이터 수집 실행의 세 단계로 이루어짐(한국디지털정책학회, 2019).

(3) 빅데이터 저장(관리)★★

- 데이터 수집 과정을 통해 확보한 빅데이터로부터 유용한 정보를 추출하려면 빅데이터를 효과적으로 저장 관리해야 함.
- 빅데이터 저장이란 검색 수집한 데이터를 분석에 사용하기에 적합한 방식으로 안전하게 영구적인 방법으로 보관
- 대용량의 다양한 형식의 데이터를 고성능으로 저장하고 필요한 경우 데이터를 검색하여 수정, 삭제 또는 원하는 내용을 읽어오는 방법을 제공하는 것을 포함.
- 빅데이터 저장은 다시 빅데이터 전/후 처리와 빅데이터 저장으로 나누어짐.

① 빅데이터 전처리(pre-processing)

- 빅데이터 수집은 데이터 검색 수집과 변환의 과정을 거치게 되는데 수집과 변환 과정에서 빅데이터 저장소에 적재하기 위하여 수집한 데이터를 필터링(filtering)하거나 유형 변환(transformation), 정제(cleansing) 등을 거치게 됨.

② 빅데이터 후처리(post-processing)

- 저장된 빅데이터를 분석하기 전에 분석에 용이하도록 가공하는 작업으로 변환(transformation), 통합(integration), 축소(reduction) 등의 과정을 거치게 됨.

③ 빅데이터 저장

- 빅데이터 저장 단계는 저장할 데이터의 포맷 등의 유형을 검토하고 데이터 저장 관리에 유리한 저장 방식을 RDB, <u>NoSQL</u>, 분산 파일 시스템 등으로 선정하여 저장하는 과정을 의미

(4) 빅데이터 처리★★

- 빅데이터 처리는 빅데이터에서 유용한 정보와 의미 있는 지식을 찾아내기 위한 데이터 가공이나 데이터 분석 과정을 지원하는 과정으로서 지속적으로 발생하는 스트림 데이터나 기존의 저장소에 저장된 대규모 저장 데이터의 적시 처리를 지원
- 빅데이터 처리 과정은 빅데이터 저장 과정에서 저장된 데이터를 분석할 수 있도록 빅데이터의 속성인 데이터 규모, 데이터 생성/처리 속도, 데이터 다양성을 고

핵심 콕콕

데이터 전·후처리 기술 고려 사항

Part 2 Chapter 1. 데이터 전처리 160~161페이지의 도표 참고

  심오한 TIP

NoSQL

전통적인 관계형 데이터베이스보다 덜 제한적인 일관성 모델을 이용하는 데이터의 저장 및 검색을 위한 구조를 제공

려해야 함.

- 대규모 데이터 처리를 위한 확장성, 데이터 생성 및 처리 속도를 해결하기 위한 처리 시간 단축 및 실시간 처리 지원, 그리고 비정형 데이터 처리 지원을 제공

① 빅데이터 일괄 처리

- 일괄 처리 기술은 쌓인 빅데이터를 여러 서버로 분산해 각 서버에서 나눠서 처리하고, 이를 다시 모아서 결과를 정리하는 분산, 병렬 기술 방식을 사용
- 하둡의 맵리듀스 그리고 마이크로소프트의 드라이애드(Dryad)가 대표적인 기술

② 빅데이터 실시간 처리

- SNS와 같이 글, 사진, 동영상 등이 통합된 데이터가 엄청난 속도로 생성되는 비정형 데이터 처리를 동시에 효율적으로 처리하기 위해서는 실시간 처리가 필요
- 실시간 처리 과정은 생성되는 데이터를 곧바로 처리하는데 사람들의 어떠한 행위나 기타 작용에 의해 끊임없이 생성되는 이벤트와 관련된 데이터를 실시간으로 처리를 하며 "이벤트 기반 실시간 처리 기술" 또는 "스트림 처리 기술"이라고 함.

(5) 빅데이터 분석

- 빅데이터로부터 의미 있는 지식을 얻고 이것을 효율적인 의사결정에 활용하려면 빅데이터를 효과적으로 분석할 수 있는 방법과 다양한 인프라가 필요

① 분석 계획 수립

- 분석 계획 수립에서는 분석을 통하여 해결하고자 하는 목적(문제)을 명확히 정의하고 분석 절차와 분석 기업에 대해서 세부 시나리오를 작성
- 분석 환경에 대해서도 분석을 하여야 하는데 분석 환경은 분석에 필요한 인프라(시스템과 운영 환경)를 자체적으로 기관 내에 구축하는 방안, 또는 외부의 분석 서비스에 위탁을 주고 활용하는 방안 또는 자체 인프라와 외부 분석 서비스를 연계하여 활용할 것인지를 결정

② 분석 시스템 구축

- 이 단계에서는 빅데이터의 용량이나 분석 작업이 요구하는 부하를 감안하여 수집 데이터 저장 서버, 데이터 처리 서버(하둡 기반 분석, 정형 데이터 DW 등)를 포함하는 분석 시스템의 하드웨어 인프라를 구축

③ 분석 실행

- 빅데이터를 분석하기 위한 기법들은 통계학과 전산학, 특히 기계학습이나 데이터 마이닝 분야에서 이미 사용되던 분석 기법들의 알고리즘을 개선하여 빅데이터 분석에 적용
- 소셜 미디어 등 비정형 데이터에 적용이 가능한 <u>텍스트 마이닝</u>, 오피니언 마이닝, 소셜 네트워크 분석, 군집 분석 등이 주목을 받음.
- 빅데이터 분석 기술의 대표적인 예들로는 빅데이터 통계 분석, 데이터 마이닝, 텍스트 마이닝, 예측 분석, 최적화, 평판 분석, 소셜 네트워크 분석, 소셜 빅데이터 분석 등이 있음.

 심오한 TIP

텍스트 마이닝(Text Mining)
대량의 텍스트 데이터에서 패턴을 추출하여 의미 있는 정보를 찾아내는 분석 기술

(6) 빅데이터 분석 시각화★

- 분석 시각화가 중요한 이유는 분석한 결과를 활용하여 다양한 시각화 도구로 어떻게 표현하느냐에 따라서 얻을 수 있는 직관이 달라짐.

 핵심 콕콕

빅데이터 분석 시각화
크고 복잡한 빅데이터 속에서 의미 있는 정보와 가치들을 찾아내어 사람들이 쉽게 직관적으로 알 수 있도록 표현하는 기술

(7) 빅데이터 폐기

- 빅데이터 폐기 단계에서는 데이터 분석을 위해 이용된 데이터를 삭제하는 단계이며 특히 개인정보와 같은 데이터이거나 또는 정보의 가치가 없는 데이터들은 이용 목적을 달성 후 지체 없이 폐기(이재식, 2013)
- 데이터 폐기를 위해 물리적으로 하드디스크 등을 파기하는 경우에는 데이터를 저장하고 있는 물리적/논리적 공간 전체를 폐기하는 방법이어서 일부의 데이터만 골라서 삭제하기 어려운 문제가 있으며 소프트웨어적으로는 데이터를 저장하는 장소에 다른 데이터를 여러 번 덮어쓰기(Overwriting)를 하는 방법을 사용(한국디지털정책학회, 2019)

2) 빅데이터와 인공지능★

(1) 인공지능 개념

- 인공지능이란 사람과 유사한 지능을 가질 수 있도록 인간의 학습 능력, 추론 능력, 지각 능력, 자연어 이해 능력 등을 컴퓨터 프로그램으로 실현하는 기술을 의미
- '알파고'가 세계 최고 수준의 이세돌 9단을 꺾으면서 딥러닝(Deep Learning)이라는 용어와 인공지능이 일반 대중들에게도 크게 알려짐.
- 2016년 도쿄대 의과학연구소는 왓슨을 이용해 급성 골수 백혈병으로 진단받은 60대 환자의 유전자 데이터를 분석해 2차성 백혈병에 가깝다고 진단하면서 기존에 투여하던 항암제를 변경할 것을 제안(노규성 외, 2019).

(2) 인공지능 기술

- 인공지능 기술은 지난 수십 년간 존재하였던 기술이지만, HW, SW 등의 기술이 뒷받침되지 않아서 성장에는 한계가 있었음.
- ICT 기술의 급속한 반전과 더불어 4차 산업혁명시대의 핵심인 ICBMA(IoT, Cloud, Bigdata, Mobile, AI)의 등장으로 인해 급속한 성장을 하고 있으며, 인공지능의 원재료가 바로 데이터임.
- 데이터가 폭발적으로 증가함에 따라서 인공지능도 급속한 발전을 할 수 있게 됨
- 현재 구글은 인공지능을 통해 오타, 검색 성향 등을 학습할 수 있는 데이터를 수집하고 이를 학습하여 Siri와 코타나 등에서 활용
- 앞으로는 사물인터넷의 발전과 확산으로 인해 무수히 많은 센서 네트워크를 통해 무수히 많은 데이터들이 폭증할 것으로 예상
- 이러한 데이터를 인공지능을 통해 인간이 생각하고 느끼는 감정 등을 이해하는 데 도움을 주고, 궁극적으로는 학습과 훈련을 통해 향후에는 데이터 분석도 자동화할 수 있음.

(3) 인공지능 역할

- 인공지능이 빅데이터를 학습하는 방법을 딥러닝이라고 부르며, 다양한 데이터에서 핵심적인 내용을 추출하는 머신러닝 알고리즘을 의미
- 인공지능이 활성화되기 위해서는 빅데이터가 반드시 있어야 한다는 전제조건

심오한 TIP

딥러닝(Deep Learning)
여러 비선형 변환기법의 조합으로 높은 수준의 추상화(abstractions, 다량의 데이터나 복잡한 자료들 속에서 핵심적인 내용 또는 기능을 요약하는 작업)를 시도하는 기계 학습 알고리즘의 집합

심오한 TIP

ICT
정보 통신 기술(Information & Communications Technology)

- 양질의 빅데이터를 학습과 훈련을 통해서 이루어져야 함.
- 현재 구글, 페이스북, 인스타그램, 트위터, 우버, 에어비앤비, 아마존, 이베이 등의 글로벌 기업들은 빅데이터를 분석하고 활용하는 것을 넘어서서 이러한 빅데이터를 인공지능(학습과 훈련)을 통해 이전에는 하지 못했던 다양한 분석과 사고를 할 수 있음.
- 인공지능은 역할에 따라 약한 인공지능(weak AI, narrow AI)과 강한 인공지능(strong AI)으로 구분

① 약한 인공 지능
- 음성 인식 수준의 약한 인공지능
- 기계가 인간과 유사한 수준의 글을 읽고 쓰거나 말하는 것을 통해서 정보를 이해하고 처리할 정도의 기능을 수행함.
- 약한 인공지능은 스스로 판단하지 못하며 자율성이 없음

② 강한 인공지능
- 강한 인공지능은 약한 인공지능의 기능과 자율성을 갖는 컴퓨팅 기능을 포함
- 축적된 정보를 기반으로 스스로 진단하고 판단할 수 있으며, 계획을 세우고, 의사소통과 결정할 수 있는 능력을 갖추고 있음.
- 감정(sentiment), 자아의식(self-awareness), 지혜(sapience), 양심(conscience) 같은 능력을 가짐. 오늘날 인공지능은 대부분 강한 인공지능을 지향하고 있지만 약하고 강한 인공지능의 분류는 기술 발달에 따라 변함.

(4) 인공지능 발전
- 초기의 인공지능은 논리와 규칙에 기반한 전문가 시스템 형태로 연구되었으나 명확한 정의를 내리기 어려워 실무에 적용하기에 한계가 있었음.
- 1980년대에는 인공 신경망 구조를 적용한 인공지능으로 발전했으나 복잡한 계산을 지원하기에는 컴퓨터 능력(Computing Power)과 학습 데이터가 부족
- 2010년대에 들어서면서 통계 기반의 기계학습(Machine Learning)과 심층학습을 이용한 딥러닝(Deep Learning) 알고리즘이 개발되면서 컴퓨터가 스스로 학습해서 최적화된 방식으로 문제를 해결할 수 있는 수준으로 발전

 심오한 TIP

기계학습(Machine Learning)
경험을 통해 자동으로 개선하는 컴퓨터 알고리즘의 연구이며, 컴퓨터가 학습할 수 있도록 하는 알고리즘과 기술을 개발하는 분야

(5) 머신러닝과 딥러닝★★★

① 머신러닝

- 기계학습(머신러닝)이란 인공지능(AI)의 한 분야로 컴퓨터가 여러 데이터를 이용하여 학습한 내용을 기반으로 새로운 데이터에 대한 적절한 작업을 수행할 수 있도록 하는 알고리즘과 기술을 개발하는 분야
- 컴퓨터를 사람처럼 학습시켜 스스로 규칙을 형성하도록 하는 기술로 통계적인 접근 방법을 기반으로 규칙성을 찾도록 함.
- 최근에는 인공지능, 검색, 맞춤형 광고, 음성 인식, 기계 조종, 의사결정 등 거의 모든 영역에서 빠르고 유의미한 결과를 얻고 있음(노규성 외, 2019).

② 딥러닝

- 딥러닝은 심층학습이라고 부르는데 2016년 구글이 개발한 '알파고'와 이세돌 9단의 바둑 대국을 통해 대중적으로 알려지기 시작
- 딥러닝은 사물 정보나 데이터를 수집 또는 분류하는 데 사용하는 기술로 컴퓨터는 사진만으로 개와 고양이를 구분하지 못하나 사람은 아주 쉽게 구분
- 딥러닝의 핵심은 분류를 통한 예측
- 수많은 데이터 속에서 패턴을 발견해 인간이 사물을 구분하듯 컴퓨터가 데이터를 분류
- 구글은 음성 인식과 번역, 그리고 로봇의 인공지능 시스템 개발에도 딥러닝 기술을 이용
- 페이스북은 딥러닝을 뉴스피드(News Feed)와 이미지 인식 분야에 적용하고 있다. 최근에 IT 기업들이 딥러닝을 이용하여 사진과 동영상, 음성 정보를 분류하는데 데이터의 양이 풍부하고, 정확성을 쉽게 판단
- 기계학습과 딥러닝은 모두 학습 모델을 제공해 데이터를 분류
- 사람은 해당 이미지를 지식과 경험에 따라 뇌에서 분석하고 구분할 수 있지만, 컴퓨터는 할 수 없기 때문에 이미지를 구분하기 위해서는 기계학습과 딥러닝 등의 기술이 필요
- 기계학습의 경우, 주어진 데이터를 사람이 먼저 분류하고 컴퓨터가 인식할 수 있도록 한 다음 컴퓨터가 데이터에 포함된 특징을 분석하고 이를 축적(각 이미지의

특징을 컴퓨터에 인식시킨 후 학습시킴으로써 문제를 해결)

- 딥러닝은 기계학습에서 사람이 개입하던 분류 작업을 딥러닝 알고리즘을 이용하여 컴퓨터가 스스로 분석해서 문제를 해결하는 방식
- 딥러닝은 기계학습에 비해 방대한 양의 데이터 연산과 처리 능력을 요구하기 때문에 높은 사양의 CPU 등 하드웨어가 필요(노규성 외, 2019).

3) 개인정보 보호법·제도 ★★

- 개인정보와 관련된 법 제도는 <u>데이터 개인정보 보호 가이드라인</u>(2015)이 있으며, <u>개인정보 비식별 조치 가이드라인</u>(2016), 데이터 3법(2020)이 있음.
- 개인정보 보호법, 정보통신망법 등에 근거를 하여 제정되었으며, 여기서는 간단히 살펴보고자 하며, 구체적인 내용은 가이드라인과 데이터 3법은 www.law.go.kr에 들어가서 반드시 확인을 해야 함.

(1) 개인정보 보호 관련 주요 법률

- 개인정보 보호법, 정보통신망 이용 촉진 및 정보 보호 등에 관한 법률, 위치정보의 보호 및 이용 등에 관한 법률, 신용 정보의 이용 및 보호에 관한 법률, 통신비밀 보호법, 전자금융거래법, 전자상거래 등에서의 소비자보호에 관한 법률 등이 있음.

법규	내용
개인정보 보호법	개인정보의 처리 및 보호에 관한 사항을 정함으로써 개인의 자유와 권리를 보호하고, 나아가 개인의 존엄과 가치를 구현하기 위해 제정 개인정보 보호에 관한 일반법으로 사회 모든 분야(공공기관, 회사, 단체, 개인)에 적용이 되며 개인정보 보호에 관한 기본 원칙을 규정
정보통신망 이용 촉진 및 정보 보호 등에 관한 법률	정보통신망 이용을 촉진하고 정보통신 서비스 이용자의 개인정보를 보호하며 정보통신망을 건전하고 안전하게 이용할 수 있는 환경 조성이 목적 인터넷 포털, 오픈마켓 등 정보통신 서비스 제공자가 이용자의 개인정보를 수집, 이용, 제공 등 처리 시 반드시 지켜야 하는 사항을 규정
위치정보의 보호 및 이용 등에 관한 법률	위치 정보의 유출·오용 및 남용으로부터 사생활의 비밀 등을 보호하고 위치 정보의 안전한 이용 환경을 조성하여 위치 정보의 이용을 활성화하고자 제정되었으며, 위치 정보의 보호 및 이용 등에 관한 사항을 규정
신용정보의이용및 보호에관한법률	신용정보업을 건전하게 육성하고 신용정보의 효율적 이용과 체계적 관리를 도모하며 신용정보의 오용 및 남용으로부터 사생활의 비밀 등을 적절히 보호하고자 제정된 법으로 신용정보의 유통·이용 및 관리에 관한 사항 등을 규정

핵심 콕콕

데이터 관련 내용과 관련 법률은 국가법령정보센터(https://law.go.kr), 한국지능정보사회진흥원(NIA: https://www.nia.or.kr), 한국인터넷진흥원(https://www.kisa.or.kr)을 반드시 참고하여 학습하기 바람.

관련 내용이 중요한 부분이기 때문에 Part 1의 Chapter 3에서도 본 내용을 조금 더 상세히 다루고 있기 때문에 반드시 심도있는 학습이 필요함.

통신비밀 보호법	통신 및 대화의 비밀과 자유를 보장하고, 그 제한은 엄격한 법적 절차를 거치도록 함으로써 통신비밀을 보호하고 통신의 자유를 신장하기 위해 제정
전자금융거래법	전자금융 거래의 법률 관계를 명확히 하여 전자금융 거래의 안전성과 신뢰성을 확보함으로써 전자금융업의 건전한 발전 기반을 조성하여 국민의 금융 편의를 꾀하고 국민경제의 발전에 이바지하고자 제정
전자상거래 등에서의 소비자보호에 관한 법률	전자상거래 등에서 소비자의 권익을 보호하고, 시장의 신뢰도를 높여 국민 경제의 건전한 발전에 이바지하고자 제정된 법으로 전자상거래 및 통신판매 등에 의한 재화 또는 용역의 공정한 거래와 소비자 보호에 관한 사항을 규정

(2) 개인정보 보호 관련 용어

- 개인정보 보호과 관련된 주요 용어 정의는 다음과 같음.

용어	정의
개인정보	성명, 주민등록번호 및 영상 등을 통하여 개인을 알아볼 수 있는 정보 해당 정보만으로는 특정 개인을 알아볼 수 없더라도 다른 정보와 쉽게 결합하여 알아볼 수 있는 정보 이 경우 쉽게 결합할 수 있는지 여부는 다른 정보의 입수 가능성 등 개인을 알아보는 데 소요되는 시간, 비용, 기술 등을 합리적으로 고려 가명 처리함으로써 원래의 상태로 복원하기 위한 추가 정보의 사용 · 결합 없이는 특정 개인을 알아볼 수 없는 정보(이하 "가명정보"라 함)
가명 처리	개인정보의 일부를 삭제하거나 일부 또는 전부를 대체하는 등의 방법으로 추가 정보가 없이는 특정 개인을 알아볼 수 없도록 처리하는 것
처리	개인정보의 수집, 생성, 연계, 연동, 기록, 저장, 보유, 가공, 편집, 검색, 출력, 정정(訂正), 복구, 이용, 제공, 공개, 파기(破棄), 그 밖에 이와 유사한 행위
정보 주체	처리되는 정보에 의하여 알아볼 수 있는 사람으로서 그 정보의 주체가 되는 사람
개인정보 파일	개인정보를 쉽게 검색할 수 있도록 일정한 규칙에 따라 체계적으로 배열하거나 구성한 개인정보의 집합물(集合物)
개인정보 처리자	업무를 목적으로 개인정보 파일을 운용하기 위하여 스스로 또는 다른 사람을 통하여 개인정보를 처리하는 공공기관, 법인, 단체 및 개인 등
공공기관	국회, 법원, 헌법재판소, 중앙선거관리위원회의 행정사무를 처리하는 기관, 중앙행정기관(대통령 소속 기관과 국무총리 소속 기관을 포함한다) 및 그 소속 기관, 지방자치단체 그 밖의 국가기관 및 공공단체 중 대통령령으로 정하는 기관
영상정보 처리 기기	일정한 공간에 지속적으로 설치되어 사람 또는 사물의 영상 등을 촬영하거나 이를 유·무선망을 통하여 전송하는 장치로서 대통령령으로 정하는 장치
과학적 연구	기술의 개발과 실증, 기초 연구, 응용 연구 및 민간 투자 연구 등 과학적 방법을 적용하는 연구

(자료원: www.law.go.kr)

(3) 빅데이터 개인정보 보호 가이드라인★

- 공개된 개인정보 또는 이용내역 정보 등을 전자적으로 설정된 체계에 의해 수집·저장·조합·분석 등 처리하여 새로운 정보를 생성함에 있어서 이용자의 프라이버시 등을 보호하고 안전한 이용 환경을 조성하는 것이 목적
- 금융사, 이통사 등 기업들이 빅데이터 서비스를 위해 개인 식별 정보를 수집·이용함에 따라 개인정보가 오·남용될 위험성 증대
- 개인정보의 오·남용을 방지하고 빅데이터 산업 활성화를 위하여, 개인정보 관련 법률에서 명확히 규율하고 있지 않은 빅데이터 처리와 관련한 안전한 개인정보 활용 방안을 제시하는 빅데이터 개인정보 보호 가이드라인을 제정(2014.12.23)

용어	정의
공개된 정보	이용자 및 정당한 권한이 있는 자에 의해 공개 대상이나 목적의 제한 없이 합법적으로 일반 공중에게 공개된 부호·문자·음성·음향 및 영상 등의 정보
이용내역 정보	이용자가 정보통신 서비스를 이용하는 과정에서 자동으로 발생하는 서비스 이용 기록, 인터넷 접속 정보, 거래 기록 등의 정보
정보 처리시스템	공개된 개인정보 또는 이용내역 정보 등을 전자적으로 설정된 체계에 의해 조합·분석 등 처리하여 새로운 정보를 생성하는 시스템
비식별화	데이터 값 삭제, 가명 처리, 총계 처리, 범주화, 데이터 마스킹 등을 통해 개인정보의 일부 또는 전부를 삭제하거나 대체함으로써 다른 정보와 쉽게 결합하여도 특정 개인을 식별할 수 없도록 하는 조치

(4) 개인정보 비식별 조치 가이드라인★★

- 빅데이터, IoT 등 IT 융합기술 발전으로 데이터 이용 수요가 급증함에 따라 미국·영국 등 주요 선진국은 데이터 산업 활성화를 위한 정책 추진 중
- 빅데이터 활용에 필요한 비식별 조치 기준·절차·방법 등을 구체적으로 안내하여 안전한 빅데이터 활용 기반 마련과 개인정보 보호 강화를 도모
- 정부 3.0 및 빅데이터 활용 확산에 따른 데이터 활용가치 증대, 개인정보 보호 강화에 대한 사회적 요구 지속, '보호와 활용'을 동시에 모색하는 세계적 정책 변화에 적극 대응을 하고자 하는 목적이 있음.
- 개인정보를 비식별 조치하여 이용 또는 제공하려는 사업자 등이 준수하여야 할 조치 기준을 제시

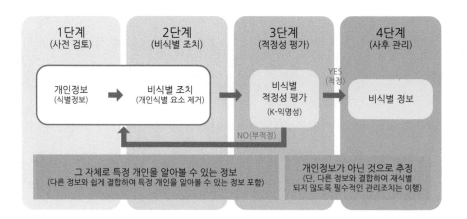

[그림 1-5] 비식별 조치 및 사후관리 절차

<참고> 개인정보 해당 여부 판단 기준

가. 개인정보 보호법 등 관련 법률에서 규정하고 있는 개인정보의 개념은 다음
과 같으며, 이에 해당하지 않는 경우에는 개인정보가 아님.

나. 개인정보는 i) 살아 있는 ii) 개인에 관한 iii) 정보로서 iv) 개인을 알아볼 수
있는 정보이며, 해당 정보만으로는 특정 개인을 알아볼 수 없더라도 v) 다른
정보와 쉽게 결합하여 알아볼 수 있는 정보를 포함

i) (살아 있는) 자에 관한 정보이어야 하므로 사망한 자, 자연인이 아닌 법인, 단
체 또는 사물 등에 관한 정보는 개인정보에 해당하지 않음.

ii) (개인에 관한) 정보이어야 하므로 여럿이 모여서 이룬 집단의 통계값 등은 개
인정보에 해당하지 않음.

iii) (정보)의 종류, 형태, 성격, 형식 등에 관하여는 특별한 제한이 없음.

iv) (개인을 알아볼 수 있는 정보)이므로 특정 개인을 알아보기 어려운 정보는 개
인정보가 아님.

● 여기서 '알아볼 수 있는'의 주체는 해당 정보를 처리하는 자(정보의 제공 관계
에 있어서는 제공받은 자를 포함)이며, 정보를 처리하는 자의 입장에서 개인을
알아볼 수 없다면 그 정보는 개인정보에 해당하지 않음.

v) (다른 정보와 쉽게 결합하여)란 결합 대상이 될 다른 정보의 입수 가능성이 있
어야 하고, 또 다른 정보와의 결합 가능성이 높아야 함을 의미

- 즉 합법적으로 정보를 수집할 수 없거나 결합을 위해 불합리한 정도의 시간, 비용 등이 필요한 경우라면 "쉽게 결합"할 수 있는 상태라고 볼 수 없음.

※ 자세한 내용은 부록 「개인정보 보호 관련 법령 통합해설서」 참조

〈예시〉비식별 조치 방법

처리 기법	예시	세부 기술
가명 처리 (Pseudonymization)	·홍길동, 35세, 서울 거주, 한국대 재학 → 임꺽정, 30대, 서울 거주, 국제대 재학	① 휴리스틱 가명화 ② 암호화 ③ 교환 방법
총계 처리 (Aggregation)	·임꺽정 180cm, 홍길동 170cm, 이콩쥐 160cm, 김팥쥐 150cm → 물리학과 학생 키 합: 660cm, 평균키 165cm	④ 총계 처리 ⑤ 부분 총계 ⑥ 라운딩 ⑦ 재배열
데이터 삭제 (Data Reduction)	·주민등록번호 901206-1234567 → 90년대 생, 남자 ·개인과 관련된 날짜 정보(합격일 등)는 연단위로 처리	⑧ 식별자 삭제 ⑨ 식별자 부분 삭제 ⑩ 레코드 삭제 ⑪ 식별요소 전부 삭제
데이터 범주화 (Data Suppression)	·홍길동, 35세 → 홍씨, 30~40세	⑫ 감추기 ⑬ 랜덤 라운딩 ⑭ 범위 방법 ⑮ 제어 라운딩
데이터 마스킹 (Data Masking)	·홍길동, 35세, 서울 거주, 한국대 재학 → 홍○○, 35세, 서울 거주, ○○대학 재학	⑯ 임의 노이즈 추가 ⑰ 공백과 대체

(5) 가명정보 처리 가이드라인★

- 가명정보 처리에 관한 특례(개인정보 보호법 제3장제3절)가 신설되어 개인정보 처리자가 통계 작성, 과학적 연구, 공익적 기록 보존 등을 위한 목적으로 개인정보를 가명 처리하여 활용할 수 있는 기반이 마련
- 개인정보 보호법 제28조의2에 따른 동의 없는 가명정보의 처리 과정에서의 개인정보 오·남용을 방지하고, 데이터 산업 활성화를 위한 안전한 가명정보 활용 방안 안내
- 개인정보 보호법 제28조의3에 따라 서로 다른 개인정보 처리자가 보유한 가명정보를 결합 및 반출하여 활용하고자 하는 경우 개인정보 처리자가 참고할 수 있도록 결합·반출에 대한 일반적인 절차와 방법을 안내

  심오한 TIP

가명 처리

가명정보는 개인정보 처리자의 정당한 처리 범위 내에서 통계 작성, 과학적 연구, 공익적 기록 보존 등의 목적으로 정보 주체의 동의 없이 처리할 수 있음.

용어	정의
개인정보	살아 있는 개인에 관한 정보로서 다음의 정보를 포함함. - 성명, 주민등록번호 및 영상 등을 통하여 개인을 알아볼 수 있는 정보 - 해당 정보만으로는 특정 개인을 알아볼 수 없더라도 다른 정보와 쉽게 결합하여 알아볼 수 있는 정보 (이 경우 쉽게 결합할 수 있는지 여부는 다른 정보의 입수 가능성 등 개인을 알아보는 데 소요되는 시간, 비용, 기술 등을 합리적으로 고려하여야 함.) ※ 개인정보에 대한 판단기준은 개인정보 처리자가 보유한 정보 또는 접근 가능한 권한 등 상황에 따라 달리 판단하여야 함.
가명 처리	개인정보의 일부를 삭제하거나 일부 또는 전부를 대체하는 등의 방법으로 추가 정보가 없이는 특정 개인을 알아볼 수 없도록 처리
가명정보	개인정보를 가명처리함으로써 원래의 상태로 복원하기 위한 추가 정보의 사용·결합 없이는 특정 개인을 알아볼 수 없는 정보
익명정보	시간·비용·기술 등을 합리적으로 고려할 때 다른 정보를 사용하여도 더 이상 개인을 알아볼 수 없는 정보
추가 정보	개인정보의 전부 또는 일부를 대체하는 데 이용된 수단이나 방식(알고리즘 등), 가명정보와의 비교·대조 등을 통해 삭제 또는 대체된 개인정보 부분을 복원할 수 있는 정보(매핑 테이블 정보, 가명 처리에 사용된 개인정보 등) 등 ※ 추가 정보(원본 정보와 알고리즘·매핑테이블 정보)와 가명정보는 관리적 또는 기술적으로 각각 분리하고, 접근 권한을 분리하여야 함.
개인정보 파일	개인정보를 쉽게 검색할 수 있도록 일정한 규칙에 따라 체계적으로 배열하거나 구성한 개인정보의 집합물
가명정보처리자	업무를 목적으로 개인정보를 가명 처리하여 활용 또는 제공하는 공공기관, 법인, 단체 및 개인 등
가명정보 취급자	가명정보를 처리하는 개인정보 처리자의 지휘·감독을 받아 가명정보를 처리하는 임직원, 파견근로자, 시간제근로자 등
적정성 검토	본 가이드라인에서 제시하고 있는 절차를 기반으로 사전에 정의한 가명 처리 기준에 따라 적절히 가명 처리가 되었는지 확인하는 절차
재식별	추가 정보 또는 행위자가 달리 보유하고 있는 다른 정보나 공개된 정보와의 결합 또는 대조·비교 등을 통해 특정 개인을 알게 되거나, 알아보려는 상태 또는 행위
결합키	결합키 관리기관이 결합키 연계정보를 생성할 때 임시적으로 사용되는 정보
결합키 연계정보	동일 정보 주체에 대해 가명정보를 결합할 수 있도록 서로 다른 결합 신청자 간의 결합키를 연계한 정보
결합 신청자	가명정보의 결합을 신청하는 개인정보 처리자 ※ 가명정보를 제공만 하는 자, 가명정보를 제공하고 결합한 정보를 이용하는 자 또는 가명정보의 제공 없이 결합한 정보를 이용하는 자를 모두 포함
결합 전문기관	법 제28조의3제1항에 따라 서로 다른 개인정보 처리자 간의 가명정보 결합을 수행하기 위해 개인정보 보호위원회 또는 관계 중앙행정기관의 장이 지정하는 전문기관
결합키 관리기관	시행령 제29조의3제2항에 따라 결합키 연계정보를 생성하여 결합 전문기관에 제공하는 등 가명정보의 안전한 결합을 지원하는 업무를 하는 한국인터넷진흥원 또는 보호위원회가 지정하여 고시하는 기관을 말함.

① 가명 처리 절차

- 가명 처리는 사전준비, 가명 처리, 적적성 검토 및 추가 가명 처리, 활용 및 사후 관리의 4단계

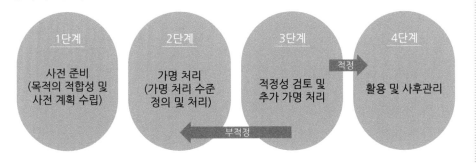

② 가명 처리의 세부 절차

- 가명 처리의 세부 절차는 아래 그림에서 보는 바와 같음

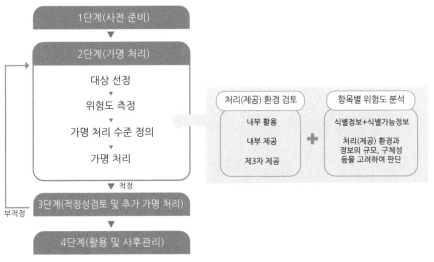

단계	내용
사전 준비: 처리 목적의 적합성 검토 및 가명 처리 준비	가명 처리를 위한 사전 준비 단계에서는 가명 정보 활용 목적을 명확히 하고 가명 처리를 수행할 것인지를 결정하여야 하며, 가명 처리하기로 결정한 경우 처리를 위하여 필요한 서류를 작성
가명 처리: 환경에 따른 수준 정의 및 처리	가명 처리 단계는 세부적으로 ① 대상 선정, ② 위험도 측정, ③ 가명 처리 수준 정의, ④ 가명 처리를 하는 4가지 단계로 구성
적정성 검토 및 추가 가명처리	[단계2. 가명 처리]에서 작성한 '가명 처리 수준 정의표'의 기준에 따라 적절히 가명 처리가 되었는지 확인하고, 가명 정보의 활용 목적을 달성할 수 있는지와 재식별 가능성이 없는지를 검토
활용 및 사후관리	- 가명 정보 처리자는 가명 정보 처리 과정에서 개인 식별 가능성이 증가하는지 여부 등을 지속적으로 모니터링하여 안전하게 처리 - 가명 정보는 추가 정보의 분리 보관, 접근 권한의 분리, 기록 작성/보관 및 공개의 의무를 준수

(6) 데이터 3법

- 데이터 이용을 활성화하는 「개인정보 보호법」, 「정보통신망 이용촉진 및 정보보호 등에 관한 법률(약칭: 정보통신망법)」, 「신용정보의 이용 및 보호에 관한 법률(약칭: 신용정보법)」 등 3가지 법률을 통칭

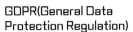
① 개인정보 보호법 개정안
- 가명정보 개념 도입, 상업적 목적으로 활용 가능
- 개인정보 관리 감독 개인정보보호위원회로 일원화
- 통합 법제 컨트롤타워가 있어야 GDPR 인증

② 신용정보법 개정안
- 가명정보 금융분야 빅데이터 분석에 이용 가능
- 가명정보 주체 동의없이 활용 허용

③ 정보통신망법 개정안
- 온라인상 개인정보 감독 기능을 개인정보보호위원회로 이관

4) 개인정보 활용★★★

(1) 프라이버시 모델
- 가능한 추론의 형태와 프라이버시 노출에 대한 정량적인 위험성을 규정하는 방법
- 관계형 마이크로 데이터를 위한 프라이버시 모델로는 k-anonymity(익명성), l-diversity(다양성), t-closeness(근접성)이 있음.
- 기타 유형의 데이터를 위한 프라이버시 모델로는 그래프 데이터, 스트림 데이터, 위치 데이터 등이 있음.

기법	의미	예
k-익명성	특정인임을 추론할 수 있는지 여부를 검토, 일정 확률 수준 이상 비식별되도록 함.	동일한 값을 가진 레코드를 k개 이상으로 하며, 특정 개인을 식별할 확률은 $1/k$임.
l-다양성	특정인 추론이 안 된다고 해도 민감한 정보의 다양성을 높여 추론 가능성을 낮추는 기법	각 레코드는 최소 l개 이상의 다양성을 가지도록 하여 동질성 또는 배경지식 등에 의한 추론 방지
t-근접성	l-다양성뿐만 아니라, 민감한 정보의 분포를 낮추어 추론 가능성을 더욱 낮추는 기법	전체 데이터 집합의 정보 분포와 특정 정보의 분포 차이를 t 이하로 하여 추론 방지

(자료원: 프라이버시 모델의 이해(NIA))

① k-익명성(프라이버시 보호를 위한 기본 모델)

- 공개된 데이터에 대한 연결 공격 등 취약점을 방어하기 위해 제안된 프라이버시 보호 모델
- 주어진 데이터 집합에서 같은 값이 적어도 k개 이상 존재하도록 하여 쉽게 다른 정보로 결합할 수 없도록 함.

② l-다양성(k-익명성의 취약점을 보완한 프라이버시 보호 모델)

- k-익명성에 대한 2가지 공격, 동질성 공격 및 배경지식에 의한 공격을 방어하기 위한 모델
- 주어진 데이터 집합에서 함께 비식별되는 레코드들은 적어도 1개의 서로 다른 민감한 정보를 가져야 함.

③ t-근접성(값의 의미를 고려하는 프라이버시 모델)

- l-다양성의 취약점(쏠림 공격, 유사성 공격)을 보완하기 위한 모델
- 동질 집합에서 특정 정보의 분포와 전체 데이터 집합에서 정보의 분포가 t 이하의 차이를 보여야 함.

과목 예상문제

01. 다음 중 대용량 데이터를 활용·분석하여 가치 있는 정보를 추출하고 생성된 지식을 바탕으로 능동적으로 대응하거나 변화를 예측하기 위한 정보화 기술을 무엇이라고 하는가?

① 데이터
② 경영정보
③ 빅데이터
④ 인공지능

해설 국가전략위원회에서 정의한 빅데이터 개념임.

02. 다음 중 빅데이터의 5V가 아닌 것은?

① 규모
② 다양성
③ 속도
④ 복잡성

해설 빅데이터의 5V는 규모, 다양성, 속도, 신뢰성, 가치가 있음.

03. 다음 중 빅데이터의 사회, 경제적 가치 중에서 산업의 투명성 증대의 내용으로 가장 올바른 것은?

① 기업들이 매우 구체적인 고객 분류를 통해 고객의 니즈에 맞춘 맞춤형 서비스 제공 기능
② 빅데이터를 시기적절하게 관련 부문에 제공하도록 하는 것만으로 검색과 처리 시간의 절감이 가능
③ 정교한 분석에 의해 의사결정 향상, 위험 최소화, 가치있는 인사이트 발굴이 가능
④ 자연적으로 일어나거나 통제된 실험에 의해 일어나는 성과의 변동성 분석 및 근본적 원인과 결과 분석에 데이터를 이용 가능

해설 빅데이터를 시기적절하게 관련 부문에 제공하도록 하는 것만으로 검색과 처리 시간의 절감이 가능한 것은 산업의 투명성 증대에 해당하는 내용임.

04. 다음 중 빅데이터의 핵심 3요소로 가장 거리가 먼 것은?

① 창조성
② 경쟁력
③ 생산성
④ 혁신

해설 맥킨지는 빅데이터는 혁신, 경쟁력, 생선성을 핵심 요소라고 하였음.

05. 다음 중 빅데이터 활용을 위한 3대 요소가 아닌 것은?

① 자본
② 자원
③ 인력
④ 기술

해설 빅데이터 활용을 위한 3대 요소로는 자원, 기술, 인력이 있음.

06. 다음 중 데이터 처리의 과정이 아닌 것은?

① 입력
② 처리
③ 정제
④ 출력

해설 데이터 처리는 입력 → 처리 → 출력의 과정을 거침.

07. 다음 중 컴퓨터 프로그래밍 언어를 이용하여 대규모 데이터를 빠르고 정확하게 처리할 수 있게 된 시대는?

① 데이터 처리 시대
② 데이터 통합 시대
③ 데이터 분석 시대
④ 데이터 연결 시대

해설 컴퓨터 프로그래밍 언어를 이용하여 대규모 데이터를 빠르고 정확하게 처리할 수 있게 된 시대는 데이터 처리 시대임.

정답 1. ③ 2. ④ 3. ② 4. ① 5. ① 6. ③ 7. ①

08. 다음 중 데이터 산업의 진화 과정이 아닌 것은?

① 데이터 처리　　　② 데이터 통합

③ 데이터 분석　　　④ 데이터 활용

해설 데이터 산업은 데이터 처리, 통합, 분석, 연결, 권리 시대로 진화하고 있음.

09. 다음 글상자의 괄호 안에 알맞은 용어는?

> 3V를 어떻게 처리하고 정의하느냐에 따라서 빅데이터가 창출할 수 있는 새로운 (　　　)가 결정된다.

① 기법　　　② 가치

③ 지혜　　　④ 인사이트

해설 3V를 어떻게 처리하고 정의하느냐에 따라서 빅데이터가 창출할 수 있는 새로운 가치가 결정됨.

10. 다음 중 빅데이터의 사회 경제적 의미에서 산업적 도구에 대한 내용이 아닌 것은?

① 데이터 산업 혁명

② 새로운 경제적 가치의 원천으로 활용

③ 데이터를 신속하게 처리해 실시간 의사결정에 지원

④ 데이터 효율적인 관리와 분석을 통해 기업의 경쟁 우위 확보

해설 새로운 경제적 가치의 원천으로 활용은 천연자원에 대한 설명임.

11. 다음 중 k-익명성의 취약점을 보완한 프라이버시 보호 모델은?

① k-다양성　　　② l-다양성

③ k-근접성　　　④ t-근접성

해설 k-익명성의 취약점을 보완한 프라이버시 보호 모델은 l-다양성임.

12. 다음 중 개인정보를 가명 처리함으로써 원래의 상태로 복원하기 위한 추가정보의 사용 · 결합 없이는 특정 개인을 알아볼 수 없는 정보는?

① 가명정보　　　② 익명정보

③ 비식별정보　　　④ 추가정보

해설 개인정보를 가명 처리함으로써 원래의 상태로 복원하기 위한 추가정보의 사용 · 결합 없이는 특정 개인을 알아볼 수 없는 정보를 가명정보라고 함.

02 데이터 분석 계획

[학습 방향]

빅데이터 분석의 대상을 분별하여 알아보고 세부적인 작업에 대한 계획이 필요하다. 분석 과제를 이끌어 내기 위한 접근 방식과 데이터 확보 계획 및 분석 과제 관리를 위한 조건들을 이해하면 될 것이다.

[핵심 내용]

- 분석 과제별 적용 범위 및 방식을 고려해 단계적 분석 로드맵을 수립한다.
- 데이터 확보를 위해 사전에 정의된 문제를 토대로 계획을 수립하고 그 계획에 의거 과제 분석을 수행한다.

1. 분석 방안 수립***

1) 분석 로드맵 설정★

- 분석 과제에 대한 포트폴리오 사분면(Quadrant) 분석을 통해 과제의 1차적 우선순위를 결정하고, 분석 과제별 적용 범위 및 방식을 고려해 최종적인 실행 우선순위를 결정한 후 단계적 구현 로드맵을 수립

- 단계별로 추진하고자 하는 목표를 명확히 정의하고, 추진 과제별 선행과 후행 관계를 고려하여 단계별로 추진 내용을 정렬

분석 로드맵 단계
① 데이터 분석체계 도입
② 데이터 분석 유효성 검증
③ 데이터 분석 확산 및 고도화

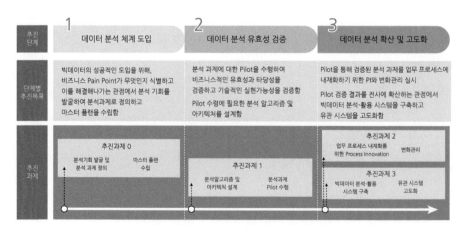

[그림 1-6] 분석 로드맵

- 첫 번째 단계는 데이터 분석 체계 도입이다. 이 단계에서는 분석 기회의 발굴과 분석 과제에 대한 정의가 필요하며, 마스터 플랜을 수립해야 함.
- 두 번째 단계는 데이터 분석 유효성 검증으로 이 단계에서는 분석 알고리즘 및 아키텍처를 설계해야 하며, 분석 과제 수행의 파일럿을 수행함.
- 세 번째는 데이터 분석 확산 및 고도화 단계로 이 단계에서는 업무 프로세스 내 재화를 위한 프로세스 혁신과 변화 관리를 실시해야 하며, 빅데이터 분석 및 활용 시스템 구축과 유관 시스템을 고도화해야 함.
- 빅데이터 구축 계획 주에 범위와 일정을 상세화하는 도구인 작업 분할 구조도(WBS)가 있음(박인근외, 2019, 빅데이터 분석과 활용, 제이펍).
- 작업 분할 구조는 개발해야 하는 업무를 1~2주 단위로 나누어서 기술한 과업 내역서이며 작업 분할 구조에서 가장 작은 과업의 단위를 워크 패키지라고 함.
- 이러한 워크 패키지는 1~2주 단위로 작성을 하는 것이 일반적임.

 심오한 TIP

파일럿(Pilot)
검증된 기술을 바탕으로 본격적인 대규모 프로젝트를 진행하기 전에 시험운영을 하여 문제점 등을 미리 점검하는 소규모 프로젝트

2) 빅데이터 구축 프로세스★★

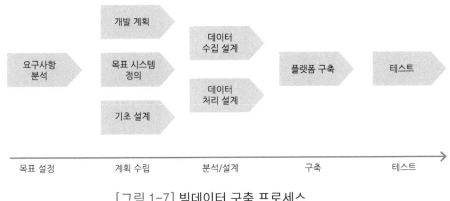

[그림 1-7] 빅데이터 구축 프로세스

- 빅데이터 구축 프로젝트의 분석 및 설계 단계의 작업 분할 구조가 중요
- 빅데이터 분석 및 설계를 위해서는 사전에 미리 빅데이터 플랫폼을 구축하고 있어야만 하며, 이러한 플랫폼은 개발 클러스터, 실시간 클러스터 등이 구축
- 빅데이터 플랫폼이 이미 구축된 경우에 WBS를 별도로 구성을 하지 않아도 됨.
- 빅데이터 분석 및 설계 단계에서는 구축해야 할 업무별로 작업 분할 구조 과업의 내용이 달라짐.

레거시 시스템(Legacy System)
새로운 솔루션을 동비하기 전에 사용하던 기존 시스템으로 기존 시스템의 주요 업무를 담당함.

 핵심 콕콕

분석 과제 우선순위 선정 매트릭스

I	II
III	IV

세로축: 난이도 · 어려움 / 쉬움
가로축: 현재 —— 시급성 —— 미래

- 1사분면: 전략적 중요도가 높아 경영에 미치는 영향이 커 시급하게 추진이 필요함. 난이도가 높아 현재 수준에서 적용하기 어려움.
- 2사분면: 현재 시점에서 전략적 중요도가 높지 않지만 중장기적 관점에서 반드시 추진해야 함. 분서 과제를 바로 적용하기에 난이도가 높음.
- 3사분면: 전략적 중요도가 높아 현재 시점에 가치를 두고 있음. 과제 추진의 난이도가 어렵지 않아 우선적으로 적용 가능함.
- 4사분면: 전략적 중요도가 높지 않아 중장기적 관점에서 전략 추진이 바람직함. 과제를 바로 적용하는 것은 어렵지 않음.

- 개발 계획이 수립되면 본격적인 개발 단계로 들어가며, 빅데이터 구축 프로젝트에서 데이터 수집, 처리 설계가 가장 중요함.
- 레거시 시스템에서 빅데이터를 수집하기 위해서는 시스템 인터페이스가 구체적이고 정확하게 정의
- 빅데이터를 처리하기 위해서는 테이블 정의서, 테이블 명세서, 테이블 구조도 등의 설계가 필요
- 빅데이터를 실시간 처리하기 위해서는 메인 메모리 적재 기술, 맵리듀스 기술 등이 필요한데, 데이터 처리 설계에 반영
- 빅데이터 수집, 처리 설계가 완료되면 본격적인 구축 단계로 들어가며, 빅데이터 플랫폼 구축 단계는 실제 하드웨어 및 소프트웨어를 설치하고 데이터를 처리하기 위한 인프라 구축을 하는 단계임.
- 사용자가 빅데이터를 조회할 수 있도록 화면도 개발하며, 빅데이터를 연동하기 위한 배치 프로그램도 이 단계에서 개발
- 빅데이터 플랫폼 구축 단계에서는 테스트를 위하여 데이터를 연동하고 연동된 데이터는 정보 보호 이슈가 없도록 사용 후 파기
- 플랫폼 구축이 완료되면 다음은 테스트 단계로 테스트 단계에서는 구축된 빅데이터 플랫폼이 제대로 동작하는지에 대한 단위, 통합, 시스템 테스트를 수행
- 시스템 테스트 단계에서는 빅데이터 플랫폼에 대한 부하 테스트, 볼륨 테스트 등을 수행하여 시스템이 여러 악조건 속에서도 기능하는지를 점검
- 단위, 통합, 시스템 테스트가 완료되면 최종적으로 사용자 인수 테스트를 수행
- 프로젝트 초기에 정의된 요구사항 기준으로 테스트를 수행하며, 사용자가 정의한 요구사항대로 빅데이터 플랫폼이 기능하는지에 대해서 점검
- 빅데이터 기획 단계에서는 전체 로드맵과 선행 및 후행 과제만 정의

3) 분석 문제 정의
(1) 분석 절차 수립★★
- 과제 기획 단계는 현황 분석을 통해서 또는 인식된 문제점 혹은 전략으로부터 기회나 문제를 탐색하면서 시작
- 이 과정은 데이터의 가용성 분석, 가설 설정과 샘플 데이터 수집, 가설 검증, 사

용자 관점에서의 해결 방안 및 과제(project) 추진 방안 설계, 빅데이터 분석 과제의 타당성 검토, 그리고 빅데이터 분석 과제의 확정 및 분석 계획 수립 과정의 절차를 따름.

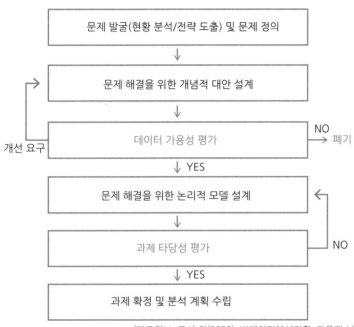

[그림 1-8] 분석 절차

① 문제 인식 및 정의
• 다양한 가설적 상황을 설정하고 이 가설적 상황의 수를 줄이거나 새로운 가설적 상황을 지속적으로 설정 및 논의하는 과정을 포함하여 관련 연구조사 등을 통해 사용자 관점에서의 문제를 정의하는 단계

② 문제 해결을 위한 개념적 대안 설계
• 정의된 문제를 기반으로 다양한 창의적 해결 대안 풀(pool)을 제안하고 이와 관련하는 여러 가설을 설정 및 논의를 통해 개념적 대안(하나 혹은 몇 개의 가설) 설정하는 단계
• 문제가 사용자 관점에서 정의된 다음에는 이 문제 해결에 필요한 개념적 대안이 설계되어야 함.

- 도출된 여러 가설 중 분석을 위해 필요한 가설을 추려내는 과정을 통해 이루어지며, 다양한 관점에서의 여러 가설에 대한 검증은 본격적인 데이터 분석을 위한 사전적인 대안 설계 작업임.
- 필요에 따라 검정에 필요한 샘플 데이터를 수집하고 샘플 데이터는 식별된 가설을 검정하기 위한 것으로 실험용 데이터, 설문조사 등을 통해 확보
- 샘플 데이터 분석을 하여 가설의 채택 여부를 결정하며, 통계적 유효성 등이 확인되어 채택할 경우 데이터의 가용성을 평가하게 되지만, 가설을 기각할 때에는 가설 조정 및 샘플 데이터 보완을 통해 유효한 가설이 도출될 때까지 반복

③ 데이터 가용성 평가
- 설계된 개념적 대안을 실현할 빅데이터 분석을 하기 위해서는 무엇보다도 데이터가 확보되어야 함.
- 관련 데이터 존재 여부와 데이터 확보 여부를 검토하는 데이터 가용성 평가 단계가 이루어져야 함.
- 만약 데이터 가용성이 미비하다고 판단될 경우에는 문제 해결을 위한 개념적 설계를 조정한 다음 또 다시 데이터 가용성을 평가
- 이러한 과정을 반복하여 가용성 있는 데이터를 확보할 수 있다고 판단될 때 비로소 문제 해결을 위한 논리적 모델을 설계하는 단계로 나아갈 수 있으며, 데이터 가용성이 확보되지 못하면 이 대안은 폐기될 수도 있음.

④ 문제 해결을 위한 논리적 모형 설계
- 데이터 가용성이 있다고 판단되면 문제 해결을 위한 논리적 모형이 설계되어야 함.
- 이 단계에서는 논리적 모형과 필요한 변수를 선정하거나 문제 해결 대안을 수립
- 발굴된 문제를 해결하기 위한 분석 모형과 필요한 변수들을 선정하고 분석 결과의 제시를 위한 산출물과 시각화 등에 관한 방안 등을 설계

⑤ 타당성 평가
- 본격적으로 모형의 검정이나 해결 대안 제시를 위한 빅데이터 분석 과제(project) 추진 방안을 다양하게 검토

- 과제 추진을 위한 시스템이 어느 유형의 추진 대안인지를 고려
- 기존 정보 시스템의 단순한 보완으로 분석이 가능한지, 엑셀 등의 기존의 간단한 도구로 분석 가능한지, 또는 통계나 데이터 마이닝 도구 등 전문적인 도구에 의해 분석이 가능한지 등에 따라 여러 대안이 도출
- 앞에서 제시된 여러 대안에 대한 평가 후 적정 방안을 선정하게 되는데, 이를 위해서는 다음과 같은 다각적인 타당성 분석이 수행

- 경제적 타당성
- 비용 대비 편익 분석으로 비용 항목은 데이터, 시스템, 인력, 유지 보수 등과 같은 분석 비용 등으로 구성
- 편익으로는 분석 결과를 적용함으로써 추정되는 실질적 비용 절감, 추가적 매출과 수익 등과 같은 경제적 가치로 산출되는 경우가 많음.

- 기술적 타당성
- 효과적인 데이터 분석을 위해서는 비즈니스적 지식과 기술적 지식이 동원되어야 하므로 비즈니스 분석가, 데이터 분석가, 시스템 엔지니어 등의 협업이 중요
- 조직 내부에서 이와 같은 전문성이 갖추어지지 않다면, 외부 전문기관의 자문을 받을 수도 있음.
- 타당성 평가 후 타당성이 있다고 판단되는 과제의 해결 대안이 결정되면 과제를 확정
- 타당성이 없다고 판단되는 경우에는 모형 및 변수를 수정하고 다른 해결 방안을 검토하는 과정을 거쳐야 하는데, 이는 대안이 선정될 때까지 반복

⑥ 과제 선정 및 분석 계획 수립
- 여러 대안 중에서 평가 과정을 거쳐 가장 우월한 대안을 선택하여 이를 프로젝트화하고, 계획 단계의 입력물로 설정
- 빅데이터 분석 기획 단계에서 최종 선정된 대안인 프로젝트를 소기의 목적을 달성할 수 있도록 계획을 수립
- 이 단계는 프로젝트의 목표를 명확히 정의하고, 프로젝트 추진 시 필요한 데이터

나 기술적 요구사항 등을 파악하고, 프로젝트 수행 예산 수립, 그리고 프로젝트 관리 계획을 수립하는 과정으로 구분

4) 데이터 분석 방안★★
(1) 데이터 분석 방안

- 빅데이터 분석의 계획을 수립하고자 할 때 중요한 것이 바로 수행 방안의 수립
- 실제 빅데이터 분석을 수행하기에 앞서서 분석을 수행할 과제를 정의하고 이후 결과를 도출할 수 있도록 프로젝트를 관리하는 방안 등을 사전에 계획을 하는 것이 중요
- 일반적으로 데이터 업무 수행 흐름도는 아래 그림에서 보는 바와 같으며, 각 과정 수행 단계별로 수행 방안을 수립

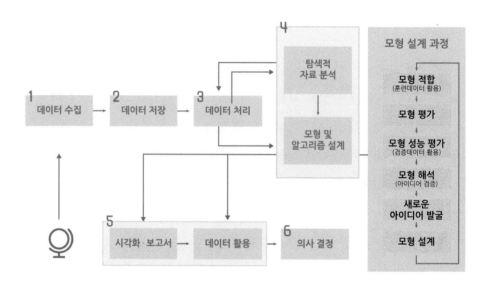

[그림 1-9] 데이터 업무 수행 흐름도(자료원: 삼정KPMG 경제연구원)

- 데이터 분석 수행을 위해서는 데이터 수집, 데이터 저장, 데이터 처리의 과정을 거침.
- 이후 탐색적인 자료에 대한 분석을 통해 모형 및 알고리즘을 설계하고 이를 통해 분석을 수행한 후 결과를 시각화한 다음 보고서를 작성하게 되는 일련의 과정을 거치고 이후 분석된 데이터를 통해 의사결정을 지원
- 기업들은 많은 양질의 데이터를 수집하고 축적하여 차별화된 경쟁우위를 차지

하려고 노력을 수행

- 데이터 수집 단계에서는 명확한 목표와 체계가 확립이 되어야만 하며, 중요한 것은 최근 들어 프라이버시에 대한 이슈가 많아지고 있기 때문에 각국의 법규와 규제 사항 등을 반드시 준비해야 함.

- <u>크롤링</u>과 오픈 API 등을 통해 필요한 외부 데이터를 수집할 수 있는 기술을 활용하는 것이 매주 중요하며, 수집된 데이터를 연계하고 통합화를 통한 과정이 반드시 필요

- 데이터가 폭증을 하고 있는 상황에서 한정된 저장 공간에서 많은 양의 데이터를 관리하는 것은 어려움.

- 자체적으로 인프라를 구축할 경우에 예기치 못한 시스템 장애를 겪을 수 있기 때문에 주기적으로 데이터를 보관 및 백업하여 유실을 방지해야 함.

- 어떠한 데이터가 언제, 어디서, 누군가가 수집하고 사용하고 있는지를 파악하는 것은 어려워 지고 있기 때문에 분산 저장된 데이터를 체계적으로 관리할 수 있는 것이 매우 중요

- 데이터를 저장할 때에는 사전에 정의된 스키마대로 데이터가 잘 저장되고 변환이 되는지에 대한 과정이 반드시 필요

- 데이터의 저장할 때, 정형뿐만 아니라 비정형 데이터의 경우에는 구조화할 수 없는 부분이 생기게 되기 때문에 기업의 모든 로우데이터(raw data)를 거대한 단일 저장소에 모으는 방법도 고려해 보아야 하는데, 이를 <u>데이터 레이크</u>라고 함.

- 가공이 되지 않은 로우데이터(원시 데이터)를 통해서는 새로운 가치를 창출하는 것은 쉽지 않음.

- 가공되기 전의 데이터를 유용한 정보를 바꾸기 위해서는 데이터 처리 과정이 반드시 필요

- 데이터 처리 과정에는 추출, 변환, 적재의 과정을 거치게 되며 일반적으로 불완전한 데이터를 처리하는 방법으로는 데이터의 정제, 데이터의 통합, 데이터의 축소, 데이터의 변환 등이 있음.

* 데이터 정제: 불완전한 데이터는 채우고, 모순된 데이터는 수정하여 다듬는 작업

* 데이터 통합: 다양하게 나뉘어져 있는 여러 데이터베이스, 파일을 합치는 작업

* 데이터 축소: 일부 데이터만 샘플링하거나 분석 대상 데이터 차원을 줄이는 작업

심오한 TIP

크롤링(crawling)
웹사이트 등의 정보를 자동화된 방법으로 수집·분류·저장하는 것

심오한 TIP

데이터 레이크
대규모의 다양한 원시 데이터 세트를 기본 형식으로 저장하는 데이터 리포지토리 유형으로, 데이터 레이크를 사용하면 정제되지 않은 데이터를 볼 수 있으며, 데이터에 대해 전체적인 대규모 리포지토리를 엔터프라이즈 환경에서 데이터 관리 전략으로 보편화할 수 있음.

※ 데이터 변환: 평균값을 구하거나 로그를 씌우는 등 데이터를 정규화 또는 집단화하는 작업

- 데이터를 처리하는 단계가 시간이 가장 많이 소요가 되는 단계로 이 단계에서는 수집한 데이터를 식별하고 데이터 간의 관계를 파악하여 데이터를 정제해야만 함.

- 데이터 분석을 위해서는 데이터를 분석하고 활용할 수 있는 역량을 확보하는 것이 중요하고, 데이터를 분석할 수 있는 방법과 역량을 축적해야 함.

- 데이터 분석을 위해서는 통계 및 예측 모델링, 랜덤 테스팅, 비즈니스 최적화 등의 기법을 활용하는 방안이 필요

- 분석된 결과를 가지고 데이터를 시각화를 하고 이를 통해 의사결정을 하게 됨.

(2) 데이터 분석 방안 설정★★

- 일반적으로 빅데이터 분석 방안을 설정하기 위해서는 접근 유형에 대한 파악이 선행이 되어야 함.

- 데이터 분석 방안 설정을 위해서는 앞서 살펴본 바와 같이 데이터 분석 목적이 정확해야만 하며, 분석 목적에 맞는 방안을 설정해야 함.

- 데이터분석 접근 방법으로는 전통적 문제해결 기반의 하향식 접근 방식, 데이터 자체로부터 문제해결이 주도되는 상향식 접근 방식, 빅데이터 환경의 불확실성을 고려한 프로토타이핑 접근 방식이 있음.

① 하향식(Top-down) 접근 방법★★

- 조직은 문제해결, 업무프로세스 효율화를 비롯하여 비용 절감, 생산성 향상, 의사결정 최적화 등 다양한 비즈니스상의 이슈나 문제들에 직면해 있음.

- 이런 비즈니스상의 이슈에 대한 해결을 위하여 근본 원인을 파악하고, 이에 대한 가설적 해결 방안을 도출

- 문제 해결을 위한 근본적 원인을 찾고, 도출된 해결 방안들에 대한 실현 가능성과 우선순위 결정을 위해서, 수집, 가공, 분석된 내부 및 외부 데이터를 이용하여 분석하는 일련의 접근 방법을 하향식 혹은 수요 기반 분석 과제 도출

- 이 접근법은 데이터 종류나 분석 기법에 문제 상황을 억지로 끼워맞추는 것이 아니라 해결해야 할 이슈나 문제를 먼저 정의하고, 이에 대한 원인 진단-연관된 해결 방안 도출이라는 일련의 시나리오를 수립하는 것이 선행이 되어야 함.
- 선행적으로 문제 해결 시나리오를 먼저 정의하고, 이에 적합한 데이터 및 분석 기법을 찾아서 활용
- 이때 활용되는 데이터 및 분석 기법은 다양한 비즈니스상의 이슈나 문제에 대한 해결이 가능하게 하는 하나의 실행동인(enabler)으로서의 역할을 담당
- 하향식 접근 방법은 빅데이터 분석 과정을 단계화하여 각 단계에서 수행될 활동들을 명확히 정의하고, 그에 따르는 활동들을 수행하고 산출물을 점검하고 확인함으로서 성공적인 기획 활동을 도모하는 방법론으로 정의

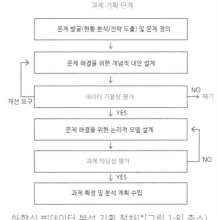

하향식 빅데이터 분석 기획 절차(*[그림 1-8] 축소)

② 상향식(Bottom-up) 접근 방법 ★★

- 하향식 문제 해결 혹은 지식 창출이 아니라 경험적인 과거 데이터를 무작정 결합하여 상향식으로 새로운 정보 혹은 지식을 얻고자 하는 새로운 분석 패러다임임.
- 전통적인 하향식 문제 해결 방식과 대비되어, 기업에서 보유하고 있는 다양한 원천으로부터 생성되고, 다양한 형태로 존재하는 데이터로부터 비즈니스 문제와 빅데이터 문제를 도출하고 통찰력과 지식을 얻고자하는 접근 방법
- 상향식 접근 방법은 하향식과는 달리 명확한 문제 해결 절차를 수용하지 않으며, 이미 보유하고 있는 데이터 웨어하우스나 데이터 마트 등에 존재하는 데이터를 변환, 정제 과정을 거친 데이터를 기반으로 데이터 분석가나 비즈니스 분석가는 기본적인 기술적 통계분석, 군집분석, 시각화기법, 상관분석, 인과분석 등을 통하여 데이터에 내재되어 있는 유의미한 패턴과 관계 집합을 도출
- 도출된 패턴과 관계를 비즈니스 관점에서 해석을 하고, 그 결과 의미가 있다고 판단되면 면밀한 검토를 거쳐 그 자체가 비즈니스 규칙으로 활용이 가능하거나, 문제나 기회의 발견에 사용될 수 있는 결론에 도달함.
- 만약 규칙이나 솔루션으로 사용이 가능하면 그것은 운영 시스템에 직접 적용되고, 운영 프로세스에 반복적으로 활용됨.

(◎) **심오한 TIP**

데이터 웨어하우스
사용자의 의사 결정에 도움을 주기 위해 시스템의 데이터베이스에 축적된 데이터를 공통의 형식으로 변환하여 관리하는 데이터베이스

규칙이나 솔루션으로 즉시 문제 해결에 기여하지 못해도, 그 결과는 문제나 기회발견에 활용이 되고 이는 문제 구조의 정형화 정도에 따라 새롭게 하향식 문제접근법이나 프로토타이핑 접근의 문제 해결 프로세스를 시작

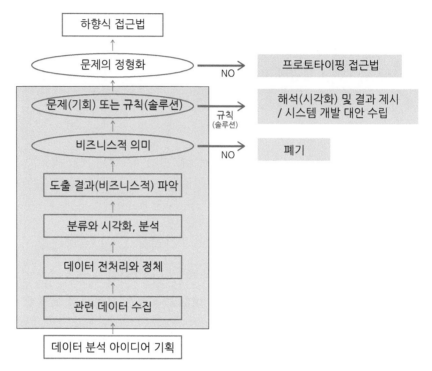

[그림 1-10] **상향식 분석 기획 프로세스**(자료원: 노규성 외(2020), 빅데이터분석기획, 와우패스)

상향식 프로세스 절차

① 데이터 분석 아이디어 기획이란 어떤 데이터를 어떤 목적을 위해 분류, 분석, 시각화해 볼 것인가에 대한 아이디어를 모으고 분석 방향을 기획함을 의미(데이터 가용성 분석을 병행)함.

② 관련 데이터를 수집(또는 외부에 요청)하여 전처리 등을 하고 연관, 상관 등의 분석을 시행함.

③ 분석(도출) 결과에 대한 비즈니스적 의미를 파악하고 비즈니스 의미가 없으면 결과는 폐기하지만, 비즈니스 의미가 있으면 그게 규칙(솔루션)인지 아니면 문제(기회)의 발견인지를 판단함.

④ 규칙(솔루션)일 경우 해석 및 결과 제시 혹은 모형을 수립하여 활용토록 제안함.

⑤ 그러나 문제(기회) 발견으로 귀결될 경우 문제의 정형화 여부를 판단함.

⑥ 정형화 가능 시, 하향식 접근법을 실시하지만, 정형화가 불가능할 경우에는 프로토타이핑 접근법을 통해 빅데이터 분석을 추가로 실시함.

③ 프로토타이핑 접근 방법 ★★

- 프로토타입은 "원초적 형태"라는 의미를 담고 있으며, 프로토타입은 정보 시스템의 미완성 버전 혹은 중요한 기능들이 포함되어 있는 초기 모델로써 많이 사용되는 용어

- 빅데이터 분석 기획에서 프로토타이핑 접근법은 사용자가 정보 요구사항이나 데이터를 정확히 규정하기 어렵고, 데이터 원천도 명확히 파악하기 어려운 상황에서 일단 분석을 시도해 보고 그 결과를 확인해 가면서 반복적으로 개선해 나가는 방법을 의미

- 하향식 접근 방법은 문제가 정형화되어 있고, 문제 해결을 위한 데이터가 완벽하게 조직에 존재할 경우에 효과적이지만, 프로토타이핑 방법론은 비록 완전하지는 못하다 해도 신속하게 해결책이나 모형을 제시함으로써 이를 바탕으로 문제를 좀 더 명확하게 인식하거나, 필요한 데이터를 식별하고 구체화할 수 있게 함으로써 빅데이터 분석 기획에 유용한 방법론

- 빅데이터 분석 환경에서 프로토타이핑의 필요성을 정리하면 다음과 같음.

– 문제에 대한 인식 수준

정보 시스템 개발 환경에서와 마찬가지로 문제 정의가 불명확하거나, 이전에 접해보지 못한 새로운 문제일 경우, 사용자는 프로토타입을 이용하여 문제를 구체화하는데 도움을 받을 수 있음.

– 필요 데이터 존재 여부의 불확실성

문제 해결을 위해 필요한 데이터의 집합이 모두 존재하지 않을 경우, 그 데이터의 수집을 어떻게 할 것인지? 또는 그 데이터 대신에 다른 데이터로 대체할 것인지? 등에 대한 빅데이터 사용자와 분석가 간의 반복적이고 순환적인 협의 과정이 필요

– 데이터 사용 목적의 가변성

데이터의 가치는 사전에 정해진 수집 목적에 따라 확정되는 것이 아니고, 그 효용이 지속적으로 변화할 수 있음.

조직에서 보유 중인 데이터라 하더라도 데이터 사전에 기록된 기존의 데이터 정의를 재검토하여 데이터의 사용 목적과 범위를 확대할 수 있음.

 핵심 콕콕

프로토타이핑 필요성
- 문제에 대한 인식 수준
- 필요 데이터 존재 불확실성
- 데이터 사용 목적의 가변성

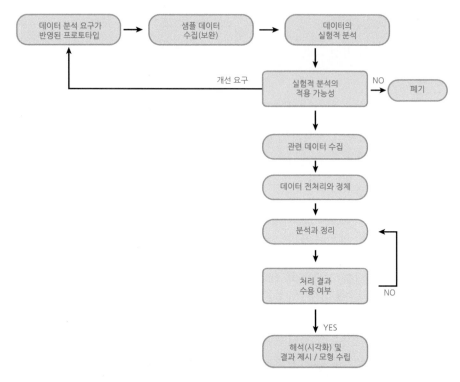

[그림 1-11] 프로토타이핑 접근법에 의한 빅데이터 분석 기획 절차

(자료원: 노규성 외(2020), 빅데이터분석기획, 와우패스)

(3) 분석 기획을 위한 전략적 접근 방법★★★

- 하향식, 상향식, 그리고 프로토타이핑 접근법은 독립적으로 그 기능을 온전하게 발휘하는 것은 흔치 않음.
- 빅데이터 분석을 통한 과제 도출은 한 가지 이상의 접근법이 융합하여 결합될 때, 사용자가 원하는 효과적인 결과를 제공할 수 있음.
- 이는 비즈니스 분석가의 비즈니스적 지식과 직관, 데이터 분석가의 데이터가 갖고 있는 특성을 이해할 수 있는 역량, 그리고 문제 자체 또는 문제 환경의 복잡성을 극복하기 위한 접근 방안 등이 결합이 될 때, 올바른 과제 도출이 가능함.

[표 1-6] 빅데이터 기획 접근 방법의 세 가지 유형 비교

구분	하향식	상향식	프로토타이핑
문제의 사전 정의 문제 해결 요구	명확히 존재 (예: 왜 고객 이탈이 증가하나?)	사전에 문제가 정의되지 않음	문제가 존재하나 어떻게 해결책을 강구할 것인지는 불명확
빅데이터 분석 주도자	비즈니스 담당자	주: 데이터 분석가 부: 비즈니스 담당자	비즈니스 담당자
분석의 동인	비즈니스 지식/직관	데이터 기반	비즈니스와 데이터 기반의 복합
기획 절차	명확한 절차 존재	없음	반복적/정교화 과정
요구 데이터의 정의	사전에 정의 가능	분석 과정에 따라 요구 데이터가 변화	부분적인 데이터 요구 변화가 반복적으로 발생 가능
최종 결과물	명확한 과제 도출 혹은 과제 도출 실패 시 프로토타이핑 접근으로 다시 시작	• 솔루션/규칙 발견으로 종료 • 문제/기회 발굴로 하향식/프로토타이핑 접근법으로 문제 해결 계속	명확한 과제 도출

(자료원: 노규성 외(2020), 빅데이터분석기획, 와우패스)

- 위의 세 가지의 접근법의 상호 연계를 살펴보면 다음 그림과 같음.

- 상호 연계가 의미하는 바는 특정의 접근법이 빅데이터 문제 해결에 독립적으로 적용될 수 없다는 것이며, 전통적 문제 해결 절차인 하향식 접근법의 다른 접근법과의 의존성을 보여줌.

- 상향식 접근법이 하향식과 프로토타이핑 접근법을 유도할 수 있는 기회를 제공함을 보여 주며 이는 정보 시스템 개발 방법론이 하향식과 프로토타이핑으로 대조를 이루고 있음에 반하여, 빅데이터 과제 도출에서는 이들 방법과 더불어 상향식 접근법이 추가가 될 때, 온전한 방법론으로 역할을 할 수 있음을 보여줌.

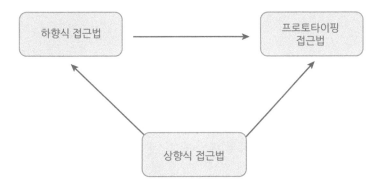

[그림 1-12] 빅데이터 분석 기획의 융합적 접근법(자료원: 노규성 외(2020), 빅데이터분석기획, 와우패스)

2. 분석 작업 계획^{★★}

1) 데이터 확보 계획

- 데이터를 분석하기에 앞서 양질의 데이터를 확보하는 것이 중요
- 데이터는 내부 데이터, 외부 데이터로 분류가 되며, 내부 데이터의 경우에는 큰 어려움이 없이 확보가 가능(사전에 승인을 받으면 가능하다는 전제)
- 외부 데이터의 경우에는 확보하는 데 어려움이 따르며, SNS 등의 데이터를 확보하기 위해서는 다양한 기술이 필요하며, 또한 무료 데이터가 아닌 유료 데이터의 경우에는 데이터를 확보하기 위해서는 추가적인 비용이 소요됨.

- 데이터를 확보 및 수집하기 위해서는 사전에 정의된 문제를 토대로 하여 데이터 수집과 확보를 위한 계획을 잘 수립해야 함.
- 빅데이터의 활용을 위해서는 크게 두 가지 측면이 전제되어야 하는데, 첫 번째는 데이터의 확보로 데이터의 확보를 다시 세밀하게 나누자면, 데이터 자체의 확보와 양질의 데이터를 확보하는 것으로 말할 수 있음.
- 일부 자본력을 갖추고 시장 확보가 탄탄한 기업들은 자체 인프라를 활용하여 데이터를 확보하고 새로운 가치 창출을 시도하고 있지만, 여전히 대다수의 기업들은 혁신적인 성과를 통한 수익 창출을 하지 못하고 있음.
- 현재 많은 수의 기업들은 데이터 확보에 어려움을 겪고 있는데, 제도적인 측면과 인프라의 부재가 원인이며, 제도적 측면으로는 대표적인 것이 개인정보 보호법에 의한 제약들이 있으며 개인정보 비식별화를 통한 정부의 가이드라인이 마련되어 있음.

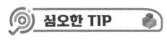

마이데이터
개인이 데이터를 주체적으로 관리하는 것을 넘어, 능동적으로 활용하는 일련의 과정

- <u>마이데이터</u>는 개인의 정보를 바탕으로 사용자에게 꼭 맞는 서비스를 제공할 수 있는 것이 장점임.
- 얼마나 많은 데이터를 확보하느냐가 좋은 서비스 제공의 전제 조건이며, 양질의 정보를 모을수록 사용자 파악이 세밀해지고 더 차별화된 서비스가 제공됨.

- 데이터 확보를 위해서는 보다 많은 인풋 채널(input channel), 즉 데이터 수집수단이 있어야 함.
- 온라인상으로 구축된 서비스들은 상대적으로 용이한 데이터 수집이 가능함.
- 예를 들면, 아마존이 자사의 온라인 쇼핑몰에서 사용자의 구매 패턴, 특정 제품의 페이지에 머물렀던 시간, 심지어는 마우스 커서가 올려 있는 대상까지도 고객의 니즈를 예측·분석하기 위한 수단으로 쓰이는데, 이 모든 것은 비교적 센서와 같은 추가 하드웨어의 보급 없이도 이루어짐.

- 빅데이터를 통해 새로운 비즈니스를 창출하기 위해서는 비즈니스를 가능하게 하는 데이터를 걸러내는 것이 필요
- 수집한 빅데이터에서 일정한 규칙성을 갖는 요소들을 골라내고, 이들을 관찰하여 문제 해결을 위한 새로운 아이디어를 발굴하거나 비즈니스 모델을 수립
- 빅데이터 분석을 통한 비즈니스 모델의 발굴은 다분히 귀납적(Bottom Up)인 방법

- 빅데이터를 잘 활용하기 위한 두 번째 측면은, 비즈니스 모델에 대한 발굴이며, 빅데이터는 그저 데이터를 많이 모았다고만 해서 가치를 갖는 것은 아님.
- 해당 데이터를 분석하여 새로운 요소를 분석해 내고, 미래를 예측하고, 새로운 비즈니스 아이템, 새로운 서비스를 발굴해 내어야 비로소 가치를 갖게 되며, 비즈니스 모델에 대한 발굴은 재귀적이긴 하지만, '어떤 데이터를 모아야 할 것인가'에 대한 답변도 될 수 있음.
- 기업들의 빅데이터 활용도가 부족한 것은 데이터의 확보 문제도 있지만, 데이터를 통해 어떠한 비즈니스를 발굴해 내야 하는지를 못 찾았거나 찾더라도 그 사업성이 불투명하기 때문임.
- 이 부분은 유사 업종의 선진 기업들을 벤치마킹하고, 각자의 장점을 살릴 수 있는 아이템을 스스로 찾는 것이 중요
- 데이터를 모으고 분석하다 보면 그동안 미처 인지하지 못했던 패턴을 발견할 수도 있으며, 기획이라는 것을 하려고 해도 어느 정도 기본적인 데이터에 의한 경험적 축적은 있어야 함.

(1) 능동적 데이터 수집과 수동적 데이터 수집

- 데이터 수집 실행은 위에서 언급한 다양한 기술을 적용하여 수행을 하게 되는데 데이터를 수집하는 주체의 능동성 여부에 따라서 능동적 데이터 수집과 수동적 데이터 수집으로 분류

- "능동적 데이터 수집"이란 데이터를 가지고 있는 주체가 데이터 수집을 원하는 주체에게 능동적으로 데이터를 전달하는 것인데, 예를 들어 생산설비에 있어서 생산 관련된 데이터를 로그로 기록해서 제공하는 로그데이터(Log Data)나 설문조사 등과 같음.

- "수동적 데이터 수집"이란 데이터를 소유하는 주체는 웹페이지를 통해 데이터를 공개하고 데이터 수집을 원하는 주체가 웹 로봇(Web robot)이나 웹 크롤러(Web Crawler) 등을 사용하여 웹페이지에 게시되어 있는 정보를 수집함.

(2) 내부 또는 외부 데이터 수집

- 데이터 수집은 데이터 소스의 위치에 따라 내부 데이터 수집과 외부 데이터 수집으로 구분

- 내부 데이터 수집은 주로 자체적으로 보유한 내부 파일 시스템이나 데이터베이스 관리 시스템, 센서 등에 접근하여 데이터를 수집하는 것을 의미

- 외부 데이터 수집은 인터넷으로 연결된 외부에서 데이터를 수집하는 것을 의미

- 대표적인 내부 데이터 수집 방법으로는 ETL(Extraction, Transformation, Loading)이 있음(자세한 사항은 Cahpter 3 데이터 수집 및 저장 계획을 참고).

- 대표적인 외부 데이터 수집 방법으로는 크롤링 엔진(Crawling Engine)을 통한 수집이 있음.

2) 분석 절차 및 작업 계획★★

- 빅데이터의 분석 절차는 문제 정의(문제 인식, 현황 분석 등) → 연구조사 → 모형화 → 자료 수집 → 자료 분석 → 시각화 또는 관련 데이터 수집 → 데이터 전처리 및 정제 → 분석과 정리 → 처리 결과 수용 여부 → 해석(시각화) 및 결과 제시/모형 수립 등 다양함.

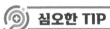

웹 크롤러

조직적, 자동화된 방법으로 월드 와이드 웹을 탐색하는 컴퓨터 프로그램

ETL

다양한 소스 시스템으로부터 필요한 데이터를 추출(extract)하여 변환(transformation) 작업을 거쳐 저장하거나 분석을 담당하는 시스템으로 전송 및 적재(loading)하는 모든 과정을 포함하며 이 경우의 데이터 수집은 수집한 데이터를 저장하거나 분석하기 위해 데이터를 변환하거나 통합하는 작업을 포함(ETL에 대한 내용은 Part 1의 Chapter 3을 참고하기 바람)

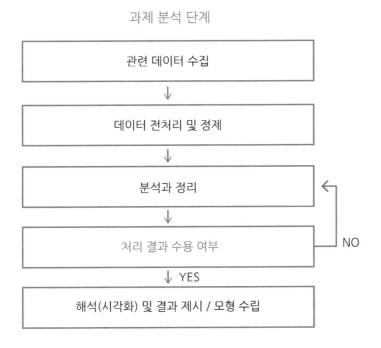
과제 분석 단계

| 관련 데이터 수집 |
| 데이터 전처리 및 정제 |
| 분석과 정리 |
| 처리 결과 수용 여부 | NO |
| 해석(시각화) 및 결과 제시 / 모형 수립 |

YES

(1) 관련 데이터 수집

- 선정된 변수에 의해 구성된 분석 모형이나 과제를 해결하기 위해서는 관련 데이터를 수집하고 이를 분석하여야 하므로 데이터 수집이 분석 첫 관문
- 데이터를 수집하는 방법은 내부의 데이터 웨어하우스나 데이터베이스 내의 데이터, 조직 외부의 데이터 소스(sources) 등을 통해 이루어짐.
- 어떤 데이터를 어떤 방법을 선택하여 수집할 것인가에 대한 판단은 문제의 성격과 측정해야 하는 변수의 특징에 달려 있음.

(2) 데이터 전처리와 정제

- 다양한 소스로부터 획득한 데이터는 대부분 분석하기에 부적합하거나 수정이 필요한 데이터가 포함되어 전처리나 정제가 필요함.
- 많은 빅데이터 분석 과제의 경우 데이터의 확보 및 데이터 전처리와 정제 과정이 프로젝트의 90% 이상을 차지한 것으로 조사됨.
- 빅데이터 분석 프로젝트에서 데이터 전처리가 매우 중요한 과정임.

(3) 데이터 분석과 정리 및 처리 결과의 수용

- 분석 대상과 관련되는 데이터가 수집되고 정제되면 이를 분석하는 과정을 거치게 됨.
- 측정하고 수집된 데이터 그 자체만으로는 아무것도 알 수가 없으므로 분석을 통해 그 속에 내재된 의미를 파악해야 의사결정에 활용 가능
- 데이터 분석이란 모아놓은 데이터에서 변수들 간의 관련성을 파악하는 것이며, 본서에서는 기초적인 통계적 분석에서부터 매우 정교한 데이터 마이닝 기법에 이르기까지 각각의 상황에 필요한 다양한 데이터 분석과 정리 기법을 소개

(4) 해석과 결과 제시

- 빅데이터 분석의 마지막 단계는 분석 결과의 의미를 해석하고 제시하는 단계
- 데이터 분석을 통해 변수 간의 관련성이 분석되면 그 결과가 의미하는 바를 명료하게 해석하여 의사결정자에게 구체적인 조언을 하게 됨.
- 빅데이터 분석의 결과물이 또 다른 데이터 분석이나 정보 제공을 위한 새로운 모형일 경우에는 분석 모형 자체가 제시되고, 이의 사용법 등이 제시될 필요가 있음.
- 주요 분석 결과를 적절한 방법을 통해 간단명료하게 요약하여 어떤 의사결정이 바람직한지에 대해 제시하는 것이 필요
- 결과의 제시 방법 중 다양한 차트나 그래프를 활용하여 효과적으로 주의를 끄는 방법이 권고되고 있음.

① 로드맵 설정과 작업 분할 구조도 설정

- 분석 과제에 대한 포트폴리오 사분면(Quadrant) 분석을 통해 과제의 1차적 우선순위를 결정하고, 분석 과제별 적용 범위 및 방식을 고려해 최종적인 실행 우선순위를 결정한 후 단계적 구현 로드맵을 수립
- 단계별로 추진하고자 하는 목표를 명확히 정의하고, 추진 과제별 선행과 후행 관계를 고려하여 단계별로 추진 내용을 정렬

- 첫 번째 단계는 데이터 분석 체계 도입으로 이 단계에서는 분석 기회의 발굴과 분석 과제에 대한 정의가 필요하며, 마스터 플랜을 수립해야만 함.

- 두 번째 단계는 데이터 분석 유효성 검증으로 이 단계에서는 분석 알고리즘 및 아키텍처를 설계해야 하며, 분석 과제 수행의 파일럿 수행

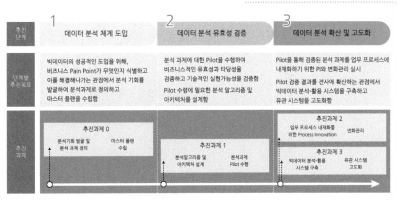

로드맵(*[그림 1-6] 축소)

- 세 번째는 데이터 분석 확산 및 고도화 단계로 이 단계에서는 업무 프로세스 내재화를 위한 프로세스 혁신과 변화 관리를 실시해야 하며, 빅데이터 분석 및 활용 시스템 구축과 유관 시스템을 고도화 해야 함.

- 빅데이터 구축 계획 주에 범위와 일정을 상세화하는 도구인 작업 분할 구조도(WBS)가 있음.[1]

- 작업 분할 구조는 개발해야 하는 업무를 1~2주 단위로 나누어서 기술한 과업 내역서이며, 작업 분할 구조에서 가장 작은 과업의 단위를 워크 패키지라고 함(워크 패키지는 1~2주 단위로 작성을 하는 것이 일반적임).

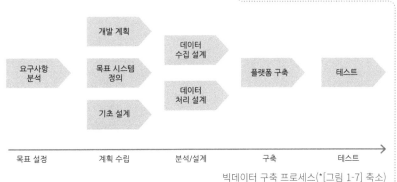

빅데이터 구축 프로세스(*[그림 1-7] 축소)

- 요구사항 분석 후, 개발 계획이 수립되면 본격적인 개발 단계로 들어가며, 빅데이터 구축 프로젝트에서 데이터 수집, 처리 설계가 가장 중요

- 빅데이터를 처리하기 위해서는 테이블 정의서, 테이블 명세서, 테이블 구조도 등의 설계가 필요

- 빅데이터를 실시간 처리하기 위해서는 메인 메모리 적재 기술, 맵리듀스 기술 등이 필요한데, 데이터 처리 설계에 반영

---

1) 박인근외(2019), 빅데이터 분석과 활용(제이펍)

- 빅데이터 수집, 처리 설계가 완료되면 본격적인 구축 단계로 들어감.
- 빅데이터 플랫폼 구축 단계는 실제 하드웨어 및 소프트웨어를 설치하고 데이터를 처리하기 위한 인프라 구축을 하는 단계로 사용자가 빅데이터를 조회할 수 있도록 화면도 개발함.
- 빅데이터를 연동하기 위한 배치 프로그램도 이 단계에서 개발됨.
- 빅데이터 플랫폼 구축 단계에서는 테스트를 위하여 데이터를 연동하고, 연동된 데이터는 정보 보호 이슈가 없도록 사용 후 파기함.

- 플랫폼 구축이 완료되면 테스트 단계를 거치는데, 테스트 단계에서는 구축된 빅데이터 플랫폼이 제대로 동작하는지에 대한 단위, 통합, 시스템 테스트를 수행
- 시스템 테스트 단계에서는 빅데이터 플랫폼에 대한 부하 테스트, 볼륨 테스트 등을 수행하여 시스템이 여러 악조건 속에서도 기능하는지를 점검

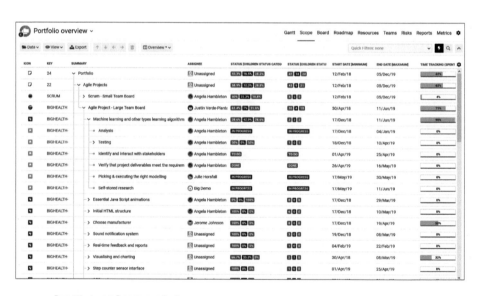

[그림 1-13] WBS 예시(자료원: https://softwareplant.com/jira-bigpicture-wbs)

01. 다음 중 빅데이터 분석 로드맵의 추진 과제 1에 속하는 것은?

① 마스터 플랜 수립　　② 분석 기회 발굴
③ 분석 과제 pilot 수행　④ Process Innovation 수립

> **해설** 추진과제 1에서는 분석과제 pilot를 수행하고, 분석 알고리즘 및 아키텍처 설계가 있음.

02. 다음 중 빅데이터 구축 프로세스에 대한 설명으로 올바르지 않은 것은?

① 데이터 플랫폼이 이미 구축된 경우라도 WBS를 별도로 구성해야 함
② 빅데이터 구축 프로젝트의 분석 및 설계 단계의 작업 분할 구조가 중요함
③ 빅데이터 분석 및 설계를 위해서는 사전에 미리 빅데이터 플랫폼을 구축해야 함
④ 기간계 시스템에서 빅데이터를 수집하기 위해서는 시스템 인터페이스가 구체적이고 정확하게 정의되어야 함

> **해설** 빅데이터 플랫폼이 이미 구축된 경우에 WBS를 별도로 구성하지 않아도 됨.

03. 다음 중 비용대비 편익 분석에서 비용의 항목이 아닌 것은?

① 기술　　　　　② 인력
③ 시스템　　　　④ 데이터

> **해설** 비용항목으로는 데이터, 시스템, 인력, 유지보수가 있음.

04. 과제 기획 단계에서 문제 해결을 위한 개념적 대안 설계 다음에 이루어지는 단계는?

① 문제 발굴　　　② 과제 타당성 평가
③ 데이터 가용성 평가　④ 논리적 모델 설계

> **해설** 문제 발굴 → 개념적 대안 설계 → 데이터 가용성 평가 → 논리적 모델 설계 → 과제 타당성 평가 → 과제 확정 및 분석 계획 수립 순임.

05. 다음 중 모형 설계 과정이 아닌 것은?

① 모형 적합　　　② 모형 처리
③ 모형 해석　　　④ 새로운 아이디어 발굴

> **해설** 모형 설계 과정은 모형 적합, 평가, 성능 평가, 해석, 설계, 새로운 아이디어 발굴이 있음.

06. 다음 중 대규모의 다양한 원시 데이터 세트를 기본 형식으로 저장하는 데이터 리포지토리 유형은?

① 로우데이터　　② 데이터 전처리
③ 데이터 레이크　④ 데이터 통합

> **해설** 데이터 레이크는 대규모의 다양한 원시 데이터 세트를 기본 형식으로 저장하는 데이터 리포지토리 유형임.

07. 다음 중 대표적인 외부 데이터 수집 방법은?

① ETL　　　　　② Extraction
③ Crawling　　　④ Loading

> **해설** Crawling은 대표적인 외부 데이터 수집 방법임.

08. 다음 글상자에서 설명하고 있는 방법론은?

> 완전하지 못해도 신속하게 해결책이나 모형을 제시함으로써 이를 바탕으로 문제를 좀 더 명확하게 인식하거나, 필요한 데이터를 식별하고 구체화할 수 있게 함으로써 빅데이터 분석 기획에 유용한 방법론

① 하향식   ② 상향식
③ 혼합식   ④ 프로토타이핑

해설 프로토타이핑 방법에 대한 설명임

09. 다음 중 빅데이터 구축 프로세스에서 계획 수립 단계의 활동이 아닌 것은?

① 개발 계획   ② 목표 시스템 정의
③ 기초 설계   ④ 데이터 수집 설계

해설 계획 수립 단계의 활동으로는 개발 계획, 목표 시스템 정의, 기초 설계가 있음.

10. 다음 중 데이터 확보 계획에 대한 설명으로 올바르지 않은 것은?

① 양질의 데이터 확보가 중요
② 내부 데이터는 어려움 없이 확보가 가능
③ 외부 데이터 확보를 위해서는 추가적인 비용이 필요 없음
④ 사전에 정의된 문제를 토대로 데이터 수집과 확보를 위한 계획을 잘 수립해야 함

해설 외부 데이터 확보를 위해서는 추가적인 비용이 필요함.

03 데이터 수집 및 저장 계획

[학습 방향]

데이터 유형에 따른 데이터 수집 방법에 사용되는 여러 기술을 배운다. 또한 데이터 구축의 경우 수집과 처리, 대상의 유형에 따라 이후 작업 순서가 달라지므로 데이터 유형 및 속성에 대해 알아본다.

[핵심 내용]

- 데이터의 수집 기술과 수집된 데이터의 비식별화를 위한 여러 방법을 알아본다.
- 데이터 수집은 데이터 분석 결과에 직접적으로 영향을 미치기 때문에 그에 적합한 데이터로 적재하고 저장할 수 있도록 방법을 알아본다

1. 데이터 수집 및 전환**

1) 데이터 수집 절차

- 빅데이터 수집 및 추출을 위한 일련의 과정은 데이터 수집, 데이터 저장 관리, 데이터 분석, 서비스 제공 및 이용으로 대별해 볼 수 있음.

 심오한 TIP

데이터 수집 프로세스

수집 대상 데이터 선정, 수집 세부 계획 수립, 테스트 수집 실행 작업으로 세분화됨(www.dbguide. net, 빅데이터 활용 단계별 업무 절차 및 기술 활용 매뉴얼, 한국정보화진흥원(2014))

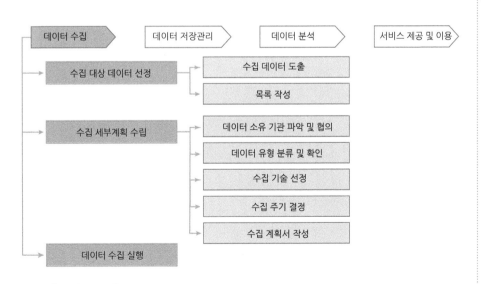

[그림 1-14] 빅데이터 수집 및 처리, 관리 절차 중 데이터 수집 상세 활동

- 데이터 수집 단계

1단계 수집 대상 데이터 선정	수집할 데이터 유형, 속성, 특성에 대한 내용을 살펴보는 것이 필요한 이유는, 수집할 대상을 선정한 이후 또는 선정을 위해 데이터 자체에 대한 식별과 분류를 하기 위해서 임.
2단계 수집 세부 계획 수립	선정된 데이터의 위치를 파악하고 데이터의 유형을 파악해 수집 시 적용할 기술 및 보안사항 등을 점검한 다음 수집 계획서 작성
3단계 데이터 수집 실행	수집 데이터 위치 파악 및 데이터 유형을 분류하고 관련 수집 기술 및 수집 주기, 주요 업무 등을 담은 세부 계획 작성

(1) 수집 대상 데이터 선정

- 분석에 필요한 수집 대상 데이터를 선정하되 수집 가능성 여부 등을 파악하고 세부 목록 및 항목을 작성하며, 본 과정은 두 가지 세부 과정으로 구분

① 수집 데이터 도출

- 데이터 수집 활동은 빅데이터 서비스 제공 시 서비스 품질을 결정하는 매우 중요한 핵심 업무
- 데이터 도메인의 분석 노하우가 있는 내외부 전문가의 의견을 수렴하여 분석 목적에 맞는 데이터를 도출
- 고려할 사항

가능성	· 해당 데이터가 사용 가능하고 수집 가능한가? · 데이터 선정 시 가장 우선적으로 고려해야 할 사항 · 실효성이 낮은 상황 활용 시 그 효과에 대한 기대가 높다 하여도, 수집 가능성이 매우 낮거나, 수집을 위해 소용되는 비용적 측면에서 수집으로 인한 효과성을 뛰어넘거나, 수집된 데이터의 질적 보장을 할 수 없는 상황 등 · 수집될 원천 데이터의 품질과 정책은 빅데이터 프로젝트에서 매우 중요한 변수이기 때문에 실효성이 낮은 경우에는 대상으로 선정하는 것이 바람직하지 않음.
보안	· 수집 시 개인정보 포함 여부 및 유출 문제는 없는가? · 수집된 데이터에 대해 개인정보 보호 문제나 저작권에 대한 문제 발생 시 서비스 활용에 대해 심각한 문제가 발생하므로 반드시 살펴보아야 할 사항 · 최근 데이터 3법이 개정되어 그 활용의 폭이 넓어지고 있고, 향후에도 긍정적인 확대가 가능해질 것으로 조심스럽게 전망해 볼 수 있으나, 보안관련 항목은 존폐에 대한 결과로 이어질 수 있으므로 매우 신중하게 고려되어야 됨.

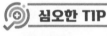

심오한 TIP

데이터 3법

데이터 이용을 활성화하는 「개인정보 보호법」, 「정보통신망 이용 촉진 및 정보보호 등에 관한 법률(약칭: 정보통신망법)」, 「신용정보의 이용 및 보호에 관한 법률(약칭: 신용정보법)」 등 3가지 법률을 통칭

- 데이터 3법 개정안은 2020년 1월 9일 국회 본회의를 통과
- 법률 개정안 주요내용
  - 데이터 이용 활성화를 위한 가명정보 개념 도입
  - 관련 법률의 유사·중복 규정을 정비하고 추진체계를 일원화 하는 등 개인정보 보호 협치(거버넌스) 체계의 효율화
  - 데이터 활용에 따른 개인정보 처리자의 책임 강화
  - 모호한 '개인정보' 판단 기준의 명확화

정확성	• 활용 목적에 따른 세부 항목들이 적절히 포함되었는가? • 수집 목적에 맞는 데이터를 수집하기 위해서는 사전 처리 과정이 필요하고 수집한 데이터의 사후 처리 방안 마련 필요
수집 난이도	• 데이터 구축과 정제된 데이터를 적정한 비용으로 확보 가능한가? • 데이터 수집 및 처리에 들어가는 구축 비용과 필요한 데이터를 얻기 위해 거쳐야 하는 정제 과정이 고려되어야 함. • 정성적 기준으로 주로 비용으로 직접 산출이 어려운 경우 수집 난이도 측면에서 트래픽 양과 저장 처리 장치의 용량 등이 고려 대상
수집 비용	• 데이터 수집에 드는 비용은 얼마인가? • 데이터를 획득하기 위해 직접적으로 들어가는 획득 비용임. • 간접적으로 들어가는 비용은 수집 난이도나, 정확성, 보안, 수집 가능성 항목에서 고려됨. • 정량적 기준으로 적용된 수집 기술에 들어가는 비용이 발생할 경우에는 수집 기술에 대한 검토가 필요함.

② 목록 작성

• 수집 가능성 여부, 보안 문제, 세부 데이터 항목(품질) 및 비용 등을 검토하여 데이터 수집 목록 작성

(2) 수집 세부계획 작성

• 수집 데이터 유형을 분류하고 관련 수집 기술 및 수집 주기, 주요 업무 등을 담은 세부 계획 작성 활동 수행

① 데이터 소유기관 파악 및 협의

• 데이터 소유자의 데이터 개발 현황/조건, 적용기술, 보안사항 등을 파악하고 필요한 협의 진행

• 특히, 데이터 수집 관련 보안사항, 개인정보 보호 관련 문제 등 점검 수행

- 내부 데이터인 경우 내부 시스템 간 데이터 연계 가능 여부 등 파악

- 외부 데이터인 경우 개방 데이터 종류, 데이터 양, 수집 시스템 연계 방식·절차, 수집 주기 등 관련 기술·정책을 파악하고 협의

- 데이터 위치에 따른 유형별 수집 방법 예시

㉠ 외부

형태	종류	수집 방법 정의
정형 데이터	DBMS	• DBMS 벤더가 제공하는 API를 통해 정형 데이터에 접근해 데이터를 수집하고 시스템에 저장
	이진 파일	• ftp 프로토콜을 사용해 파일을 수집 시스템에 다운로드하고 해당 파일의 API를 통해 데이터 처리
반정형 데이터	스크립트 파일	• http 프로토콜을 사용해 파일의 텍스트를 스크랩하고 데이터에 저장된 메타정보를 읽어 파일을 파싱해 데이터 처리
	이진 파일	• 스트리밍을 사용해 파일의 텍스트를 스크랩하고 데이터에 저장된 메타정보를 읽어 파일을 파싱해 데이터 처리
비정형 데이터	이진 파일	• ftp 프로토콜을 사용해 파일을 수집 시스템에 다운로드하고 해당 파일을 API를 통해 데이터 처리
	스크립트 파일	• http 프로토콜을 사용해 파일의 텍스트를 스크랩하고 내부 처리에서 텍스트를 파싱해 데이터 처리

(자료원: www.dbguide.net)

㉡ 내부

형태	종류	수집 방법 정의
정형 데이터	DBMS	• DBMS 벤더가 제공하는 API를 통해 정형 데이터에 접근해 데이터를 수집하고 시스템에 저장
	이진 파일	• ftp 프로토콜을 사용해 파일을 수집 시스템에 다운로드하고 해당 파일의 API를 통해 데이터 처리
반정형 데이터	스크립트 파일	• http 프로토콜을 사용해 파일의 텍스트를 스크랩하고 데이터에 저장된 메타정보를 읽어 파일을 파싱해 데이터 처리
	이진 파일	• 스트리밍을 사용해 파일의 텍스트를 스크랩하고 데이터에 저장된 메타정보를 읽어 파일을 파싱해 데이터 처리
비정형 데이터	파일	• ftp 프로토콜을 사용해 파일을 수집 시스템에 다운로드하고 해당 파일의 API를 통해 데이터 처리

(자료원: www.dbguide.net)

② 데이터 유형 분류 및 확인

- 수집 대상 데이터 유형을 분류하고 데이터 포맷 등 확인
- 데이터의 유형과 종류는 수집 방법과 밀접한 관계가 있음.

- 내부에서 수집을 할 경우에는 DBMS에 저장된 정형 데이터가 주를 이루고, 외부에서 수집할 경우에는 <u>스크립트</u> 형태로 제공하는 반정형 데이터가 주를 이룸.
- 실무에서 데이터 수집 계획을 수립할 경우 내부와 외부를 구분하는 것이 데이터 수집의 비용적인 측면과 관리적 측면에서 유리
- 데이터 유형은 물리적 저장 형태인 데이터 종류와 관계가 깊음.

③ 수집 기술 선정

- 데이터 유형 및 포맷 등에 맞는 수집 기술 선정
- 수집 기술은 데이터 소스로부터 다양한 유형의 데이터를 수집하기 위해 확장성, 안정성, 실시간성 및 유연성 확보 필요
- 수집 기술 선정 시, 아래와 같은 사항을 우선 점검
  - ㉠ 정제·변환 과정
  - ㉡ 전처리 및 저장 프로세스의 필요성 유무
- 수집 방법과 수집 기술
- 수집 대상 데이터의 형태와 대상 데이터와의 연동 방법에 따라 수집 방법을 정의하고 분류
- 수집 방법의 종류는 일반적 수집 데이터의 형태와 종류에 따라 크롤링, ETL, 로그수집, ftp, http, RDB 수집 방법으로 분류되고 있으나, 수집 기술, 연동 방법 등이 구별되지 않음.
- 수집 기술은 수집 방법에 필요한 기본적인 기능 요건들을 만족시키거나 필요한 기능 요건들을 추가해 수집 기술을 만들 수 있음.
- 하나의 수집 방법에 여러 개의 수집 기술이 존재할 수 있음.
- 기술적으로는 큰 차이가 없지만 서비스 활용 용도에 따라 수집 기술 구분
- 데이터 유형에 따른 수집 기술

데이터 유형	데이터 종류	수집 기술
정형 데이터	RDB, 스프레드 시트	ETL, FTP, Open API
반정형 데이터	HTML, XML, JSON, 웹문서, 웹로그, 센서 데이터	Crawling, RSS, Open API, FTP
비정형 데이터	소셜 데이터, 문서(워드, 한글), 이미지, 오디오, 비디오, IoT	Crawling, RSS, Open API, Streaming, FTP

(자료원: 빅데이터 활용 단계별 업무절차 및 기술 활용 매뉴얼, 한국정보화진흥원(2014))

심오한 TIP

스크립트(scripts)
응용 프로그램과 독립하여 사용되고 최종 사용자가 응용 프로그램의 동작을 사용자의 요구에 맞게 실행할 수 있음.

심오한 TIP

XML(eXtensible Markup Language)
W3C에서 개발된, 다른 특수한 목적을 갖는 마크업 언어를 만드는데 사용하도록 권장하는 다목적 마크업 언어

JSON(JavaScript Object Notation)
비동기 브라우저/서버 통신에서 '속성-값 쌍' 또는 '키-값 쌍'으로 이루어진 데이터 오브젝트를 인간이 읽을 수 있는 텍스트를 사용하여 전달하는 개방형 표준 포맷

– 데이터 종류별 연동 방법: 수집 대상 데이터의 형태와 대상 데이터와의 연동 방법에 따라 수집 방법을 정의하고 분류

데이터 종류	수집 대상 데이터의 구현 형태	연동 방법	내부 처리
DBMS	DBMS에 저장된 데이터	소켓	저장
반정형 이진 파일	로그 형태로 센서, 서버 등 머신이 발생하는 데이터	스트리밍	저장
비정형 이진 파일	텍스트 형태의 파일, 동영상 파일, 이미지 파일	ftp	저장·파싱
스크립트 파일	웹상에 HTML, XML, JSON 형태로 존재	http	저장·파싱

(자료원: www.dbguide.net)

• 수집 방법 분류 예

– 원본 데이터 요청 후 확인, 소켓 통신으로 연동하는 DBMS 수집 방법

– 스트리밍 방식으로 연동하는 로그 데이터·센서 데이터 수집 방법

– FTP 프로토콜을 사용하는 이진 파일 수집 방법

– HTTP 프로토콜을 사용하는 스크립트 파일 수집 방법

④ 수집 주기 결정

• 데이터 유형에 따라 배치(batch), 실시간 방식 등을 선택하여 적용

• 수집 주기는 배치와 (준)실시간 수집으로 구분하여 적절한 수집 기술 선택해야 함.

• 데이터의 종류와 크기, 데이터 발생 빈도주기, 분석주기, 시스템 및 네트워크 부하 정도 등을 고려하여 기술을 선택해야 하기 때문에 일정기간 샘플 데이터 수집 과정이 필요

• 분석 시점에서 필요한 충분한 데이터 양을 확보할 수 있도록 최소한의 수집 기간을 설정해야 하며, 실시간 스트림은 수집과 분석이 동시에 이루어지므로 이벤트 기반 분석 체계 구축이 필요

• 동적 수집 주기에 대한 설정은 사전에 일정 기간 샘플 데이터를 수집한 후 데이터 양 등을 점검한 후 적절하게 주기 조정 필요

• 샘플 데이터 양을 점검한 후에 수집 주기와 서버 용량을 결정

• 스트림 데이터의 실시간 수집(IoT)의 경우 데이터 폭증에 대비해야 하므로 중복 데이터 필터링 기술과 인메모리 처리 기술 활용 필요

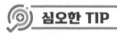

심오한 TIP

배치(Batch)

사용자의 개입 없이 실행을 일괄 처리할 수 있는 작업의 실행을 의미함. 프로그램 흐름에 따라 순차적으로 자료를 처리하는 방식임.

심오한 TIP

인메모리(In-memory)

디스크에 최적화된 데이터베이스를 빠른 접근과 처리가 가능하도록 메인 메모리에 설치하는 방식

⑤ 수집 계획서 작성

• 앞서 소개 된 수집 대상 '데이터 출처, 수집 기술, 수집 주기 및 수집 담당자의 주요 업무' 등을 반영하여 계획서를 작성하여 활용

㉠ 데이터 소스

• 데이터 소스의 특징을 구별할 수 있는 정보

항목	작성 내용	고려 사항
소스 위치	내부 시스템일 경우 특정 RDB의 IP, PORT 등이 포함될수 있으며, 외부 시스템일 경우 URI 등 기술	여러 소스가 있을 경우 중요한 소스별로 모두 기술되어야 함.
데이터 유형	물리적으로 존재하는 데이터의 유형을 파일 종류, RDB일 경우 DBMS 종류 등을 기술	데이터 유형이 혼합된 경우 의존관계 기술
인터페이스	수집하는 항목의 세부 내용에 대해 인터페이스 요소에 대해 기술	
데이터 담당자	소스 데이터의 데이터 담당자와 연락처를 기술한다. 담당자를 알지 못하는 경우 기관명 혹은 대표 URL만 기술할 수 있음.	
협약 내용	데이터 원천 담당자와 협약한 내용을 기록한다. 협약 사항은 별도의 첨부 문서로 관리될 수 있음.	법적 검토 필요

(자료원: www.dbguide.net)

㉡ 수집 주기

• 수집 주기와 관련된 정보

항목	작성내용	고려 사항
주기 설정	주기는 주기성을 갖지 않는 불규칙 수집일 경우, 일정 시간을 정해 수집하는 배치일 경우, 이벤트가 발생할 경우 등으로 배치 처리와 실시간 처리를 구분해 기술	수집 실패 시 재수집 정책 수립 필요
데이터 양	1회 수집 시 발생하는 데이터의 양을 기술하고, 여기에 수집 주기를 곱해 서비스 시작일과 서비스의 예상 종료일까지의 총 데이터양을 기술	수집 시스템 저장소의 용량 예측
트래픽 양	수집 시 발생하는 네트워크 트래픽량을 계산해 작성	과도한 트래픽 발생 시 해결책 필요

(자료원: www.dbguide.net)

ⓒ 수집 방법

• 데이터 수집 방법과 관련된 정보

항목	작성 내용	고려 사항
적용 기술	수집에 필요한 적용 기술을 기술하는 것으로 일반적으로 하나의 기술만 선택되는 것이 아니므로 수집 프로세스별로 나누어 사용되는 기술의 이름, 버전을 기술	처리 과정에 대해 과정별로 나누어 기술
데이터 유형	사전 데이터 처리가 필요한 경우 사전 처리 작업에 대해 기술	사전 처리 규칙 명시
데이터 사후 처리	데이터 수집 후 사후 처리가 필요한 경우 사후 처리 방법에 대해 명시해 기술	
대안 기술	소스 데이터 수집 시 대안 기술이 필요할 경우 대안 기술을 명시해 기술	대안 기술이 존재하지 않을 경우 다른 데이터 소스 고려

(자료원: www.dbguide.net)

(3) 데이터 수집 실행

• 수집 계획서의 완성으로 데이터 수집 준비 완료

• 데이터 수집 테스트 수행 필요

– 데이터 수집 가능성과 완전성을 확인

– 데이터 선정 시 고려하였던 요소들 검증

– 테스트 후 데이터 수집 실행

• 기술적 검토사항

– 데이터 세트 누락

– 소스 데이터와 비교 시 사이즈나 개수 차이 여부

– 수집된 데이터의 정제 작업 필요 여부 등

– 수집한 데이터가 보안사항이나 저작권에 위배되는 지

– 대용량 수집으로 인한 급격한 트래픽 증가가 일어나는지

– 그 밖에 환경 측면의 검토

① 사전 테스트 진행

• 수집 계획에 따라서 수집 주기, 적용 기술 등 관련 수집 환경에 대한 사전 테스트 진행

- 필수 점검 사항
- 네트워크 트래픽 문제, 데이터 누락 여부, 정확성(원본 데이터와 샘플 데이터 비교), 보안성(개인정보 포함 여부 등) 등에 관한 사항을 필수적으로 점검
- 테스트 수행 결과에 따라서 필요시 수집 방법을 보완 또는 변경할 수 있음.

② 데이터 수집 시행
- 데이터 수집을 진행하되 향후 장애 점검 등을 위하여 관련 로그 기록 확보할 것을 권고
- 수집 데이터의 출처, 수집 방식, 장애 발생, 로그, 시간 등 수집 당시 상황 등을 시스템적으로 기록한 사항 관리 필요

③ 데이터 수집 후 처리
- 데이터 수집 후 저장된 데이터에 대한 외부인의 접근 방지 및 유출 시 대처 방안 등 관련 업무지침 마련

2) 주요 수집 기술★★★

(1) 기술 소개
① HTTP 수집
- HTTP 수집은 크게 두 가지 기술로 분류
- 웹에서 텍스트 정보를 가져오는 크롤링 수집 기술
- 웹을 운영하는 운영 주체가 정보를 제공하는 Open API 수집 기술

② Crawling 수집 기술
- Crawling 활용에 필요한 정보 설정, Agent 관리, Ranking 등 주요 기능에 대한 기능 제공

기능	고려 사항
정보 설정 기능	• 수집할 사이트의 URL 목록을 관리(추가/변경/삭제)하는 기능을 제공해야 함. • 수집주기(시간, 분, 초)를 설정하는 기능을 제공해야 함. • URL, 수집주기 등 설정 값을 에이전트에 전달하는 기능을 가져야 함. • 각종 설정이 자동으로 반영되거나 설정을 자유로이 입력할 수 있는 관리자 기능이 제공되어야 함. • SNS 수집의 경우 다중 메일 계정을 적용하여 수집 대상을 지정할 수 있어야 함.
수집 에이전트 (웹 로봇) 기능	• 에이전트 관리(추가/변경/삭제) 기능을 제공해야 함. • 에이전트 운영(기동, 중지 등) 기능을 제공해야 함. • 수집할 URL 리스트에서 웹문서 등 콘텐츠를 수집하는 기능을 제공해야 함. • 수집한 웹문서에 포함된 URL을 추출하는 기능을 제공해야 함. • 새로운 URL 리스트를 추가하는 기능을 제공해야 함. • 규칙, 확률 또는 학습 기반으로 문서를 분류하는 기능과 분류 승인 모듈 기능을 제공해야 함. • 분류된 정보를 사용자에게 메일링하거나 DB 테이블에 Upload하는 기능을 제공해야 함. • 데이터 수집 시 불필요한 수집이 일어나지 않도록 사전에 대상을 등록하여 선별적 수집이 되도록 하는 기능을 제공해야 함. • 다수의 웹페이지를 동시에 수집할 수 있도록 병렬 웹 크롤링 기능을 제공해야 함. • 수집된 데이터를 로컬 또는 원격에 있는 DB에 저장할 수 있는 기능을 가져야 함.
Ranking 등 기타 기능	• 로봇이 웹사이트에 접근하는 것을 방지하기 위한 로봇 배제 표준 규약 권고안(robots.txt에 기술)을 준수해야 함.

③ Open API 수집 기술

• Open API를 이용하여 데이터를 수집하기 위한 정보 설정, 수집 Agent, RDB 테이블과의 매핑 등 기술 제공

기능	고려 사항
정보 설정 기능	• 수집할 대상 서버의 정보(URI)를 설정하는 기능을 제공해야 함. • 수집 주기(시간, 분, 초)와 반복 횟수(무제한, 횟수 지정)를 설정하는 기능을 제공해야 함. • URI, 수집 주기를 에이전트로 배포하는 기능을 제공해야 함.
수집 에이전트 기능	• 에이전트 관리(추가/변경/삭제) 기능을 제공해야 함. • 에이전트 운영(기동, 중지 등) 기능을 제공해야 함. • 에이전트가 Mash-up이 용이하도록 RESTful 방식의 Open API를 제공해야 함. • 제공하려는 웹사이트의 콘텐츠 자원(리소스, text, image, audio, video)에 유일한 URI를 부여하는 기능을 제공해야 함. • POST(create), GET(Read), PUT(update), DELETE(delete) Method를 제공해야 함. • XML, JSON, RSS 정보 제공 방식을 지원하여야 함. • 에이전트 통신 오류, 이상 동작에 대한 에이전트 감사(monitoring) 및 복구 기능이 제공 되어야 함(자동/수동).
RDB 테이블과 매핑 기능	• XML, JSON 데이터의 Element와 테이블 Column 정보를 Mapping하는 기능을 제공해야 함.

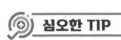

심오한 TIP

POST

서버에게 정보를 보내면서 생성을 요청함. 예를들어 회원가입을 할 때 DB에 새로운 회원정보를 등록하거나, 사진을 업로드 하면 그 사진을 등록함.

GET

서버에게 정보를 요청함. 서버(혹은 DB)의 자원은 클라이언트로 전달만 될 뿐 변경되지 않음.

PUT

서버의 정보를 업데이트하거나 자원이 없다면 새로운 정보 생성을 요청함.

DELETE

서버에게 정보의 삭제를 요청함.

④ FTP 수집 기술

- 대용량 파일을 수집하기 위한 정보 설정, 클라이언트와 서버 간 연결, 파일 전송, FTP 보안 등 기능 제공

기능	고려사항
정보 설정 기능	• 수집할 대상 파일의 정보(URI, 파일명)를 설정하는 기능을 제공해야 함. • 수집 주기(시간, 분, 초)를 설정하는 기능을 제공해야 함. • Active FTP, Passive FTP 연결에 사용한 통신 포트 번호를 설정하는 기능을 제공해야 함.
클라이언트와 서버 연결 기능	• 클라이언트와 서버 간 통신 포트를 사용하여 신호, 명령 제어 연결 기능을 제공해야 함. • 클라이언트와 서버 간 통신 포트를 사용하여 데이터(파일)을 전송 연결 기능을 제공해야 함. • 클라이언트 프로그램은 여러 파일을 연속으로 송수신하기 위하여 서버와의 지속적인 응답 메시지 전송을 통해 연결 상태(세션)을 유지하는 기능을 제공해야 함. • Active FTP(서버가 클라이언트가 지정한 지점으로의 데이터 연결 설정) 연결 기능을 제공해야 함.
	• Passive FTP(클라이언트가 서버가 지정한 서버 포트로 연결 설정) 연결 기능을 제공해야 함. • 클라이언트가 방화벽, NAT(IP 마스킹) 등을 사용하는 환경에서 Active 모드에서 Passive 모드로 전환하는 기능을 제공해야 함.
파일 전송 기능	• ASCII 파일, EBCDIC 파일, 이진 파일을 전송하는 기능을 제공해야 함. • 스트림 모드(연속된 바이트의 흐름), 블록 모드(TCP로 블록 전송), 압축 모드 등의 전송 모드를 선택할 수 있는 기능을 제공해야 함. • get, mget(여러 파일을 받는 명령), put, mput(여러 파일을 보내는 명령) 등의 명령 기능을 제공해야 함. • 수집 파일에 대한 무결성 확인 기능을 제공해야 함. - 생성 중인 파일을 수집기가 수집하거나 수집 중인 파일을 분석에 활용할 경우 활용 불가하므로 무결성 제공 필요함.
FTP 보안 기능	• 사용자 인증(이름, 암호) 기능을 제공해야 함. • Secure FTP(22번 포트 사용)를 사용하여 계정 정보 등을 암호화하는 기능을 제공해야 함.

⑤ M2M Aggregator 수집 기술

- 센싱, 장치 로그, 사용자 정보 등 M2M(Machine to Machine) 데이터를 실시간으로 수집하기 위해 필요한 기술 제공

기능	고려사항
정보 설정 기능	• 수집할 대상 서버의 주소(URL/IP) 정보를 설정하는 기능을 제공해야 함. • 수집 주기(시간, 분, 초)와 반복 횟수(무제한, 횟수 지정)를 설정하는 기능을 제공해야 함. • 데이터 수집주기를 Agent로 배포하는 기능을 제공해야 함.

쉼오한 TIP

ASCII
미국정보교환표준부호(American Standard Code for Information Interchange)는 영문 알파벳을 사용하는 대표적인 문자 인코딩임. 아스키는 컴퓨터와 통신 장비를 비롯한 문자를 사용하는 많은 장치에서 사용되며, 대부분의 문자 인코딩이 아스키에 기초를 두고 있음.

EBCDIC
확장 이진화 십진법 교환 부호 (Extended Binary Coded Decimal Interchange Code)는 IBM 메인프레임용 운영 체제인 z/OS, OS/390, VM 운영 체제, VSE 운영 체제와 IBM의 중급 컴퓨터 운영 체제인 OS/400과 i5/OS 등에서 사용되는 8비트 문자 인코딩(코드 페이지)임.

M2M Agent 기능	• 에이전트 관리(추가/변경/삭제) 기능을 제공해야 함. • 에이전트 운영(기동, 중지 등) 기능을 제공해야 함. • 수집 서버의 실시간 콘텐츠 자원(M2M RTDB)에 접속 가능한 표준 API 기반의 서비스 기능을 제공해야 함. • M2M 데이터를 일정량으로 분할하여 실시간으로 TCP/IP 프로토콜을 이용하여 다양한 외부 애플리케이션으로 전송하는 기능을 제공해야 함. • 센서 데이터 콘텐츠(M2M RTDB) 검색 Method를 제공해야 함. • 네트워크 트래픽을 최소화하기 위해 최적 라우팅 경로를 탐색하는 기능을 제공해야 함.
M2M Collector 기능	• Agent 모듈에서 수집한 하위 설비 정보 및 센서 데이터를 실시간으로 수집 서버로 전송하는 기능을 제공해야 함.

⑥ Log Aggregator 수집 기술[1]

• 로그/센서 데이터 수집 방법

– 데이터 처리 에이전트의 구별을 통해 로그 수집 기술

– 실시간 처리가 주를 이루는 머신 정보 수집 기술

• Log Aggregator를 이용하여 로그 파일을 수집하기 위한 정보 설정, 수집 Agent, Collector 등 기술 제공

심오한 TIP

청크(Chunk)
파일을 나눈 조각의 단위

기능	고려사항
정보 설정 기능	• 수신 에이전트 정보(URI, 디렉토리, 파일 명명 규칙, 확장자 종류)를 설정하는 기능을 제공해야 함. • 수집주기(시간, 분, 초)와 반복횟수(무제한, 횟수 지정)를 설정하는 기능을 제공해야 함. • URI, 수집주기를 에이전트로 배포하는 기능을 제공해야 함.
수집 에이전트 기능	• 에이전트 관리(추가/변경/삭제) 기능을 제공해야 함. • 에이전트 운영(기동, 중지 등) 기능을 제공해야 함. • 파일을 수집하고 청크(Chunk, 메타데이터 포함) 단위로 전송하는 기능을 제공해야 함. • 수집 시 사전 정의된 저장 단위로 처리 하여 파일을 생성하거나 일정한 데이터를 토큰 단위(주기/블럭)로 잘라서 전송할 수 있는 기능을 제공해야 함. • 압축 가능한 파일의 경우, 압축 전송하는 기능을 제공해야 함. • 수집 대상 파일의 변경(추가/수정/삭제) 여부를 체크하는 기능을 제공해야 함.
Collector 기능	• 초 단위로 다수의 에이전트로부터 로그 정보를 수신하고 분 단위로 직렬화된 청크에 대한 분산 파일 시스템 시퀀스 파일로 전송하는 기능을 제공해야 함. • 수집 수행 발생 시 병목을 피하기 위하여 손쉬운 확장 기능 제공(수집 노드 확장)함. • 수집기의 트래픽 밸런싱을 자동 조정하거나 관리자에 의하여 일정한 형식으로 동작 정의할 수 있는 기능을 제공해야 함. • 로그 파일 전송을 모니터링하는 기능을 제공해야 함.

1) Nutch(웹 크롤링/웹 검색): http://nutch.apache.org
   • Chukwa(로그수집기): http://incubator.apache.org/chukwa
   • Flume(로그수집기 등): http://flume.apache.org
   • Sqoop(RDB 데이터 수집): http://sqoop.apache.org

⑦ RDB Aggregator 수집 기술

- RDB 데이터를 수집하기 위하여 필요한 정보 설정, 수집 Agent에 대한 기술 제공
- DBMS 수집은 DB에 직접 연결해 데이터를 수집하는 기술임.

기능	고려사항
정보 설정 기능	• 수집할 대상 RDB 서버의 정보(예, URI, SID, DB 연동 드라이버)를 설정하는 기능을 제공해야 함. • 수집주기(시간, 분, 초)와 반복횟수(무제한, 횟수 지정)를 설정하는 기능을 제공해야 함 • URI, 수집주기를 에이전트로 배포하는 기능을 제공해야 함.
수집 에이전트 기능	• 에이전트 관리(추가/변경/삭제) 기능을 제공해야 함. • 에이전트 운영(기동, 중지 등) 기능을 제공해야 함. • RDB 메타정보에서 테이블을 선택하는 기능을 제공해야 함. • RDB 메타정보에서 Column, 유형, 크기를 선택하는 기능을 제공해야 함. • RDB 데이터를 레코드 단위로 수집하고 분산 파일 시스템으로 Import하는 기능을 제공해야 함. • RDB 데이터 수집 중 오류가 있을 경우 오류 경고 처리와 함께 수행 중단 경고를 출력하는 기능을 제공해야 함.
클린징 기능	• 수집한 데이터를 타깃 시스템에 맞게 정제하여 로드하는 기능임.

(2) 데이터 유형에 따른 수집 기술 활용 예

① 관계형 데이터베이스 수집 기술

ㄱ 배경

- 데이터베이스 시스템: 빅데이터 분석 시 반정형 또는 비정형 데이터만을 대상으로 하지 않기 때문에 일반적으로 잘 정제되어 있는 양질의 데이터는 이미 정형 데이터 유형으로 관리되고 있음.
- 빅데이터 분석을 할 때, 분산 환경(하둡)과 데이터베이스 시스템의 데이터와 연계할 경우 이를 서로 연결할 수 있는 브리지 역할이 필요

② 스쿱(Sqoop, SQL to Hadoop)

- 스쿱은 하둡과 정형 데이터 간 데이터 이동을 효과적으로 전달하는 것을 목적으로, 하둡에서 데이터베이스의 정보를 가져오거나 하둡의 결과를 데이터베이스에 업로드시킬 때 사용되는 기술

  심오한 TIP

관계형 데이터베이스 (Relational Database, RDB)
키(key)와 값(value)들의 간단한 관계를 테이블화시킨 매우 간단한 구조의 데이터베이스

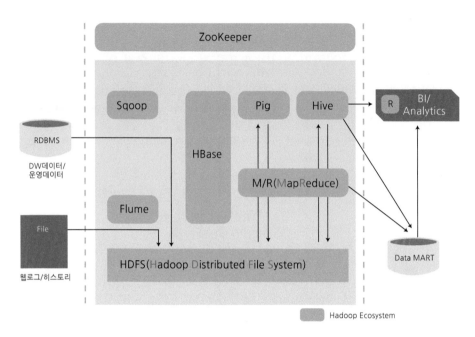

[그림 1-15] 빅데이터 기반 구성

③ 로그 데이터 수집 기술: 플룸(Flume)

㉠ 배경

- 로그 데이터는 사물인터넷(IoT)의 급부상과 함께 그 효용성이 날로 증가하고 있는 데이터

- 로그 데이터를 수집하기 위해서 기술을 선택할 때 확장성, 안정성, 유연성, 주기성이 반드시 고려되어야 함.

㉡ 로그 데이터 수집 시 고려 사항

특성	고려사항
확장성	수집의 대상이 되는 시스템이 얼마나 늘어날 것인가?
안정성	수집되는 데이터가 손실되지 않고 안정적으로 저장 가능한가?
유연성	다양한 데이터의 형식과 접속 프로토콜을 지원하는가?
주기성	수집 데이터가 실시간으로 반영돼야 하는가 혹은 배치 처리를 해도 가능한가?

(자료원: www.dbguide.net)

ⓒ 로그수집기 비교

- 아파치의 Flume과 Chukwa, 페이스북에서 스트리밍 데이터를 처리하기 위해 개발된 Scribe 등이 있음.

구분	Flume (아파치 톱 레벨 프로젝트)	Scribe (페이스북 오픈소스)	Chukwa (아파치 인큐베이터 프로젝트)
수집 방법	• 다양한 소스로부터 데이터를 수집해 다양한 방식으로 데이터를 전송할 수 있음. • 아키텍처가 단순하고 유연하며, 확장 가능한 데이터 모델을 제공하므로 실시간 분석 애플리케이션 개발 용이	• 클라이언트 서버의 타입에 상관없이 다양한 방식으로 로그를 읽어 들일 수 있음.	• 수집된 로그 파일을 HDFS에 저장
처리 방법	• 각종 Source, Sink 등을 제공하므로 확장 용이	• Apache Thrift 필수 • Thrift 기반 Scribe API 활용해 확장 가능	• HDFS의 장점을 그대로 수용했고, 실시간 분석도 가능
특징	• 최근 국내 빅데이터 솔루션의 수집 부분에 많이 채택되고 있음. • 대용량 로그 데이터를 안정성, 가용성을 바탕으로 효율적으로 수집	• 페이스북의 자체 Scaling 작업을 위해 설계돼 현재 매일 수백억 건의 메시지를 처리 • 수많은 서버로부터 실시간으로 스트리밍 로그를 수집	• 지나치게 하둡에 의존적 • 하둡의 서브 프로젝트로 분산 서버에서 로그 데이터를 수집·저장·분석하기 위한 솔루션
개발 주체	아파치	페이스북	아파치

(자료원: www.dbguide.net)

- 플룸(Flume)은 빅데이터 플랫폼에 로그 전달이 목적으로, 로그를 수집하는 플랫폼으로서 플룸 이전에도 rsyslog와 같은 툴이 있었지만, 플룸은 하둡에 직접 데이터를 저장할 수 있고 여러 가지 경로와 장애 대응 기능을 가지고 있어서 대규모의 로그 데이터를 처리하기 매우 편리하도록 특화된 기술

④ 웹크롤링: Scrapy

ㄱ 데이터 수집 관점 분류: scrapping과 crawling

ㄴ scrapping

- 웹페이지의 내용 전체를 웹 코드까지 가져옴

 심오한 TIP

Flume(플룸)

스트리밍 데이터의 흐름에 기반한 간단한 구조의 플랫폼

Scribe(스크라이브)

수많은 서버로부터 실시간으로 스트리밍되는 로그 데이터를 처리하기 위한 분산 플랫폼

 심오한 TIP

Scrapy(스크래피)

Python으로 작성된 오픈소스 웹 크롤링 프레임워크이며, 웹 데이터를 수집하는 것을 목표로 설계

ⓒ crawling

- scrapping 외에도 웹에서 전달하고자 하는 콘텐츠를 데이터화하는 것까지 포함
- 크롤러는 그 목적이나 쓰임새에 따라 현재도 계속 개발되고 있음.
- 크롤러를 구현 방법: 크게 4가지로 구분함

구분	종류	특징
Pure 프로그래밍	· C, Java 등	· 프로그래밍 언어로 작성한 간단한 웹 접속용 크롤러
라이브러리	· Beautiful Soup, iXML, curl 등	· 프로그래밍 언어에서 크롤링을 위해 지원하는 라이브러리들. 주로 HTML을 파싱하는 기능을 지원
특징	· Scrapy, Nutch, Crawler4j	· 크롤링의 아키텍처 위에 확장 가능한 기반 코드 제공
업무용 패키지	· 구글, 아마존, 네이버, 다음 같은 곳에서 자체 개발한 엔터프라이즈급 크롤러	· 특정 목적을 가지고 개발한 패키지 형태의 애플리케이션

(자료원: www.dbguide.net)

ⓔ 크롤러 프레임워크 비교

프레임워크	기반 언어
Scrapy	파이썬
Nutch	Java
Crawler4j	Java

(자료원: www.dbguide.net)

ⓜ Scrapy

- 웹에 존재하는 정보를 크롤링하기 위한 파이썬 기반의 애플리케이션 프레임워크
- 빠르고 안정적인 성능 이외에도 HTML이 손상되었더라도 활용이 가능하다는 장점이 있음.
- Scrapy의 아키텍처 구조는 수집 주기를 설정하는 스케줄러가 존재
- 수집할 항목을 정의하는 아이템과 수집 데이터의 저장 형식을 정의하는 파이프라인이 출력을 담당하는 형태를 가짐.
- 스파이를 통해 월드와이드웹 정보를 수집하는 형태

심오한 TIP

Nutch

아파치 너치는 루씬을 기반으로 하여 만든 오픈 소스 검색 엔진임. 루씬을 기반으로 하였지만 웹 크롤러는 처음부터 다시 만들었으며, 여러 가지 플러그인을 붙일 수 있도록 모듈화가 잘 되어 있음.

ⓗ 스케줄러

- 스케줄러는 수집 주기, 프록시 설정, 멀티 에이전트 설정 기능을 가지고 있어 Scrapy 엔진의 수집에 관련된 정책 사항을 설정하는 역할을 담당

ⓢ 아이템 파이프라인

- 아이템 파이프라인은 수집하려는 데이터의 입출력을 담당
- 수집하려는 항목을 아이템으로 정의하고 수집한 데이터의 형태를 파일 혹은 DBMS로 직접 입력이 가능하도록 설정할 수도 있음.

ⓞ 스파이더

- 수집하는 데이터를 크롤링하는 역할을 함.
- 스파이더는 스케줄러로부터 프로젝트에서 크롤링하는 정책에 따라 설정 값을 요청하여 다운로더로부터 받은 크롤링 데이터를 아이템 형태로 아이템 파이프라인으로 전송하는 기능임.

ⓩ 다운로더

- http, ftp 프로토콜을 해석하여 웹에 있는 데이터를 다운로드하는 역할을 담당

💡 심오한 TIP

인터넷에 대부분 사용자가 실제로 접속하는 부분은 월드 와이드 웹(World Wide Web)임. 대부분의 웹사이트 URL에 있는 "www"가 바로 여기에서 온 것이며, 진짜 거미(spider)가 거미줄을 기어다니듯 검색 엔진 봇이 웹 전체를 기어다녀서(crawl) 크롤러 또는 '스파이더'라고 함.

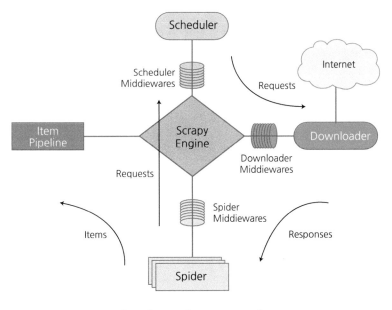

[그림 1-16] Scrapy 구성

(자료원: www.dbguide.net)

3) 데이터 유형 및 속성 파악★★★

핵심 콕콕

빅데이터 프로젝트에서 주체 도출이 어려운 이유는 대부분 사업 수행자가 데이터 분석을 수행해 보지 않은 경우가 많기 때문임.

- 빅데이터 프로젝트에서 데이터 수집 전 빅데이터 <u>주제를 도출하는 것은 어려운 작업임.</u>
- 빅데이터 주제 선정은 수집할 데이터를 식별하고 그 범위를 한정 짓기 위한 기준으로 사용
- 빅데이터 분석 과제 발굴을 완료했다면, 데이터 수집 및 처리 저장 관리에 대해 구체적으로 논의할 준비가 된 상태
- 빅데이터 구축 사업의 경우 수집과 처리, 관리 대상의 유형에 따라 적용 기술 등 후속 절차의 방법이 달라지므로 우선 데이터 유형 및 속성을 파악해 볼 필요가 있음.

(1) 데이터 유형 파악

- 데이터 유형은 저장 위치별, 구성 형태별, 존재 형태별로 구분

① 저장 위치별

　㉠ 분류

- 수집할 데이터가 내부 혹은 외부에 있느냐에 따라 '내부 데이터'와 '외부 데이터'로 구분
- 내부 데이터 수집뿐만 아니라 외부의 데이터 확보에 중점을 두기 때문에 외부의 데이터 위치 파악은 데이터 연계에 필요한 규칙과 밀접한 관계가 있음.

위치	내용
내부	· 내부 시스템과 데이터 연계 가능 여부를 파악, 데이터 종류 및 수집 주기 인터페이스 정의서 작성 - 조직 활동 결과로 축적되는 운영 DB, 산재되어 있는 운영 DB로부터 데이터를 추출(Extract)하고, 표준화에 따라 변환(Transform)시켜, 주제별로 적재(Load)시켜 놓은 데이터 웨어하우스, SCM(공급관계관리), CRM(고객관계관리), ERP(전사적자원관리) 등 인트라넷, 익스트라넷, 포털 등 모든 조직 활동과 관련되어 전자적으로 축적되고 있는 데이터 - IT 인프라와 관련된 로그 등 하드웨어, 네트워크 등에서 발생되는 데이터
외부	· 오픈 API는 개방하는 데이터의 종류 및 형태를 파악해 데이터의 양과 트래픽의 정도 확인 · 연계 방식 및 절차, 수집 기술 적용 방안 검토, 소스 데이터 시스템의 데이터 개방 정책 파악

외부	• 크롤링을 통해 데이터를 가져올 경우 외부 시스템의 수명주기 및 저작권 문제 등 수집 가능 여부 체크, 수집 기술 적용 방안 검토, 서비스 종료 시 다른 소스에 대한 대안 검토 - SNS 등 소셜네트워크상에서 발생하는 데이터 - 센서 등 외부 장비로부터의 로그 데이터 등 - 기관을 둘러싸고 있는 기술 및 사회 전반의 환경에서 발생하는 데이터

• 내부 데이터

– 수집하는 원천 데이터의 데이터 저장소가 내부 시스템에 있는 데이터를 의미

– 단순히 물리적 데이터 저장소 외에도 내부 데이터는 데이터 제공자와 의사소통이 가능하고, 원천 데이터와 수집한 데이터가 동일 시스템계에 저장

– 외부에 있는 경우와 비교했을 때 상대적으로 기술적 제약도 적은 편

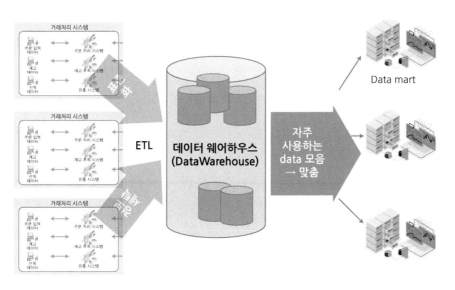

[그림 1-17] 운영 DB와 데이터 웨어하우스

• 외부 데이터

– 외부 데이터의 경우 소유기관과 필요한 협의를 진행

– 수집하는 원천 데이터의 데이터 저장소가 외부 시스템에 있는 데이터를 의미

– 내부 데이터에 비해 의사소통이 상대적으로 어렵고, 나름의 독자적인 규칙이나 체계 하에 관리될 가능성이 높기 때문에 데이터 수집을 위해 수집 주기 및 방법에 관한 분석이 필요

– 데이터 연계 효율성을 위해 가능한 데이터의 전처리 과정 없이 원본 데이터 수집 후, 수집 시스템에서 처리할 수 있도록 인터페이스를 설계하는 것이 바람직함.

• 데이터 위치별 수집 난이도 비교

위치	특징	난이도
내부	데이터의 저장소가 내부에 있으므로 해당 소스 데이터 담당자와 의사 소통이 원활하기 때문에 수집 난이도가 외부 데이터와 비교해 낮음.	하
외부	외부 소스의 경우 해당 소스 데이터 담당자와 의사소통이 어려워 상 대적으로 수집 난이도가 높음.	상

(자료원: www.dbguide.net)

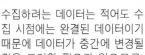

수집하려는 데이터는 적어도 수집 시점에는 완결된 데이터이기 때문에 데이터가 중간에 변경될 것을 고려할 필요가 없으므로, 중간 변동 상태보다는 완전한 데이터를 수집하는 것이 더욱 중요 (2018 데이터산업백서)

ⓛ 저장 위치를 고려해야 하는 이유

• 전통적인 데이터베이스(DB) 환경에서는 조직의 내부 분석을 통해 데이터를 설계하고 생성 반면 빅데이터는 내부에서 생성된 데이터뿐만 아니라 외부의 데이터까지, 오히려 외부의 데이터를 가져오는 것에 중점을 두게 됨.

• 빅데이터 환경에서 데이터 처리는 데이터 수집에서 시작되기 때문에 외부 데이터를 시스템 내부로 가져오는 빅데이터 환경에서는 사실상 데이터의 변경보다는 수집 행위 자체가 중요

• 데이터 수집을 위해서는 수집 절차를 설계하고 검증한 후 진행해야 함. 따라서 수집 절차를 설계하고 충분한 테스트를 거쳐 수집을 진행해야 함.

• 일반적인 프로젝트는 제안 요청(정보화 전략 수립 및 그 외 제안 요청이 나오기 전까지의 과정을 모두 마쳤다고 가정한다)에 따른 '분석→설계→구현→테스트→이행' 과정에 따라 진행 되나, 빅데이터 프로젝트는 수집 대상이 있어야 진행 가능

• 데이터 생산의 주체는 프로젝트의 요구 사항에 이미 정의되어 있기 때문에 다른 주체로의 교체가 불가능하나, 빅데이터 프로젝트에서는 생산의 주체가 아닌 이미 생산된 데이터를 가져오는 것이 중요하기 때문에 어떤 데이터를 가져올 것인가와 생산된 데이터를 수집하는 과정의 안정성이 가장 큰 고려 사항이 됨.

• 데이터 수집은 서비스의 품질을 좌우하기 때문에 데이터 수집 절차 중 심각한 문제가 발생한다면 프로젝트 전체를 다시 설계해야 하는 경우도 발생할 수 있음.

ⓒ 생산 관점에 따른 데이터의 비교(dbguide.net)

• 수집 계획을 세우기 위해서 데이터 수집이 관여하는 프로젝트의 특성을 살펴볼 필요가 있음.

	빅데이터 프로젝트	일반 프로젝트
생산 주체의 결정	상대적으로 중요하지 않고 프로젝트 실행 단계에서 누가·무엇을 생산했는지에 대한 검토만 함.	중요한 요소이며 프로젝트 실행 이전(정보화 전략 수립 시)에 먼저 결정됨.
생산 주체의 종류	로그 데이터 같은 경우 머신이 데이터의 생산 주체이듯 다양한 생산 주체가 있음.	일반적으로 생산 주체는 정보 서비스를 사용하는 사용자임.
구현 형태	수집 기술로 구현됨.	입력 UI로 구현됨.
분석 과정	기술 검토 및 적용이 필요함.	업무 프로세스 정립이 필요함.
설계 과정	다른 처리 과정의 아키텍처에 영향을 미침.	다른 처리 과정의 아키텍처의 일부분임.

(자료원: www.dbguide.net)

• 데이터 수집 가능 여부와 수집된 데이터를 테스트하기 위해서는 원천 데이터에 대한 특성을 파악하고, 데이터의 안정적 수집을 위해서는 반드시 수집 대상에 대한 관리정책이 필요

• 예를 들면, 토지정보의 1차적 생산 시스템과 2차, 3차 연계 활용시스템, 또는 독립적으로 별도 관리하는 시스템 등이 있을 때, 우리가 필요로 하는 토지정보를 어디에서 가져와야 할 것인지, 또는 여러 곳에서 수집한 정보를 어떻게 정제하여 활용할 것인지 등에 대한 정리가 이루어져야 함.

② 구성 형태별

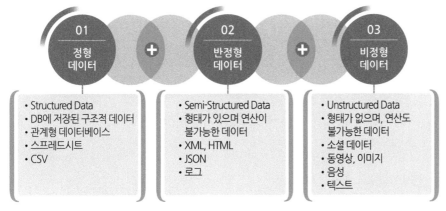

(자료원: 빅데이터 플랫폼 및 센터 데이터 품질관리 가이드, 한국지능정보사회진흥원, 2020.2)

ⓒ 구성 형태별로 데이터를 구분

• 정형, 반(semi)정형, 비정형 데이터

• 데이터를 식별하고 수집 및 추출 대상이 되는 데이터의 구성 형태에 따라 수집 절차와 기술이 다르게 적용되어지기 때문에 기본적이며 필수적으로 파악되어야 됨.

ⓛ 구성 형태별 데이터 유형(참조, Gartner, Credit Suisse 데이터분류체계를 재구성)

유형	특징	데이터 종류
정형 데이터 (Structured)	• RDBMS의 고정된 필드에 저장 • 데이터 스키마 지원	RDB, 스프레드시트
반정형 데이터 (Semi-structured)	• 데이터 속성인 메타데이터를 가지며, 일반적으로 스토리지에 저장되는 데이터 파일 • XML 형태의 데이터로 값과 형식이 다소 일관성이 없음.	HTML, XML, JSON, 웹문서, 웹로그, 센서 데이터
비정형 데이터 (Unstructured)	• 언어 분석이 가능한 텍스트 데이터 • 형태와 구조가 복잡한 이미지, 동영상 같은 멀티미디어 데이터	소셜 데이터, 문서, 이미지, 오디오, 비디오

(자료원: 빅데이터 활용 단계별 업무절차 및 기술 활용 매뉴얼, 한국정보화진흥원(2014))

ⓒ 정형 데이터

• 전자적으로 데이터를 저장

• 일정한 틀을 주어 그 틀에 실세계의 사실을 맞추어 저장

• RDBMS의 고정된 필드에 저장되고 데이터 스키마 지원을 받는 데이터

• 데이터 형태와 구조가 정의된 데이터를 의미

• RDB, 스프레드시트 등이 이에 속함.

[그림 1-18] 정형 데이터 예

ⓔ 반(semi)정형 데이터

• 반(semi)정형 데이터는 불규칙 정도에 따라 구분되는 데이터

• 관계형 데이터베이스나 다른 형태의 데이터 테이블로 조직된 데이터 모델의 정

형적 구조를 따르지는 않지만, 어의적 요소를 분리시키고 데이터 내의 레코드와 필드의 계층 구조가 있게 하는 태그나 다른 마커를 포함하고 있는 정형 데이터

- 최근에는 객체지향 데이터베이스, Mark-up 언어, e-메일, EDI, 웹로그, JSON, 센서 데이터 등 반정형 데이터가 많이 나타나고 있음.

ⓒ 비정형 데이터

- 정형화되지 않은 데이터
- 데이터 형태와 구조를 정의할 수 없는 것을 의미
- 구체적으로 미리 정의된 데이터 모델을 가지고 있지 않은 데이터
- 문서의 경우, 텍스트, 그림, 표 등이 들어 있어 정형화하기 어려운 불규칙적인 데이터 유형이 포함되어 있는 경우가 해당

ⓗ 데이터 형태별 수집 난이도 비교

유형	특징	난이도
정형 데이터 (Structured)	• 내부 시스템인 경우가 대부분이라 수집이 쉽다. 파일 형태의 스프레드시트라도 내부에 형식을 가지고 있어 처리가 쉬운 편	하
반정형 데이터 (Semi-structured)	• 보통 API 형태로 제공되기 때문에 데이터 처리 기술이 요구	중
비정형 데이터 (Unstructured)	• 텍스트 마이닝 혹은 파일일 경우 파일을 데이터 형태로 파싱해야 하기 때문에 수집 데이터 처리가 쉽지 않음.	상

(자료원: www.dbguide.net)

③ 존재 형태별

㉠ 형태에 따라 RDB, 파일 등으로 구분

- 정형 데이터는 전통적인 관계형 데이터베이스가 가장 일반적이며, 데이터는 칼럼과 그 칼럼의 데이터 속성에 맞는 데이터로 레코드(행)를 구성
- 비정형 데이터는 숫자, 문자 등이 섞여 있는 구조가 정해져 있지 않은 데이터를 말하며, 데이터는 Key와 그에 맞는 Value의 쌍 형태로 구성
- 반정형 데이터는 HTML과 XML이 대표적

심오한 TIP

객체지향 데이터베이스
객체 지향 프로그래밍에 쓰이는 것으로, 정보를 객체의 형태로 표현하는 데이터베이스 모델임.

핵심 콕콕

비정형 데이터
구조와 형태가 다르고 정형화되지 않은 문서, 영상, 음성 등이 이에 속함.

ⓛ 존재 형태별 데이터 유형 비교

형태	데이터 유형	수집 방법
RDB	정형 데이터, 비정형 데이터	DBtoDB, ETL, RDB 벤더 제공 드라이버
파일	반정형 데이터	크롤링, Open API, FTP, HTTP

(자료원: www.dbguide.net)

4) 데이터 속성 파악

- 수집 대상을 파악하고, 데이터 유형을 식별하여 제반 기술과 환경 정의를 마쳤다면, 식별된 데이터의 속성 파악 필요

(1) 전통적인 데이터

- 전통적 데이터는 일반적인 정형 데이터로 관리하는 방식을 지칭
- 정형 데이터를 관계형 데이터베이스로 구축하는 경우를 보면, 데이터 유형이 이미 정해져 있는 상황으로 대상이 되는 개체(entity)를 파악하고 어떻게 추상화하여 실세계를 있는 그대로 표현하는지가 매우 중요한 이슈
- 정형 데이터를 생산하고 저장·분석 처리할 수 있는 전통적인 데이터베이스 플랫폼을 통해 관리하는 것이 전통적 데이터 관리 시각임.
- 데이터 추상화의 핵심은 경계 확정과 데이터 속성, 즉 정형화되어야 하는 실세계의 개체 특징에 대한 정의
- 데이터 추상화는 주요 데이터를 식별하고, 주요 데이터 그룹에 대해 이름을 정하고, 문제 해결에 가장 적합한 형태로 표현하고 각 데이터 그룹의 특성(또는 속성)을 정의하는 순으로 작업이 이루어짐.
- 추상화의 개념
- 중요하지 않은 정보를 제거함으로써 문제를 간단하게 표현하는 것
- 문제와 관련한 핵심 정보(key information)에만 초점을 둠으로써 복잡한 시스템을 쉽게 이해할 수 있도록 하는 과정을 의미
- 실세계를 가상세계로 전자적으로 변환할 경우 그 대상 범위와 대상을 정의할 때 활용
- 데이터 추상화는 현실세계의 복잡한 데이터들을 컴퓨터 정보 구조로 변환시키는 과정으로 정의해 볼 수 있음.

심오한 TIP

추상화(abstraction)
복잡한 자료, 모듈, 시스템 등으로부터 핵심적인 개념 또는 기능을 간추려 내는 것

현실 세계　　　　개념 세계　　　　컴퓨터 세계

[그림 1-19] 데이터 추상화 개념

(자료원: http://mi.cau.ac.kr/teaching/lecture_db_design/W03F.pdf)

- 빅데이터와 전통적 데이터 간 차이는 다음과 같음

구분	전통적 데이터	빅데이터
데이터 원천	전통적 정보 서비스	일상화된 정보 서비스
목적	업무와 효율성	사회적 소통, 자기표현, 사회 기반 서비스
생성 주체	정부 및 기업 등 조직	개인 및 시스템
데이터 유형	• 정형 데이터 • 조직 내부 데이터(고객 정보, 거래 정보 등) • 주로 비공개 데이터	• 비정형 데이터(비디오 스트림, 이미지, 오디오, 소셜 네트워크 등 사용자 데이터, 센서데이터, 응용 프로그램 데이터 등) • 조직 외부 데이터 • 일부 공개 데이터
데이터 특징	• 데이터 증가량 관리 가능 • 신뢰성 높은 핵심 데이터	• 기하급수로 양적 증가 • 쓰레기(garbage) 데이터 비중 높음 • 문맥 정보 등 다양한 데이터
데이터 보유	정부, 기업 등 대부분 조직	• 인터넷 서비스 기업(구글, 아마존 등) • 포털(네이버, 다음 등) • 이동통신 회사(SKT, KT 등) • 디바이스 생산 회사(애플, 삼성전자 등)
데이터 플랫폼	정형 데이터를 생산·저장·분석·처리할 수 있는 전통적 플랫폼 - 분산 DBMS, 다중처리기, 중앙 집중 처리	비정형 대량 데이터를 생산·저장·분석·처리할 수 있는 새로운 플랫폼 - 대용량 비정형 데이터 분산 병렬 처리

(2) 빅데이터

- 노무라연구소는 인재·조직, 데이터 처리·축적·분석 기술, 데이터(비정형·정형 데이터)까지 포함하는 광의의 빅데이터에 대해 정의하고 있음.

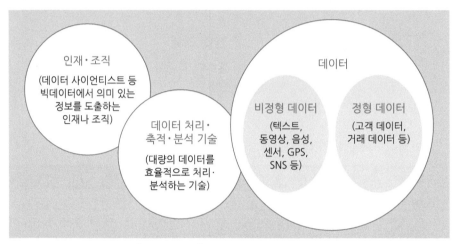

[그림 1-20] 광의의 빅데이터

(자료원: 빅데이터 컴퓨팅 기술, 한빛아카데미)

핵심 콕콕

빅데이터의 특징에 대한 구체적인 부분은 Part 1의 Chapter 1을 참고하기 바람.

① 빅데이터 특징

- 빅데이터 속성(특징)
- 빅데이터의 속성으로 현재 가장 널리 사용하는 3V
- 규모(Volume), 다양성(Variety), 속도(Velocity)
- 3V는 가트너의 애널리스트 더그 레이니가 연구보고서에서 사용하여 널리 이용되고 있는 개념
- 2012년 가트너는 "빅데이터는 큰 용량, 빠른 속도, 다양성이 높은 정보 자산이다. 이것으로 의사 결정 및 통찰 발견, 프로세스 최적화를 향상시키려면 새로운 형태의 처리 방식이 필요하다."라며 빅데이터의 속성을 수정
- IBM은 신뢰성(Veracity) 요소를 더해 4V로 정의
- 가치(Value)를 포함하여 5V로 정의하는 견해도 있음.
- 학자마다 발표 기관마다 조금이 차이가 있으나 3V는 기본 속성으로 여전히 활용되고 있음.

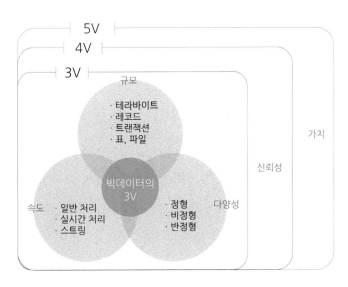

[그림 1-21] 빅데이터 속성

(자료원: 빅데이터 컴퓨팅 기술, 한빛아카데미)

㉠ 규모(Volume)

- 2012년 기준 약 2.5엑사바이트(Exabyte)의 데이터가 매일 생성되고 있고 약 40
개월마다 데이터생성량은 2배씩 증가한다고 발표한 이래로, 빅데이터의 규모
는 킬로바이트, 메가바이트, 기가바이트를 넘어 테라바이트, 요타바이트까지
도 언급되고 있음.

- 빅데이터의 규모는 미디어나 위치 정보, 동영상 등과 같이 다루어야 할 데이터
의 크기를 말하는 것

- 물리적인 크기뿐만 아니라 현재의 기술로 처리 가능한 양인지, 불가능한 양인
지에 따라 빅데이터를 판단하기도 함.

- **데이터베이스의 규모에 초점을 맞춘 정의**(맥킨지 보고서): 일반적인 DBMS(DataBase
Management System)로 저장·관리·분석할 수 있는 범위를 초과하는 대규모 데
이터

㉡ 속도(Velocity)

- 정보 생성의 속도가 빠르며, 실시간 정보를 분석할 수 있는 속성을 말함.

- 데이터를 자동으로 생성하는 센서, 스마트폰 등 데이터 생성 및 유통 채널의 다
변화로 데이터 생성 속도가 빨라지고 있어 처리 속도 가속화를 요구

 심오한 TIP

엑사바이트(Exabyte, EB)

10^{18}를 의미하는 SI 접두어인 엑사
와 컴퓨터 데이터의 표시단위인
바이트가 합쳐진 자료량을 의미
하는 단위

ⓒ 다양성(Variety)

- 텍스트 메시지, 소셜 네트워크에 올려진 이미지, 각종 센서에 읽힌 자료들, 휴대폰을 통한 GPS 등을 통해 수집된 정보 등 다양한 종류의 데이터를 수용하는 속성을 말함.
- 빅데이터는 형식이 정해져 있는 정형 데이터뿐만 아니라, 감시 카메라에서 생성되는 동영상, 개인이 디지털 카메라로 생성하여 웹사이트에 올리는 사진, 소셜 네트워크 서비스로 전달되는 메시지, 물건에 부착되거나 주변에 설치된 센서에서 발생하는 RFID 태그나 센서 값 등 다양한 비정형 데이터도 생성
- 데이터 생성 측면에서 보면, 현대인은 'Walking Data Generator'임.

ⓓ 신뢰성(Veracity)

- 신뢰성은 데이터에 부여할 수 있는 신뢰 수준을 말함.
- 높은 데이터 품질을 유지하는 것은 빅데이터의 중요한 요구 사항이자 어려운 과제이지만 최상의 데이터 정제(Data Cleansing) 기법을 사용해도 날씨나 경제, 고객의 미래 구매 결정 같은 일부 데이터의 본질적인 불확실성은 제거할 수 없음.
- 소셜 네트워크 같은 인간 환경에서 생산되는 데이터는 신뢰하기가 어렵고, 미래는 예측하기 어려우며, 사람과 자연, 보이지 않는 시장의 힘 등이 빅데이터의 다양한 불확실성 형태로 나타남.

ⓔ 가치(Value)

- 가치는 빅데이터를 저장하려고 IT 인프라 구조 시스템을 구현하는 비용을 말함.
- 빅데이터의 규모는 엄청나며 대부분은 비정형적인 텍스트와 이미지 등으로 구성되어 있고, 이 데이터들은 시간이 지남에 따라 빠르게 전파하면서 변하므로 그 전체를 파악하고 일정한 패턴을 발견하기가 쉽지 않아 가치의 중요성이 강조되고 있음.

② 빅데이터 처리 특징

- 데이터 특성은 빅데이터 구축 시 데이터 수집과 변환, 저장 관리 등 일련의 절차에 매우 큰 차이를 가져오기 때문에 데이터 유형과 속성에 대한 이해가 반드시 필요

구분	처리 특징
의사 결정 속도	빠른 의사 결정이 상대적으로 덜 요구되어 장기적·전략적 접근 필요
처리 복잡도 (Processing Complexity)	다양한 데이터 소스, 복잡한 로직 처리, 대용량 데이터 처리로 처리 복잡도가 높아 분산 처리 기술 필요
데이터 규모	처리할 데이터 규모가 방대하며, 고객 정보 수집 및 분석을 장기간에 걸쳐 수행해야 하므로 처리해야 할 데이터양이 방대
데이터 구조	비정형 데이터의 비중이 높으며, 소셜미디어 데이터, 로그 파일, 스트림 데이터, 콜센터 로그 등 비정형 데이터 파일의 비중이 높음
분석 유연성 (Analysis Flexibility)	처리·분석 유연성이 높으며, 잘 정의된 데이터 모델, 상관관계, 절차 등이 없어 기존 데이터 처리 방법에 비해 처리 및 분석 유연성이 높음
처리량 (Throughout)	대용량 및 복잡한 처리가 가능하도록 하여야 하며, 동시에 처리할 수 있는 데이터양이 많아지고 있어 실시간 처리가 보장되어야 하는 데이터 분석도 늘어나고 있음.

5) 데이터 변환 및 통합★★★★

(1) 활동 정의
- 데이터 수집은 수집한 데이터를 저장하거나 분석하기에 적당한 형태로 데이터를 변환하거나 통합하는 과정을 포함하며 이 과정은 빅데이터 저장에서 실행할 수도 있음.

① 데이터 필터링
- 데이터 중복성, 오류 제거를 위한 데이터 필터링 기준 설정
- 실제 사전 테스트를 통하여 오류 발견, 보정, 삭제 및 중복성 검사 등 필터링 과정을 거쳐 필터링 기준을 최적화하여 활용
- 비정형 데이터는 데이터 마이닝을 통해 오류, 중복, 저품질 데이터를 처리할 수 있도록 자연어 처리 및 기계학습과 같은 추가 기술 적용이 필요
- 분석을 위하여 단위 저장소에 파일 형태로 저장할 경우, 데이터 활용 목적에 맞지 않는 정보는 필터링하여 제거해야 분석 시간을 단축하고 저장 공간의 효율적 활용 가능

② 데이터의 변환

ㄱ 의미

- 다양한 형식으로 수집된 데이터를 분석에 용이하도록 일관성 있는 형식으로 변환이 필요
- 데이터를 수집하는 과정에서 컴퓨터가 바로 처리할 수 없는 비정형 데이터를 구조적 형태로 전환하여 저장하는 것을 말함.
- 데이터 변환은 빅데이터 정제(cleansing)를 포함

ㄴ 관련 용어

- 평활화(Smoothing): 데이터로부터 잡음을 제거하기 위해 데이터 추세에서 벗어나는 값들을 변환, 구간화, 군집화 등의 방법이 있음.
- 집계(Aggregation): 다양한 차원의 방법으로, 데이터를 요약. 두 개 이상의 표본을 하나의 표본으로 집계하는 방법으로, 변수 변환은 함수를 이용해 일괄적으로 적용하여 새로운 변수로 값을 생성하는 방법
- 일반화(Generalization): 특정 구간에 분포하는 값으로 스케일을 변화시킴.
- 정규화(Normalization): 데이터에 대한 최소-최대 정규화, z-스코어 정규화, 소수 스케일링 등 통계적 기법을 적용
- 속성 생성(Attribute/Feature Construction): 데이터 통합을 위해 새로운 속성이나 특징을 만드는 방법으로, 주어진 여러 데이터 분포를 대표할 수 있는 새로운 속성/특징을 활용

③ 데이터의 통합

ㄱ 의미

- 빅데이터를 효과적으로 분석하기 위하여 레거시 데이터 간 통합을 하고 비정형 데이터를 수집하는 과정에서 구조적 형태로 전환되어 저장하고 수집한 비정형 데이터와 레거시 데이터 간의 통합하는 것을 말함.
- 출처가 다른 상호 연관성이 있는 데이터들을 하나로 결합하는 기술이 활용

ⓛ 통합 시 고려되어야 할 사항

- 데이터 통합 시 동일한 데이터가 입력될 수 있으므로 연관관계 분석 등을 통해 중복 데이터를 검출해야 함.
- 데이터 통합 전·후 수치, 통계 등 데이터 값들이 일치할 수 있도록 검증·통합 대상 entity가 통합 이후에 동일한지 여부를 확인하기 위한 동일성 검사를 수행
- 여러 가지 단위(lb와 kg, inch와 cm, 시간 등) 등 서로 다른 표현 방식이 일치되도록 변환해야 함.

ⓒ 빅데이터 수집을 위한 변환 및 통합

구분	특징
ETL(Extraction, Transformation, Loading)	메인 프레임, ERP, CRM, Flat file, Excel 파일 등으로부터 데이터를 추출하여 목표하는 저장소의 데이터 형태로 변형한 후 목표 저장소(DW)에 저장
비정형 → 정형	비정형 데이터는 비구조적 데이터 저장소에 저장하거나 어느 정도 구조적인 형태로 변형하여 저장 - Scribe, Flume, Chuckwa 등 오픈소스 솔루션
레거시 데이터와 비정형 데이터 간의 통합	데이터를 분석하기 위해서는 수집된 정형의 레거시 데이터와 비정형 데이터 간의 통합이 필요 Sqoop: RDBMS와 HDFS 간의 데이터를 연결해 주는 기능으로 SQL데이터를 Hadoop으로 로드하는 도구

(자료원: 광문각, 경영빅데이터분석, 2015)

④ 데이터 축소

- 분석에 불필요한 데이터를 축소하여 고유한 특성이 손상되지 않도록 하고 분석에 대한 효율성을 증대시켜 줌.
- 데이터 축소 방식 예

축소방식		설명
차원 축소	분석에 필요 없거나 중복 항목 제거	· Stepwise Forward Selection, Stepwise Backward Elimination 등 활용
데이터 압축	데이터 인코딩이나 변환을 통해 데이터 축소	· Lossless(BMP 포맷), Lossy(JPEG 포맷) 등 방법 적용

Discrete Wavelet Transform(DWT)	선형 신호 처리	• 수는 다르지만 길이는 같은 벡터(Wavelet Coefficients)로 변환 • 여러 개의 벡터 중에서 가장 영향력이 큰 벡터를 선택하여 다른 벡터들을 제거
Principal Components Analysis(PCA)	데이터를 가장 잘 표현하고 있는 직교상의 데이터 벡터들을 찾아서 압축	• 속성들을 선택하고 다시 조합시켜 다른 작은 집합으로 생성 • 계산하는 과정이 간단하고 정렬되지 않은 속성들도 처리 가능
수량 축소 (Numerosity Reduction)	데이터를 더 작은 형태로 표현해서 데이터의 크기 줄임.	• 데이터 파라미터만 저장(Log-linear 모델) • 기존의 데이터에서 축소된 데이터를 저장(히스토그램, 클러스터링, 샘플링 등)

(자료원: 빅데이터 활용 단계별 업무절차 및 기술 활용 매뉴얼, 한국정보화진흥원(2014))

(2) 변환과 통합기술: ETL

① 필요성

핵심 콕콕

데이터의 변환 및 통합은 특히 비정형 데이터는 데이터를 수집하는 과정에서 구조적 형태로 전환되어 저장되기 때문에 빅데이터를 효과적으로 분석하기 위해서는 레거시 데이터와 수집한 비정형 데이터 간의 통합 방안이 반드시 필요

- 빅데이터의 수집은 수집 기능 외에도 데이터를 저장하거나 분석하기 위해 데이터를 변환하거나 통합하는 작업도 포함

- 은 레거시 데이터 간 통합, 비정형 데이터의 정형화, 레거시 데이터와 비정형 데이터 간의 통합 측면 등에 대해 고려해야 함.

- 기업 내 운영 환경에서 특정 데이터베이스 시스템에서 발생하거나 변경된 데이터를 다른 시스템에 적용하려는 분산 및 복제 환경은 보편화되어 있음.

- 서로 다른 시스템 간의 데이터 공유는 빅데이터 시스템에 있어서도 중요하고 필수적인 이슈가 될 수 있음.

- 동일한 정보가 조직 활동에 따라 각각의 시스템에 분산되어 저장 관리될 수 있어 조직 전체적 관점에서 보았을 때, 중복 정보 관리 및 무결성 보장, 데이터 히스토리 등의 효율적 관리를 위해 분산된 운영 DB에 대한 통합 관리 요구 증가
  - 예) 운영 DB인 영업관리시스템과 고객관계관리시스템에 등록되어 있는 고객의 주소 등 정보 → 고객 정보를 표준화하여 각기 DB로부터 정보를 추출, 표준화 정책에 따라 변환하여 적재

② ETL(extraction/ transformation/loading)

- 데이터 변환(Transformation)과 관련된 기술들은 데이터 유형 변환 등 데이터 분석이 용이한 형태로 변환하는 기술과 정규화(normalization), 집합화(Aggregation), 요약(summarization), 계층 생성 등의 방법을 활용

㉠ 대표적인 도구 ETL

- 데이터 공유를 위한 가장 일반적인 형태는 운영계 시스템의 데이터 복제(replication) 기술과 정보계 시스템을 위한 데이터 웨어하우스의 ETL(Extract, Transformation, Load) 프로세스
- ETL 프로세스는 기존 레거시 시스템 환경으로부터 빅데이터를 추출하여 비즈니스데이터로 변환하는 것을 가능하게 지원
- 데이터 소스(DB, File 등)에서 데이터를 배치나 비실시간으로 추출하고 조회·분석을 목적으로 적절한 포맷으로 데이터 변환하며 최종 대상 매체로 적재하는 도구
- 대용량 데이터 및 시스템 내부에서 데이터 이동 및 데이터 웨어하우스(DW), 운영 데이터 스토어(ODS), 데이터 마트(DM)에 데이터 적재 시 사용(2019 데이터산업백서)

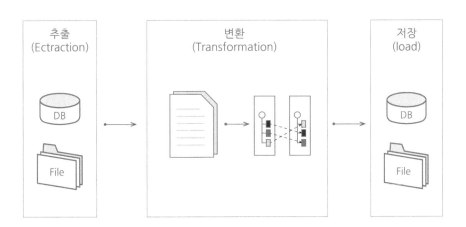

[그림 1-22] ETL 개요(자료원: 2019 데이터산업백서)

ⓛ ETL의 역할

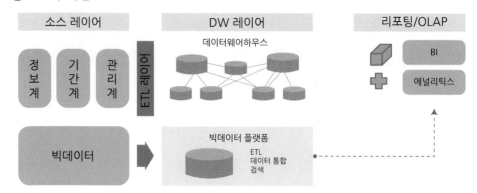

[그림 1-23] ETL 역할(자료원: 광문각, 경영빅데이터분석, 2015)

ⓒ 대표적인 ETL 기능

- 논리적 데이터 변환

- 도메인 검증

- 데이터베이스 관리 시스템(DBMS) 간 변환

- 필요시 기본 값 생성

- 데이터 요약

- 데이터 키 값으로 시간 값의 추가

- 데이터 키 값의 재구성

- 레코드 통합

- 불필요한 데이터 또는 중복 데이터의 삭제

6) 데이터 비식별화★★★★

(1) 데이터 보안과 개인정보 보호

① 개요

- 데이터의 유출을 방지하고 안전한 활용을 위한 개인정보 처리 등의 관련 조치 작업의 필요성이 높아지고 중요한 이슈로 관리되고 있음.

핵심 콕콕

오늘날 데이터 활용에 어려움에 처해 있는 문제를 해결하기 위하여 우리나라는 개인정보 보호법 정비 및 개선의 일환으로 데이터 3법의 개정안을 발의

- 개정안은 새로운 개념 도입과 개인정보 관련 감독 기관의 일원화, 가명 처리 정보 제3자 제공 및 활용 등의 내용 포함

해당 부처	개정 법안
행정안전부 (개인정보 보호법)	• 개인정보 관련 개념 체계 개인정보·가명 정보·익명 정보 처리 사용 가능 • 가명 정보를 정보 주체의 동의 없이 원본 개인정보의 목적 외의 용도로 이용하거나 이를 제3자에게 제공 가능 • 개인정보 관리감독 기능을 개인정보보호위원회로 일원화하고 중앙 행정기관으로 격상
금융위원회 (신용정보 보호법)	• 데이터 결합 및 데이터 전문기관의 법적 근거 마련 • 가명 정보 금융 분야 빅데이터 분석·이용에 가명 정보의 주체 동의 없이 이용·제공 허용 • 금융 분야 마이 데이터(MyData) 산업 도입을 통한 개인의 신용관리·자산관리 서비스 • 신용 정보 집중 기관이 공공기관에 요청할 수 있는 정보 범위 확대
과학기술정보통신부, 방송통신위원회 (정보통신망법)	• 개인정보 보호 관련 사항을 개인정보 보호법으로 이관 • 온라인상 개인정보 보호와 규제·감독 주체를 방통위에서 개인정보 보호위원회로 변경

(자료원: 빅데이터 플랫폼 및 센터 데이터 품질관리 가이드, 한국지능정보사회진흥원, 2020.2)

- 데이터 3법 법안을 기준으로 본 데이터 수명주기에 따라 정보 보유·활용 정보

구분	수집	가공분석	활용	설명
개정 이전	익명 정보	익명 정보	익명 정보	개인정보 수집 시 동의가 필요하며, 고유식별 정보, 민감 정보에 대한 안전성 확보에 필요한 조치와 함께 개인 식별이 되지 않아야 함.
개정 이후	가명 정보	가명 정보	익명 정보	정보 활용을 위한 법적 규제 완화로 가명 정보를 정보 주체의 동의 없이 원본 개인정보의 목적 외의 용도를 이용 제3자에게 제공(서비스 개발 산업적 목적을 포함하는 과학적 연구)

(* 데이터 3법 발의 법률: 개인정보보호법.20190909, 신용정보보호법.20181115, 정보통신망법.20190211)

- 정보보호, 정보보호관리의 의미
- 정보보호: 정보보호와 이용 활성화의 균형을 위한 법 개정 동향에 맞추어 데이터 생애주기 단계별로(수집, 가공·분석, 활용) 데이터를 안전하게 보호한 상태에서 데이터를 이용 활성화하는 것
- 정보보호관리: 정보보호와 이용 활성화의 균형을 위한 법 개정 동향에 맞추어 데이터 생애주기 단계별로(수집, 가공·분석, 활용) 데이터를 안전하게 보호한 상태에서 데이터 이용 활성화를 할 수 있도록 하는 것

  핵심 콕콕

정보보호관리는 가명 및 익명정보 등 비식별 조치들에 대해 진단하고 문제가 있는 경우 개선하도록 하는 것이라 할 수 있음.

ㄱ 데이터 보안관리 업무 절차

• 데이터 활용 관련 보안관리 필수사항을 도출하고 관련 기준에 따라 보안관리 를 수행하는 활동

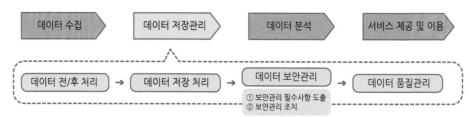

(자료원: 빅데이터 활용 단계별 업무절차 및 기술 활용 매뉴얼, 한국정보화진흥원(2014))

• 데이터 보안관리 활동

– 보안관리 필수사항 도출: 데이터 수집, 저장 처리, 분석 활용 단계에서 발생 가능한 보안 침해 가능성 및 개인정보 처리 관련 사항을 검토

– 보안관리 조치: 관련 법제도 및 지침서 등을 활용하여 데이터 보안관리 조치

ㄴ 데이터 보안 적용 기술

• 데이터 보안을 위하여 사용자 인증, 접근 제어, 데이터 암호화, 개인정보 비식 별화 및 개인정보 암호화 등 다양한 기술들이 활용

구분	설명
사용자 인증	• 누가 어떤 데이터에 어떤 조치를 취할 수 있는가를 미리 정한 바에 따라, 데이터나 데이터 관리 시스템에 접근하는 사람의 접근자 격을 확인하는 것 • 세부 기술: ID/Password 방식, 일회용 패스워드(OTP) 방식, 전자 인증, 통합사용자 인증
접근 제어	• 어떤 주체가 어떤 객체를 읽고자 하거나, 객체에 기록하고자 하거나, 객체를 실행(객체가 실행 파일일 경우)시키고자 할 때마다 그 주체 가 그 객체에 대한 권한을 가지고 있는지를 체크하고 통제하는 것 • 세부 기술: 강제 접근 제어, 임의 접근 제어, 역할 기반 접근 제어
암호화	• 평문을 해독 불가능한 형태로 변형하거나 또는 암호화된 암호문 을 해독 가능한 형태로 변형하기 위한 원리, 수단, 방법 등을 취급 하는 기술 • 암호화는 복호화 가능 여부에 따라 양방향 암호화와 단방향 암호 화로 분류되며, 양방향 암호화는 암·복호화 시 사용되는 키의 대 칭 여부에 따라 대칭키 암호화와 비대칭키 암호화로 분류 • 암호화 알고리즘 : DES, AES, RSA, MDS, SHA 등

개인정보 비식별화	• 수집된 데이터에 포함된 개인정보의 일부 또는 전부를 삭제, 다른 정보로 대체 또는 다른 정보와 결합(mash-up)하여도 특정 개인을 식별하기 어렵도록 하는 일련의 조치
개인정보 암호화	• 데이터베이스 전체에 대한 보호가 아닌 개인정보가 포함된 특정 필드에 대한 보호 기술 • 개인정보의 암호화 저장 후 데이터베이스에 저장된 개인정보의 정상적인 이용을 위해 데이터베이스를 안전하고 효율적으로 인덱싱하는 기술

② 보안관리 필수사항 도출

- 데이터를 수집하여 활용하는 단계에서 발생할 수 있는 데이터 보안 침해 가능성을 검토하고, 이에 대한 예방과 문제 발생 시 신속한 대처를 위한 데이터 보안 정책 및 적용 기술 등 기능 요건을 도출

㉠ 데이터 보안 기능 요건 및 세부 기술과 적용 단계

기능 요건		단계		
분류	세부 기술	수집	저장 관리	분석 활용
사용자 인증	지식 기반 인증 시스템		○	○
	전자 인증	○	○	○
	통합 사용자 인증	○	○	○
접근 제어	강제 접근 제어		○	○
	임의 접근 제어		○	○
	역할 기반 접근 제어		○	○
암호화	PKI(공개키 기반 구조)	○		○
	PMI(권한관리 기반 구조)	○		○
	암호화 알고리즘	○	○	○
비식별화	개인정보 비식별화		○	
	개인정보 암호화		○	
	사후 모니터링	○	○	○

 짚오한 TIP

PKI(Public Key Infrastructure)
디지털 인증의 생성, 관리, 배포, 사용, 저장, 파기와 공개 키 암호화의 관리에 쓰이는 일련의 역할, 정책, 하드웨어, 소프트웨어, 절차이며, 전자 상거래, 인터넷 뱅킹, 민감한 정보를 담은 이메일을 포함한 다양한 네트워크 활동에 정보의 안전한 전송이 목적임.

PMI(Privilege Management Infrastructure)
PKI와 연동하여 사용자의 신원정보와 권한 또는 속성 정보를 연결하고, 자원에 대한 접근 권한 관리를 효율적이고 안전하게 할 수 있도록 해주는 구조임.

ⓐ 수집 단계: 수집되는 데이터에 대한 사전 동의사항 확인

- 데이터를 생성하는 주체로부터 사전 동의받은 데이터만 수집
  - SNS, 웹 정보 등 자동화된 시스템(크롤러)을 통하여 데이터를 수집하는 경우 데이터 소유자에게 수집 관련 동의를 별도로 받기 어려운 상황에서 소유자

가 데이터의 공개/비공개 여부를 설정하였을 때는 공개 설정된 데이터에 한하여 수집

- 수집되는 데이터에 대한 '접근 통제' 기능을 적용
  - 내부 시스템 로그와 같이 외부 유출을 차단해야 하는 데이터의 경우에 해당하며, 담당자만 접근할 수 있도록 통제해야 하며, 특히 웹 로봇과 같은 자동 수집기로부터 데이터 유출을 방지하고자 하는 경우 웹 로봇이 데이터를 수집하는 행위를 원천적으로 차단할 수 있도록 해당 기술을 적용할 필요가 있음.

ⓑ 저장 단계: 데이터의 안전한 저장 및 관리 방안 마련
- 저장되는 데이터가 외부의 시스템 침입 등에 의하여 불법적으로 유출되지 않도록 조치
- 데이터 저장 시스템에 대한 '접근 권한'을 설정하고 필요한 항목에 대하여 '암호화' 조치를 수행
- 개인정보의 포함 여부를 파악하여 비식별화 등 필요한 조치를 수행
- 일정 부분의 데이터를 마스킹 처리하여 식별 불가능하도록 저장하는 등 '개인정보에 대한 비식별화' 처리 후 데이터를 저장

ⓒ 분석·활용 단계
- 원칙적으로 개인정보 관련 데이터는 비식별화 등 보안 조치 후 분석에 활용

ⓓ 폐기
- 수집된 데이터는 목적에 맞게 안전하게 활용한 후 폐기 조치할 것을 권장

③ 보안관리 조치
ㄱ 접근 통제, 차단, 인증, 암호화 등
- '개인정보 암호화 조치 안내서 1.0(행정안전 부/KISA, 2012.10)' 등을 참조하여 접근통제, 차단, 인증, 암호화 등 필요한 조치를 수행

ⓛ 개인정보 처리

- 개인정보 보호법, 행정안전부 '공공정보 개방·공유에 따른 개인 정보 보호 지침 (2013.9)' 등을 참고하여 처리하며, 개인정보 보호법 이행사항을 준용하여 개인정보 비식별화 원칙을 수립함.

  – 데이터 검증: 개인정보 비식별화 여부 등을 검증할 수 있는 시스템을 갖출 것을 권고

  – 비식별화 알고리즘 역추적, 패턴 검출, 개인정보 유사성 탐지 등을 적용한 개인식별정보 검증 시스템을 구축

  – 데이터 인증: 개인정보가 정상적으로 처리된 데이터는 사후관리를 위해 가능한 범위 내에서 인증 표기하여 관리할 것을 권고하며, 검증 작업이 완료된 데이터 셋에 인증 Tag를 부여하고, 필요한 경우에 한하여 원본 데이터는 태깅 및 암호화하여 보관(백업)하는 인증 시스템을 구축

  – **사후 모니터링**: 관리가 필요한 데이터의 경우, 데이터 목적에 맞게 활용하고 폐기되는 단계까지 사후 모니터링할 것을 권고함.

- 비식별화 처리 기술

기능	설명 및 예시
가명 처리	개인정보 중 주요 식별 요소를 다른 값으로 대체하여 개인 식별을 곤란하게 함. - 홍길동, 35세, 서울 거주, 한국대 재학 → 임꺽정, 30대, 서울 거주, 국제대 재학
총계 처리 또는 평균값 대체	데이터의 총합 값을 보임으로써 개별 데이터의 값을 보이지 않도록 함. - 임꺽정 180cm, 홍길동 170cm, 이콩쥐 160cm, 김팥쥐 150cm → 물리학과 학생 키 합 : 660cm, 평균키 165cm
데이터값 삭제	데이터 공유 개방 목적에 따라 데이터 세트에 구성된 값 중에 필요 없는 값 또는 개인 식별에 중요한 값을 삭제 - 홍길동, 35세 서울 거주, 한국대 졸업 → 35세, 서울 거주 - 주민등록번호 901206-1234567 → 90년대 생, 남자
범주화	데이터의 값을 범주의 값으로 변환하여 명확한 값을 감춤. - 홍길동, 35세 → 홍씨, 30~40세
데이터 마스킹	공개된 정보 등과 결합하여 개인을 식별하는 데 기여할 확률이 높은 주요 개인 식별자가 보이지 않도록 처리하여 개인을 식별하지 못하도록 함. - 홍길동, 35세, 서울 거주, 한국대 재학 → 홍**, 35세, 서울 거주, **대학 재학

핵심 콕콕

개인 정보 처리는 가급적 자동 필터링 기법을 적용하여 자동 비식별성을 추가

(2) 개인정보 보호 중요도 증가

① 데이터 경제 등장

• 데이터 경제의 시대에 산업 발전과 혁신적인 성장을 이끄는 신자본(New Capital)으로 데이터의 가치는 더욱 높아지고 있음.

• 데이터 경제를 향한 패러다임 이동은 데이터 가치사슬 생태계의 형성과 정보 주체의 참여를 요구

• 데이터 가치사슬은 사물과 사람에 대한 데이터 플랫폼(특히 빅데이터 플랫폼)의 구축과 데이터의 개방, 공공 데이터 및 민간 데이터에 대한 저장과 유통, 일반 정보 및 개인 정보에 대한 분석과 활용을 통해 맞춤형 서비스, 사회 현안 해결, 데이터 기반 의사결정 등 다양한 분야에서 활용하도록 지원하는 데이터 생태계

• 데이터 경제의 개념

구분	개념
가트너(2011)	응용 프로그램, SW, HW의 경제가 아닌 빅데이터, 오픈데이터, 연결데이터 등 데이터로 파생되는 경제가 경쟁 우위를 이끌어 가는 시대
EC(2014)	데이터를 다루는 구성원이 만들어 내고 있는 생태계를 말하며, 데이터의 생성·수집·저장·처리·분배·전달 등을 모두 포괄하는 개념
MIT(2016)	데이터 자본은 재화·서비스를 생산하는 데 필요한 저장된 정보로, 기존의 물리적 자산처럼 장기적인 경제적 가치를 보유
IBM(2016)	데이터를 내·외부적으로 가치를 창출하는 데 사용하는 것을 의미하며, 이러한 현상은 이용 가능한 데이터와 데이터 기반의 의사 결정이 증가하면서 기업들 사이에서 더 많은 데이터가 교환됨으로써 발생
Digital Reality(2018)	조직이나 비즈니스의 방대한 데이터를 저장·검색·분석해서 생성되는 금융이나 경제적 가치
한국지능정보사회진흥원(2018)	모든 데이터가 활용하기 쉽고 자유롭게 흘러 타 산업 발전의 촉매 역할을 하면서 혁신적 비즈니스와 서비스를 창출하는 경제

(자료원: 차연철, "데이터경제와 개인정보 비식별 기술동향", 주간기술동향 2019. 7. 10.정보통신기획평가원)

② 개인정보 보호 중요성

• 데이터 가치가 점점 높아지는 것에 대한 대비가 필요

• 데이터 경제 활성화를 위해 데이터 활용에 대한 산업계 및 민간의 의견 수렴과 사회적 합의 유도, 데이터 생태계 조성 인프라 지원, 빅데이터 활용 선도사업 지원, 선도기술 및 보호기술에 대한 데이터 R&D, 공공 데이터 발굴·개방, 공공빅데이터센터 및 국가 데이터맵 구축, 개인정보 보호법 등 개인정보 보호를 위한

관련 제도를 끊임없이 고민하고 개선해 나가는 과정이 필요

- 우리나라는 데이터 정보 주체에 대한 프라이버시 보호와 데이터 활용을 위해 관련 제도의 정비 및 개선되어 가고 있음.

- 데이터가 핵심 자원인 데이터 경제 시대에 데이터 활용은 국가 및 조직의 미래를 결정하는 중요한 요소로 중요 자원으로서 데이터 자원 확보와 그 가치를 높이기 위해 최근 빅데이터 플랫폼 구축 및 활용, 데이터 경제 활성화를 위해 많은 노력들이 이루어지고 있음.

- 이러한 노력과 함께 많은 도전이 따르고 있으며, 프라이버시 보호 또한 중요한 가치로 판단되는 지금 데이터에 대한 활용과 프라이버시 보호를 위한 개인정보 보호는 데이터에 대한 안전성과 유용성 모두를 보장해야 할 의무를 가지고 있음.

- 데이터 비식별화

  - 데이터 내에 개인을 식별할 수 있는 정보가 있는 경우, 이의 일부 또는 전부를 삭제, 또는 일부를 속성 정보로 대체 처리함으로써 다른 정보와 결합하여도 특정 개인을 식별하기 어렵도록 하는 조치(한국정보화진흥원, "개인정보 비식별화 개요 및 비식별 기술 개요", 2019)

  - 적용 대상: 그 자체로 개인을 식별할 수 있는 정보 및 해당 정보만으로 특정 개인을 알아볼 수 없더라도 다른 정보와 쉽게 결합하여 개인을 알아볼 수 있는 정보들을 대상으로 함.

  - 적용 시기: 빅데이터 수집·활용의 전(全) 단계에서 개인정보가 식별되는 경우 혹은 이후 정보의 추가 가공 등을 통하여 개인이 식별되는 경우

    ㉠ 개인정보의 수집 및 저장 시

    ㉡ 개인정보가 포함되어 있을 수 있는 데이터의 활용 시

    ㉢ 다른 기관(성보)과의 정보 공유 시

    ㉣ 기관 내의 서로 다른 부서 간의 정보 공유 시

③ 개인정보 보호 기술 발전

- 개인정보에 대한 관심 증대와 보호의 필요성에 따라 개인정보 보호 영역은 법·제도의 발전과 함께 기술의 변화를 함께 추구

- 개인정보 보호 관련 제도와 개인정보 보호 솔루션의 변화

구분	인식 단계(~2010년)	관리 단계(~2015)	활용 단계(~현재)
개인정보 보호 솔루션	• 개인정보 필터링 • 개인정보 노출 진단 • 데이터베이스 암호화	• 개인정보 생명 주기 관리 • 개인정보 파일 샌드박스	• 개인정보 접속 기록 관리 • 비정형 데이터 암호화 • 개인정보 비식별 조치
개인정보 보호 관련 제도	• (1995.1.) 신용정보보호법 • (1999.2.) 정보통신망법 개정 (개인정보 관련 규정 신설)	• (2011.9.) 개인정보 보호법 및 동법 시행령 제35조(개인정보 영향평가의 대상)	• (2016.6.) 개인정보 비식별 조치 가이드라인 • (2018.5.) EU GDPR • (2018.11.) 개인정보 보호법 개정안 발의

(자료원: 차연철, "데이터 경제와 개인정보 비식별 기술 동향", 주간기술동향 2019. 7. 10. 정보통신기획평가원)

㉠ 1세대 – 인식 단계
- 개인정보 보호 기술은 개인정보에 대한 중요성의 인식으로부터 출발했으며, 이 시기에는 개인정보를 포함한 데이터의 활용 측면보다는 개인정보를 보호하는 데 많은 관심을 두고 데이터를 처리
- 개인정보 보호를 위해 도입한 대표적 기술은 개인정보 필터링, 개인정보 노출 진단, 초기 수준의 데이터베이스 암호화 기술 등

㉡ 2세대 – 관리 단계
- 개인정보 보호 기술은 개인정보에 대한 관리적 접근으로 발전
- 이 시기에는 개인정보 보호법의 영향과 개인정보 영향평가 및 ISMS-P(ISMS, PIMS) 등 개인정보 보호를 위한 인증·평가를 통해 단순히 조직 내부에 존재하는 정보 자산 시스템(서버나 PC 등)에 저장되는 개인정보를 보호하는 수준에서 개인정보에 대한 전체 생명주기 관리까지 보다 구체적이고 추적 가능한 실행을 통해 개인정보에 대한 관리에 집중하기 시작
- 2세대 개인정보 보호를 위해 도입한 대표적인 기술로 개인정보 생명주기 관리, 개인정보 파일 샌드박스 등이 있음.

㉢ 3세대 – 활용 단계
- 빅데이터, 사물인터넷, 인공지능의 발전과 더불어 이 시기의 개인정보 보호 기술은 개인정보에 대한 안전한 활용에 초점을 둠.

- 3세대 개인정보 보호 기술은 데이터 경제 환경에서 개인정보의 보호와 개인정보의 활용이라는 양면성을 모두 만족시키는 개인정보 보호 기술의 제공을 통해 데이터 가치사슬을 연결하는 고리 역할을 담당하며, 기존 정형 데이터에 집중된 개인정보 보호의 노력이 문서 형태의 반정형 데이터, 음성 및 영상 형태의 비정형 데이터에까지 보호의 범위를 넓히고 있음.

- 데이터 활용 단계에서 개인정보 보호는 데이터 비식별(data de-identification) 기술과 프라이버시 보호 모델을 통해 데이터의 안전한 활용을 보장하지만, 하드웨어와 소프트웨어의 발전 등으로 인해 비식별 조치된 데이터는 재식별(re-identification)이 가능한 위험을 가지고 있음.

(3) 데이터 비식별화★

① 개념

- 데이터 내에 개인을 식별할 수 있는 정보가 있는 경우, 이의 일부 또는 전부를 삭제, 또는 일부를 속성 정보로 대체 처리함으로써 다른 정보와 결합하여도 특정 개인을 식별하기 어렵도록 하는 조치(한국지능정보사회진흥원)

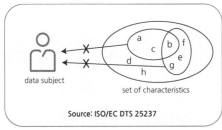 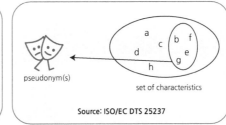

Anonymization (익명화) → Generalization (일반화) and Perturbation (섭동, 변경)

㉠ 데이터 유형별 비식별화 대상

- 정형 데이터, 반정형 데이터, 비정형 데이터로 구분
- 정형 데이터는 개인정보 비식별 조치 가이드라인의 대상 데이터
- 반정형 데이터와 텍스트 데이터 형태의 일부 비정형 데이터는 개인정보 필터링의 대상 데이터

 핵심 콕콕

음성 및 영상 형태의 비정형 데이터에 대해서는 현재 활발한 연구가 진행 중

ⓛ 개인정보 비식별 대상 데이터 유형

(자료원: 차연철, "데이터 경제와 개인정보 비식별 기술 동향", 주간기술동향 2019. 7. 10. 정보통신기획평가원)

② 비식별화 용어

㉠ 공개된 개인정보

이용자(정보 주체) 및 정당한 권한이 있는 자에 의해 일반 공중에게 공개된 부호·문자·음성·음향 영상 등의 정보로서 생존하는 개인을 식별할 수 있거나 다른 정보와 쉽게 결합하여 개인을 식별할 수 있는 정보

㉡ 이용내역 정보

정보통신 서비스와 관련하여 이용자가 해당 서비스를 이용하는 과정에서 자동으로 발생되는 인터넷 접속정보 파일, 거래 기록 등의 정보로서 생존하는 개인을 식별할 수 있거나 다른 정보와 쉽게 결합하여 개인을 식별할 수 있는 정보

㉢ 민감 정보

특정한 개인의 사상·신념, 노동조합·정당의 가입·탈퇴, 정치적 견해, 건강, 성생활 등에 관한 정보, 그밖에 정보 주체의 사생활을 현저히 침해할 우려가 있는 정보

㉣ 정보 조합·분석 시스템

개인정보 또는 이용내역 정보 등을 전자적으로 설정된 체계에 의해 조합, 분석, 처리하여 정보를 생성하는 시스템

㉤ 생성된 개인정보

정보 조합·분석·처리 시스템 운용을 통해 생성된 정보로 개인을 식별할 수 있는 정보 및 다른 정보와 결합하여 개인을 식별할 수 있는 정보

ⓑ 비식별화

데이터 값 삭제, 가명 처리, 총계 처리, 범주화, 데이터 마스킹 등을 통해 개인
정보의 일부 또는 전부를 삭제하거나 대체함으로써 다른 정보와 결합하여도
특정 개인을 식별할 수 없도록 하는 조치

ⓢ 재식별화

비식별화된 정보를 조합, 분석 또는 처리하는 과정에서 개인정보가 재생성되는 것

- 개인정보 재식별 공격(Re-identification Attack) 유형

재식별 공격 유형	설명
Prosecutor Attack	사전 지식을 가지고 특정 데이터 주체에 속하는 레코드를 재식별하는 공격 모델
Journalist Attack	사전 지식을 가지고 특정 레코드의 데이터 주체를 재식별하는 공격 모델
Marketer Attack	사전 지식을 가지고 가능한 많은 레코드를 가지고 해당 데이터 주체를 재식별하는 공격 모델
(In)distinguishability Attack	데이터 세트의 특정 주체의 존재 여부를 확인하는 공격 모델
Inference Attack	다른 속성 그룹과 관련 있는 민감정보에서 추론하는 공격 모델

(자료원: 차연철, "데이터 경제와 개인정보 비식별 기술 동향", 주간기술동향 2019. 7. 10. 정보통신기획평가원,
ISO/IEC 20889 표준 문서 참조)

③ 비식별화 적용 대상과 예시

㉠ 그 자체로 개인을 식별할 수 있는 정보(식별자)

- 쉽게 개인을 식별할 수 있는 정보: 이름, 전화번호, 주소, 생년월일, 사진 등
- 고유식별정보: 주민등록번호, 운전면허번호, 의료보험번호, 여권번호 등
- 생체정보: 지문, 홍채, DNA 정보 등
- 기관, 단체 등의 이용자 계정: 등록번호, 계좌번호, 이메일 주소 등
- 기타 유일 식별번호: 군번, 사업자등록번호 특성(별명), 식별코드(아이디, 아이핀
값(cn, dn)) 등

㉡ 다른 정보와 쉽게 결합하여 개인을 알아볼 수 있는 정보 (준식별자)

- 개인 특성: 성별, 생년, 생일, 연령(나이), 국적, 고향, 거주지, 시군구명, 우편번

호, 병역 여부, 결혼 여부, 종교, 취미, 동호회·클럽, 흡연 여부, 음주 여부, 채식 여부, 관심사항 등
- 신체 특성: 혈액형, 신장, 몸무게, 허리둘레, 혈압, 눈동자 색깔, 신체검사 결과, 장애유형, 장애등급, 병명, 상병코드, 투약코드, 진료내역 등
- 신용 특성: 세금 납부액, 신용등급, 기부금, 건강보험료 납부액, 소득분위, 의료 급여자 등
- 경력 특징: 학교명, 학과명, 학년, 성적, 학력, 직업, 직종, (전·현)직장명, 부서명, 직급, 자격증명, 경력 등
- 전자적 특성: PC 사양, 비밀번호, 비밀번호 질문/답변, 쿠키정보, 접속일시, 방문일시, 서비스 이용 기록, 위치정보, 접속로그, IP주소, MAC주소, HDD Serial 번호, CPU ID, 원격접속 여부, Proxy 설정 여부, VPN 설정 여부, USB Serial 번호, Mainboard serial 번호, UUID, OS 버전, 기기 제조사, 모델명, 단말기 ID, 네트워크 국가 코드, SIM Card 정보 등
- 가족 특성: 배우자, 자녀, 부모, 형제 여부, 가족정보, 법정대리인 정보 등
- 위치 특성: GPS 데이터, RFID 리더 접속 기록, 특정 시점 센싱 기록, 인터넷 접속, 핸드폰 사용 기록 사진 등

④ 비식별화 기술
- 개인정보 비식별 조치를 위해 필요한 기술 및 기법은 개인정보 비식별 조치 가이드라인과 ISO/IEC 20889 표준 문서에서 명시적으로 설명하고 있음.
- ISO/IEC 20889는 2018년 11월 표준화가 완료된 개인정보 비식별 조치 기법에 대한 표준으로 8가지 비식별 기법(de-identification technique)과 k-익명성, l-다양성, t-근접성의 프라이버시 평가 모델과 차분 프라이버시 모델(differential privacy model) 및 선형 민감도 모델(linear sensitivity model)에 대해 정의하고 있음.

㉠ 프라이버시 보호 모델
- 일반적 기법으로 개인 식별 요소 삭제 방법이 있음.
ⓐ 가명 처리: 개인 식별이 가능한 데이터를 직접적으로 식별할 수 없는 다른 값으로 대체하는 기법

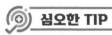

심오한 TIP

8가지 비식별 기법
- Statistical tools
- Cryptographic tools
- Suppression techniques
- Pseudonymization techniques
- Anatomization
- Generalization techniques
- Randomization techniques
- Synthetic data

ⓑ 총계 처리: 통계값(전체 혹은 부분)을 적용하여 특정 개인을 식별할 수 없도록 함

ⓒ 데이터 삭제: 개인 식별이 가능한 데이터를 삭제 처리하는 것

ⓓ 데이터 범주화: 특정 정보를 해당 그룹의 대푯값으로 변환(범주화)하거나 구간값으로 변환(범주화)하여 개인 식별을 방지

ⓔ 데이터 마스킹: 데이터의 전부 또는 일부분을 대체값(공백, 노이즈 등)으로 변환하는 것을 의미

처리 기법	세부 기술	적용 예
가명 처리 (Pseudonymization)	① 휴리스틱 가명화 ② 암호화 ③ 교환 방법	• 홍길동, 35세, 서울 거주, 한국대 재학 → 임꺽정, 30대, 서울 거주, 국제대 재학
총계 처리 (Aggregation)	④ 총계 처리 ⑤ 부분 총계 ⑥ 라운딩 ⑦ 재배열	• 임꺽정 180cm, 홍길동 170cm, 이콩쥐 160cm, 김팥쥐 150cm → 물리학과 학 생 키 합 : 660cm, 평균키 165cm
데이터 삭제 (Data Reduction)	⑧ 식별자 삭제 ⑨ 식별자 부분 삭제 ⑩ 레코드 삭제 ⑪ 식별 요소 전부 삭제	• 주민등록번호 901206-1234567 → 90년 대 생, 남자 • 개인과 관련된 날짜 정보(합격일 등)는 연 단위로 처리
데이터 범주화 (Data Suppression)	⑫ 감추기 ⑬ 랜덤 라운딩 ⑭ 범위 방법 ⑮ 제어 라운딩	• 홍길동, 35세 → 홍씨, 30~40세
데이터 마스킹 (Data Masking)	⑯ 임의 잡음 추가 ⑰ 공백과 대체	• 홍길동, 35세, 서울 거주, 한국대 재학 → 홍○○, 35세, 서울 거주, ○○대학 재학

ⓛ 프라이버시 보호를 위한 재식별 가능성 검토 기법

• k-익명성, l-다양성, t-근접성이 있으며, 여기서 k, l, t 값은 전문기관의 전문가 등이 검토하여 세시받는 값

ⓐ k-익명성(k-anonymity): 공개된 데이터에 대한 연결 공격(linkage attack) 등 취약점을 방어하기 위해 제안된 프라이버시 보호 모델

ⓑ l-다양성(l-diversity): k-익명성의 취약점을 보완한 것으로 k-익명성에 대한 두 가지 공격, 즉 동질성 공격 및 배경지식에 의한 공격을 방어하기 위한 모델

  핵심 콕콕

프라이버시 보호 모델과 검토기법은 43p~47p에도 설명이 있으니 참고하기 바람.

  짚오한 TIP

k-익명성

주어진 데이터 집합에서 같은 값이 적어도 k개 이상 존재하도록 하여 쉽게 다른 정보로 결합할 수 없도록 함.

l-다양성

주어진 데이터 집합에서 함께 비식별되는 레코드들은 (동질 집합에서) 적어도 l개의 서로 다른 민감한 정보를 가져야 함.

t-근접성

동질 집합에서 특정 정보의 분포와 전체 데이터 집합에서 정보의 분포가 t 이하의 차이를 보여야 함.

ⓒ *t*-근접성(*t*-closeness): 값의 의미를 고려하는 기법으로, *l*-다양성의 취약점(쏠림 공격, 유사성 공격)을 보완하기 위해 모델

처리 기법	주요 내용	적용 예
k-익명성 (k-anonymity)	특정인임을 추론할 수 있는지 여부를 검토, 일정 확률 수준 이상 비식별되도록 함.	동일한 값을 가진 레코드를 *k*개 이상으로 함. 이 경우 특정 개인을 식별할 확률은 1/*k*임.
l-다양성 (l-diversity)	특정인 추론이 안 된다고 해도 민감한 정보의 다양성을 높여 추론 가능성을 낮추는 기법	각 레코드는 최소 1개 이상의 다양성을 가지도록 하여 동질성 또는 배경지식 등에 의한 추론 방지
t-근접성 (t-closeness)	*l*-다양성뿐만 아니라 민감한 정보 분포를 낮추어 추론 가능성을 더욱 낮추는 기법	전체 데이터 집합의 정보 분포와 특정 정보의 분포 차이를 *t* 이하로 하여 추론 방지

(자료원: 2016년 개인정보 비식별 조치 가이드라인)

- 가명 정보 vs 익명 정보
- 가명 정보: 고유식별정보를 비식별화하여 그 정보만으로는 개인을 알아볼 수 없음.
- 익명 정보: 고유식별정보, 속성 정보가 비식별 처리되어 개인 식별이 어려움.

개인정보			가명 정보			익명 정보		
개인정보			개인정보	가명 정보		개인정보	가명 정보	
구분	정보 형태	정보 분류		구분	처리 형태		구분	처리 형태
이름	김대희		데이터 마스킹	이름	XXXX	데이터 마스킹	이름	XXXX
전화번호	010-1234-1234			전화번호	XXXX		전화번호	XXXX
생년월일	1971년1월15일	고유식별 정보	범주화	생년월일	1971년1월15일	범주화	생년월일	40대
주소	서울시 중구 중림동 25번지 (아림빌라 504호)			주소	서울시 중구 중림동		주소	서울시
성별	남성		데이터 마스킹	성별	남성	데이터 마스킹	성별	남성
신용카드 사용	2019년 6월 1,252,530원	속성 정보		신용카드 사용	2019년 6월 1,252,530원		신용카드 사용	2019년 6월 100만원
			고유식별정보를 비식별처리 함으로써 다른 정보와 결합하지 아니하고는 합리적인 범위에서 특정 개인을 알아볼 수 없는 정보			고유식별정보, 속성 정보를 비식별처리하여 더이상 개인을 재식별할 수 없는 정보		

(자료원:빅데이터 플랫폼 및 센터 데이터 품질관리 가이드, 한국지능정보사회진흥원, 2020.2)

ⓒ 차분 프라이버시 모델

- 차분 프라이버시 모델(differential privacy model)은 *k*-익명성과 *l*-다양성의 취약한 부분을 보완하기 위해 C. Dwork가 제안한 모형으로, 단순한 숫자의 변화가 아니라 레코드들 자체의 확률적 변형을 통해 식별 가능성을 제한하는 접근법

ⓛ 익명 처리 모델

- 익명 처리 모델은 '합리적으로 예상되는 모든 수단'을 동원하여도 어느 한 개인이라도 식별할 수 없도록 원본 데이터 세트를 익명 가공하는 모델
- 익명 데이터 세트만을 보고 원본의 특정 개인을 식별하는 것은 원천적으로 불가능하며 익명 처리 모델의 성질을 보다 명확히 정의하기 위해 m-유일성(m-Uniqueness) 성질을 사용
  - m-유일성(m-Uniqueness): 원본 데이터 세트 테이블 $S(a_1, a_2, \cdots, a_n)$와 이를 완벽하게 익명 처리한 익명 데이터 세트 테이블 $T(a_1, a_2, \cdots, a_n)$가 주어졌을 때, 속성집합 $A=\{a_1, a_2, \cdots, a_n\}$의 모든 부분속성집합에 대해 S와 T에 동일한 속성값을 갖는 레코드들이 존재하면 원본 데이터 세트 S에는 최소 m개 이상의 레코드들이 존재해야 함.

ⓜ 개인정보 비식별 조치 가이드라인과 ISO/IEC 20889 표준에서 정의한 비식별 조치 기법에 대한 비교(의료데이터 활용을 위한 개인정보 비식별화 기술 및 프로그램 동향 참조)

국내: 개인정보 비식별 조치 가이드라인		해외: ISC/IEc 20889(2018)	
가명처리 (Pseudonymisation)	① 휴리스틱 가명화 (Heuristic pseudonymisation)	① Sampling	Statistical tools
	② 암호화 (Encryption)	② Aggregation	
	③ 교환방법 (Swapping)	③ Deterministic encryption	
총계처리 (Aggregation)	④ 총계처리 (Aggregation)	④ Order-preserving encryption	Cryptographic tools
	⑤ 부분총계 (Micro Aggregation)	⑤ Format-preserving encryption	
	⑥ 라운딩 (Rounding)	⑥ Homomorphic encryption	
	⑦ 재배열 (Rearrangement)	⑦ Homomorphic secret sharing	
데이터 삭제 (Data Reduction)	⑧ 식별자 삭제	⑧ Masking	Suppression techniques
	⑨ 식별자 부분삭제	⑨ Local suppression	
	⑩ 레코드 삭제 (Reducing Record)	⑩ Record suppression	
	⑪ 식별요소 전부 삭제	⑪ Selection of attributes	Pseudonymization techniques
데이터 범주화 (Data Suppression)	⑫ 감추기	⑫ Creation of pseudonyms	
	⑬ 랜덤 라운딩 (Random Rounding)		제시된 세부기술 없음	Anatomization
	⑭ 범위 방법 (Data Range)	⑬ Rounding	Generalization techniques
	⑮ 제어 라운딩 (Controlled Rounding)	⑭ Top and bottom coding	
데이터 마스킹 (Data Masking)	⑯ 임의 잡음 추가 (Adding Random Noise)	⑮ Combining a set of attributes into a single attribute	
	⑰ 공백(blank)과 대체(impute)	⑯ Local generalication	
		⑰ Noise addition	Randomization techniques
		⑱ Permutation	
		⑲ Micro aggregation	
			제시된 세부기술 없음	Synthetic data

(자료원: 차연철, "데이터 경제와 개인정보 비식별 기술 동향", 주간기술동향 2019. 7. 10. 정보통신기획평가원)

심오한 TIP

익명 처리 모델

이 모델에서 완벽하게 익명된 익명 데이터 세트에서는 원본 데이터 세트에 존재하는 모든 유일한 속성값 조합을 완벽하게 제거함.

ⓗ 개인정보 식별 및 비식별화 처리를 위한 기술 개발 활용 시 고려 사항

기능	고려 사항
개인정보 식별	파일 내용을 토큰으로 추출하는 형태소 분석 기능을 지원해야 함. 추출된 토큰과 룰(rule) 파일의 개인정보 식별 규칙과 비교하여 개인정보 포함 여부를 식별하는 기능을 제공해야 함. 룰(rule)을 사용자 지정 방식으로 추가 또는 수정할 수 있는 룰 관리 기능이 제공되어야 함. 개인정보 식별을 추론하거나 예측 패턴을 적용할 수 있는 식별 패턴 사전을 적용할 수 있도록 기능이 제공되어야 함.
개인정보 비식별화	개인정보를 룰 파일에 정의된 개인정보 비식별화 기법에 적용하는 기능을 지원해야 함. 비식별화 이력 관리 기능을 제공해야 함. 비식별화 변환을 위한 적용 값 관리 기능이 제공되어야 함. 자동/반자동/수동 변환 등의 사용자 지정에 따른 변환 프로세스가 적용될 수 있는 기능이 제공되어야 함. 개인정보 비식별화 변환 후 변환값의 복원 또는 원본 대조용 key 값의 관리 기능이 제공되어야 함. 변환 후 개인 식별 변환에 따른 변환 검증을 확인하기 위한 변환 로그를 저장하는 기능이 제공되어야 함.
정책관리	정책 설정에 개인정보 식별 규칙 정의 기능을 제공해야 함. 룰 파일에 개인정보 비식별화 기법(가명처리 등)을 정의할 수 있도록 지원해야 함.
검증	개인식별정보를 탐지 및 검증할 수 있는 개인식별정보 DB 구성 기능을 지원해야 함. DB로부터 검증 대상에 따른 검증 기준 설정 기능을 제공해야 함. 검증 대상 데이터 세트에 해당하는 인증 tag를 구성할 수 있도록 지원해야 함. 개인식별정보 검증을 위한 판별 알고리즘 등의 검증 세트를 지정할 수 있도록 지원해야 함. 검증 대상문서 분석, 개인식별정보 패턴 식별, 판단 및 기록을 수행할 수 있도록 지원해야 함.

ⓢ 개인정보의 가명 · 익명 처리 기술 종류

- 2020년 가명정보 처리 가이드라인(개인정보보호위원회)의 개인정보 가명처리 기술 및 예시 자료 참고

- 개인정보 삭제 관련 기술

기술	세부 기술	설명
삭제 기술	삭제 (Suppression)	· 원본 정보에서 개인정보를 단순 삭제
	부분 삭제 (Partial suppression)	· 개인정보 전체를 삭제하는 방식이 아니라 일부를 삭제
	행 항목 삭제 (Record suppression)	· 다른 정보와 뚜렷하게 구별되는 행 항목을 삭제
	로컬 삭제 (Local suppression)	· 특이 정보를 해당 행 항목에서 삭제
	마스킹 (Masking)	· 특정 항목의 일부 또는 전부를 공백 또는 문자(' * ', ' _ ' 등이나 전각 기호)로 대체

* 마스킹은 개인정보일부 또는 전부 대체 관련 기술

– 개인정보 일부 또는 전부 대체 관련 기술

ⓐ 통계 도구

기술	세부 기술	설명
통계 도구	총계 처리 (Aggregation)	• 평균값, 최댓값, 최솟값, 최빈값, 중간값 등으로 처리
	부분 총계 (Micro aggregation)	• 정보 집합물 내 하나 또는 그 이상의 행 항목에 해당하는 특정 열 항목을 총계 처리. 즉 다른 정보에 비하여 오차 범위가 큰 항목을 평균값 등으로 대체

ⓑ 일반화(범주화) 기술

기술	세부 기술	설명
일반화 (범주화)	일반 라운딩 (Rounding)	• 올림, 내림, 반올림 등의 기준을 적용하여 집계 처리하는 방법으로, 일반적으로 세세한 정보보다는 전체 통계 정보가 필요한 경우 많이 사용
	랜덤 라운딩 (Random rounding)	• 수치 데이터를 임의의 수인 자릿수, 실제 수 기준으로 올림(round up) 또는 내림(round down)하는 기법
	제어 라운딩 (Controlled rounding)	• 라운딩 적용 시 값의 변경에 따라 행이나 열의 합이 원본의 행이나 열의 합과 일치하지 않는 단점을 해결하기 위해 원본과 결과가 동일하도록 라운딩을 적용하는 기법
	상하단 코딩 (Top and bottom coding)	• 정규 분포의 특성을 가진 데이터에서 양쪽 끝에 치우친 정보는 적은 수의 분포를 가지게 되어 식별성을 가질 수 있음. • 이를 해결하기 위해 적은 수의 분포를 가진 양 끝단의 정보를 범주화 등의 기법을 적용하여 식별성을 낮추는 기법
	로컬 일반화 (Local generalization)	• 전체 정보 집합물 중 특정 열 항목(들)에서 특이한 값을 가지거나 분포상의 특이성으로 인해 식별성이 높아지는 경우 해당 부분만 일반화를 적용하여 식별성을 낮추는 기법
	범위 방법 (Data range)	• 수치 데이터를 임의의 수 기준의 범위(range)로 설정하는 기법으로, 해당 값의 범위 또는 구간(interval)으로 표현
	문자 데이터 범주화 (Categorization of character data)	• 문자로 저장된 정보에 대해 보다 상위의 개념으로 범주화하는 기법

ⓒ 암호화

기술	세부 기술	설명
암호화	양방향 암호화 (Two-way encryption)	• 특정 정보에 대해 암호화와 암호화된 정보에 대한 복호화가 가능한 암호화 기법 • 암호화 및 복호화에 동일 비밀키로 암호화하는 대칭키(Symmetric key) 방식과 공개키와 개인키를 이용하는 비대칭키(Asymmetric key) 방식으로 구분
	일방향 암호화 - 암호학적 해시함수 (One-way encryption - Cryptographic hash function)	• 원문에 대한 암호화의 적용만 가능하고 암호문에 대한 복호화 적용이 불가능한 암호화 기법 • 키가 없는 해시함수(MDC, Message Digest Code), 솔트(Salt)가 있는 해시함수, 키가 있는 해시함수(MAC, Message Authentication Code)로 구분 • 암호화(해시처리)된 값에 대한 복호화가 불가능하고, 동일한 해시 값과 매핑(mapping)되는 2개의 고유한 서로 다른 입력값을 찾는 것이 계산상 불가능하여 충돌 가능성이 매우 적음.
	순서 보존 암호화 (Order-preserving encryption)	• 원본 정보의 순서와 암호값의 순서가 동일하게 유지되는 암호화 방식 • 암호화된 상태에서도 원본 정보의 순서가 유지되어 값들 간의 크기에 대한 비교 분석이 필요한 경우 안전한 분석이 가능
	형태 보존 암호화 (Format-preserving encryption)	• 원본 정보의 형태와 암호화된 값의 형태가 동일하게 유지되는 암호화 방식 • 원본 정보와 동일한 크기와 구성 형태를 가지기 때문에 일반적인 암호화가 가지고 있는 저장 공간의 스키마 변경 이슈가 없어 저장 공간의 비용 증가를 해결할 수 있음. • 암호화로 인해 발생하는 시스템의 수정이 거의 발생하지 않아 토큰화, 신용카드 번호의 암호화 등에서 기존 시스템의 변경 없이 암호화를 적용할 때 사용
	동형 암호화 (Homomorphic encryption)	• 암호화된 상태에서의 연산이 가능한 암호화 방식으로 원래의 값을 암호화한 상태로 연산 처리를 하여 다양한 분석에 이용 가능 • 암호화된 상태의 연산값을 복호화하면 원래의 값을 연산한 것과 동일한 결과를 얻을 수 있는 4세대 암호화 기법
	다형성 암호화 (Polymorphic encryption)	• 가명정보의 부정한 결합을 차단하기 위해 각 도메인별로 서로 다른 가명 처리 방법을 사용하여 정보를 제공하는 방법 • 정보 제공 시 서로 다른 방식의 암호화된 가명 처리를 적용함에 따라 도메인별로 다른 가명정보를 가지게 됨.

ⓓ 무작위 기술화

기술	세부 기술	설명
무작위화 기술	잡음 추가 (Noise addition)	• 개인정보에 임의의 숫자 등 잡음을 추가(더하기 또는 곱하기)하는 방법
	순열(치환) (Permutation)	• 분석 시 가치가 적고 식별성이 높은 열 항목에 대해 대상 열 항목의 모든 값을 열 항목 내에서 무작위로 순서를 변경하여 식별성을 낮추는 기법 • 개인정보를 다른 행 항목의 정보와 무작위로 순서를 변경하여 전체 정보에 대한 변경 없이 특정 정보가 해당 개인과 연결되지 않도록 하는 방법
	토큰화 (Tokenisation)	• 개인을 식별할 수 있는 정보를 토큰으로 변환 후 대체함으로써 개인정보를 직접 사용하여 발생하는 식별 위험을 제거하여 개인정보를 보호하는 기술 • 토큰 생성 시 적용하는 기술은 의사난수생성 기법이나 양방향 암호화, 형태 보존 암호화 기법을 주로 사용
	(의사)난수생성기 ((P)RNG, (Pseudo) Random Number Generator)	• 주어진 입력값에 대해 예측이 불가능하고 패턴이 없는 값을 생성하는 메커니즘으로 임의의 숫자를 개인정보와 대체

– 가명·익명 처리를 위한 다양한 기술(기타 기술)

기술	설명
표본 추출 (Sampling)	• 데이터 주체별로 전체 모집단이 아닌 표본에 대해 무작위 레코드 추출 등의 기법을 통해 모집단의 일부를 분석하여 전체에 대한 분석을 대신하는 기법
해부화 (Anatomization)	• 기존 하나의 데이터세트(테이블)를 식별성이 있는 정보집합물과 식별성이 없는 정보집합물로 구성된 2개의 데이터세트로 분리하는 기술
재현 데이터 (Synthetic data)	• 원본과 최대한 유사한 통계적 성질을 보이는 가상의 데이터를 생성하기 위해 개인정보의 특성을 분석하여 새로운 데이터를 생성하는 기법
동형 비밀 분산 (Homomorphic secret sharing)	• 식별정보 또는 기타 식별가능정보를 메시지 공유 알고리즘에 의해 생성된 두 개 이상의 쉐어(share)*로 대체 *기밀사항을 재구성하는 데 사용할 수 있는 하위 집합
차분 프라이버시 (Differential privacy)	• 특정 개인에 대한 사전 지식이 있는 상태에서 데이터베이스질의(Query)에 대한 응답 값으로 개인을 알 수 없도록 응답 값에 임의의 숫자 잡음(Noise)을 추가하여 특정 개인의 존재 여부를 알 수 없도록 하는 기법 • 1개 항목이 차이 나는 두 데이터베이스 간의 차이(확률분포)를 기준으로 하는 프라이버시 보호 모델

◎ 데이터 유형별 비식별 기술

- 텍스트 데이터 비식별 기술과 영상 데이터의 개방과 공유는 프라이버시 침해 문제를 발생시킬 수 있음.
- 영상 데이터, 음성 데이터의 특성을 고려한 익명화 기술이 필요
- 텍스트 데이터와 같이 익명화된 영상 데이터나 음성 데이터는 안전성과 유용성을 모두 고려해야 함.

ⓐ 텍스트 데이터 익명화 기술

기술	설명	예시
삭제	개인정보에 해당하는 원본 텍스트를 삭제하여 익명화함.	'홍길동' → 'XXX
대체	동일한 테그세트에 포함된 임의의 값으로 대체함.	'한국대학교 병원' → '○○대학교 병원'
태깅	해당 개인정보의 속성을 이용하여 태그를 생성한 후 대체하는 방법임.	'한국대학교 병원' → '[병원1]'

(자료원: 차연철, "데이터경제와 개인정보 비식별 기술동향", 주간기술동향 2019. 7. 10.정보통신기획평가원)

ⓑ 영상 데이터 개인 식별 영역 변형 기술

기술	설명	장점
이미지 필터링	영상에서 개인을 식별할 수 있는 영역에 여러 필터를 적용하여 특정한 개인을 식별하지 못하게 함.	• 간단하게 개인 식별 영역을 알아볼 수 없게 처리 가능
이미지 암호화	영상을 암호화하여 허가된 대상에게만 공개하는 기법	• 원본 영상으로 복원이 가능한 가명 처리 기술 • 안전하게 네트워크를 통해 영상을 전송해야 할 때 유용
얼굴 합성	• 영상 데이터에 적합하게 k-익명성 모델을 확장 • 수집한 얼굴 이미지 집합 내에서만 비슷한 k개의 얼굴을 합성	• 수학적으로 보장되는 개인 식별 방지 수준 제공 • 합성한 얼굴을 대체하는 기법이므로 익명화된 영상 데이터의 활용도가 높음.
인페인팅	영상에서 특정한 부분을 제거하고 생긴 공백 또는 손상된 부분을 채우는 기법	• 영상에서 제거된 대상에 대해서는 어떠한 시각적 정보가 남지 않음. • 영상 내에서 특정한 목적과 무관한 사람 등을 제거할 때 유용

© 음성 데이터 비식별을 위한 기술

– 음성 데이터를 비식별하는 음성 익명화 기술은 주어진 음성으로부터 개인을 특정할 수 있는 발화 정보를 제거하는 기술

– 음성 변환(voice conversion)은 주어진 음성에서 발화된 내용을 유지하면서 화자의 발화 특성(성별, 연령 등)을 변화시키는 것으로 음성 익명화의 주요 기술

– 음성 변환 기법

기법	설명
VAE (Variational Auto-Encoder)	・입력 음성을 기본적인 요소(latent variable)로 압축한 후 복원하는 방법 ・압축된 기본 요소의 화자 정보를 변경하여 복원하면 다른 화자의 목소리 변환이 가능
GAN (Generative Adversarial Networks)	・생성신경망(generator)과 구분신경망(discriminator)을 동시에 학습, 원본을 정교히 모사 ・CycleGAN은 원본을 대상으로 변환한 후 이를 다시 원본으로 복원하는 두 개의 GAN으로 구성, 병렬 데이터 없이 학습 가능

(4) 개인정보 보호 가이드라인

① 개인정보 보호를 위해 해야 할 일

- 데이터 수집 시부터 개인식별정보에 대한 철저한 비식별화 조치가 필요
- 개인정보가 포함된 공개된 정보 및 이용내역 정보는 비식별화 조치를 취한 후 수집·저장·조합 분석 및 제3자 제공 등이 가능
- 빅데이터 처리 사실 목적 등의 공개를 통한 투명성 확보를 해야 함.
- 개인정보 취급 방침을 통해 비식별화 조치 후 빅데이터 처리 사실, 목적, 수집 출처 및 정보 활용 거부권의 행사 방법 등을 이용자에게 투명하게 공개해야 함.
- 개인정보의 취급 방침은 비식별화 조치 후 빅데이터 처리 사실 목적 등을 이용자 등에게 공개하고 '정보 활용 거부 페이지 링크'를 제공하여 이용자가 거부권을 행사할 수 있도록 조치해야 함.
- 수집 출처 고지는 이용자 이외의 자로부터 수집한 개인정보 처리 시 '수집 출처 목적, 개인정보 처리 정지 요구권'을 이용자에게 고지해야 함.
- 개인정보 재식별 시, 즉시 파기 및 비식별화 조치를 해야 함.
- 빅데이터 처리 과정 및 생성 정보에 개인정보가 재식별될 경우, 즉시 파기하거나

추가적인 비식별화를 조치해야 하고 민감정보 및 통신비밀의 수집·이용·분석 등의 처리를 금지해야 함.

- 특정 개인의 사상, 신념, 정치적 견해 등 민감정보의 생성을 목적으로 하는 정보의 수집·이용·저장·조합·분석 등의 처리를 금지하고 이메일, 문자 메시지 등 통신 내용의 수집·이용·저장·조합·분석 등의 처리를 금지해야 함.
- 수집된 정보의 저장 관리 시 '기술적·관리적 보호 조치' 시행하며, 비식별화 조치가 취해진 정보를 저장 관리하고 있는 정보 처리 시스템에 대한 기술적·관리적 보호 조치를 적용해야 함.

② 빅데이터 개인정보 보호 가이드라인
- 방송통신위원회는 지난 2014년 12월 빅데이터의 처리·활용과 관련하여 개인정보의 보호와 안전한 이용환경 조성을 위한 구체적인 기준을 제시

㉠ 빅데이터 처리와 개인정보 보호에 관한 최초의 가이드라인
- 실시간, 비정형 데이터를 포함한 대규모의 데이터를 의미하는 빅데이터는 새로운 부가가치 창출을 위한 경제적 자산으로 인식되고 있음.
- 현행 정보통신망법 등 개인정보 보호 관련 법령은 개인정보의 수집·이용을 위해서는 개인정보 주체의 사전 동의(opt-in)를 받을 것을 원칙으로 하고 있는 바, 대량의 데이터를 수집하고 처리하는 빅데이터 산업의 특성상 사전 동의 방식의 데이터 수집·처리가 용이하지 아니하여, 사업자는 사업자대로 규제 불확실성에 처해 있고, 이용자의 개인정보 보호도 제대로 효과를 얻지 못하고 있다는 문제점이 제기되어 왔음.
- 이러한 현실을 반영하여 본 가이드라인에서는 정보통신 서비스 제공자인 사업자가 '공개된 개인정보 또는 이용자가 정보통신 서비스를 이용하는 과정에서 자동으로 발생하는 이용내역 정보 등을 수집·저장·조합·분석 등 처리하여 새로운 정보를 생성'함에 있어서 이용자의 개인정보를 오·남용하는 것을 방지하는 한편, 관련 법령하에서 빅데이터의 활용을 극대화할 수 있는 방안을 제시하고 있음.

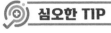

심오한 TIP

국가산업정책상 빅데이터 산업을 활성화시켜야 한다는 목소리가 커지고 있으나 빅데이터 처리 기술의 발전과 함께 데이터 분석을 통해 정보 주체의 성향과 행위를 예측하고 단독으로는 식별력이 없는 정보들을 결합·분석하여 식별력 있는 정보를 만들어 내는 프로파일링(profiling) 기술 등이 발전함에 따라 그로 인한 프라이버시 침해의 우려 역시 높아지고 있는 현실

ⓛ 개인식별정보에 대한 철저한 '비식별화' 조치(제3조, 제4조, 제5조 등)

- 이용자의 개인정보 보호와 사업자의 빅데이터 활용의 균형을 위한 본 가이드 라인의 가장 핵심적인 내용
- 공개된 정보 및 이용내역 정보에 개인정보가 포함되어 있을 경우, 수집 시부터 데이터 값 삭제, 가명 처리, 총계 처리, 범주화, 데이터 마스킹 등을 통해 개인 정보의 일부 또는 전부를 삭제하거나 대체함으로써 다른 정보와 쉽게 결합하 여도 특정 개인을 식별할 수 없도록 하는 비식별화 조치를 요구함.
- 그와 같이 비식별화 조치를 한 경우, 사업자 등은 이용자의 동의 없이 정보를 수집·이용하고, 이를 제3자에게 제공할 수 있으며, 이용자가 거부 의사를 표시 하지 아니하는 한 자신의 서비스 제공 업무 수행을 위해 내부에서 이용할 수 있 도록 하고 있음.

ⓒ 빅데이터 처리 사실·목적 등의 공개를 통한 투명성 확보(제4조, 제5조, 제6조)

- 정보기술의 발전으로 인하여 개인정보가 부지불식간에 수집 및 활용될 가능성 이 상존하여 정보 주체가 자신의 프라이버시에 대한 침해 가능성조차 파악하 기 어려운 것이 현실임.
- 이에 본 가이드라인은 사업자가 개인정보가 포함된 공개된 정보와 이용내역 정보를 수집·이용할 경우 그 처리 사실, 수집 출처 및 목적과 함께 그로부터 개 인정보가 포함된 새로운 정보가 생성될 수 있다는 사실 및 그 처리 방법을 개인 정보 취급 방침을 통해 공개하도록 하고 있음.
- 공개된 개인정보를 수집 처리하는 경우 이용자 등의 요구가 있으면 수집 출처, 처리 목적과 함께 해당 개인정보의 처리 정지를 요구할 권리가 있다는 사실을 이용자에게 고지하도록 규정하고 있음.

ⓡ 개인정보 재식별 시, 즉시 파기 및 비식별화 조치(제3조, 제6조)

- 비식별 처리된 공개된 정보 및 이용내역 정보를 처리하여 생성한 정보에 개인 정보가 포함되어 재식별될 경우, 사업자 등은 이를 즉시 파기하거나 추가적인 비식별화 조치를 해야 함.

ⓜ 민감정보 및 통신비밀의 수집·이용·분석 등 처리 금지(제7조, 제8조)
- 이용자로부터 따로 동의를 받지 않는 한 특정 개인의 사상, 신념, 정치적 견해 등 민감정보의 생성을 목적으로 한 정보 처리 및 전송 중인 이메일, 문자 메시지 등 통신 내용에 대한 정보 처리는 금지

ⓗ 수집된 정보의 저장·관리 시 '기술적·관리적 보호 조치' 시행(제3조 제2항)
- 사업자 등은 비식별화 조치가 취해진 정보라 하더라도, 정보를 저장·관리하고 있는 정보 처리 시스템에 대한 기술적·관리적 보호 조치를 적용해야 함.
- 침입 차단 시스템 등 접근 통제 장치를 설치하고, 접속 기록에 대한 위·변조 방지 조치를 하여야 하며, 백신 소프트웨어의 설치·운영 등 악성 프로그램에 의한 침해 방지 조치 등을 적용해야 함.

③ 개인정보 비식별 조치 가이드라인
- 본 가이드라인은 개인정보를 적정하게 비식별 조치하여 이용·제공하려는 사업자가 반드시 준수해야 할 조치 기준이라는 점을 명확히 함.
- 비식별 조치 단계를 4단계로 나누어 단계별 조치사항과 유의사항을 상세히 안내
  ㉠ 사전 검토 단계
    - 개인정보 해당 여부를 검토한 후 개인정보가 아닌 경우에는 별도 조치 없이 활용 가능함을 안내
  ㉡ 비식별 조치 단계
    - 가명 처리, 총계 처리, 데이터 삭제, 범주화, 데이터 마스킹 등 다양한 비식별 기술을 단독 또는 복합적으로 활용하여 개인 식별 요소를 제거하도록 함.
    - 정보집합물(데이터 세트)에서 개인을 식별할 수 있는 요소를 전부 또는 일부 삭제하거나 대체하는 등의 방법을 활용, 개인을 알아볼 수 없도록 조치
  ㉢ 적정성 평가 단계
    - 비식별 조치가 적정하게 이루어졌는지를 외부 평가단을 통해 객관적으로 평가하도록 하였으며, 평가 과정에서 객관적이고 계량적인 평가 수단인 'k-익명성'을 활용하도록 하였음.

- 다른 정보와 쉽게 결합하여 개인을 식별할 수 있는지를 '비식별 조치 적정성 평가단'을 통해 평가

- 동일한 값을 가진 레코드를 k개 이상으로 하여 특정 개인을 추론하기 어렵도록 함.

- 예를 들어, k값을 5로 정하여 비식별 조치하였다면 데이터 세트 내에 개인 식별 요소가 없음은 물론이고, 최소 5개 이상의 레코드가 동일하여 개인 식별이 어렵도록 함.

ㄹ 사후 관리 단계

- 비식별 정보의 안전한 활용과 오·남용 예방을 위한 필수적인 보호 조치(이용목적 달성 시 파기, 접근 권한 관리 및 접근 통제, 재식별 시 처리 중단 및 파기 등) 사항을 명시

- 비식별 정보 안전 조치, 재식별 가능성 모니터링 등 비식별 정보 활용 과정에서 재식별 방지를 위해 필요한 조치를 수행

- 비식별 조치 및 사후 관리 절차

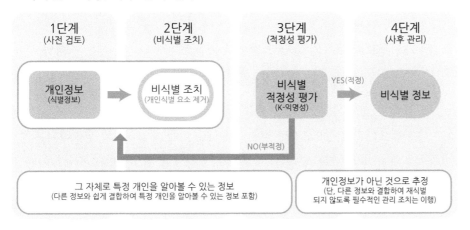

• 비식별 조치 방법

- 가명 처리, 총계 처리, 데이터 삭제, 데이터 범주화, 데이터 마스킹 등 여러 가지 기법을 단독 또는 복합적으로 활용. 단 '가명 처리' 기법만 단독 활용된 경우는 충분한 비식별 조치로 보기가 어려움. 각각의 기법에는 이를 구현할 수 있는 다양한 세부 기술이 있으며, 데이터 이용 목적과 기법별 장단점 등을 고려하여 적절한 기법 및 세부 기술을 선택·활용

- 개인정보 처리자는 평가 대상 데이터 명세, 비식별 조치 현황, 이용기관의 관리 수준 등 적정성 평가에 필요한 기초 자료를 작성해야 함.

  심오한 TIP

데이터 범주화

특정 정보를 해당 그룹의 대푯값으로 변환(범주화)하거나 구간값으로 변환(범주화)하여 개인 식별을 방지

데이터 마스킹

데이터의 전부 또는 일부분을 대체값(공백, 노이즈 등)으로 변환하는 것을 의미

– 비식별 조치된 정보가 유출되는 경우 다른 정보와 결합하여 식별될 우려가 있으므로 필수적인 보호 조치를 이행

　　㉠ 관리적 보호 조치: 비식별 정보 파일에 대한 관리 담당자 지정, 비식별 조치 관련 정보 공유 금지, 이용 목적 달성 시 파기 등의 조치가 필요

　　㉡ 기술적 보호 조치: 비식별 정보 파일에 대한 접근 통제, 접속 기록 관리, 보안 프로그램 설치·운영 등의 조치가 필요

● 개인정보 파기

– 정보 파기는 정보 보유 및 보유 목적에 맞지 않을 경우 정보 보호를 위하여 파기 또는 별도로 관리하는 활동을 말함.

– 보유기간 만료, 불필요한 경우일 때 복구할 수 없는 방법으로 파기하여 개인정보를 보호해야 함.

– 개인정보 파기 관리 수준

　　㉠ 개인정보가 보유기간 만료 등으로 불필요하게 된 경우에는 정당한 사유가 없는 한 5일 이내에 그 개인정보를 파기를 원칙으로 함(단, 『공공기록물 관리에 관한 법률』 등 다른 법령에서 보존해야 하는 경우는 예외).

　　㉡ 불필요한 개인정보를 보존하는 경우에는 다른 개인정보와 분리하여 저장·관리

　　㉢ 구체적 파기 시점·방법 등을 반영한 개인정보 파기 계획을 수립·시행

　　㉣ 파기 계획은 개인정보 처리 방침에 포함하여 시행 가능

– 개인정보 파기 방법

　　㉠ 개인정보를 파기의 일반적인 방법:

　　　ⓐ 완전 파괴(소각·파쇄 등)

　　　ⓑ 전용 소자 장비를 이용한 삭제

　　　ⓒ 데이터가 복원되지 않도록 초기화 또는 덮어쓰기 수행

　　㉡ 개인정보의 일부만을 파기하는 경우 추가적인 방법: 개인정보를 삭제한 후 복구 및 재생되지 않도록 관리 및 감독

7) 데이터 품질 검증★★

(1) 데이터 품질관리

① 정의

- 데이터 품질(Data Quality): "데이터의 최신성, 정확성, 상호연계성 등을 확보하여 이를 사용자에게 유용한 가치를 줄 수 있는 수준"으로 정의(공공데이터 품질관리 매뉴얼)
- 데이터 품질관리(Data Quality Management): 사용자에게 유용한 가치를 제공하도록 "데이터의 품질을 확보하기 위한 품질 목표 설정, 품질 진단 및 개선 등 일련의 활동과 이를 지원하기 위한 관련 도구"를 의미
- 학술적 정의
- 데이터 품질(Data Quality): "데이터를 활용하는 사용자의 다양한 활용 목적이나 만족도를 지속적으로 충족시킬 수 있는 수준" – Larry P. English ("Consistently meeting all knowledge worker and end-customer expectations through data and data services to accomplish enterprise and customer objectives.")
- 데이터 품질관리(Data Quality Management): "데이터의 품질을 지속적으로 유지하고, 개선함으로써 사용자의 만족도를 극대화하기 위해 수행하는 일련의 활동"
- 데이터 품질관리(Data Quality Management): "기관이나 조직 내·외부의 정보 시스템 및 DB 사용자의 기대를 만족시키기 위해 지속적으로 수행하는 데이터 관리 및 개선 활동"– TTA Standard, 한국정보통신기술협회
- 데이터 품질: "비즈니스에 적합하고 정확한 데이터를 적시에 안전하고 일관성 있게 제공함으로써 비즈니스 효율을 높이고 전략적 의사결정을 지원하는 정보자산으로서의 가치" – ISO 8000

② 품질관리 대상

- 품질관리를 위해 대상을 정의하는 프로세스로 품질관리 담당자가 정기적으로 품질관리계획을 수립하고, 단위부서별 데이터 담당(업무담당자)에게 배포하여 확인하며, 데이터 분류기준에 의해 대상을 분류하고 대상을 MECA 기법을 활용하여 선정하는 절차로 진행

  심오한 TIP

MECA 기법

Mandatory: 필수 진단 대상
Exceptional: 제외 대상
Conditional: 중요도 평가에 의한 대상
Additional: 이슈별 추가 대상

- 관리 대상은 데이터 관리 활동의 목적으로 무엇을 관리할 것인가의 관점에서 정의
- 품질관리 수행 기관에 따라, 정의가 달라질 수 있음.
  - ㉠ 공공데이터 개발 사업수행 방법론: 값, 구조, 성능, 표준화, 연계, 관리체계
  - ㉡ 빅데이터 플랫폼 및 센터 데이터 품질관리 가이드: 값, 구조, 표준, 관리체계, 공간정보
- 대상으로 특정되어지는 항목들

항목	내용
값	• 업무 및 비즈니스를 수행하면서 생성되거나 필요한 제반 데이터로 데이터베이스에 실제로 저장되어 있는 정보 항목의 값 • 수집된 값을 기반으로 하는 데이터를 가공하여 사용자에게 정확하고 적시에 제공하는 것이 데이터 품질관리의 핵심 • 수집된 데이터는 전자화되어 DB에 저장되며 전자화된 데이터는 정형 데이터, 비정형 데이터(이미지, 동영상, 음성, GIS 등)로 구분할 수 있음.
구조	• 데이터가 담겨 있는 틀로서 데이터를 취급하는 관점에 따라 구조가 변경됨. • 일반적으로 개념 데이터 모델, 논리 데이터 모델, 물리 데이터 모델 및 데이터베이스 객체로 구분하며 이러한 모델들의 계층적 구조를 데이터 아키텍처(Data Architecture)라고 함. • 계층 구조는 주제 영역 > 개념모델 > 논리모델 > 물리모델 > DB 객체 구성요소로 계층화됨.
성능	• 성능 개선이 필요한 서비스/프로그램에 대한 SQL 수집 • 모니터링 기반의 TOP SQL 수집 • 성능 진단 도구(Toad 또는 Orange 등)의 DB Health Check, Oracle AWR을 점검하여 DB 오브젝트와 DBMS 시스템적인 개선 요소 모니터링
연계	• 데이터 연계 목록 및 연계기관 조사 • 품질 이슈의 대상이 되는 특정 데이터 또는 연계기관 조사 • 연계 표준, 관리 프로세스, 기관 협조, 구성 아키텍쳐 관점으로 분석 및 진단
표준	• 정보 시스템에서 사용하는 용어, 도메인, 코드 및 기타 데이터 관련 요소에 대해 공통된 형식과 내용으로 정의·사용하는 표준 관련 데이터를 의미 • 데이터 표준화 : 시스템 별로 산재해 있는 데이터 정보 요소에 대한 명칭, 정의, 형식, 규칙에 대한 원칙을 수립 • 데이터 표준화는 데이터 모델 및 DB에서 정의할 수 있는 모든 객체를 대상으로 주로 관리할 필요가 있는 객체를 대상으로 데이터 표준화를 하는 것이 효율적이며, 일반적으로 데이터 표준으로 관리하는 대상에는 단어, 도메인, 용어, 코드 등이 있음.
관리체계	• 데이터 관리 활동을 효과적으로 수행하기 위해 품질 관리 활동에서 준수해야 할 내용을 정의한 지침, 품질관리 활동을 수행할 조직, 품질관리 활동을 구체화한 절차 • 품질관리 활동을 지원하는 도구 및 관련 시스템 등 품질관리 인프라 활용 방법 • 이러한 데이터 관리 활동을 지원하는 요소들이 잘 갖추어져 있는지 점검

공간정보	• 현실세계의 지리적 상태를 데이터화하여 표현한 정보를 말하며 지상, 지하, 수상, 공중 등의 공간상에 존재하는 자연적 또는 인공적 객체들의 위치정보와 속성정보, 객체 간의 위상정보를 포함함. • 공간정보는 벡터데이터와 래스터데이터로 구성된 공간데이터와 공간정보를 표현하는 속성 데이터로 구성됨. • 사실 표준으로 사용되는 ESRI의 표준 데이터 포맷은 shp, shx, dbf, prj, qpj 등 총 5개이며, 이중 shp, shx, dbf 등 3개는 필수적으로 제공되는 포맷임.

(자료원: 빅데이터 플랫폼 및 센터 데이터 품질관리 가이드, 한국지능정보사회진흥원, 2020.2
공공데이터 개발 사업수행 방법론 2.0, 한국지능정보사회진흥원, 2018을 활용하여 편집)

③ 품질 지표

• "품질 지표"는 공공기관 데이터의 품질 수준을 측정하기 위한 관점을 정의한 것으로 무엇을 측정할 것인가에 대한 기준이 되는 지표를 의미

• DQI(Data Quality Index)

– 연구자나 기관에 따라 수와 용어에 차이가 있으나 크게 다르지 않음.

  심오한 TIP

DQI(Data Quality Index)
공공기관 데이터의 품질 수준을 측정하기 위한 기준을 제시한 것으로, 데이터 값과 DB구조에 대한 표준, 품질관리 수준, 사용자 서비스 측면을 고려하여 총 7개의 지표와 24개의 세부 품질 지표 특성으로 구성되며, DQI(Data Quality Index)라는 용어로 사용하기도 함.

지표	지표 정의	세부 지표
준비성	공공데이터의 품질관리를 위해 기본적으로 관리해야 하는 정책, 규정, 조직, 절차 등을 마련하고, 최신의 내용으로 충실하게 관리되는지를 측정하는 지표	- 관리지표 - 내용 충실
완전성	공공데이터의 저장소인 데이터베이스를 구축함에 있어 논리적인 설계와 물리적인 구조를 갖추고, 업무 요건에 맞게 데이터가 저장되는지를 측정하는 지표	- 논리모델 - 식별자 - 물리구조 - 속성의미
일관성	같은 의미를 갖는 데이터는 논리적 속성 단위, 물리적 컬럼 단위에서 일관된 이름과 형식을 갖도록 표준을 준수하고 있는지, 공공데이터의 공동 활용을 위해 공유·연계하는 데이터는 누락이 없이 상호 간의 일관성을 유지하는지를 측정하는 지표	- 속성 - 표준 - 중복값 - 연계값
정확성	정확한 데이터 제공을 위해 데이터의 입력 단계부터 오류가 입력되지 않도록 하고, 저장된 데이터가 정의된 기준에 맞게 유효한 값의 범위와 형식으로 되어 있는지, 저장된 데이터가 현실에 가장 가까운 최신 값을 반영하고 있는지를 측정하는 지표	- 입력값 - 업무규칙 - 범위·형식 - 참조관계 - 계산식
보안성	지속적인 품질 확보를 위해 운영되는 데이터의 관리 주체가 관리되고 있는지, 권한에 따른 데이터 접근이 적절히 통제되고 개인정보 등 중요 데이터에 대해서는 암호화 등 보안 조치가 이루어져 있는지를 측정하는 지표	- 오너쉽 - 접근 제한 - DB보호
적시성	사용자가 만족하는 수준의 응답 시간이 확보되고 잇는지, 사용자의 데이터 요구에 따른 수집·처리·제공까지의 절차가 체계적으로 관리되고 있는지를 측정하는 지표	- 응답 시간 - 데이터 제공 - 최신값
유용성	사용자가 만족하는 수준의 충분한 정보가 제공되고 있는지, 정보 접근 시 사용자의 편의성이 확보되고 있는지, 사용자의 정보 이용에 따른 만족 수준을 높이도록 노력하고 있는지를 측정하는 지표	- 충분 - 접근 - 활용

④ 품질 진단(검증) 방법

• 데이터 품질 진단은 세부 지표를 기준으로 진단 대상별로 정량적 진단과 정성적 진단을 수행할 수 있는 적절한 방법을 매칭하여 수행

• 품질 진단 방법

품질 진단 방법		방법 설명
프로파일링	값 진단	• 데이터 값의 유효성, 정확성 등 데이터 값 자체 오류를 분석하는 방법 • 컬럼 분석, 날짜 분석, 패턴 분석, 코드 분석 등을 통해 데이터 값의 정확성을 중심으로 진단
	구조 진단	• 논리적 데이터 구조의 오류로 인한 일관성, 정합성 등을 확보하지 못하는 결함을 분석하고 진단하는 방법 • 표준화 수준(코드, 도메인 등), 테이블 구조, 정규화 수준, 컬럼 및 관계 정의 등 데이터의 구조적 결함 측정
체크리스트 (인터뷰·설문)		• 전반적인 데이터 품질관리 수준과 지표별 데이터 품질 수준을 체크리스트(설문 또는 인터뷰)를 통해 진단하는 방법
업무규칙 진단		• 법, 규정에 정의도니 업무기준(산출식)에 근거하여 데이터가 관리되고 있는지를 진단하는 방법 • 업무규칙(BR; Business Rule)을 준수하고 있는지에 관한 측정 스크립트(SQL 등)를 실행하여 오류 값을 추출
비정형 실측		• 문서, 이미지, 동영상 등 정형화되어 있지 않은 정보를 사람이 직접 확인(실측)을 통하여 오류 여부를 진단하는 방법 • 별도 도구 없이 직접 정보를 조회하거나 해당 문서를 수기로 확인 등

(자료원: 공공데이터 품질관리 매뉴얼 v2.0)

심오한 TIP

프로파일링(Profiling)
성능분석이라고도 하며, 프로그램의 시간 복잡도 및 공간(메모리), 특정 명령어 이용, 함수 호출의 주기와 빈도 등을 측정하는 동적 프로그램 분석의 한 형태임. 프로파일링 정보는 프로그램 최적화를 보조하기 위해 사용됨.

㉠ 프로파일링

– '데이터 프로파일링'이란? "데이터 현황 분석을 위한 자료 수집", "데이터의 통계, 패턴 등을 수집하여 잠재적 오류 징후를 발견하는 방법"

– 데이터 프로파일링 기법은 크게 Column Profiling, Single-Table Profiling, Cross-Table Profiling 기법으로 구분됨.

– 단일 컬럼과 같은 작은 단위로 시작하여 테이블과 테이블의 상관관계 데이터를 검증하는 복잡한 단계로 프로파일링 진단을 확대 적용함.

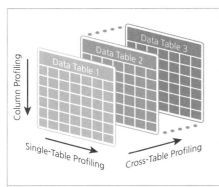

- Column Profiling
  (예시) 고객 마스터의 결혼 일자는 YYYYMMDD의 유효한 날짜 형식의 데이터를 유지해야 함.
- Single-Table Profiling
  (예시) 고객 마스터의 결혼 여부가 'Y'이면 결혼 일자는 반드시 YYYYMMDD의 유효한 날짜 형식의 데이터를 유지해야 함.
- Cross-Table Profiling
  (예시) 고객 마스터의 VIP 등급은 고객평가 테이블의 분기별 누적 점수에 의해 매겨짐.

- 프로파일링 도구에서 사용되는 대표적인 분석 기법으로는 구조 분석, 값 분석이 있음.

○ 구조 분석: 데이터를 관리하는 구조의 설계, 구축의 문제로 인하여 데이터 값이 일관되게 관리되지 못하거나 정합성을 확보하지 못하는 현상을 파악하기 위한 분석 기법이며 Meta Data 분석, 참조 무결성 분석, Key 값 분석, Dependency 분석 등이 있음.

○ 값 분석: 기본적으로 준수되어야 하는 데이터 값의 유효성, 정확성, 표준 적용 여부 등이 도메인별 속성에 위배되어 잠재적으로 업무에 영향을 줄 수 있는 오류 데이터를 파악하기 위한 분석 기법

- 컬럼 분석(Column Analysis): 컬럼에 대한 속성에 대한 준수 여부 검증(Min/Max, Null/Space)

- 마스터 데이터 분석(Master Data Analysis): 독립적이고 공통적으로 참조되는 핵심 데이터에 대해 표기·표준 및 기준 정보 중복 검증

- 패턴 분석(Pattern Analysis): 데이터를 구성하는 값에 대한 패턴을 분석

- 날짜 분석(Date Analysis): 날짜 유형의 데이터로 구성된 값의 유효성을 검사

- 상관 분석(Mutual Analysis): 상호 연결된 컬럼 간의 데이터 정합성을 검증

- 코드 분석(Code Analysis): 컬럼 내 코드 값이 정의된 표준에 따라 구성되었는지를 검증

- 메타데이터 분석(Meta-data Analysis): 데이터베이스의 구조화와 관련된 정보로, 데이터베이스, 테이블, 컬럼, 데이터 타입, 도메인, 제약 조건 등에 대한 정보와 보조적으로 활용되는 한글 정보들도 분석에 포함하여 검증

 심오한 TIP

참조 무결성(referential integrity)

관계 데이터베이스 관계 모델에서 2개의 관련 있던 관계 변수(테이블) 간의 일관성(데이터 무결성)을 말함. 참조 무결성은 종종 기본 키 또는 키가 아닌 후보 키와 외래 키의 조합으로 강제 적용되며, 참조 무결성이 강제 적용되면 외래 키가 선언된 관계 변수의 외래 키를 구성하는 속성(열)의 값은 그 관계 변수의 부모가 되는 관계 변수의 기본 키 값 또는 기본 키가 아닌 후보 키 값으로 존재해야 함.

심오한 TIP

패턴 분석

가공되지 않는 데이터에서 규칙성을 자동으로 찾아서 분류하고 분석하는 작업임.

ⓛ 체크리스트
- 지표 중심으로 데이터 품질관리에 대한 상세 수준을 조사
- 지표별 체크리스트 문항을 구성하고, 평가
- 인터뷰나 설문조사를 활용

ⓒ 업무 규칙 진단
- 프로파일링 도구를 활용한 값과 구조 진단은 데이터의 흐름상에서 발생되는 오류를 측정하지는 못한다는 한계가 있음.
- 업무규칙 도출을 위한 진단대상의 선정은 품질 이슈 및 핵심 업무를 식별하고 이와 관련된 근거 규정(법, 지침, 업무절차)등을 파악한 후 해당 업무의 근거 규정을 세분화하여 업무 규칙을 정의
- 업무 규칙이 도출되면 업무 규칙의 내용 중에 논리모델과 속성이 되는 핵심 항목을 도출하고 핵심 항목과 관련된 물리적 테이블, 컬럼, 속성 및 상세 조건을 찾아 측정하기 위한 스크립트(Script)를 작성
- 스크립트(Script)의 작성은 업무와 데이터베이스의 언어를 이해하는 정보화 담당자가 작성하는 것이 원칙이나, 위탁 또는 외부 용역 형태로 진단이 수행된다면 관련 정보화 담당자의 확인을 통해서 검증하는 것이 필요
- 업무 규칙 진단이 종료되면 진단 결과를 정리하여 업무 규칙 진단 결과를 작성

ⓔ 비정형 실측
- 이미지, 음성, 텍스트 등의 정확도 또는 일치성 등을 검증하기 위해 실측하여 결함을 진단하는 방법
- <u>비정형 데이터</u>는 문서, 이미지, 음성, 영상 등과 같이 비구조 형태를 가지고 있는 데이터로 비구조 형태의 객체 데이터와 객체 데이터에 대한 객체 메타 데이터로 구성되며, 비즈니스 목적에 따라 관리하는 관리정보를 갖고 있을 수 있음.

심오한 TIP

비정형 데이터
언어 분석이 가능한 텍스트 데이터나 형태와 구조가 복잡한 이미지, 동영상 같은 멀티미디어 데이터

- 품질 진단 방법과 품질 지표 매칭 사례
- 빅데이터 플랫폼 및 센터 데이터 품질관리 가이드에서 제시한 지표별 진단 대상, 진단 기법 간의 관계를 표로 정리한 사례

지표		진단 대상					진단 기법		
		값	구조	표준	공간 정보	관리 체계	정량적 진단		정성적 진단
							프로파일링	업무 규칙	체크 리스트
완전성 (Completeness)	단독 완전성	●						✓	✓
	조건 완전성	●						✓	
	구조 완전성		●				✓		
	공간객체 완전성				●		✓		
유효성 (Validity)	범위 유효성	●					✓		✓
	날짜 유효성	●					✓		
	형식 유효성	●					✓		
	코드 유효성	●					✓		
	선후관계 유효성	●						✓	
	그리드 유효성				●		✓		
일관성 (Consistency)	참조 무결성	●					✓	✓	✓
	중복 일관성	●					✓	✓	
	표준 일관성			●			✓		
	위상 구조 일관성				●		✓		
	개념적 일관성				●		✓		
	연계 일관성	●					✓		
정확성 (Accuracy)	논리관계 정확성	●						✓	✓
	파생 항목 정확성	●						✓	
	메타 정확성	●					✓		
	위치식별 정확성				●		✓		
준비성 (Preparation)	체계 구비성					●			✓
	체계 준수성					●			
보안성 (Security)	정보 보호성					●			✓
	통제성					●			
	데이터관리 책임성					●			
유용성 (Usefulness)	충분성					●			✓
	유연성					●			
	추적성					●			
	활용성					●			
접근성 (Accessibility)	검색 용이성					●			✓
	사용 용이성					●			
적시성 (Timeliness)	데이터 최신성					●			✓

(2) 공공데이터 품질관리

① 공공기관의 데이터베이스 표준화 지침

- 목적: 「전자정부법」 제50조 및 같은 법 시행령 제59조, 「공공데이터의 제공 및 이용활성화에 관한 법률」(이하 「공공데이터법」이라 한다) 제23조에 따라 공공기관이 생성 또는 취득하여 관리하는 데이터베이스의 표준화에 필요한 세부 사항을 정함을 목적으로 함.
- 공공데이터 품질관리 매뉴얼 ver2.0를 작성 배포하여 공공기관의 실무 담당자와 국가차원의 공공데이터를 생성, 운영하는 조직의 담당자가 데이터 품질관리 활동을 수행하는 데 참조, 활용할 수 있도록 하고 있음.
- 품질관리 대상

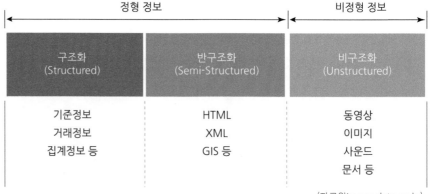

(자료원: www.data.go.kr)

- 공공데이터의 효율적인 제공을 위하여 『공공데이터법』 제11조에 따라 『공공데이터 관리지침(행정안전부 고시 제2019-71호, 2019.9.3. 개정)』을 제정해 구체적인 내용을 정하고 있음.

② 공공데이터 품질관리

- 공공기관이 품질관리 활동을 수행함에 있어 아래의 품질관리 개념도처럼 데이터의 구축부터 운영, 활용까지의 정보 생명주기(Life Cycle)를 고려하여 전 단계에 걸쳐 적용되는 체계를 확보하도록 데이터 품질관리를 체계화

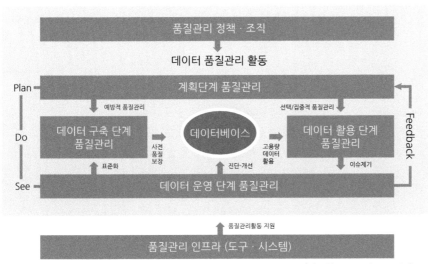

(자료원 : www.data.go.kr)

③ 우리나라 2021년 공공데이터 품질관리 수준 평가 지표

• 공공데이터 품질관리 수준 평가 세부 안내서

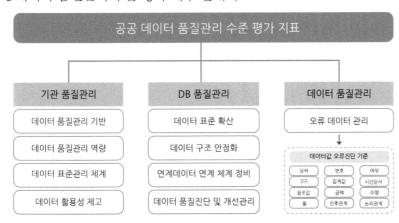

지표명	평가 내용
1. 품질관리 계획 수립	'공공 데이터 제공 및 이용활성화 시행 계획'에 따른 기관 데이터의 체계적 품질관리를 위한 품질관리 계획 수립 여부 확인
2. 예방적 품질관리 진단	정보 시스템(DB) 구축 계획 수립 시 사업계획서, 제안요청서에 DB 품질 수준 확보를 위한 요구사항 포함 여부를 사전 진단했는지 여부, 사업 추진 시 예방적 품질관리 진단 결과를 사업 계획에 반영했는지 여부 확인
3. 데이터 표준 확산	기관이 품질관리 수준 평가 대상 DB에 대해 기관 및 범정부 표준을 적용하여 데이터 표준을 정의하였는지 여부 확인

4. 데이터 구조 안정화	평가대상 DB의 데이터 구조 관련 산출물인 데이터베이스 정의서, 테이블 정의서, 컬럼 정의서 및 ERD(또는 관계정의서)를 관리하는지 여부, 구조 산출물이 실제 DB 구조에 맞게 현행화하여 관리하는지 여부 확인
5. 데이터 연계 관리	내·외부 기관의 정보 시스템(DB)과 연계되어 송수신하는 데이터의 목록을 정의하여 관리하는지, 내역 점검 및 오류 조치 결과 관리 여부 확인
6. 데이터 품질 진단	진단대상 DB의 데이터 품질 진단 수행 요건, 품질 진단 수행, 오류 데이터 개선을 위한 원인 분석 및 조치 활동을 점검
7. 품질 진단 결과 조치	데이터 품질 진단에 따른 오류의 원인을 분석하고, 오류 정제를 위한 개선 계획을 수립하는지 여부, 데이터 품질 진단 및 개선 활동 보고 여부 확인
8. 데이터 오류율	범정부 데이터 품질 진단 기준에 의한 진단대상 DB의 데이터 오류율을 측정하고 관리하는지 여부 확인
9. 오류신고 요구 사항 분석 및 개선	기관 데이터의 활용을 위한 수요자의 데이터 품질 오류 접수 및 처리, 품질 오류 신고내역 분석 및 문제점 조사 및 보고 등의 활동을 점검
10. 개방 데이터 세트 오류 조치	범정부 데이터 품질 진단 기준을 적용해 공공데이터포털에 개방된 데이터셋, 오픈 API 서비스의 오류를 진단하고 진단 결과 식별된 오류를 개선했는지 여부 확인
11. 개방표준 데이터세트 현행화 관리	공공기관 개방표준으로 고시된 개방표준 데이터세트의 주관기관이 소관 개방표준 데이터세트를 공공데이터포털에 등록하고 현행화하여 제공하고 있는지 여부 확인

2. 데이터 적재와 저장

1) 데이터 적재★★

- 데이터를 수집하고, 변환하고, 적재하는 일련의 과정을 정제라고 부르며, 아래 그림에서 보듯이 다양한 소스 시스템으로부터 필요한 데이터를 추출(extract)하여 변환(transformation) 작업을 거쳐 Target 시스템으로 전송 및 적재(loading)하는 모든 과정을 말함.

- ETL에서 추출(Extraction)은 소스 데이터베이스로부터 데이터를 읽어 내는 과정이며, 변환(Transformation)은 소스로부터 추출된 데이터와 최종 원하는 데이터의 구성 및 형태를 연결하는 과정

- 적재(Loading)는 타깃 데이터베이스로 데이터를 저장하는 과정

• 데이터 적재 개념도

(1) 초기 적재(Initial Loading)

• 기존 시스템의 전체 데이터를 일정 시점을 기준으로 서버 시스템에 반영하는 절차로, 데이터 초기 이행은 주로 과거 데이터의 전환을 위한 작업인 경우가 대부분임.

• 가급적 업무 부담을 적게 하고, 사용자 프로그램 작성 작업의 부담을 줄이는 방향으로 진행하는 것을 권장

• 기존 시스템에 존재하는 파일을 가공하는 절차는 반드시 필요하며, 그 방법에 대해서는 시스템/인적 자원을 충분히 고려하여 결정해야 함.

• 기존 시스템에 있는 방대한 데이터를 추출하는 방법은 DataStage와 같은 ETL Tool을 사용하여 정제된 데이터를 생성하는 방법과 DB Utility를 이용하여 원시 데이터 형태의 SAM File로 전달하여 주는 방법이 있음.

• 작성된 SAM File은 ETL Tool을 통해 데이터 웨어하우스에 변환하여 서버 시스템에 적재함.

• 초기 적재 방식은 전체 적재 대상 데이터를 한 번에 업로드하는 방식과 조금씩 분할하여 적재하는 방식이 있음.

① 초기 적재 방식

㉠ Refresh(전체 데이터 대상)

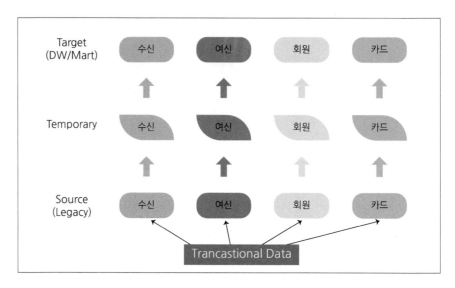

[그림 1-24] 초기 적재 유형: 전체 데이터를 대상으로 적재
(자료원: 아키텍처 기반의 데이터 통합 데이터통합 실무 사례, 한국어센셜, an IBM Company 김장원 이사)

㉡ incremental(점증적)

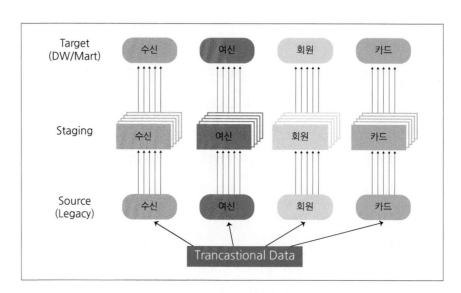

[그림 1-25] 초기 적재 유형: 점증적

• 적재 방식은 기존 데이터의 특성과 비즈니스 요건에 따른 초기 데이터 적재 방식이 선정되어야 함.

- 두 방식에 대한 비교 내역

구분	Refresh(전체 데이터 대상)	Incremental(점증적)
대상 범위	Legacy 전체 데이터	Legacy 전체 데이터
적재 소요시간	데이터 Size에 따라 다르지만 보통 2~3일 정도 소요	프로젝트 기간 중
최종 이관 스케줄	비 영업일 산정(구정, 추석, 연휴)	프로젝트 종료 시
업무 Risk	대외업무 일시 중단	모든 업무 On-going
주요 비즈니스 Area	Data Migration/차세대	DW/제조업/SMB
소스 데이터 정합성	소스 데이터에 대한 정합성 일치	소스 데이터에 대한 일별 정합성 검증
소스 데이터 CDC	불필요	소스 데이터 CDC 정책 수립
타깃 데이터 정합성	업무별 정합성 Check	업무별 정합성 Check
시스템 Performance	실 운영 환경에서 Check	프로젝트 기간 중 Check & 완료

(2) 변경 데이터 적재(Changed Data Capture)

- 초기 적재 완료 후 기존 데이터 변경사항 부분만을 추출하여 반영하는 절차
- 변경 데이터의 반영 주기(시간/일/월)별로 분리하여 따로 반영한다. 이때 반영 주기에 따른 Data 일치성을 고려
- 기존에 있는 대량의 데이터인 경우 거래 로그(user log)에 의한 변경 데이터 적재를 기본 원칙으로 하고, 데이터 양이 적거나 거래 로그를 사용하지 못할 경우 기존 시스템 전체를 적재하는 방식을 권고
- 예)
- 원장 테이블에서 필요 데이터를 추출하여 적재하는 방식이 적절
- 일 1회보다 변경 주기가 빠른 작업은 스케줄러에 의하여 자동으로 반영되도록 하고, 변경사항 적재 처리 방법은 고객 상황에 가장 적합한 방법을 선정하여 변경 데이터를 적재

- 변경 데이터 적재 방식은 사용자 로그 방식과 메시지 기반 방식, Time Stamp 방식, 로그 캡처 방식, 한 번에 적재하는 방식 등이 있음.

심오한 TIP

데이터 마이그레이션 (Data migration)

데이터를 선택, 준비, 추출 및 변환하여 한 컴퓨터 저장 시스템에서 다른 컴퓨터 저장 시스템으로 영구적으로 전송하는 프로세스

심오한 TIP

Time Stamp 방식

정한 시각을 나타내거나 기록하는 문자열이다. 둘 이상의 시각을 비교하거나 기간을 계산할 때 편리하게 사용하기 위해 고안되었으며, 일관성 있는 형식으로 표현

① 유저 Log 방식

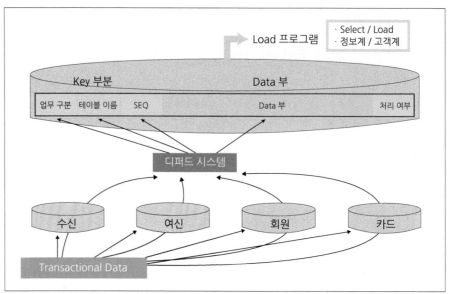

(자료원: 아키텍처 기반의 데이터 통합 실무 사례, 한국어센셜, an IBM Company 김장원 이사)

② 메시지 driven 방식– 전문 방식(Text)

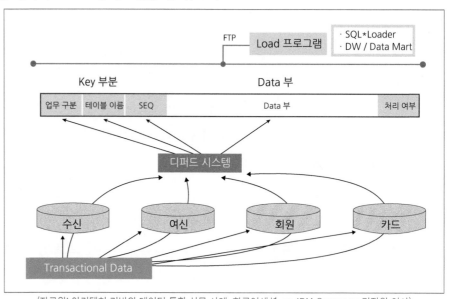

(자료원: 아키텍처 기반의 데이터 통합 실무 사례, 한국어센셜, an IBM Company 김장원 이사)

③ β 메시지 driven 방식- Message Queue (IBM)

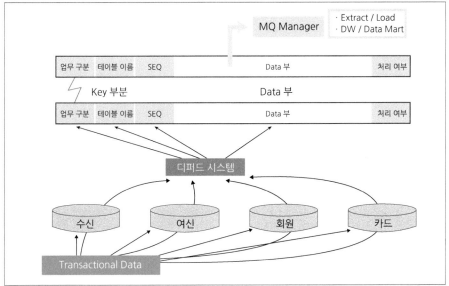

(자료원: 아키텍처 기반의 데이터 통합 실무 사례, 한국어센셜, an IBM Company 김장원 이사)

④ Time Stamp 방식- 추출 대상 테이블에 Time Stamp 컬럼 선언

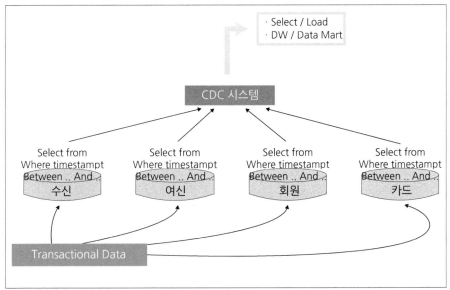

(자료원: 아키텍처 기반의 데이터 통합 실무 사례, 한국어센셜, an IBM Company 김장원 이사)

⑤ Log Capture 방식 – BMC Log Master / CA Log Analyze/ Oracle CDC

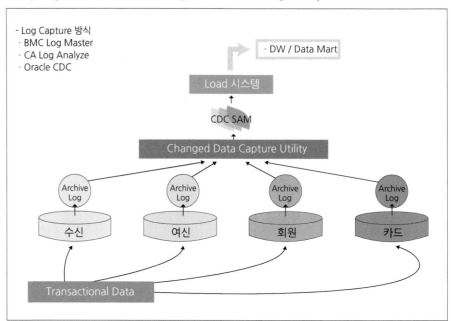

(자료원: 아키텍처 기반의 데이터통합 실무 사례, 한국어센셜, an IBM Company 김장원 이사)

• Legacy 데이터의 특성과 타깃 시스템 요건에 따른 변경 데이터 적재 방식 선정

구분	유저 Log	메시지 Queue	Time Stamp	Log Capture	Refresh
구현 방식	• 디퍼드 시스템 • DBMS	• 전문방식(Text, EDI) • Message Queue	추출 대상 테이블에 기선언되어 있는 Time Stamp 칼럼	DBMS에서 생성된 DB Log Capture	대상 테이블 갱신
Key Application	유저 프로그램	유저 프로그램	유저 프로그램	DBMS Architecture	DBMS Utility
CDC Input	유저 DBMS Insert	유저 프로그램	소스 DB Update	Log Capture Tool	소스 테이블 Unload
CDC Output	DBMS Select	메시지 전달을 위한 전용 소프트웨어	DBMS Select	Capture SAM File	타깃 테이블 Truncate & Load
CDC 주기	Right Time	Right Time	Right Time	일 3~4회	Batch Process (Daily/weekly/Monthly)
데이터 Size	소용량	중/소용량	중/소용량	대용량 데이터	소용량 데이터
Legacy 시스템 영향	응답시간 지연	응답시간 지연	DBMS Index 추가	Log Capture를 Legacy Application	DBMS Utility 실행
개발 주체	• 고객사 개발자 • 프로젝트 인원	• 고객사 개발자 • 프로젝트 인원	• 프로젝트 인원	• SP/DBA • 프로젝트 인원	• SP/DBA • 프로젝트 인원
구현 사례	거래내역/고객정보	거래내역/고객정보	거래내역/고객정보	전체 테이블	코드성 데이터

2) 데이터 저장★★

(1) 데이터 저장 처리 절차
① 개요
* 데이터 유형에 따라 저장 계획을 수립하고 적합한 DB를 구축한 후 데이터를 저장·관리하는 데이터 저장 처리 절차
  * ㉠ 저장 계획 수립: 데이터 유형을 검토하여 저장 방식을 선정하고 실행에 필요한 데이터 저장 계획 수립
  * ㉡ DB 구축 및 테스트 수행: 선정된 저장 방식에 따라 적합한 DB를 구축한 후 사전 테스트 수행
  * ㉢ 저장 처리 및 모니터링: 구축된 DB에 데이터를 저장하고 용량 한계 등 수시 모니터링

데이터 저장처리 절차

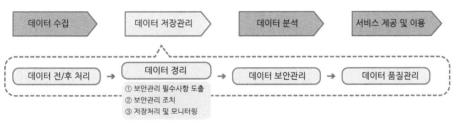

(자료원: 빅데이터 활용 단계별 업무절차 및 기술 활용 매뉴얼 (Version 1.0))

② 데이터 저장 처리 절차 단계
  * ㉠ 데이터 저장 계획 수립
    * ⓐ 데이터 유형 검토
      * 저장할 데이터의 포맷 등 유형을 검토하고 데이터 저장 관리에 유리한 저장 방식을 선정
      * – RDB
        * ○ RDB 테이블 데이터는 칼럼과 값을 코드 매핑하거나 데이터형을 변환 처리하여 테이블 형태로 저장
        * ○ XML, JSON, HTML 형식의 파일은 파싱 처리하여 테이블에 저장

> **심오한 TIP**
>
> **파싱(parsing)**
> 일련의 문자열을 의미있는 토큰(token)으로 분해하고 이들로 이루어진 파스 트리(parse tree)를 만드는 과정

NoSQL
전통적인 관계형 데이터베이스
보다 덜 제한적인 일관성 모델을
이용하는 데이터의 저장 및 검색
을 위한 구조를 제공

ㅇ 문서, 이미지, 비디오, 오디오 등 이진 파일은 key 값을 추출한 후 테이블 저장

- NoSQL

ㅇ 정형 데이터(RDB 저장 데이터)는 칼럼과 값을 key와 value로 구분하여 저장

ㅇ XML, JSON, HTML 형식의 파일은 파싱하여 key-value로 저장(NoSQL에서 지원하는 데이터 타입으로 변환 저장)

※ 문서, 이미지, 비디오, 오디오 파일의 저장은 별도 처리 방안이 필요

- 분산 파일시스템

ㅇ 문서(XML·JSON·HTML, 텍스트 등), 이미지, 비디오, 오디오 등 텍스트 및 이진 파일을 분산 파일시스템에서 지원하는 파일 형식으로 저장

ⓑ 저장 공간 용량 설계

• 수집할 데이터 크기 및 최대 저장 기간 등을 고려하여 용량을 설계

- RDB는 레코드 최대 크기 등을 고려하여 저장 공간 용량을 설정

- RDB는 솔루션별 가용 공간이 다르므로 '솔루션 업체별 설계 가이드' 등을 참고하고 scale-up, scale-out 방식으로 최대 TeraByte씩 확장 가능

- NoSQL과 분산 파일 시스템은 보편적으로 3개의 동일한 복제 파일을 운영해야 하므로 이를 감안하여 저장 공간을 설정

- NoSQL 및 분산 파일 시스템은 scale out 방식으로 PetaByte 이상 확장 가능

• 확장 기술 비교

TeraByte
10^{12}를 의미하는 SI 접두어인 테라
와 컴퓨터 데이터의 표시단위인
바이트가 합쳐진 자료량을 의미
하는 단위

구분	Scale Up	Scale Out
개요	CPU, 메모리, 하드디스크 등 서버 지원을 추가하여 처리 능력을 향상시키는 방식	서버의 대수(노드)를 추가하여 처리 능력을 향상시키는 방식
비용	컨트롤러나 네트워크 인프라 비용은 발생하지 않고 디스크만 추가	추가된 노드들이 하나의 시스템으로 운영되기 위한 네트워크 장비 필요
용량	하나의 스토리지 컨트롤러가 지원 가능한 Device 수가 한정되어 있어 용량 확장 시 제약	스토리지 용량 확장성이 매우 좋음.

(자료원: dbguide.net)

ⓒ 계획서 작성

• 데이터 유형에 따른 수집 주기, 저장 방식, 보관 주기 및 백업 방식, 저장 공간 확대 방안 등 업무 처리 내용을 포함한 저장 계획서를 작성

ⓛ DB 구축 및 테스트 수행

- 데이터 저장 계획서에 따라 확장성 등을 고려하여 DB를 구축하고 운영에 필요한 주요 기능에 대한 사전 테스트를 진행

ⓒ 저장 처리 및 모니터링 수행

- 시·일·주·월 등 주기적으로 데이터 운영 관련 에러 및 여유 공간 등을 실시간 모니터링하고 문제 발생 시 신속한 대응 체계를 마련하며, 오류가 발생하였을 경우 내역을 분석하여 수집·처리·저장 단계 관련 담당자와 협의하여 해결
  - ※ 클라우드 및 IDC 자원을 활용할 경우, 저장 공간 사용 관련 SLA Level에 따라 운영 및 확장

데이터 저장에서의 주요 사항

① 빅데이터 저장 환경에서 적정한 저장 공간의 확보가 중요하며 또한 주기적인 모니터링을 수행해야 함.
  - RDB는 인덱스 및 여유 공간을 계산하여 확보
  - NoSQL, 분산 파일 시스템은 복제 파일 운영 여유 공간을 계산하여 확보
② 데이터 수집 및 저장이 장기간, 실시간, 대용량으로 수행될 경우 관련 사전 점검이 진행되어야 하고 일정 저장 공간 이상 사용되었을 때 scale-out 될 수 있는 방안이 마련되어야 함.

(자료원: 빅데이터 활용 단계별 업무절차 및 기술 활용 매뉴얼, 한국정보화진흥원(2014))

(2) 활용 기술

- 데이터 유형에 따라서 RDB, NoSQL, 분산 파일 시스템 등의 기술들이 활용

① 데이터 저장 방식

구분	특징	비고
RDB	• 관계형 데이터를 저장하거나, 수정하고 관리할 수 있게 해주는 데이터베이스 • SQL 문장을 통하여 데이터베이스의 생성, 수정 및 검색 등 서비스를 제공	Oracle, MsSQL, mySQL, Sybase, MPP DB

기능		예시
NoSQL	• Not-only SQL의 약자이며 비관계형 데이터 저장소로, 기존의 전통적인 방식의 관계형 데이터베이스와는 다르게 설계된 데이터베이스 • 테이블 스키마(table schema)가 고정되지 않고, 테이블 간 조인(join) 연산을 지원하지 않으며, 수평적 확장(horizontal scalability)이 용이 • key-value, document key-value, column 기반의 NoSQL이 주로 활용 중	MongoDB, Cassandra, HBase, Redis
분산 파일 시스템	• 분산된 서버의 로컬 디스크에 파일을 저장하고 파일의 읽기, 쓰기 등과 같은 연산을 운영체제가 아닌 API를 제공하여 처리하는 파일 시스템 • 파일 읽기/쓰기 같은 단순 연산을 지원하는 대규모 데이터 저장소 • 범용 x86서버의 CPU, RAM 등을 사용하므로 장비 증가에 따른 성능 향상 용이 • 수 TB~수백 PB 이상의 데이터 저장 지원 용이	HDFS

※ MPP(Massively Parallel Processing) DB: 대용량 병렬 처리 데이터베이스

② 데이터 저장을 위한 RDB, NoSQL, 분산 파일 시스템 저장 방식에 대한 기술 고려 사항

㉠ RDB 저장 방식

• 데이터를 RDB 테이블에 칼럼으로 저장하기 위한 기술 고려사항

기능	고려사항
Text 데이터 저장	• 저장 테이블과 칼럼 관계를 매핑하여 저장하는 기능을 제공해야 함. • 데이터 형이 다른 칼럼은 데이터 형을 변환하여 저장하는 기능을 제공해야 함. • 코드가 다른 칼럼은 코드 변환하여 저장하는 기능을 제공해야 함. • 칼럼 중 NULL 데이터가 있는 경우 NULL 변환 처리하여 저장하는 기능을 제공해야 함. • 수집한 웹문서 내용으로부터 스키마에 저장된 각 속성들의 값을 추출한 후 DB 로딩 형식에 맞추어 변환하는 기능을 제공해야 함.
XML, JSON, HTML 데이터 저장	• 저장 테이블의 칼럼에 맞도록 데이터를 파싱 처리하여 저장하는 기능을 제공해야 함. • 저장 시 자동 집계 또는 후처리 집계 처리가 수행될 수 있도록 기능을 제공해야 함. • 저장 테이블의 문자열 데이터 형에 데이터 전체를 저장하는 기능을 제공해야 함.
문서, 이미지, 오디오, 비디오 데이터 저장	• 이진 데이터는 key 값을 추출하여 저장하는 기능을 제공해야 함. • 저장 테이블의 이진 데이터 형에 데이터 전체를 저장하는 기능을 제공해야 함.
RDB 성능관리	• 서버 증설, 튜닝, 데이터 관리주기를 적용해야 함. • RDB 연계에 따라 분산된 저장소 간의 저장 상황 및 자원 활용 상황을 모니터링할 수 있는 기능이 제공되어야 함. • 검색 속도를 높이기 위한 다양한 색인 기능을 제공해야 함.

(자료원: 빅데이터 활용 단계별 업무절차 및 기술 활용 매뉴얼, 한국정보화진흥원(2014))

ⓛ NoSQL 저장 방식

• key/value, 칼럼, document 등 특성에 따라서 NoSQL에 저장하기 위해 필요한 기술 고려사항

기능	고려사항
RDB 테이블 데이터를 NoSQL에 저장	• key 값을 추출하고 칼럼 관계를 매핑하여 저장하는 기능을 제공해야 함(칼럼 기반). • 테이블 데이터를 document 기반으로 변환하여 저장하는 기능을 제공해야 함 (document 기반). • key 값을 추출하고 전체 데이터는 value에 저장하는 기능을 제공해야 함(key/value). • key 값과 추출 값 간의 릴레이션을 파악할 수 있는 변환용 검증키를 부여할 수 있는 기능이 제공되어야 함.
XML, JSON, HTML, 문자열/문서 파일을 NoSQL에 저장	• key 값을 추출하고 칼럼 관계를 매핑하여 저장하는 기능을 제공해야 함(칼럼 기반) • 데이터 내용을 document 기반으로 변환하여 저장하는 기능을 제공해야 함 (document기반). • key 값을 추출하고 데이터 내용은 value에 저장하는 기능을 제공해야 함(key/value).
NoSQL 성능관리	• 저장소 및 성능 향상을 위한 scale out 기능을 제공해야 함. • 데이터 처리 성능을 높이기 위한 분산 병렬 처리 기능을 제공해야 함.

(자료원: 빅데이터 활용 단계별 업무절차 및 기술 활용 매뉴얼, 한국정보화진흥원(2014))

ⓒ 분산 파일 시스템 저장 방식

• 분산 파일 시스템에서 제공하는 파일 형식으로 저장하기 위한 기술 고려사항

기능	고려사항
RDB 테이블 데이터를 분산 파일 시스템에 저장	• 저장 테이블과 칼럼 관계를 매핑하여 저장하는 기능을 제공해야 함. • 데이터형이 다른 칼럼은 데이터형을 변환하여 저장하는 기능을 제공해야 함. • 코드가 다른 칼럼은 코드 변환하여 저장하는 기능을 제공해야 함. • 칼럼 중 NULL 데이터가 있는 경우 NULL 변환 처리하여 저장하는 기능을 제공해야 함. • 맵리듀스 작업을 통해 중복 체크 후 분산 파일 시스템에 저장하는 기능을 제공해야 함.
XML, JSON, HTML, 문자열/문서 파일을 분산 파일 시스템에 저장	• 저장 테이블의 칼럼에 맞도록 데이터를 파싱 처리하여 저장하는 기능을 제공해야 함. • 저장 테이블의 문자열 데이터형에 데이터 전체를 저장하는 기능을 제공해야 함. • 여러 웹로봇으로부터 수집한 파일들을 분산 파일 시스템에서 제공하는 저장 파일로 통합하는 기능을 제공해야 함. • 분산 파일 시스템의 저장 단위로 통합된 파일을 나누어 저장하는 기능을 제공해야 함. • 나누어 저장된 통합 파일을 분산 파일 시스템에 중복되지 않도록 순차처리 파일로 저장하는 기능을 제공해야 함. • 여러 에이전트로부터 수집한 로그 파일들을 DFS(분산 파일 시스템)에서 제공하는 저장 파일로 통합하는 기능을 제공해야 함. • 매핑과 변환 처리된 데이터를 맵리듀스 작업에서 중복 제거 후 분산 파일 시스템에 저장하는 기능을 제공해야 함.

문서, 이미지, 오디오, 비디오, 이진 파일을 분산 파일 시스템에 저장	• 이진 데이터를 key 값을 추출하여 저장하는 기능을 제공해야 함. • DFS(분산 파일 시스템)의 이진 데이터 형에 데이터 전체를 저장하는 기능을 제공해야 함. • 여러 에이전트로부터 수집한 파일들을 DFS(분산 파일 시스템)에서 제공하는 저장 파일로 통합하는 기능을 제공해야 함. • DFS(분산 파일 시스템) 저장 단위로 통합된 파일을 나누어 저장하는 기능을 제공해야 함. • 나누어 저장된 통합 파일을 DFS(분산 파일 시스템)에 중복되지 않도록 순차처리 파일로 저장하는 기능을 제공해야 함.
분산 파일 시스템 성능관리	• 저장소 성능 향상을 위한 scale out 기능을 제공해야 함. • 데이터 처리 성능을 높이기 위한 분산 병렬 처리 기능을 제공해야 함.

(자료원: 빅데이터 활용 단계별 업무 절차 및 기술 활용 매뉴얼, 한국정보화진흥원(2014))

과목 예상문제

【데이터 수집 및 전환】

01. 데이터 유형을 저장 위치별로 구분해 볼 때, 그 특성이 다른 것은?

① ERP 데이터   ② SCM 데이터
③ CRM 데이터   ④ SNS 웹크롤링 데이터

> **해설**
> · 내부 데이터: 조직 내부에 관리되고 있는 데이터로 데이터 웨어하우스, SCM(공급관계관리), CRM(고객관계관리), ERP(전사적자원관리) 등 인트라넷, 익스트라넷, 포털 등 모든 조직 활동과 관련되어 전자적으로 축적되고 있는 데이터
> · 외부 데이터: 기관 외부로부터 수집하는 데이터, SNS 등 소셜네트워크 데이터, opne API, 크롤링 등을 활용하여 조직 외부로부터 수집되는 데이터

02. 데이터 유형을 저장 위치별로 구분해 볼 때, 그 특성이 다른 것은?

① RDB – Crawling   ② JSON – Open API
③ 웹로그 – Crawling   ④ 비디오 – Streaming

> **해설** RDB는 정형 데이터 형태로, ETL, FTP, Open API 등으로 데이터를 수집할 수 있음.

03. 데이터의 통계, 패턴 등을 수집하여 잠재적 오류 징후를 발견하는 방법으로 데이터 품질 진단 기법으로 옳은 것은?

① 비정형 실측   ② 체크리스트
③ 프로파일링   ④ 업무 규칙 진단

> **해설** '데이터 프로파일링'이란? "데이터 현황 분석을 위한 자료 수집", "데이터의 통계, 패턴 등을 수집하여 잠재적 오류 징후를 발견하는 방법"

04. 구성 형태별 데이터 유형으로 볼 때 그 성격이 서로 다른 것끼리 묶여 있는 것은?

① RDB, 스프레드시트   ② 웹로그, 문서
③ JSON, XML   ④ 소셜데이터, 비디오

> **해설**
> · 정형 데이터: RDB, 스프레드시트, CSV
> · 반정형 데이터: HTML, XML, JSON, 웹문서, 웹로그, 센서 데이터
> · 비정형 데이터: 소셜 데이터, 문서, 이미지, 오디오, 비디오

05. 데이터 수집 기술과 그 내용이 옳지 않은 것은?

① Crawling 수집 기술 – XML, JSON 데이터의 Element와 테이블 Column 정보를 Mapping하는 기능을 제공해야 함
② Open API 수집 기술 – 데이터를 수집하기 위한 정보 설정, 수집 Agent, RDB 테이블과의 매핑 등 기술 제공
③ FTP 수집 기술 – 대용량 파일을 수집하기 위한 정보 설정, 클라이언트와 서버 간 연결, 파일 전송, FTP 보안 등 기능 제공
④ Log Aggregator 수집 기술 – 로그 파일을 수집하기 위한 정보 설정, 수집 Agent, Collector 등 기술 제공

> **해설** Crawling 활용에 필요한 정보 설정, Agent 관리, Ranking 등 주요 기능에 대한 기능 제공

06. 개인정보 비식별화 처리 기술 중 '개인정보 중 주요 식별 요소를 다른 값으로 대체하여 개인 식별을 어렵게 하는 기술'로 옳은 것은?

① 가명 처리   ② 데이터 값 삭제
③ 범주화   ④ 데이터 마스킹

---

07. 데이터 품질지표로 활용하는 기준과 그 내용이 옳지 않은 것은?

① 일관성 - 업무 요건에 맞게 데이터가 저장되는지
② 정확성 - 저장된 데이터가 현실에 가장 가까운 최신 값을 반영하고 있는지
③ 적시성 - 사용자가 만족하는 수준의 응답 시간이 확보되고 있는지
④ 유용성 - 사용자가 만족하는 수준의 충분한 정보가 제공되고 있는지

> **해설**
> · 일관성- 같은 의미를 갖는 데이터는 논리적 속성 단위, 물리적 컬럼 단위에서 일관된 이름과 형식을 갖도록 표준을 준수하고 있는지, 공공데이터의 공동 활용을 위해 공유·연계하는 데이터는 누락이 없이 상호 간의 일관성을 유지하는지를 측정하는 지에 관한 내용
> · 완전성 - 공공데이터의 저장소인 데이터베이스를 구축함에 있어 논리적인 설계와 물리적인 구조를 갖추고, 업무 요건에 맞게 데이터가 저장되는지를 측정

【데이터 적재와 저장】

08. 데이터 저장공간 용량을 확장 시키는 기술인 Scale out의 설명으로 옳지 않은 것은?

① 서버의 대수(노드)를 추가하여 처리능력을 향상시키는 방식
② 추가된 노드들이 하나의 시스템으로 운영되기 위한 네트워크 장비 필요
③ 스토리지 용량 확장성이 매우 좋음
④ 컨트롤러나 네트워크 인프라 비용은 발생하지 않고 디스크만 추가

> **해설** 수집할 데이터 크기 및 최대 저장 기간 등을 고려하여 용량을 설계하는 데 확장 기술로는 Scale up과 Scale out이 있음. 4번은 scale up 설명임.

09. 조직의 운영 데이터베이스로부터 데이터 웨어하우스를 구축하고자 할 때 데이터를 추출하여 표준에 맞도록 변환하고 적재하는 기능을 수행하는 기술을 일컫는 용어로 옳은 것은?

① ETL   ② API
③ Crolling   ④ Collector

> **해설** ETL: 데이터를 추출(Extract), 변환(Transform), 적재(Load)하는 기술

10. RDB 테이블 데이터를 분산 파일시스템에 저장하기 위한 고려사항으로 가장 올바르지 않은 것은?

① 저장 테이블과 칼럼 관계를 매핑하여 저장하는 기능을 제공해야 한다.
② 데이터 처리 성능을 높이기 위한 분산병렬 처리 기능을 제공해야 한다.
③ 데이터 형이 다른 칼럼은 데이터 형을 변환하여 저장하는 기능을 제공해야 한다.
④ 코드가 다른 칼럼은 코드 변환하여 저장하는 기능을 제공해야 한다.

> **해설** 데이터 처리 성능을 높이기 위한 분산병렬 처리 기능을 제공해야 한다는 분산 파일시스템 성능관리의 고려사항에 해당

11. 다음 중 NoSQL에 대한 설명이 아닌 것은?

① Not-only SQL의 약자
② 비관계형 데이터 저장소
③ 수직적 확장이 용이
④ key-value, document key-value, column 기반의 NoSQL이 주로 활용 중

> **해설** 수평적 확장이 용이

PART **02**

〔핵심 포인트로 잡아내는〕 빅데이터 분석기사 필기

빅데이터
탐색

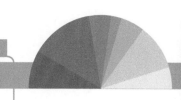

CHAPTER
01 데이터 전처리

[학습 방향]

 데이터 전처리는 수집한 데이터를 필터링하거나 유형 변환 또는 정제하는 과정이다. 데이터 전처리가 무엇이며 어떠한 기법으로 데이터를 정제하는지 이해하면 될 것이다.

[핵심 내용]

• 데이터 정제 과정에서 수집된 데이터를 교정하기 위해 사용하는 방인 결측치 처리, 잡음 처리 등의 방법을 알아본다.
• 데이터 유형에 따른 분석 변수 처리 과정에서 변수를 선택, 차원 축소, 파생변수 생성, 변수 변환과 불균형 데이터 처리를 알아본다.

1. 데이터 정제**

 핵심 콕콕

데이터 정제(Cleansing)

데이터 정제(Cleansing)는 결측치를 처리하고, 이상치 식별과 제거, 잡음이 섞여 있는 데이터들의 평활화를 통해 데이터 불일치성을 교정하는 기술을 의미함.

• 데이터 정제는 정형 데이터에서 측정값이 빠져 있다거나, 형식이 다르다거나, 내용 자체가 틀린 데이터를 수정하는 활동을 말함.
• 수집된 데이터의 불일치성을 교정하기 위한 방식으로 결측치(missing value) 처리, 잡음(noise) 처리 기술을 활용

1) 빅데이터 전·후처리

• 데이터 수집 및 추출을 완료했다면 분석 및 활용을 위하여 불필요한 항목을 제거하고 데이터 품질을 향상시킬 수 있도록 데이터 전·후처리를 수행해야 함.
• 데이터 오류를 필터링하거나 변환/통합 처리하는 일련의 작업을 모두 지칭
• 데이터 유형에 따라서 적절한 데이터 처리 방식을 선정하여 전·후처리를 수행

(1) 빅데이터 전처리(Pre-processing)

• 앞에서 설명한 것처럼 빅데이터 수집은 데이터 검색 수집과 변환 과정을 거치게 되는데, 수집과 변환 과정에서 빅데이터 저장소에 적재하기 위하여 수집한 데이터를 필터링(filtering)하거나 유형 변환(transformation), 정제(cleansing)함.

① 필터링

- 데이터 활용 목적에 맞지 않는 정보는 필터링으로 제거하여 분석 시간을 단축하고 저장 공간을 효율적으로 활용하도록 하며, 비정형 데이터는 데이터 마이닝을 통해 오류나 중복을 제거하여 저품질 데이터를 개선 처리하는 과정을 말함.
- 자연어 처리 및 기계학습과 같은 기술을 적용할 수 있음.

② 유형 변환

- 데이터의 유형을 변환하여 분석이 용이한 형태로 변환하는 과정을 말함.

③ 정제

- 수집된 데이터의 불일치성을 교정하기 위한 과정으로 빠진 값(missing value)을 처리하고 데이터 속에 있는 노이즈(noise)를 제거하는 과정을 말함 .

(2) 빅데이터 후처리(Post-processing)

- 저장된 빅데이터를 분석하기 전에 분석에 용이하도록 가공하는 작업으로 변환(transformation), 통합(integration), 축소(reduction) 등의 과정을 거치게 되는데, 이 과정을 빅데이터 후처리라고 함.

① 변환은 다양한 형식으로 수집된 데이터를 분석에 용이하도록 일관성 있는 형식으로 변환하는 것을 말하며 평활화(smoothing), 집계(aggregation), 일반화(generalization), 정규화(normalization), 속성 생성(attribute/feature construction) 등을 거치게 됨.

② 데이터 통합은 출처는 다르지만 상호 연관성이 있는 데이터들을 하나로 결합하는 기술로 데이터 통합 시 동일한 데이터가 입력될 수 있으므로 연관관계 분석 등을 통해 중복 데이터를 검출하거나 표현 단위(lb와 kg, inch와 cm, 시간 등)가 다른 것을 표현이 일치하도록 변환하는 것을 말함.

③ 축소는 분석에 불필요한 데이터를 축소하여 고유한 특성은 손상되지 않도록 하고 분석에 대한 효율성을 높이는 과정을 말함.

 심오한 TIP

연관관계 분석

연관성 규칙은 상품 혹은 서비스 간의 관계를 살펴보고 이로부터 유용한 규칙을 찾아내고자 할 때 이용될 수 있는 기법

(3) 데이터 전·후처리 기술 고려사항

① 데이터 전처리 기술 고려사항

핵심 콕콕

빅데이터 전처리

빅데이터 수집은 데이터 검색 수집과 변환의 과정에서 빅데이터 저장소에 적재하기 위하여 수집한 데이터를 필터링(filtering)하거나 유형 변환(transformation), 정제(cleansing) 등을 거치게 됨.

기능	고려사항
데이터 필터링 (Filtering)	• 데이터 필터링 기준을 정의하고 설정할 수 있는 기능을 제공해야 함. • 데이터 처리 전후에서 생성된 파일의 중복성을 확인할 수 있도록 파일명, 확장자 등 필터링 기능을 제공해야 함. • 유의미한 데이터를 선별하기 위하여 사전 정의된 필터링 기준을 비교 검증할 수 있는 기능이 제공되어야 함. • 데이터 필터링 적용 시, 비정형 데이터 처리에서 자연어 처리 및 기계학습을 수행하기 전에 사용자가 처리 방식을 선택할 수 있도록 데이터 파일에 대한 정형화된 사전 저장 기준을 제공해야 함. • 수집된 데이터의 품질 기준의 부합 여부 및 오류 등을 확인하고 관리자에게 알릴 수 있는 기능을 구현해야 함. • 필터링 처리 시 사전 정의된 필터링 기준에 의거하여 데이터 처리에서 오류 발생 후, 오류에 대한 이력을 저장할 수 있는 기능을 제공해야 함.
데이터 유형 변환 (Transformation)	• 수집된 데이터의 유형을 분류할 경우 분류 기준을 적용할 수 있는 기능을 제공해야 함. • 데이터의 유형을 분류하고 이에 대한 데이터 변환에 필요한 알고리즘 함수 또는 변환 구조를 정의할 수 있는 기능이 제공되어야 함. • 데이터 변환 시 사용자가 지정한 변환 형식에 준하여 변환이 이루어졌는지 확인할 수 있는 기능이 제공되어야 함. • 데이터 변환 실패 시 데이터 변환 실패 부분에 대하여 재시도할 수 있는 기능을 제공하거나 신규 변환 데이터가 생성을 취소할 수 있는 기능을 제공해야 함. • 데이터 변환이 실패하였을 경우 이력을 저장하고 사용자에게 전달할 수 있는 기능이 제공되어야 함. • 변환된 데이터를 저장하는 기능을 제공해야 함.
데이터 정제 (Cleansing)	• 정제 유형을 사전 정의하고 속성값을 부여하는 기능 및 사용자가 스크립트를 작성할 수 있는 기능이 제공되어야 함. • 데이터 유형별 정제 시 사용자가 설정한 정제 방법이 사전 정의되어 자동으로 지정할 수 있는 기능이 제공되어야 함. • 결측치, 잡음 데이터를 처리하는 경우, 데이터 저장 및 제거 대상에 대하여 삭제 처리, 확인할 수 있는 기능이 제공되어야 함. • 데이터의 불일치성을 교정하기 위하여 단위, 표현 형식, 코드 체계 등의 불일치성을 교정하거나 자동으로 교정되도록 하는 자동 스크랩팅 기능이 제공되어야 함.

② 데이터 후처리 기술 고려사항

기능	고려사항
데이터 통합 (Integration)	• 데이터의 일관성을 위해 여러 출처(소스)로부터의 데이터들을 결합할 수 있도록 사전에 확인할 수 있는 기능을 제공해야 함. • 데이터 통합을 위하여 취합된 정보에 대한 상호 관계를 비교하거나 정보 결합 속성 등의 요건을 체크하는 기능이 제공되어야 함. • 데이터 통합 시 통합 전후의 원시 데이터 백업을 지원하고 이력을 확인할 수 있는 기능이 제공되어야 함. • 데이터 통합을 위해 유일한 키값을 선정하거나 자동 키(key) 부여 및 키값(key value) 관리 기능이 제공되어야 함.
데이터 변환 (Transformation)	• 데이터로부터 잡음을 제거하기 위해 데이터 추세에서 벗어나는 데이터[이상치(Outlier) 또는 특이값]를 추세에 맞게 변환 또는 자동 추천할 수 있는 기능을 제공해야 함. • 집계(aggregation) 시 데이터를 요약하는 기능이 제공되어야 함. • 특정 구간에 분포하는 값을 추출하거나 이를 사용자가 직관적으로 확인할 수 있도록 하여 데이터 변환 시 발생할 수 있는 변환, 패턴, 이벤트를 감시할 수 있는 기능을 제공해야 함. • 데이터 변환 후 사전 저장된 원시 데이터 세트와 변환 후 데이터 간의 변환 로그를 저장 관리할 수 있는 기능이 제공되어야 함.
데이터 축소 (Reduction)	• 데이터 축소를 위한 적용 기준 또는 적용 스크립트를 부여할 수 있는 기능이 제공되어야 함. • 데이터 크기를 축소하는 경우, 원본 파일의 데이터 축소 범위와 축소가 적용된 속성에 대한 로그를 기록하여 취소 시 재복구할 수 있도록 하는 기능이 제공되어야 함.

 핵심 콕콕

빅데이터 후처리
저장된 빅데이터를 분석하기 전에 분석에 용이하도록 가공하는 작업으로 변환, 통, 축소 등의 과정을 거치게 됨.

2) 데이터 정제 절차

• 데이터를 수집한 후 데이터의 특성을 파악하고, 완전한 데이터인지를 검토하기 위해 모순점을 찾아내는 과정을 거침.

• 결측치나 이상치가 발견되면 데이터 수정 변환 과정을 거쳐 데이터를 정제함.

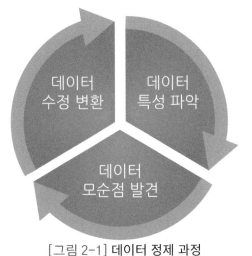

[그림 2-1] 데이터 정제 과정
(자료원: 이현호, Python과 SQL을 활용한 실전 데이터 전처리, 카오스북, 2018.)

(1) 데이터 특성 파악

- 데이터 유형에 따라 파악해야 할 특성이 각기 다른데, 품질 검증 시 정형, 반정형, 비정형 데이터 유형에 따른 관리 기준을 파악함.
  - 데이터 정제 과정의 첫 번째가 데이터의 특성을 파악하는 것임.
- 속성의 데이터 타입이나 도메인에 적정한가? 속성값 분포의 특성(대칭, 비대칭 분포), 속성 간의 함수종속적 관계인 의존성 등을 파악함.
  - 이때 메타데이터를 찾아 특성을 파악하는 것이 필요함.
  - 메타데이터는 '데이터에 대한 데이터'
- 메타데이터 종류

구분	내용
기술용 메타데이터 (descriptive metadata)	・정보 자원의 검색을 목적으로 한 메타데이터 ・발견, 식별, 선정, 병치, 평가, 링크, 가용성 ・전통적 도서관 편목
관리용 메타데이터 (administrative metadata)	・자원관리를 용이하게 하기 위한 메타데이터 ・보존용 메타데이터의 요소
구조용 메타데이터 (structural metadata)	・복합적인 디지털 객체들을 묶어 주기 위한 메타데이터 ・오디오와 텍스트 결합

(2) 데이터 모순점 발견

- 체크리스트를 활용

항목	점검
・잘못 설계된 데이터 입력 폼이 존재 ・데이터 입력에서 사람의 실수로 발생 ・응답자가 자신의 정보가 누설되는 것을 원하지 않기에 발생하는 의도적인 오류 ・만료된 데이터(바뀐 주소 등) ・데이터 표현의 모순 ・일치하지 않는 코드의 사용 ・데이터를 기록하는 계측 장치의 오류나 시스템 오류 ・원래의 의도와 다른 목적으로 데이터를 부적절하게 사용 ・데이터 통합 과정에서 주어진 속성이 다른 데이터베이스에서 다른 이름을 사용	

- 코드 사용의 불일치와 데이터 표현의 불일치를 주의해야 함.
- 필드오버로딩은 개발자가 기존에 정의된 속성에서 사용하지 않은 일부를 새로운 속성의 정의로 사용할 때 발생

규칙	설명
유일 규칙 (Unique Rule)	주어진 속성의 값이 같은 속성의 다른 값들과는 달라야 함.
일관 규칙 (Consecutive Rule)	최솟값과 최댓값 사이에 결측치가 없어야 함.
무규칙 (Null Rule)	공백, 물음표, 특수문자 등과 같이 데이터가 없음을 나타내는 다른 문자의 사용 가능함.

(3) 데이터 수정 변환

- 데이터 검토 결과 모순점이 발견된 데이터에 대해서 수정 변환이 필요한데, 데이터 수정 변환 시 오류 발생 가능성도 높고 많은 시간이 필요함.
- 어떤 수정 변환은 더 많은 모순이 생길 수 있으므로 주의
- 어떤 모순은 다른 것들이 모두 수정된 후에 감지될 수 있는 연관성이 존재
- 예를 들면, 연도 속성의 20001이라는 값은 다른 날짜 값들이 일관된 형식(YYYY)으로 변환될 때 발견

3) 데이터 결측값(Missing values) 처리★★★

- 결측은 여러 가지 형태로 나타날 수 있음.
- 대표적으로 값이 존재하지 않고 비어 있는 상태거나 비어 있지는 않으나 NA(not available) 또는 NULL 상태
- 분석 대상 속성값이 상당 부분 비어 있게 되면 분석 대상 데이터가 충분하지 않은 상태이므로 제대로된 분석 수행이 어렵게 됨.

(1) 결측값 구분

구분	내용
MCAR- Missing Completely At Random	• 결측값이 관측된 데이터와 관측되지 않은 데이터와 독립적이며 완전 무작위로 발생 • 데이터 분석 시 편향되지 않아서 결측값이 문제가 되지 않는 경우 • 데이터가 MCAR인 경우는 거의 없음.
MAR- Missing At Random or MCAR- Missing Conditionally At Random	• 결측값이 조건이 다른 변수에 따라 조건부로 무작위 발생되는 경우 • 변수의 조건에 따른 결측값이 설명할수 있는 경우 • 데이터 분석 시 편향이 발생할 수도 있음.

MNAR-Missing Not At Random	• MCAR 또는 MAR이 아닌 데이터 • 무시할 수 없는 무응답 데이터(누락된 이유가 존재) • 결측값이 무작위가 아니라서 주도 면밀한 추가 조사가 필요한 경우

(2) 데이터 결측치 처리 방법

① 결측값 무시하기

- 알고리즘이나 응용에 따라서는 결측치가 발생한 속성을 무시하고 분석을 수행할 수도 있음.
- 개체들 사이의 유사성 계산에 있어 많은 수의 속성이 있는 경우
- 이중 하나의 속성이 없다면 이를 제외하고 유사성을 계산할 수 있도록 알고리즘을 조정할 수 있음.
- 하나의 속성값이 없더라도 유사성을 계산하는 데 미치는 영향이 크지 않다면 적절한 방법
- 데이터 간 결측값을 가진 속성들이 산재해 있다면 너무 많은 데이터가 제외될 수 있으며, 속성이 몇 개 없어 하나의 속성이라도 무시하기 힘든 경우라면 이러한 방법 적용을 추천하지 않음.
- 결측값 추정은 일반적으로 많이 사용되는 방법으로 결측값이 발생한 데이터와 유사한 데이터를 사용하여 결측값을 추정하는 방법으로 추정하는 방법에 따라 다양한 형태로 나타남.

② 결측값 추정 방법

- 속성의 평균값을 사용하여 결측값 자리를 채우는 방법으로 분석 결과가 왜곡되는 위험성을 가지고 있음.
- 주어진 데이터와 같은 클래스에 속하는 <u>튜플</u>들의 속성 평균값을 사용하여 동일 유형에 속하는 데이터의 평균값을 사용하므로 왜곡 가능성을 줄일 수 있음.
- 마지막으로 가장 가능성이 높은 값을 결측값으로 추정
- 회귀분석, 베이지안, 의사결정트리 기법 등의 통계 또는 마이닝 기법을 활용하여 결측값을 예측

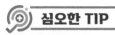

심오한 TIP

튜플(tuple)
어떤 요소의 집합, 혹은 테이블에서의 행을 가리킴(레코드와 동일한 의미). 단, 일반적인 집합과는 달리 중복이 허용될 수 있음.

- 분석에 의해 가능성 높은 값을 찾아내거나, 가장 효과적이고 높은 정확도의 결측 값을 예측하는 등의 방법이 있음.
- 결측치 처리 방법

방법	설명
해당 레코드 무시	• 분류에서 클래스 구분 라벨이 빠진 경우 레코드 무시 • 결측치가 자주 발생하는 환경에서 적용 시 비효율적
자동으로 채우기	• 결측치에 대한 값을 별도로 정의 등 • 통계값 적용: 전체 평균값, 중앙값, 해당 레코드와 같은 클래스에 속한 데이터의 평균값 • 추정치 적용: 베이지안 확률 추론, 결정 트리
담당자(전문가)가 수작업 입력	• 담당자가 직접 확인하고 적절한 값으로 수정 • 신뢰성은 높을 수 있으나 많은 작업 시간이 소요됨.

4) 데이터 이상값 처리★★★

(1) 개념

- 측정된 변수(속성)에서의 오류나 오차값이 나타나는 경우, 오류나 오차값에 의해 이상값이 발생한 경우 등 데이터의 전처리 과정에 발생 가능한 문제로 정상의 점 주에서 벗어난 값을 의미
- 신뢰성에 타격을 줄 수 있어 중요한 관리 대상
- 잡음에 대한 훼손을 줄이기 위해 데이터 평활화 기법(smoothing technique)을 활용할 수 있음.
- 이상치 종류
  - 단변수 이상치: 하나의 데이터 분포에서 발생하는 이상치
  - 다변수 이상치: 복수의 연결된 데이터 분포 공간에서 발생하는 이상치

(2) 원인

- 비자연적 이상치 발생(Artificial/Non-Natural Outlier)
  - 입력 실수(Data Entry Error): 데이터를 수집하는 과정에서 발생할 수 있는 오류로 전체 데이터의 분포를 보면서 발견할 수 있음.

심오한 TIP

베이지안 추론(Bayesian inference)
통계적 추론의 한 방법으로, 추론 대상의 사전 확률과 추가적인 정보를 통해 해당 대상의 사후 확률을 추론하는 방법임. 베이지안 확률론을 기반으로 하며, 이는 추론하는 대상을 확률변수로 보아 그 변수의 확률분포를 추정하는 것을 의미함.

심오한 TIP

평활화(Smoothing)
데이터로부터 잡음을 제거하기 위해 데이터 추세에서 벗어나는 값 들을 변환함.

심오한 TIP

센서로부터 데이터를 수집하는 경우 입력 실수로 인한 오류를 줄일 수 있으며, 미리 주어진 값 중 선택하게 하는 경우 등이 입력 실수를 줄일 수 있는 방안

- 측정 오류(Measurement Error): 데이터를 측정하는 과정에서 발생하는 오류로 측정 기기 오류, 측정 기준 오류 등 측정 시 발생할 수 있는 오류
- 실험 오류(Experimental Error): 동일한 실험 환경이 아닌 상태에서의 측정 시에 발생할 수 있음.
- 의도적 아웃라이어(Intentional Outlier): 자기보고식 측정에서 나타나는 오류로 정확하게 기입한 값이나 의도적으로 이상값을 기입한 경우
- 자료 처리 오류(Data Processing Error): 여러 개의 데이터에서 필요한 데이터를 추출하거나 조합해서 사용할 경우 발생할 수 있는 오류
- 표본 오류(Sampling Error): 데이터를 샘플링하는 과정에서 나타나는 오류
- 자연적 이상치(Natural Outlier): 상기 경우 이외에 발생하는 이상치로 인위적이 아닌 자연스럽게 발생하는 오류를 통칭

(3) 잡음 처리 방법

방법	설명
구간화(Binning)	• 분류에서 클래스 구분 라벨이 빠진 경우 레코드 무시 • 결측치가 자주 발생하는 환경에서 적용 시 비효율적
자동으로 채우기	• 결측치에 대한 값을 별도로 정의 등 • 통계값 적용: 전체 평균값, 중앙값, 해당 레코드와 같은 클래스에 속한 데이터의 평균값 • 추정치 적용: 베이지안 확률 추론, 결정 트리
담당자(전문가)가 수작업 입력	• 담당자가 직접 확인하고 적절한 값으로 수정 • 신뢰성은 높을 수 있으나 많은 작업 시간이 소요됨.

※ 잡음: 랜덤 에러나 측정된 변수의 변형된 값

※ 잡음 발생 원인: 센서의 작동 실패, 데이터 엔트리(기입, 표기) 문제, 데이터 전송 문제, 기술적인 한계, 데이터 속성값의 부정확성 등

① 구간화(Binning)
- 정렬된 데이터 값들을 몇 개의 빈(Bin, 혹은 버킷)으로 분할하여 평활화하는 방법, 즉 평평하게 만드는 작업
- 이웃하는 주변 값들을 참조하여 정렬된 데이터를 매끄럽게 함.
- 평균값 평활화(smoothing by bin means): 들어 있는 값들이 평균값으로 대체

– 중앙값 평활화(smoothing by bin medians): 들어 있는 값들이 중앙값으로 대체

– 경곗값 평활화(smoothing by bin boundaries): 들어 있는 최솟값과 최댓값으로 가장 가까운 쪽 값으로 대체

② 회귀(Regression)

• 다음은 회귀함수를 이용한 데이터 평활화 기법

– 선형회귀분석은 하나의 속성이 다른 하나의 속성을 예측하는 데 이용할 수 있도록 선형관계를 찾음.

– 다중회귀분석은 두 개 이상의 속성을 가지고 다른 속성을 예측하는 단순선형회귀분석의 확장임.

– 선형회귀분석 또는 다중회귀분석을 이용하여 평활화

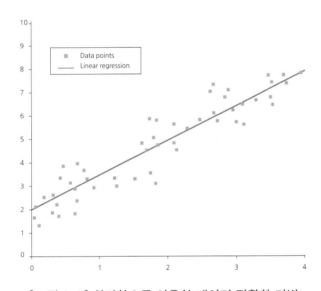

[그림 2-2] 회귀함수를 이용한 데이터 평활화 기법

(자료원: 이현호, Python과 SQL을 활용한 실전 데이터 전처리, 카오스북, 2018.)

③ 군집화(Clustering)

• 유사한 값들끼리 그룹화하는 과정을 지칭

– 이상값: 어떤 군집에도 속하지 않은 값

– 이상값은 경향성을 훼손하고, 오류 데이터일 가능성이 높음.

– 이상값에 대해서 평활화를 수행

> **심오한 TIP**
>
> **회귀분석**
> 관찰된 연속형 변수들에 대해 두 변수 사이의 모형을 구한뒤 적합도를 측정해 내는 분석 방법

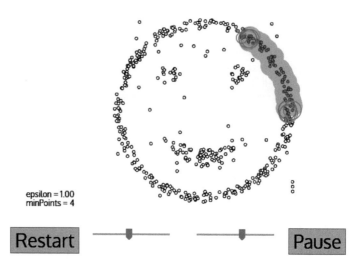

epsilon = 1.00
minPoints = 4

Restart   Pause

[그림 2-3] 군집화를 이용한 데이터 평활화 기법
(자료원: 이현호, Python과 SQL을 활용한 실전 데이터 전처리, 카오스북, 2018.)

핵심 콕콕

데이터 탐색 기초에 나온 통계 기법, 데이터 마이닝 기법 등은 Part 2의 Chapter 3부터 Part 3까지 구체적인 내용이 있으므로, 여기서는 간단하게 중요한 부분만 간략하게 학습을 하고자 함.

2. 분석 변수 처리

1) 변수 선택★★

(1) 개념

- 데이터 모델에서는 예측을 위해 활용되는 항목을 변수라 함.
- 관계형 데이터베이스 관리 시스템에서 '속성'이라 리는 것과 유사한 개념으로 머신러닝에서 통계학의 영향으로 '변수(Feature)'라 지칭
- 변수 명칭
- 잘 알려진 값: 변수, 속성, 예측, 차원, 관측치, 독립변수 등
- 예측값: 라벨, 클래스, 목표값, 반응, 종속변수 등
- 변수 유형
- 독립변수: 다른 변수에 영향을 받지 않고, 종속변수에 영향을 주는 변수로 연구자의 의도에 의해 시뮬레이션이 대상이 되는 변수
- 종속변수: 독립변수 등 다른 변수에 의해 영향을 받는 변수

(2) 변수 선택

- 변수 선택을 통해서 모델을 단순화해 주고, 훈련시간 축소, 차원의 저주 방지, 과적합을 줄여 일반화를 해주는 장점이 있음.
  - 차원의 저주: 데이터 차원이 증가할수록 해당 공간의 크기는 기하급수적으로 증가
  - 과적합: 훈련 데이터 세트가 과도하게 특화되어 새로운 데이터 생성 시 오차가 매우 커지게 되는 현상
- 변수의 데이터 유형에 따른 분석 기법은 다음과 같이 선택할 수 있음.
  - 통계모델에서는 두 개 이상의 변수들이 모델을 구성하도록 정의함.
  - 하나 이상의 독립변수들과 종속변수로 구성된 모형을 제시
  - 독립변수들은 종속변수의 행태나 상태 등에 대한 설명 변수로 그 간의 관계가 성립되는가에 대한 고민이 수행되어야 함.
  - 독립변수와 종속변수가 주어져 있는 경우에는 이들을 이용하여 주어진 독립변수에 대한 종속변수의 값을 예측, 분류하는 분석모델을 개발할 수 있음.
  - 독립변수와 종속변수의 데이터 유형(연속형, 범주형)에 따라서 앞서 살펴본 다양한 통계적 혹은 데이터 마이닝 기반 분석 기법들을 분류
- 변수의 데이터 유형에 따른 분석 기법

		종속변수 (Y)	
		연속형	범주형
독립변수(X)	연속형 변수	・ 회귀분석 ・ 인공신경망 분석 ・ K-최근접 이웃 기법	・ 로지스틱 회귀분석 ・ 판별분석 ・ K-최근접 이웃 기법
	범주형 변수	・ 회귀분석 ・ 인공신경망 분석 ・ 의사 결정 트리	・ 인공신경망 분석 ・ 의사 결정 트리 ・ 로지스틱 회귀분석

핵심 콕콕

범주형에 대한 자세한 설명은 part 4의 Chapter 2, 2. 고급분석기법을 참고하기 바람.

2) 차원 축소 기법(Dimensionality Reduction)★★

- 분석 대상이 되는 여러 변수들의 주요 정보는 최대한 유지하면서 데이터 세트의 변수의 개수를 줄이는 일련의 탐색적 분석 기법을 의미
- 머신러닝 관점에서는 원래의 데이터를 최대한 잘 설명하면서 효과적으로 축약

하는 과정에는 목표변수(Y)가 필요하지 않고, 특성변수(설명변수)의 값에만 의존하기 때문에 자율학습 머신러닝 기법에 속하게 됨.

(1) 개념 및 목적

- 축약되는 변수 세트는 원래의 전체 데이터의 변수들의 정보를 최대한 유지해야 하며, 수들 간에 내재한 특성이나 관계를 분석하여 새로운 선형 혹은 비선형 결합을 만들어내서 해당 결합변수만으로도 전체 변수를 적절히 설명할 수 있어야 함.
- 다른 분석 과정을 위한 전 단계나 분석 수행 후 결과를 개선하기 위한 방법 혹은 효과적인 시각화 등의 목적으로 사용됨.
- 본래의 고차원 특성(feature)으로 학습을 수행하는 대신에 변환된 저차원으로 학습을 수행할 경우 회귀나 분류, 클러스터링 등의 머신러닝 알고리즘이 더 잘 작동되고, 새로운 저차원 특성(feature) 공간에서 가시적으로 시각화하기에도 용이함.
- 차원 축소 기법에는 주성분 분석(PCA; Principal Component Analysis), 특이값 분해(SVD; Singular Value Decomposition), 요인 분석(Factor Analysis), 독립성분 분석(ICA; Independent Component Analysis), 다차원 척도법(MDS; MultiDimensional Scaling) 등의 방법이 있음.

(2) 활용 분야

- 탐색적 데이터 분석
- 변수 세트에서 주요 특징 추출 후 타 분석 기법의 설명 변수로 투입(주성분 회귀분석 등)
- 텍스트 등 문서에서의 숨겨진 주제나 개념 추출
- 이미지 및 사운드 등에서 주요한 데이터 특징 패턴 추출
- 고객의 구매 및 거래 데이터의 아이템 축약을 통한 추천 시스템 엔진 구현
- 다차원 공간의 정보를 저차원 정보로 시각화
- 공통 요인을 추출하여 잠재된 데이터 구조를 발견

(3) 연관성 분석(장바구니 분석)

- 방대한 데이터 세트에서 객체나 아이템 간의 연관관계를 찾아내는 분석 기법
- 빈번히 발생하는 아이템이나 연관규칙의 형태로 표현되는데, 빈발 아이템은 {X,Y}처럼 표현하고, 연관규칙은 {X}→{Y}처럼 아이템 'X'가 발생하면 'Y'가 함께 발생한다는 형태로 표현
- 주요 측도는 지지도, 신뢰도, 향상도 등이 있음.

① 지지도(Support)

- 빈도적 관점에서 확률을 정의할 때, 전체 데이터 세트 중 아이템 집합 {X,Y}가 발생할 확률을 구함.

$$S(X) = \frac{count(X)}{N}$$

$$S(X, Y) = \frac{count(X, Y)}{N} = P(X \cap Y)$$

② 신뢰도(Confidence)

- 연관규칙 {X}→{Y}에서 '조건' X를 포함한 아이템 세트 중에서 X, Y 둘 다 포함된 아이템 세트가 발생한 비율

$$Conf(X \Rightarrow Y) = \frac{S(X, Y)}{S(X)} = \frac{\frac{count(X, Y)}{N}}{\frac{count(X)}{N}} = \frac{count(X, Y)}{count(X)}$$

$$= \frac{P(X \cap Y)}{P(X)} = P(Y|X)$$

③ 향상도(Lift)

- 조건 {X}가 주어지지 않았을 때의 결과 {Y}가 발생할 확률 대비, 조건 {X}가 주어졌을 때의 결과 {Y}의 발생 확률의 증가 비율을 의미

$$Lift(X \Rightarrow Y) = \frac{Conf(X \Rightarrow Y)}{S(Y)}$$

$$= \frac{\frac{S(X, Y)}{S(X)}}{S(Y)} = \frac{S(X, Y)}{S(X)S(Y)} = \frac{\frac{count(X, Y)}{N}}{\frac{count(X)}{N}\frac{count(Y)}{N}}$$

$$= \frac{P(Y|X)}{P(Y)} = \frac{\frac{P(X \cap Y)}{P(X)}}{P(Y)} = \frac{P(X \cap Y)}{P(X)P(Y)}$$

3) 파생(유도)변수 생성★★

(1) 파생변수의 개념

- 유도변수와 파생변수로 혼용되어 쓰이는 변수
- 파생 변수는 기존의 변수들이 조합되어 새로운 변수가 만들어진 것
- 특정 조건과 이에 맞는 결과를 만들어 내어 파생변수를 생성하며, 예를 들면, 학생의 영어와 수학 점수를 관리하는 경우, 총점을 별도로 저장하여 관리하려 한다면 총점 파생변수가 되는 것
- 세분화, 고객 행동 예측, 캠페인 반응 예측 등 고객 행태 분석 등에 의미 있는 결과를 도출하는 데 사용
- 가급적이면 특정 상황에만 유의미하지 않도록 대표성을 가지도록 생성

(2) 요약변수

- 수집된 정보를 분석에 맞게 종합(aggregate)한 변수이나 데이터 마트에서 가장 기본적인 변수로 총구매 금액, 금액, 횟수, 구매 여부 등 데이터 분석을 위해 생성되는 변수
- 많은 모델이 공통으로 사용될 수 있어 재활용성이 높은 편

(3) 파생변수 생성 예시

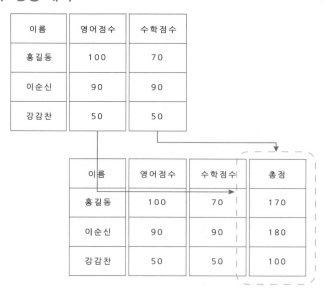

4) 변수 변환★★

(1) 분석 모형 및 자료 변환

- 데이터 분석 모형을 진단하고 정보 요구 사항을 비롯하여 관련 애플리케이션 및 시스템 전반에 걸친 사용자의 요구를 수집하고 분류하여 반영하는 작업 절차를 거침.
- 정보 요구사항 관리는 데이터, 애플리케이션, 비즈니스 등의 요구사항을 전부 포함하는 통합 관리 프로세스를 정립해야 함.

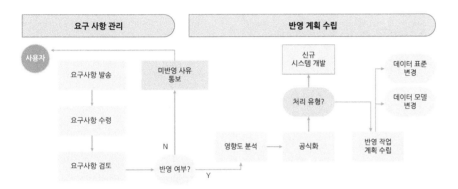

[그림 2-4] 정보 요구 사항 및 자료 변환

(2) 텍스트 마이닝에서의 자료 변환 방법

① 형태소 분석

- 형태소는 의미가 있는 최소의 단위로서 더 이상 분리가 불가능한 가장 작은 의미의 요소
- 문법적, 관계적인 뜻을 나타내는 단어 또는 단어의 부분
- 형태소 분석 예시(NCS)

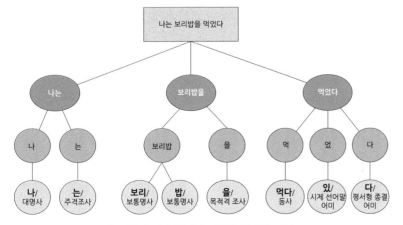

[그림 2-5] 형태소 분석 예시(NCS)

핵심 콕콕

형태소 분석
주어진 단어 또는 어절을 구성하는 각 형태소를 분리한 후 분리된 형태소의 기본형 및 품사 정보를 추출하는 것

② 텍스트 전처리(Pre-processing)

- 텍스트 분석을 위해 문장 분리, 불필요한 문장 성분을 제거하는 과정
- 영미권의 텍스트로 구성된 경우 대문자는 소문자로 변환하는 작업을 수행
- 입력 텍스트로부터 문장 부호(마침표, 쉼표 등)를 기준으로 문장을 분리하며, 분리된 문장에서 문장 부호, 특수 문자, 숫자 등 형태소 분석 이전에 불필요한 문장 성분을 제거
- 분리된 문장에서 어절을 분리하며, 일반적으로 어절은 띄어쓰기를 기준으로 수행
- 텍스트 전처리 예시(NCS)

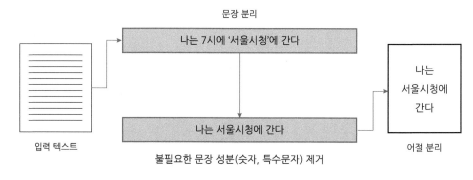

[그림 2-6] 텍스트 전처리 예시(NCS)

③ 품사 태깅

- 품사 태깅(POS Tagging; Part-Of-Speech Tagging)은 품사의 모호성을 제거하는 과정으로 통계적 모델인 <u>은닉 마르코프 모델(HMM; Hidden Markov Model)</u>을 많이 이용
- 각 형태소의 앞뒤 문맥에 가장 적합한 품사를 확률적 방법으로 선택
- 어휘적 확률(lexical probabilities)과 문맥적 확률(contextual probabilities)을 계산하여 품사를 결정
- 어휘적 확률: 사전에서 어떤 단어에 대하여 특정 품사가 나올 확률을 의미
- 문맥적 확률: 사전에서 어떤 단어의 특정 품사가 그 단어 다음에 나오는 단어의 특정 품사와 함께 나올 확률을 의미
- 규칙 기반형 방법
- 언어학적 현상을 분석하여 품사 결정을 위한 규칙을 도출하고 이를 기반으로 주어진 단어에 대한 품사를 결정

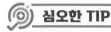

심오한 TIP

은닉 마르코프 모델(HMM, Hidden Markov Model)
관찰이 불가능한 미지의 확률론적 과정을 관찰이 가능한 기호를 발생시키는 다른 확률론적 과정을 통해 모형화 하는 이중의 확률론적 과정을 의미
예) 음파나 공기의 압력, 조음기관의 위치 등을 이용하여 두뇌의 활동을 모형화 하는 것

- 장점 : 통계적 방법에서의 필수적인 요소라 할 수 있는 사전이 없어도 직관적으로 규칙을 만들 수 있고 통계적 오류의 가능성을 최소화할 수 있음.
- 단점 : 도메인에 대한 의존성이 높음.

- 품사 태깅 예시(NCS)

[그림 2-7] 품사 태깅 예시(NCS)

5) 불균형 데이터 처리★★★

(1) 과대적합

① 개념

- 과대적합이란 제한된 훈련 데이터 세트(모델 훈련에 사용한 한정된 데이터)에 너무 과하게 특화되어 새로운 데이터에 대한 오차가 커지는 경우

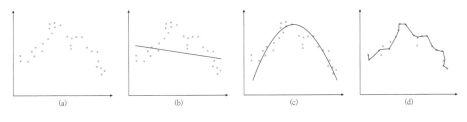

[그림 2-8] 과적합 예시(NCS)

(a) 훈련 데이터

(b) 단순히 직선으로 추정하는 경우는 훈련 데이터뿐만 아니라 실제 데이터에서 도 오차가 클 수 있음.

(d) 예측 모델 함수가 훈련 데이터 세트상의 모든 데이터를 오차가 없이 추정하 는 경우로, 이 같은 경우 새로운 데이터가 주어지는 경우는 오차가 커질 확률 이 높음.

(c)를 (b)와 (d)의 경우와 비교해 볼 때, 약간의 오차가 존재하지만 예측 모델이

훈련 데이터 세트 상의 데이터에 대한 특성을 잘 나타내고 있으며 새로운 데이터에 대해서도 좋은 결과가 나올 가능성이 높음.

② 비교

• 과소적합(Underfitting): 너무 단순한 모델을 생성하여 학습 데이터와 잘 맞지 않는 현상

• 과적합(Optimal): 너무 복잡한 모델을 생성하여 학습 데이터에는 굉장히 잘 맞지만 새로운 데이터에는 잘 맞지 않는 현상

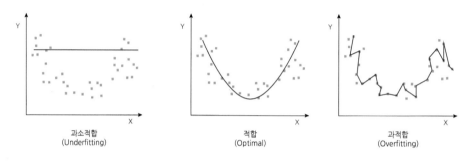

[그림 2-9] 과소적합, 적합, 과적합 비교

• 과대적합 방지

– 훈련 데이터만으로 실제 데이터의 오차가 증가하는 지점을 정확하게 예측하는 것은 불가능

– 예측 빅데이터 분석 모형의 성능 평가를 통해 우수한 모형을 구분하여 사용함

– 예측을 위한 데이터 분석 모형을 설계할 때 다양한 성능 평가 지표를 비교·분석하여 과대적합의 원인을 규명하고 데이터 오차가 증가하는 원인을 확인함.

과목 예상문제

【데이터 정제】

01. 빅데이터 전처리와 관련된 기술로 옳지 않은 것은?

① 필터링(filtering)　　② 유형 변환(transformation)
③ 정제(cleansing)　　④ 축소(reduction)

> **해설** 저장된 빅데이터를 분석하기 전에 분석에 용이하도록 가공하는 작업으로 변환(transformation), 통합(integration), 축소(reduction) 등의 과정을 거치게 되는데, 이 과정을 빅데이터 후처리라고 함.

02. 데이터의 전처리 과정에 발생 가능한 문제로 정상의 범주에서 벗어난 값으로 신뢰성에 타격을 줄 수 있어 중요한 관리 대상이 되는 이상값이 발생하는 원인으로 그 특성이 다른 것은?

① 자연적 이상치　　② 측정 오류
③ 실험 오류　　④ 의도적 아웃라이어

> **해설**
> · 자연적 이상치(Natural Outlier) : 상기 경우 이외에 발생하는 이상치로 인위적이 아닌 자연스럽게 발생하는 오류를 통칭
> · 비자연적 이상치 발생(Artificial/Non-Natural Outlier) - 2,3,4

【분석 변수 처리】

03. 파생변수에 대한 설명으로 옳지 않은 것은?

① 기존의 변수들이 조합되어 새로운 변수가 만들어진 것
② 사용자에게 주어진 특정 조건을 만족하거나 특정 함수에 의해 값이 만들어진 의미가 부여된 변수
③ 가급적이면 특정 상황에만 유의미하도록 유별성을 가지도록 생성
④ 주관적일 수 있으므로 논리적 타당성을 갖추어 개발해야 함

> **해설** 가급적이면 특정 상황에만 유의미하지 않도록 대표성을 가지도록 생성

04. 불균형 데이터를 처리하는 데 있어, 제한된 훈련 데이터 세트(모델 훈련에 사용한 한정된 데이터)에 너무 과하게 특화되어 새로운 데이터에 대한 오차가 커지는 경우를 지칭하는 것은?

① 과대적합　　② 과소적합
③ 과적합　　④ 부적합

> **해설**
> · 과소적합(Underfitting) : 너무 단순한 모델을 생성하여 학습 데이터와 잘 맞지 않는 현상
> · 과적합(Optimal) : 너무 복잡한 모델을 생성하여 학습 데이터에는 굉장히 잘 맞지만 새로운 데이터에는 잘 맞지 않는 현상

정답 1. ④　2. ①　3. ③　4. ①

05. 다른 변수에 영향을 받지 않고, 종속변수에 영향을 주는 변수로 연구자의 의도에 의해 시뮬레이션이 대상이 되는 변수를 지칭하는 용어로 옳은 것은?

① 종속변수   ② 독립변수
③ 매개변수   ④ 조절변수

> **해설** 종속변수 – 독립변수 등 다른 변수에 의해 영향을 받는 변수

06. 텍스트 마이닝에서의 자료 변환 방법으로 옳지 않은 것은?

① 형태소 분석   ② 텍스트 전처리
③ 요약 처리   ④ 품사 태깅

> **해설**
> · 형태소 분석은 주어진 단어 또는 어절을 구성하는 각 형태소를 분리한 후 분리된 형태소의 기본형 및 품사 정보를 추출하는 것
> · 텍스트 전처리(Pre-processing) 텍스트 분석을 위해 문장 분리, 불필요한 문장 성분을 제거하는 과정
> · 품사 태깅(POS Tagging; Part-Of-Speech Tagging)은 품사의 모호성을 제거하는 과정으로 통계적 모델인 은닉 마르코프 모델(HMM; Hidden Markov Model)을 많이 이용

07. 다음 중 관찰이 불가능한 미지의 확률론적 과정을 관찰이 가능한 기호를 발생시키는 다른 확률론적 과정을 통해 모형화하는 이중의 확률론적 과정은?

① CNN   ② LSTM
③ 형태소 분석 모델   ④ 은닉 마르코프 모델

> **해설** 은닉 마르코프 모델은 관찰이 불가능한 미지의 확률론적 과정을 관찰이 가능한 기호를 발생시키는 다른 확률론적 과정을 통해 모형화 하는 이중의 확률론적 과정을 의미

08. 다음 중 독립변수는 연속형이고, 종속변수는 범주형인 분석 기법은?

① 회귀분석   ② 의사결정 트리
③ 판별분석   ④ 인공신경망

> **해설** 독립변수는 연속형이고, 종속변수는 범주형은 로지스틱 회귀분석, 판별분석, k-최근접 이웃 기법이 있음.

09. 다음 그림에 대한 설명으로 올바르지 않은 것은?

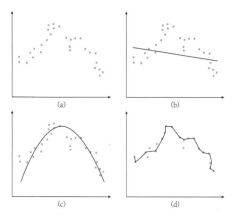

① (a) 훈련 데이터
② (d) 새로운 데이터가 주어지는 경우는 오차가 작아질 확률이 높음
③ (b) 단순히 직선으로 추정하는 경우는 훈련 데이터뿐만 아니라 실제 데이터에서도 오차가 클 수 있음
④ (c)를 (b)와 (d)의 경우와 비교해볼 때, 새로운 데이터에 대해서도 좋은 결과가 나올 가능성이 높음

> **해설** (d) 예측모델 함수가 훈련 데이터 세트 상의 모든 데이터를 오차가 없이 추정하는 경우로, 이 같은 경우 새로운 데이터가 주어지는 경우는 오차가 커질 확률이 높음.

10. 다음 중 어떤 군집에도 속하지 않는 값은?

① 결측치   ② 오류
③ 이상값   ④ 관측치

> **해설** 어떤 군집에도 속하지 않는 값을 이상값이라고 함.

02 데이터 탐색

1. 데이터 탐색 기초

1) 데이터 탐색 개요★★

(1) 개념

- 데이터 탐색은 수집한 데이터가 들어왔을 때, 이를 다양한 각도에서 관찰하고 이해하는 과정으로 데이터를 분석하기 전에 그래프나 통계적인 방법으로 자료를 직관적으로 훑어보는 과정으로 정의함.

- 데이터 과학 과정

 핵심 콕콕

기술통계는 단지 특정 집단의 데이터를 요약하고 정리하기 위하여 사용될 뿐이며, 추론통계는 기본적인 데이터를 근거로 해서 모집단(population)의 특성을 예측하거나 미루어 짐작하는 것을 의미

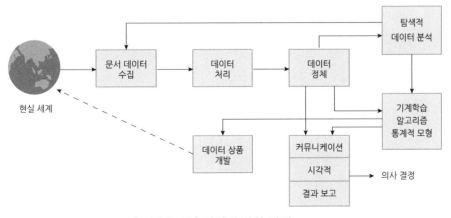

[그림 2-10] 데이터 과학 과정

(2) 데이터 탐색을 위해 활용되는 빅데이터 기술

① 통계적 분석

- 전통적인 분석 방법으로 주로 수치형 데이터에 대하여 확률을 기반으로 어떤 현상의 추정, 예측을 검정하는 기법
- 관련 기법들

구분	설명
기술통계 (Descriptive Statistics)	대표적으로 평균(산술평균, 중앙값, 최빈값), 분산, 표준편차 등
상관분석 (Correlation Analysis)	두 변수 간에 어떤 선형적 관계를 갖고 있는지를 분석하는 방법으로 두 변수는 독립적인 관계로부터 서로 상관된 관계일 수 있으며, 이때 두 변수 간의 관계의 강도를 상관관계(correlation, correlation coefficient)라 함.
회귀분석 (Regression Analysis)	연속형 변수들에 대해 독립변수와 종속변수 사이의 상관관계에 따른 수학적 모델인 선형적 관계식을 구하여 어떤 독립변수가 주어졌을 때 이에 따른 종속변수를 예측하며, 이 수학적 모델이 얼마나 잘 설명하고 있는지를 판별하기 위한 적합도를 측정하는 분석 방법
분산분석 (ANalysis Of VAriance; ANOVA)	두 개 이상 다수의 집단을 비교하고자 할 때 집단 내의 분산, 총평균과 각 집단의 평균 차이에 의해 생긴 집단 간 분산의 비교를 통해 만들어진 F분포를 이용하여 가설 검정을 하는 방법
주성분 분석 (Principal Component Analysis)	다양한 변수들에 대해 분석하는 다변량(multivariate) 분석으로 많은 변수들로부터 몇 개의 주성분들을 추출하는 방법이며, 주성분 분석은 차원 축소(dimension reduction)를 위한 것임.

② 데이터 마이닝

- 대용량의 데이터로부터 패턴 인식, 인공지능 기법 등을 이용하여 숨겨져 있는 데이터 간의 상호 관련성 및 유용한 정보를 추출하는 기술
- 관련 기법들

구분	설명
예측 (Forecasting)	대용량 데이터 집합 내의 패턴을 기반으로 미래를 예측(수요 예측)
분류 (Classification)	일정한 집단에 대한 특정 정의를 통해 분류 및 구분을 추론(이탈한 고객)
군집화 (Clustering)	구체적인 특성을 공유하는 자료들을 분류. 미리 정의된 특성에 대한 정보를 가지지 않는다는 점에서 분류와 다름(유사 행동 집단의 구분)
패턴 분석 (Association))	동시에 발생한 사건 간의 상호 연관성을 탐색(장바구니 상품들의 관계)
순차패턴 분석 (Sequencing)	연관 규칙에 시간(time)의 개념을 반영하여 시계열(time series)에 따른 패턴들의 상호 연관성을 탐색(금융상품 사용에 대한 반복 방문)

③ 텍스트 마이닝

- 텍스트 마이닝은 텍스트 기반의 데이터로부터 새로운 정보를 발견할 수 있도록 정보 검색, 추출, 체계화, 분석을 모두 포함하는 Text-processing 기술 및 처리 과정

④ 소셜 네트워크 분석

- 대용량 소셜 미디어를 언어 분석 기반 정보 추출을 통해 이슈를 탐지하고, 시간 경과에 따라 유통되는 이슈의 전체 과정을 모니터링하고 향후 추이를 분석하는 기술

2) 상관관계 분석★★★

(1) 상관관계

- 상관관계는 서열 척도, 등간 척도, 비율 척도로 측정된 변수들 간의 관련성 정도를 알아보기 위한 것으로 하나의 변수가 다른 변수와 어느 정도 밀접한 관련성을 갖고 변화하는가를 알아보기 위해 사용하는 것
- 상관관계를 계산하는 식

$$r = \frac{\sum_{i=1}^{n} x_i y_i}{\sqrt{\sum_{i=1}^{n} x_i \sum_{i=1}^{n} y_i}}$$

$$= \frac{s_x s_y}{s_x^2 s_y^2}$$

x : x변수
y : y변수
s_x^2 : x변수의 분산
s_y^2 : y변수의 분산
$s_x s_y$: x변수와 y변수의 공분산

- 상관계수(correlation coefficient)
- 변수 간의 관계 정도나 방향을 하나의 수치로 요약해 표시해 주는 지수
- 상관관계 정도는 수치의 0에서 ±1 사이의 절댓값으로 나타냄.
- 상관계수는 −1에서 0, 0에서 1 사이의 값을 취하는데, 이때 0에 가까울수록 상관관계는 낮아지며, 1에 가까울수록 상관관계는 높아짐.
- 변수 관계의 방향은 +, − 로 표현하며, 관계의 방향에 따라 한쪽이 증가할 때 다

른 쪽도 증가하게 되는 관계, 즉 증감의 방향이 같은 경우 +(양, 정적인)의 상관관계가 있는 것이며, 증감의 방향이 반대인 경우 −(음, 부적인)의 상관관계가 있는 것으로 볼 수 있음.

(2) 상관계수의 성질

① 상관계수 성질

　㉠ 상관계수의 범위는 −1≦rxy≦1임.

　㉡ rxy=0이면, X와 Y는 각각 독립이고, 상관관계가 전혀 없음.

　㉢ rxy=1이면, X와 Y는 각각 종속이고, 완전한 상관관계에 있음.

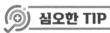
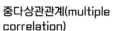
- 상관분석은 두 변수 간의 관련성을 구할 경우 단순상관관계를 실시하고, 부분 또는 편상관관계는 어떤 변수를 통제한 상태에서 두 변수의 상관관계를 구함.

② 척도

　㉠ 명목 척도: 한 변인이 측정 또는 분류되었을 때 어떤 사물, 사람 또는 속성을 분류하기 위한 목적을 가지고 있으며, 계량의 의미가 없고, 질적인 성격을 가진다. 빈도분석, 교차분석, 카이검정 등이 있음.

　㉡ 서열 척도: 한 변인이 측정 또는 분류되었을 때 '같다, 다르다'라는 정보뿐만 아니라 '크다, 작다'라는 서열에 관한 정보를 제공하는 척도이다. 서열상의 관계 등이 있음.

　㉢ 등간 척도: 서열상뿐만 아니라 어느 만큼 차이가 있는가 하는 동간성에 관한 정보를 갖고 있는 척도이며, 서열화된 척도인 동시에 척도 간의 간격이 같다. 평균, 표준편차, 정규분포검정 등이 있음.

　㉣ 비율 척도: 서열성, 동간성의 정보를 제공해 줄 뿐 아니라, 절대영점(0)을 갖고 있는 척도로 한 측정치는 다른 측정치의 2배, 3배 또는 10배 등의 비율에 관한 정보를 갖고 있는 척도를 말함. 평균, 표준편차, 정규분포검정 등이 있으며, 등간척도와 같음.

변인의 분류	특성	보기
비율	절대영점을 갖고 있다 측정치는 비율 또는 퍼센트로 비교될 수 있다.	거리, 시간, 무게 등
등간	동간적이다. 측정 시간의 거리가 비교될 수 있다.	연(year), 온도, IQ 등
서열	순위의 정보만 있다.	백분위수, 랭킹, 순위(학업 성적) 등
명목	서로 다른 속성의 정보만 있다.	성별, 국적, 눈의 색깔, 출신 학교 등

(3) 상관 분석

- 두 변수 사이의 관계를 측정하고 묘사하기 위해 이용되는 통계학의 한 기법을 상관 분석이라고 함(Gravetter & Wallnau, 2009).

① 관계의 방향과 정도

- 양의 방향, 음의 방향, 관계가 없는 3가지 방향으로 이루어 짐.

② 관계의 정도

- −1에서 1의 값을 가짐.

③ 상관계수 *r*의 값에 따른 분포

- $r=+1$, $r=+0.8$, $r=-0.25$, $r=-1$일 때의 그림

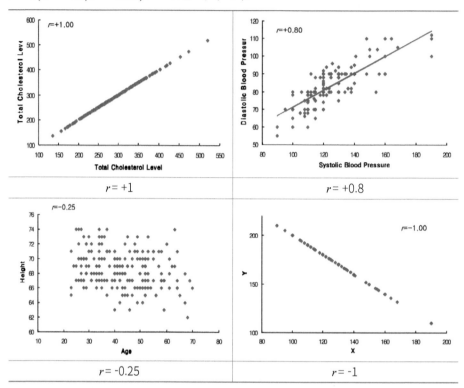

$r=+1$	$r=+0.8$
$r=-0.25$	$r=-1$

④ 변수에 따른 상관관계 분석

종속변수	독립변수			
	이분화된 질적 변수(명목)	이분화된 양적 변수	서열 변수	등간 및 비율 변수
이분화된 질적 변수(명목)	Phi 계수, 유관계수, Lambda			
이분화된 양적 변수	Yule's Q	사분 상관관계		
서열 변수	등위 양분 상관관계		Spearman's rho Kendall's tau-b	
등간 및 비율 변수	Cramer's V 양류 상관관계	양분 상관관계	다류 상관관계	Pearson(적률) 상관관계

⑤ 상관관계를 해석할 때의 유의사항

- 두 변수 중 한 변수가 증가할 때 다른 변수가 증가하거나, 또는 한 변수가 감소할 때 다른 변수가 감소되어도 이 둘 간에 영향 관계가 없다고 할 수 없는 이유는 크게 두 가지로 볼 수 있음.
  - 측정되거나 측정되지 않는 다른 변수들이 결과에 영향을 주기 때문에 The third-variable problem이 발생
  - 상관계수는 인과관계의 방향에 대해 나타내지 않기 때문에 Direction of Causality가 발생
  - 상관관계를 인과관계로 보기는 어렵다는 점이며, 아버지와 아들의 몸무게, 자동차 수와 교통사고는 상관관계가 있음.
- 실험 설계에서 상관관계는 인과관계로 해석할 수도 있으며, 술의 알코올이 수면시간에 미치는 연구를 위해 통제된 환경하에서 동물을 대상으로 실험을 하는 경우와 같은 예가 있음.
- 상관관계가 인과관계보다 상호관계가 있음.
  - 즉 한 변수가 다른 변수에 영향을 주고 역으로 다른 변수가 한 변수에 영향을 주는 관계라고 할 수 있음.

(4) 탐색적 데이터 분석(EDA, Exploratory Data Analysis)
① 개념

- 데이터의 특징과 내재하는 구조적 관계를 알아내기 위한 기법들을 총칭
- 자료 분석: 탐색 단계와 확증 단계로 구분
- 탐색적 자료 분석(EDA)은 데이터의 구조와 특징을 파악하며, 여기서 얻은 정보를 바탕으로 통계 모형을 만드는 단계
- 확증적 자료 분석(CDA; Confirmatory Data Analysis)
  - 관측된 형태나 효과의 재현성 평가, 유의성 검정, 신뢰 구간 추정 등 통계적 추론을 하는 단계
  - 관련된 다른 자료 분석에서 얻어진 정보를 적절히 배려하는 일
  - 새로 수집된 자료가 앞의 분석 결과에 의한 예측과 얼마나 일치하는가를 평가하는 일

② EDA 주제

- 저항성(resistance)의 강조, 잔차(residual) 계산, 자료변수의 재표현(변수 변환, regexpression)을 통한 다각적 시도, 그래프를 통한 현시성(revelation)의 4가지 주제가 있음.

ㄱ 저항성의 강조
- 탐색적 자료 분석은 일부 자료의 파손에 관한 저항성을 가져야 함.
- EDA의 관점에서는 평균보다는 일부 자료의 파손(변형)에 저항적인 중위수가 바람직한 대푯값의 측도로 선호

ㄴ 잔차 계산
- 잔차는 각 개별 관측값이 자료의 주경향(main trend)으로부터 얼마나 벗어났는지를 나타냄.

ㄷ 자료변수의 재표현(변수 변환)
- 자료의 변환으로(측정측도를 적당히 다른 척도로 재표현) 분포의 대칭성, 관계의 선형성(직선화), 분산의 균일성, 관련 변수의 가법성 등에 도움이 됨.

ㄹ 그래프를 이용한 현시성(revelation)
- 그래프 표현이 자료 안에 숨겨진 정보를 보여주는 효율적인 수단
- 탐색적 자료 분석에서는 다양한 그래프 작성 기법들이 사용

③ 탐색적 데이터 분석의 성공 사례

- 1973년 미국 뉴저지 주의 주지사는 주정부 환경보호과로부터 대기 중의 오존 수준을 안전 수준으로 낮추어야 하며 그러기 위해서는 자동차 배출가스의 총량을 2/3으로 줄여야 한다는 내용을 건의함.
- 뉴저지의 문제점으로는 일요일에 교통량이 적음에도 불구하고 오존 수준은 요일별로 차이가 없으며, 가장 높은 오존 수준을 나타내는 곳은 농촌지역인 앙코라 으며, 측정 장치의 소홀한 관리와 엉성한 보정이 원인이 되었음.
- 이에 연구에 있어서 중요한 요소로는 자료를 수집하고 분석에 임하는 열의, 기대하지 않았던 사실을 발견하기 위한 진단기법의 활용, 놀라운 사실을 인지 할 수 있는 능력과 노력, 해당 분야에 대한 충분한 이해와 해당 분야 전문가와의 커뮤니케이션, 자료의 효과적인 요약과 그래프의 작성, 연구의 실마리에 대한 끊임없

는 추적 등이 있었음.

3) 기초통계량★★★

- 일반적으로 데이터 분석을 수행하기 전에 데이터를 정렬한 다음 기초통계량을 구해야 함.
- 기초통계량은 평균, 분산, 표준편차 등을 의미

(1) 평균

① 평균(mean)은 모집단이 지니고 있는 양적 구조의 특성치인 대표치

$$\overline{x} = \frac{1}{n}(x_1 + x_2 + ... + x_n)$$

$$= \frac{1}{n}\sum_{i=1}^{n} x_i$$

x_i : i번째 관찰치

② 평균의 성질

- 평균의 크기는 변수의 크기와 빈도 수에 의존
- 평균 개개의 변숫값은 모르더라도 총계와 빈도 수만으로 평균을 계산할 수 있음.
- 반대로 평균과 빈도 수만 알면 총계를 알 수 있음.
- 평균은 변수들 중에서 극히 큰 값 혹은 작은 값에 의해 크게 영향을 받음.

(2) 분산(variance)

- 평균을 중심으로 흩어진 정도를 말하며, 통상적으로 분산은 적을수록 좋음.
- 분산을 계산하는 식

$$s^2 = \frac{1}{(n-1)}\left[(x_1 - \overline{x})^2 + (x_1 - \overline{x})^2 + ... + (x_1 - \overline{x})^2\right]$$

$$= \frac{1}{(n-1)}\sum_{i=1}^{n}(x_i - \overline{x})^2$$

x_i : 관찰치
$\overline{x}$: 평균치
$(n-1)$: 자유도

심오한 TIP

산술평균

평균성적, 평균키, 평균수입 등 일상생활에서 흔히 사용하는 평균의 개념으로, 자료 값의 합을 자료의 개수로 나눈 값으로 정의. 이상점(outlier)이 있거나 자료 값의 분포가 한쪽으로 기울어진 경우 산술평균은 자료 전체의 중심을 나타내기에 적절하지 않을 수 있으며, 이때 중앙값, 최빈값 등의 대푯값이 자료 전체의 중심을 나타내는 데 더 나을 수 있음.

가중산술평균 or 가중평균

가중평균은 자료의 평균을 구할 때, 자료 값의 중요도나 영향 정도에 해당하는 가중치를 반영하여 구한 평균값

중앙값

자료, 모집단, 확률분포에서 중심을 나타내는 측도의 하나로, 중앙값을 기준으로 이 값보다 큰 값들과 작은 값들의 개수, 비율, 확률 등에서 균형을 이룸. 평균, 최빈값과 더불어 중심을 나타내는 대푯값 중 하나로 특이점(outlier)에 의하여 영향을 받지 않음.

(3) 표준편차

- 분산의 제곱근 값으로, 데이터의 정밀도를 나타냄.
- 표준편차도 분산과 마찬가지로 적을수록 좋음.
- 상한값, 하한값, 최대, 최소, 범위 등이 있음.

4) 시각화를 통한 탐색적 자료 분석★★

(1) 개요

심오한 TIP

시각화(visualization)는 방대한 양의 데이터를 탐색하거나 이해할 때 가장 효율적임.

- 빅데이터는 정보 시각화 측면에서 중요한 재료 중 하나로 데이터의 풍부함을 드러내기 위한 새로운 방식
- 우리가 시각화에 관심을 갖는 이유는 인간의 시각 체계가 거대한 힘과 미묘함을 가지고 있기 때문
- 과거 시각화는 정보 전달의 부가적 설명을 위한 장치로서 단순한 수치 그래프화에 불과했으나, 최근 빅데이터 시대에는 방대한 양의 정보를 하나의 인사이트로 도출해 낼 수 있는 시각적 분석 도구이며, 정보 전달 및 상황 진단을 위한 프로세스로 이해되고 있음.
- 일반 사용자(또는 정보 소비자)를 위한 새로운 비즈니스 창출의 열쇠를 제공한다고 볼 수 있으므로 데이터 시각화의 역할은 같은 카테고리 안의 많은 양의 데이터에 의미를 부여하여 정보 사용자에게 효율적으로 전달하기 위한 과정

① 데이터 시각화 과정

- 4가지 단계를 포함하며 여러 번의 피드백 과정을 거침
  - ㉠ 1단계: 데이터의 선택과 저장
  - ㉡ 2단계: 선행 과정에서 이해할 수 있는 형태로 데이터를 변형하기 위한 디자인
  - ㉢ 3단계: 스크린에 이미지를 만드는 디스플레이 하드웨어와 시각화 알고리즘
  - ㉣ 4단계: 사람의 이해와 인지 시스템

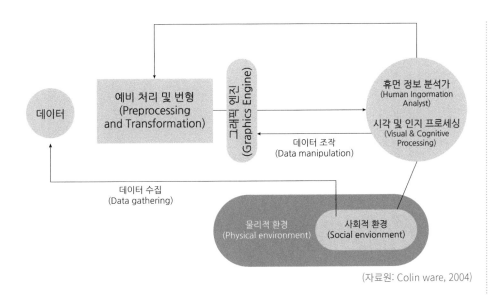

(자료원: Colin ware, 2004)

(2) 데이터의 시각화 기술

- 시간 시각화, 분포 시각화, 관계 시각화, 비교 시각화, 공간 시각화, 인포그라픽 등의 기법 등이 있음.

① 시간 시각화

- 분절형과 연속형으로 구분되며, 분절형 데이터의 경우 특정 시점 또는 특정 시간의 구간 값을 막대그래프, 누적막대그래프, 점그래프 등으로 표현
- 시계열 데이터의 시각화 사례

| Scatter Plot | Line Plot | 계단식 Plot |

ㄱ 경제 활동과 관련된 시계열: 국내총생산(GDP), 소비자물가지수, 수출액, 주가지수, 환율, 금리 등
ㄴ 물리적 현상과 관련된 시계열: 일일 강수량, 기온, 태양의 흑점, 연간 지진의 발생 건수 등
ㄷ 회사의 경영 활동과 관련된 시계열: 상품의 판매량, 상품 광고와 판매량 등

핵심 콕콕

데이터 시각화 기술 및 기법은 Part 4를 참고하기 바람.

ⓔ 인구 관련 시계열: 총인구, 농가 수

ⓜ 품질관리 등 생산관리와 관련된 시계열

ⓗ 통신공학 또는 공학과 관련된 시계열: (0,1)-확률 과정, 음성

ⓢ 사회생활과 관련된 시계열: 교통사고 건수, 범죄 발생 수

② 분포 시각화

- 전체 분포와 시간에 따른 분포로 구분하며 전체 분포의 경우 파이차트, 도넛차트, 누적막대그래프, 인터랙티브 누적영역그래프로 표현하며, 시간 변화에 따른 변화 데이터는 누적연속그래프, 누적영역그래프, 선그래프 등으로 표현

- 분포 시각화의 사례

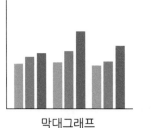

| 막대그래프 | Pie Chart | TreeMap |

③ 관계 시각화

- 각기 다른 변수 사이에서 관계를 찾는 기술로 상관관계, 분포, 비교로 구분하며, '상관관계'는 스캐터플롯, 스캐터플롯 행렬, 버블차트 등으로 표현

- 관계 시각화의 사례

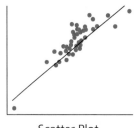

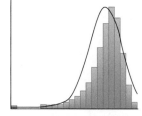

| Scatter Plot | Histogram | Bubble Chart |

④ 비교 시각화

- 여러 변수를 비교하는 히트맵, 체르노프 페이스, 스타차트, 평행좌표그래프, 다차원척도법, 아웃라이어 찾기 등으로 표현

- 비교 시각화의 사례

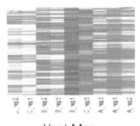

Heat Map

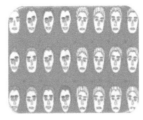

체르노프 페이스

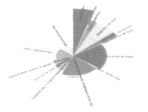

나이팅게일 Chart

⑤ 인포그래픽

- 인포메이션(Information)과 그래픽(Graphic)의 합성어로 다량의 정보를 차트, 지도, 다이어그램, 로고, 일러스트레이션 등을 활용

- 인포그래픽은 주로 정적인 형태의 차트 이미지를 독자에게 전달하기 위해 작성

(3) 대표적인 시각화 표현 기법

① 막대그래프(bar graph)

- 표현 값에 비례하여 높이와 길이를 지닌 직사각형 막대로 범주형 데이터를 표현하는 차트나 그래프를 말함.

- 막대그래프는 변량이 연속적이지 않을 때 사용하는 것

② 히스토그램

- 측정값이 존재하는 범위를 몇 개의 구간(급)으로 나눈 경우, 각 구간을 밑변으로 하고 그 구간에 속하는 측정값의 출현 도수에 비례하는 면적을 갖는 기둥(직사각형)으로 배열한 그림으로 일정하게 나눈 구간을 계급이라 하고, 구간의 크기를 계급의 크기라 함.

- 히스토그램에 있어서 구간의 폭이 한정 없이 작아지고 구간의 수를 한없이 늘릴 때, 각 구간의 도수의 값을 이으면 곡선을 얻을 수 있는데 이를 분포곡선이라 함.

- 히스토그램에서는 계급의 크기가 모두 같으므로 직사각형의 가로의 길이는 모두 같고, 계급이 연속되어 있으므로(구간값을 가지므로) 직사각형을 연속적으로 붙여서 그리게 됨.

핵심 콕콕

데이터 시각화는 시각화 결과를 상호작용하며, 데이터를 탐색해 나갈 수 있어, 인포그래픽과 차이가 있음.

심오한 TIP

막대그래프(bar graph)

막대는 수직으로나 수평으로 그릴 수 있으며, 수직 막대 그래프는 선 그래프 또는 라인 그래프(line graph)라고도 함.

③ 선그래프

- 꺾은선그래프는 시간에 따른 자료의 추세를 나타내기 위하여 수직좌표에 시계열 값을, 수평좌표에는 시간인 자료점들을 찍고 연이은 시간의 점들을 선으로 연결한 그래프
- 이전 시점과 대비하여 퍼센트 변화를 살피는 것이 시간적 추세를 보기 위해 사용

④ BOX PLOT

- 최댓값, 최솟값, 중앙값, 사분편차를 사용하여 자료의 측정값들이 어떤 모양으로 분포되어 있으며, 극단값들은 어떠한지 등을 쉽게 알 수 있도록 하는 그림
- 자료들이 비대칭으로 분포되어 있을 경우에는 상자그림을 그려 극단값의 개수, 비대칭 여부 등을 파악할 수 있으므로 측정값들의 중심 위치와 산포도의 척도로 사용할 수 있음.
- 평균이나 표준편차와 같이 전통적으로 많이 사용되는 측도는 자료에 이상점이 있는 경우 심하게 왜곡될 가능성이 있어, 자료에 이상점이 있는지를 확인할 필요가 있음.
- 자료에 이상점이 포함되어 있는지를 쉽게 판단할 수 있게 함.

5) 다중공선성

(1) 개념

- 다중공선성이란 입력 변수 간의 상관관계가 높은 것을 의미
- 각 입력 변수들이 다른 입력 변수에 영향을 받아서 추정되는 회귀계수의 변동성이 심한 편임.
- 회귀계수가 더 이상 출력 변수에 대한 상대적인 설명력으로 해석하기 어려워짐.
- 즉 R^2값은 높지만 입력 변수들이 대부분 유의하지 않는 경우 다중공선성이 발생

(2) 다중공선성 진단 방법

- 회귀분석의 적합도 검정을 시행한 후, 회귀식이 표본을 얼마나 잘 설명하는지에 대한 지표인 결정계수 R^2을 구함.
- 결정계수 R^2값이 높아 회귀식의 설명력이 높다고 판단되지만, 각 독립변수의

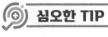
심오한 TIP

다중공선성
통계학의 회귀분석에서 독립변수들 간에 강한 상관관계가 나타나는 문제임. 독립변수들간에 정확한 선형관계가 존재하는 완전공선성의 경우와 독립변수들간에 높은 선형관계가 존재하는 다중공선성으로 구분하기도 함.

p-value 값이 커서 독립변수가 유의하지 않을 때가 있을 수 있으며 이런 경우 독립변수들 간에 높은 상관관계가 있다고 의심해 볼 수 있음.

- 다중공선성이 의심되면, 우선 독립변수들 간의 상관계수를 분석
- 다중공선성을 발견하기 위한 지표인 분산팽창요인(VIF; Variance Inflation Factor)을 계산하여 이 값이 보통 10을 넘으면 다중공선성의 문제가 있다고 판단
- VIF는 회귀계수의 분산이 얼마나 커지는지를 나타내며, 그 식은 아래와 같으며, 식 안에 사용되는 R^2은 X_i를 X_i 이외의 설명변수에 회귀시켰을 때의 결정계수를 의미
- 결정계수의 값이 1과 가까워지게 되면, VIF값도 커져 다중공선성이 존재할 가능성이 높아지게 됨.

$$VIF_i = \frac{1}{1 - R_i^2}$$

(3) 다중공선성 해결 방법

① 상관관계가 높은 독립변수를 제거

- 다중공선성 문제를 일으키는 변수를 제외시킴.
- 이때 일반적으로 다중공선성의 문제를 일으키는 변수 중 종속변수와 상관관계가 높은 독립변수를 남김.
- 단, 회귀식에 사용되는 독립변수의 수가 적다면, 변수 제거의 방법은 좋은 방법이 아니니 아래의 해결법을 고려해보는 것이 좋음.

② 변수를 변형시키거나 새로운 관측치를 이용

- 변수를 변형시켜 기존과 다른 변수인 파생변수를 만들거나, 새로운 관측치를 이용해 보는 것도 좋은 방법
- 단, 이 방법은 데이터의 근본적이고 현실적인 해결 방법과는 거리가 멂.

③ 주성분 분석(PCA, Principle Component Analysis) 방법을 이용하여 설명력이 높은 변수를 선택

ㄹ. 고급 데이터 탐색

1) 시공간 데이터 탐색★

(1) 시공간 데이터의 정의 및 특징
(자료원: 국립재난안전연구원, 시공간 데이터 기반 재난안전 분석기술 개발, 2016)

① 특징
- 시공간 데이터(spatio-temporal data)란 공간적 객체에 시간의 개념이 추가된 것으로 시간에 따라 위치나 형상이 변하는 데이터를 나타냄.
- 시공간 데이터는 이산적인 변화를 나타내는 것과 연속적인 변화를 나타내는 것으로 구분할 수 있음.
- 이산적인 변화의 사례로는 시군 통합으로 인해 행정 경계가 변화되는 경우가 있고, 연속적인 변화의 사례로는 일정한 주기로 수집된 기상정보를 이용하여 기상 전선의 변화를 나타내는 경우 등이 해당

시공간 데이터

데이터를 공간과 시간의 흐름상에 위치시킬 수 있는 거리 속성과 시간 속성을 가지고 있음(Erwig 외, 1997).

② 시공간 데이터의 구분

구분	주요 특징
이산적 변화	• 데이터 수집의 주기가 일정하지 않은 데이터를 이용하여 표현 • 시간의 변화에 따라 데이터가 추가되는 특성이 있음.
연속적 변화	• 일정한 주기로 수집되는 데이터를 이용하여 연속적으로 표현 • 연속인 변화를 일종의 함수를 이용하여 표현

③ 시공간 데이터의 타입
- 시공간 데이터를 저장하기 위한 공간 데이터 타입은 객체의 기하학적인 특성을 기준으로 구분해야 함(박동선, 2001).

구분	주요 특징
포인트 타입	하나의 노드로 구성되는 공간 데이터 타입
라인 타입	서로 다른 두 개의 노드와 두 노드를 잇는 하나의 세그먼트로 구성
폴리곤 타입	n개$(n≥3)$의 노드와 n개의 세그먼트로 구성
폴리라인 타입	n개$(n≥3)$의 노드와 n-1개의 세그먼트로 구성

(2) 시공간 통계 및 클러스터링 알고리즘 조사 분석

① 공간자기상관성

㉠ 공간자기상관성

- 시계열 데이터를 이용하여 회귀분석을 수행할 때 흔히 발생하는 문제
- 지리적 공간상에서 공간 객체 간의 상호의존성과 상호작용을 나타냄(정대영, 손영기, 2009).
- 각각 다른 데이터가 아닌 같은 데이터 속성값의 공분산을 계산하여 공간상에서 특정한 위치를 중심으로 모이려는 성향을 일정한 형태의 공간 패턴(spatial pattern)으로 나타낸 것임.

㉡ 공간적 자기상관 분석 방법

- 데이터 속성값의 유사도로 두 변수 간의 공분산을 사용하는 모란 지수(Moran's I)가 있음.
- 모란지수의 값은 $-1 \sim 1$ 사이의 값을 갖게 되는데, 1의 값에 가까울수록 공간 객체가 서로 클러스터되어 있음을 나타내고, 0의 값에 가까울수록 공간 객체가 임의적으로 분포하고 있음(박재문 외, 2011).

$$Moran's I = \frac{n \sum_{i=1}^{n} \sum_{j=1}^{n} w_{ij}(x_i - \bar{x})(x_j - \bar{x})}{\sum_{i=1}^{n} \sum_{j=1}^{n} w_{ij} \sum_{i=1}^{n} (x_i - \bar{x})^2}$$

여기서, n은 관측정점수, x_i는 i 지역의 속성, x_j는 j 지역의 속성, x는 관측평균값, w_{ij}는 i, j관계의 가중치를 나타냄.

② 로지스틱 회귀 모형

- 로지스틱 회귀 모형은 일반적인 회귀 모형과 동일하게 종속변수와 독립변수 간의 관계를 예측모델로 활용하는 것
- 로지스틱 회귀 모형과 일반적인 회귀 모형의 다른 점은 종속변수가 범주형 데이터를 사용하므로 데이터의 결과가 특성 분류로 나눠지기 때문에 분류 기법으로도 볼 수 있음.
- 로지스틱 회귀분석은 범주형 데이터를 종속변수로 사용하기 때문에 하나의 클

러스터에 속하지만 어느 클러스터인지 모르는 새로운 데이터에 대해서 예측변
수를 이용하여 특정 클러스터로 분류하기 위해서 사용

• 로지스틱 회귀 모형

- 이항 로지스틱 회귀 모형 : 반응 값이 이원이며, 종속변수가 두 종류의 값 또는 0
  과 1 사이의 값을 가질 때 종속변수와 독립변수와의 관계를 추정할 수 있는 모형
  (국토연구원, 2012)

- 다항 로지스틱 회귀 모형 : 종속변수가 3개 이상의 범주일 때 사용되는 모형

• 로지스틱 회귀분석은 2단계의 과정

- 첫 번째로 각 클러스터에 속하는 확률의 추정값을 계산

- 두 번째로 각 데이터를 어느 한 클러스터로 분류하기 위해서 이러한 확률 추정값
  에 분류 기준을 적용

• 로지스틱 회귀 모형

- 일반적인 회귀 모형에 로그(log)를 취한 것

- 정의

$$logit(p) = b_0 + b_1 X_1 + b_2 X_2 + b_3 X_3 + \ldots + b_n X_n$$
$$logit(p) = ln\left(\frac{p}{1-p}\right)$$

여기서, $b_0 \sim b_n$은 결정계수, $X_1 \sim X_n$은 독립변수, p는 발생확률을 나타냄.

- 일반적인 회귀 모형식에 로그를 취함으로써 입력값의 범위가 $[-\infty, \infty]$일 때 출
  력 값의 범위를 $[0, 1]$로 조정할 수 있음.

• 회귀 모형과 로지스틱 회귀 모형

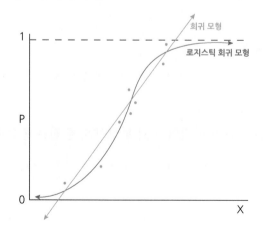

③ ARIMA 모형

㉠ ARMA 모형 정의

- ARIMA 모형은 어느 정도의 시차를 가지고 어떤 변수가 다른 어떤 변수에 얼마나 영향을 미쳤는지를 분석해 낼 수 있는 모형
- 자기회귀(AR; Auto-Regressive) 모형과 이동평균(MA; Moving Average) 모형을 결합한 시계열 분석 모형
- 과거의 시계열 자료 값들로 표현되는 자기회귀 모형과 과거의 오차 값들로 표현되는 이동평균 모형을 결합한 것이 ARMA(Auto-Regressive Moving Average) 모형
- 주어진 데이터가 불변성(stationary)인 경우에만 적용할 수 있음.
- 안정적이라는 뜻은 시간의 변화에 관계없이 평균과 분산이 불변하다는 것을 나타냄.
- ARMA 모형식

$$Y_t = \alpha_1 Y_{t-1} + \alpha_2 Y_{t-2} + ... + \alpha_p Y_{t-p} + \varepsilon_t + \beta_1 \varepsilon_{t-1} + \beta_2 \varepsilon_{t-2} + ... + \beta_q \varepsilon_{t-q} + \mu$$

여기서, $Y_t \sim Y_{t-p}$는 시계열 값, $\alpha_{1\sim p}$와 $\beta_{1\sim q}$는 결정계수, $\varepsilon_t \sim \varepsilon_{t-q}$는 오차, μ는 평균을 나타내고 ARNA 모형식은 ARMA(p, q)로 표현함으로 p는 AR의 차수를 의미하고, q는 MA의 차수를 의미함.
예를 들어, AR(1)은 ARMA(1,0)으로 표현해도 무방함.

㉡ 시계열 분석

- 시계열 데이터 간의 상관성을 이용하여 동태적인 관계를 분석하는 방법
- 시계열분석에서는 데이터 간의 인과관계나 시차분포 형태에 따라 한 시점의 데이터는 그 이전 데이터들의 영향을 받거나 또는 과거의 오차 영향을 받음.

㉢ 자기회귀(AR; Auto-Regressive) 모형

- 과거의 시계열 자료가 <u>종속변수</u>로 사용되는 모형
- 시계열분석을 이용한 것이 자기회귀 모형(송경재, 양희민, 2005)
- 자기회귀(autoregressive)라는 단어에는 자기 자신에 대한 변수의 회귀라는 의미가 있음.

 심오한 TIP

ARIMA(Autoregressive integrated moving average)
ARMA 모형의 일반화이며, 시계열 데이터를 더 잘 이해하거나 미래 지점을 예상(예측)하기에 적합함.

 심오한 TIP

종속 변수(bound variable)
상숫값으로 치환하였을 때 수식이 본래의 의미를 잃게 되는 변수

- 정의

$$Y_t = \alpha_1 Y_{t-1} + \alpha_2 Y_{t-2} + \ldots + \alpha_p Y_{t-p} + \varepsilon_t$$

여기서, $Y_t \sim Y_{t-p}$는 시계열 값, $\alpha_{1 \sim p}$는 결정계수, ε_t는 오차를 나타내고 자기회귀 모형식은 AR(p)로 표현함으로 p는 차수를 의미

ㄹ 이동평균(MA: Moving Average) 모형

- 시계열 자료가 연속적인 과거의 오차항 자료가 종속변수로 사용되는 모형

$$Y_t = \varepsilon_t + \beta_1 \varepsilon_{t-1} + \beta_2 \varepsilon_{t-2} + \ldots + \beta_q \varepsilon_{t-q}$$

여기서, Y_t는 시계열 값, $\beta_{1 \sim q}$는 가중치, $\varepsilon_t \sim \varepsilon_{t-q}$는 오차를 나타내고 이동평균 형식은 MA($q$)로 표현함으로 q는 차수를 의미하며, 예를 들어, AR(1)은 ARMA(1,0)으로 표현해도 무방함.

④ 클러스터링 알고리즘

- 클러스터링(clustering)이란 서로 간에 높은 유사도를 갖는 객체들을 같은 클러스터로 그룹화하는 작업을 나타냄.

㉠ 클러스터 분석

- 클러스터의 개수나 구조에 대한 가정 없이 다변량 데이터로부터 거리 기준에 의해 그룹을 나누는 것
- 클러스터 분석의 목적은 각 클러스터의 특성, 클러스터 간의 차이 등에 대한 상호간의 탐색적 비교를 위한 것임.

㉡ 클러스터링의 종류

- 계층적 방법과 비계층적 방법이 있음.
- 이를 구분하는 가장 큰 특징은 사전에 클러스터의 개수를 정하느냐 아니면 그렇지 않느냐임.
- 비계층적 방법은 유사성이 가까운 순서대로 데이터 세트를 묶어 클러스터를 만드는 것임.

핵심 콕콕

비계층적 방법
대표적인 예로는 클러스터의 개수를 설정하는 K-means 클러스터링이 있음.

ⓒ 비계층적 클러스터링

ⓐ 거리 측정법

- 클러스터 간의 유사도를 평가하기 위해서 여러 가지 거리 측정함수를 사용하며 유클리드, 도시블록 거리(또는 맨해튼 거리), 민코스키 거리 등이 사용

- 유클리드(Euclidean) 거리는 가장 직관적이고 수학적인 거리 개념으로 유클리드 거리는 임의의 두 데이터 세트 사이의 최단거리를 나타냄.

$$d(x, y) = \sqrt{(x_1 - y_1)^2 + (x_2 - y_2)^2 + \dots + (x_n - y_n)^2} = \sqrt{\sum_{i=1}^{n} (x_i - y_i)^2}$$

여기서, $x = x_1, x_2, x_3 + \dots + x_n$, $y = y_1, y_2, y_3 + \dots + y_n$ 이고 $d(x, y)$는 x와 y점 사이의 거리를 나타내며, 위 식은 공간상의 유클리드 거리 측정을 표현

ⓑ 도시블록 거리

- 도시블록(city-block) 거리는 맨해튼(manhattan) 거리라고도 부름.

- 이는 빌딩이 블록별로 격자 형태로 밀집해 있는 맨해튼에서 유래

- 이 거리는 직선 길이가 아닌 블록의 가로와 세로 길이를 더한 거리

- 도시블록 거리는 두 데이터 세트 간의 절댓값의 차이에 따른 거리를 나타내는 것으로 직선거리가 아닌 블록상에서 정해진 길을 따라 이동했을 때의 거리를 나타냄.

$$d(x, y) = |x_1 - y_1| + |x_2 - y_2| + \dots + |x_n - y_n| = \sum_{i=1}^{n} |x_i - y_i|$$

여기서, $x = x_1, x_2, x_3 + \dots + x_n$, $y = y_1, y_2, y_3 + \dots + y_n$ 이고, $d(x, y)$는 x와 y점 사이의 절대값의 차이, 즉 직선 방향이 아닌 가로와 세로의 거리를 나타내며, 위 식은 공간상의 도시블록 거리 측정을 표현

ⓒ 민코스키 거리

- 민코스키(minkowski) 거리는 유클리드 거리와 도시블록 거리의 식을 일반화한 것임.

$$d(x, y) = \left(|x_1 - y_1|^q + |x_2 - y_2|^q + \ldots + |x_n - y_n|^q \right)^{\frac{1}{q}}$$

민코스키 거리에서 q값이 1일 경우 도시블록 거리를 나타내고 q의 값이 2일 경우 유클리드 거리를 나타냄.

ⓔ 클러스터링

　ⓐ K-means 클러스터링 기법

- 구하고자 하는 클러스터의 수를 정한 상태에서 설정된 클러스터의 중심에서 거리 차이의 분산을 최소화하여 개체를 하나씩 포함해가는 방식

- 클러스터링 하는 비계층적 클러스터링 방법으로 방대한 데이터를 쉽게 처리할 수 있는 장점이 있음.

- K-means 알고리즘에서 초기 클러스터의 중심이 어느 한쪽에 편중되어 선정되면 클러스터링 결과가 적절하지 못하게 산출되거나 할당-재계산에 소요되는 시간이 증가하게 됨(이신원, 2012).

- K-means 클러스터링 알고리즘에서 반드시 클러스터의 개수 K 값을 지정해야 하고, 이상 값에 민감

- K-means 알고리즘의 동작 예

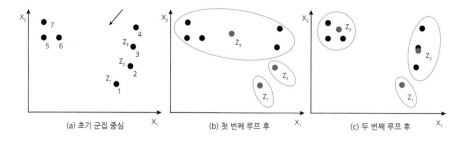

(a) 초기 군집 중심　　　(b) 첫 번째 루프 후　　　(c) 두 번째 루프 후

　ⓑ 자기 조직화 맵(SOM: Self-Organizing Map)

- 핀란드 헬싱키공과대학의 Teuvo Kohonen이 제안한 신경망 기반의 자기 조직화 알고리즘으로 해부학적인 이론에 근거하여 인간의 두뇌 구조를 모델링한 방법

- 데이터를 상호 비교하며 스스로 클러스터를 조직화하는 것으로 인접한 출력 노드들은 비슷한 기능을 수행할 것이라고 예측하여, 입력 노드와 가장 가까운 출력 노드들 뿐만 아니라 그 출력 노드의 이웃 노드도 함께 학습시키는 방법

ⓒ 클러스터 병합을 위한 거리 측정법

- 단일 연결법(single linkage) : 단일 연결법 또는 최단 연결법은 클러스터 사이의 거리를 각 클러스터 내에 포함된 데이터 사이의 거리 중 최소 거리를 기준으로 결정하는 방법(Gaffney, Smyth, 1999)

- 완전 연결법(complete linkage) : 완전 연결법 또는 최장 연결법은 두 클러스터에 속하는 거리 중에서 최대 거리를 두 클러스터의 거리로 정의할 수 있음.
  - 이를 위해 클러스터는 자기 자신과 비교할 클러스터를 선택하고 해당 클러스터와의 거리가 가장 먼 데이터를 기준점으로 선택하고 비교할 클러스터에도 가장 먼 데이터를 기준점으로 선택함.

- 평균 연결법(average linkage) : 두 클러스터 사이의 거리를 모든 데이터 세트의 평균 거리로 정의하여 가장 유사성이 큰 클러스터를 묶어 나가는 방법
  - 평균 연결법의 수행 과정은 먼저 각각의 클러스터와의 평균 거리를 구하고, 그중에서 평균 거리가 가장 짧은 클러스터를 병합하는 과정을 거쳐 클러스터링을 수행함.

- 중심 연결법(centroid linkage) : 두 클러스터의 중심점 사이의 거리를 두 클러스터의 거리로 정의하여 가장 유사성이 큰 클러스터를 묶어 나가는 방법

- 와드 연결법(ward linkage) : 클러스터 내의 분산을 최소로 만들어 주는 클러스터를 찾는 방법으로서 클러스터 내의 분산을 통제한다는 의미에서 분산 방법이라고도 함.

 핵심 콕콕

단일연결법이 길게 분포된 데이터들의 집합을 찾는 특성이 있다면 완전연결법은 둥근 모형의 데이터를 찾는 특성이 있음.

2) 다변량 데이터 탐색★

(1) 개념

- 국어사전에 '다변량 데이터'는 "어떤 개체에 관한 관측 값이 여러 개일 때, 이것을 수학적으로 처리하여 대상의 성질이나 변량 상호 간의 관계를 구명하는 통계적 해석법"이라고 정의

- 다변량 데이터란 하나의 단위에 대해 두 가지 이상의 특성을 측정하는 경우 얻어지는 변수에 대한 자료를 말하는데, 이변량 데이터도 다변량 데이터의 예라고 해도 무방

 심오한 TIP

날씨와 생육 상태의 관계와 같이 두 개 이상의 변수를 동시에 다루어야 하는 자료 두 개인 경우를 이변량 자료라고 함.

- 변수들 간의 인과관계(causal relationship)를 분석: 회귀분석, 분산분석
- 변수들 간의 상관관계(correlationship)를 이용하여 데이터의 차원을 축소: 주성분 분석, 요인분석
- 개체들의 유사성에 의해 개체를 분류: 판별분석, 군집분석 등이 있음.

(2) 변수들 간의 인과관계 분석

① 회귀분석

㉠ 개념

- 1개 또는 그 이상의 독립변수와 종속변수 사이의 관계를 수학적인 함수식을 이용하여 규명하고자 하는 분석법
- 독립변수의 변화에 따른 종속변수의 변화를 예측하는 데 사용
- 예를 들면, 사람들의 키(독립변수)와 몸무게(종속변수)의 관계를 하나의 함수식으로 표현하고, 이 함수식을 이용하여 특정 키에 대한 몸무게를 예측하고자 할 때 회귀분석을 적용할 수 있음.

㉡ 변수

- 다른 변수에 영향을 주는 원인에 해당하는 변수를 독립변수(independent variable) 또는 설명변수(explanatory variable)라고 함.
- 독립변수와 종속변수의 개념은 앞에서 살펴보았던 χ^2-검증이나 분산분석 등에서의 독립변수, 종속변수의 개념과 동일
- 회귀분석에서는 일반적으로 종속변수는 하나이고, 이에 영향을 미치는 독립변수는 여러 개인 분석을 많이 하게 됨.
- 단순회귀분석(simple regression analysis): 독립변수와 종속변수가 각각 하나일 때의 분석
- 중회귀분석(multiple regression analysis, 다중회귀분석, 중다회귀분석): 종속변수는 1개이면서 독립변수가 2개 이상일 때의 분석
- 상관분석에서와 마찬가지로 변수 간에 산점도를 그려서 변수 간의 관계를 대략적으로 파악함.

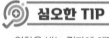
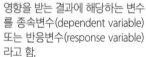

심오한 TIP

영향을 받는 결과에 해당하는 변수를 종속변수(dependent variable) 또는 반응변수(response variable)라고 함.

ⓒ 산점도

• 여러 형태의 산점도

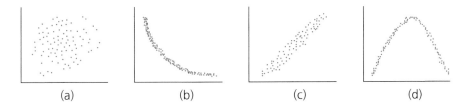

| (a) | (b) | (c) | (d) |

• 산점도에서 변수 간의 관계가 직선 관계라고 판단되면 선형회귀분석을 할 수 있음.

• 곡선 관계로 판단되면 선형회귀분석을 해서는 안 됨.

ⓓ 단순선형회귀 모형(simple linear regression model)

• 독립변수 X와 종속변수 Y의 관계가 1차 직선이라고 예상되는 경우에 설정

$$y_i = \alpha + \beta x_i + \varepsilon_i, \quad \varepsilon_i \sim iidN(0, \sigma^2)$$
$$i = 1, 2, ..., n$$

여기서, $x_1, x_2, \cdots, x_n$는 독립변수 X의 관측값이고, $y_1, y_2, \cdots, y_n$는 종속변수 Y의 관측값이며, ε_i는 오차항이며, α, β는 모회귀계수라고 하며 회귀분석을 통해 추정될 값임.

ⓐ $y_i = \alpha + \beta x_i + \varepsilon_i$: 두 변수 간의 관계는 선형

ⓑ $\varepsilon_i \sim iidN(0, \sigma^2)$: 오차항의 분포는 평균이 0이고 분산이 σ^2인 정규분포이고, 이때 분산은 σ_i^2가 아니고 σ^2으로 모든 오차에 대해 동일하며, iid는 independent & identical distribution의 약자로 오차들이 서로 독립이고 동일한 분포를 갖는다는 뜻을 의미함.

• 위의 ⓐ와 ⓑ로부터 단순선형회귀 모형에 내포된 가정은 선형성, 정규성, 등분산성, 독립성이라고 함.

• 단순선형회귀 모형을 그림으로 표시하면 다음과 같음.

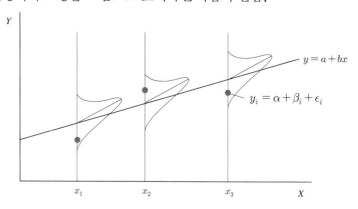

㉭ 회귀진단(regression diagnostics)

• 넓은 의미로는 추정된 회귀식의 전반적인 검토를 의미

• 좁은 의미로서의 회귀진단은 '영향력 있는 관측값의 탐색'을 의미하며 주로 회귀식의 추정에 큰 영향을 미치는 극단값을 찾아내는 것을 의미

• 독립변수가 여러 개인 중회귀분석에서 종속변수에 미치는 독립변수의 상대적인 영향력의 크기를 어떻게 알아볼 수 있는 있는지 생각해 보면

ⓐ 회귀계수가 크면 그 변수의 영향력이 큰 것일까? 추정된 회귀식에서 회귀계수는 자료의 단위와 밀접한 관계가 있음.

ⓑ 같은 자료라 해도 독립변수의 단위가 달라지면(키를 cm나 inch로 측정) 회귀계수는 달라짐.

ⓒ 측정 단위가 크다면(키를 cm가 아닌 m로 측정) 회귀계수의 값은 상대적으로 아주 작아지게 됨.

ⓓ 회귀계수의 크기로 독립변수들의 상대적인 영향력의 크기를 말할 수는 없음.

• 표준화된 회귀계수

ⓐ 원자료를 표준화(각각 평균을 빼고 표준편차로 나누는)한 후 회귀분석을 했을 때 나오는 회귀계수

ⓑ 표준화된 회귀계수는 단위에 무관하기 때문에 독립변수들의 상대적인 영향력을 비교할 수 있으며 표준화된 회귀계수가 큰 독립변수의 종속변수에 대한 영향력이 크다고 말할 수 있음.

② 분산분석(analysis of variance, ANOVA, 변량 분석)

　㉠ 개념

- 통계학에서 두 개 이상 다수의 집단을 비교하고자 할 때 집단 내의 분산, 총평 균과 각 집단의 평균의 차이에 의해 생긴 집단 간 분산의 비교를 통해 만들어진 F분포를 이용하여 가설검정을 하는 방법
- 검정의 종류는 일원배치와 이원배치 두 가지 종류가 있으며, 일원 또는 이원은 분산분석에서 사용하는 독립변수의 갯수를 의미
- 일원배치 분산분석은 하나의 독립변수(수준은 2개)를 이용한 분산분석
- 이원배치 분산분석은 두 개의 독립변수(수준은 여러 개일 수 있음)를 이용한 분산분석
- 집단 또는 수준은 동일한 독립변수 내의 묶음을 의미

　㉡ 분산분석 예

- "씨리얼의 종류"라는 독립변수로서 코코볼, 콘푸로스트, 오레오 오즈가 있다 면, 세가지 수준을 가짐.
- "칼로리"라는 독립변수의 경우에는 가당과 무가당 두 가지 수준을 가짐.
- 알콜중독치료모임과 개인 상담이 주류 소비를 줄이는 데에 가장 효과적인 치 료법인지 연구할 경우, 연구 참가자를 명상만, 명상과 상담을 같이, 상담만 하 는 세 가지 수준을 가짐.

　㉢ 일원배치 분산분석

- 두 독립적인(관련이 없는) 집단의 평균을 F-분포를 이용해서 비교하는 데에 씀.
- 귀무가설: 두 평균이 같음.
- 유의미한 결과는 두 집단의 평균이 다르다는 것을 의미함.
- 최소한 두 가지 집단에 대해서 이들이 서로 다른지를 알려 주는 방법이나 어떤 그룹이 다른지를 알려 주지는 않음.
- F-통계량이 유의미한 값을 반환한다면, 어떤 그룹이 다른 평균값을 가지는지 최소 유의적 차이 검정(LSD; Least Significant Difference test) 등과 같은 추가적인 검정을 시행해야 함.

심오한 TIP

만약 집단이나 수준이 계층적 구 조(각 수준이 동일하지 않은 하위 집단을 가지는 경우)를 가지고 있 다면 Nested ANOVA를 사용

ⓒ 이원배치 분산분석

- 일원배치 분산분석을 확장한 방법
- 일원배치에서는 종속변수에 영향을 주는 독립변수는 하나
- 이원배치 분산분석은 측정변수(양적 변수)가 하나이고, 두 개의 명목형 변수를 가지고 있을 때 사용 가능
- 이원배치 분산분석의 결과로 주효과와 교호작용효과를 계산할 수 있음.
- 주효과는 일원배치 분산분석과 유사: 각 요인의 효과는 개별적으로 고려
- 교호작용효과에서는 모든 요인들이 동시에 고려하는 것으로 요인들 사이의 교호작용효과는 각 칸에 하나 이상의 관측값이 있을 때 더 계산하기 쉬워짐.

핵심 콕콕

어떤 실험이 두 개의 범주형 설명변수가 있고, 그 결과값이 양적 변수를 가질 때 이원배치 분산분석이 적절하다고 할 수 있음.

ⓜ 분산분석(ANOVA)

- 하나(일변량; univariate) f-값을 제공하는 반면, 다변량분산분석(MANOVA; Multivariate ANOVA)은 다변량 f-값을 제공
- MANOVA는 그룹 간 차이를 극대화하는 새로운 인공의 종속변수들을 생성함으로써 여러 종속변수를 검정
- 새로운 종속변수들은 측정된 종속변수의 선형 결합(linear combinations)
- 이원배치 분산분석은 두 개 이상의 독립변수 또는 요인을 사용한 분산분석
- 이는 두 개 이상의 수준을 가진 독립변수를 의미하기도 함.
- 예를 들어, 대조군과 실험군이 있는 실험에 한 가지 요인(처리)이 존재하는데 여기에 두 개 이상의 수준(실험군, 대조군)이 있는 경우
- 사원배치 분산분석(Four-way ANOVA) 이나 그 이상의 분산분석은 거의 사용되지 않는데, 검정의 결과가 복잡하고 해석하기 어렵기 때문

(3) 변수들 간의 상관관계를 이용한 데이터 차원 축소

① 주성분분석

ⓖ 개념

- 주성분분석은 고차원의 데이터를 저차원의 데이터로 환원시키는 기법
- 서로 연관 가능성이 있는 고차원 공간의 표본들을 선형 연관성이 없는 저차원 공간의 표본으로 변환하기 위해 직교 변환을 사용

- 주성분의 차원수는 원래 표본의 차원수보다 작거나 같음
- 머신러닝에서 데이터 세트의 특성(feature)이 많아지면, 각 특성인 하나의 차원 (dimension) 또한 증가하게 되며, 데이터의 차원이 증가할 수록 데이터 공간의 부피가 기하 급수적으로 증가하기 때문에 데이터의 밀도는 차원이 증가할수록 희소(sparse)해 짐.

 핵심 콕콕

데이터의 차원이 증가할수록 데이터 포인트 간의 거리 또한 증가하게 되므로, 이러한 데이터를 이용해 머신러닝 알고리즘을 학습하게 되면 모델이 복잡해지게 됨으로 오버피팅(overfitting) 위험이 커짐.

ⓛ 공분산(Covariance)

- 주성분(PC)를 구하기 위해서는 공분산 개념이 필요
- 공분산(covariance)은 2개의 특성(또는 변수) 간의 상관 정도를 나타낸 값으로 공분산은 확률변수 X의 편차(평균으로부터 얼마나 떨어져 있는지)와 확률변수 Y의 편차를 곱한 것의 평균값임.

$$Cov(X, Y) = E((X - \mu_X)(Y - \mu_Y))$$

여기서 μ_X, μ_Y는 각각 X와 Y의 평균값임.

- 공분산이 0보다 크면 X가 증가할 때 Y도 증가한다는 뜻
- 공분산이 0보다 작으면 X가 증가할 때 Y는 감소
- 공분산이 0이면 두 변수 간에는 아무런 상관 관계가 없음.
- 공분산을 통해 우리는 X의 증가에 따라 Y가 증가하는지 감소하는지에 대해서 알 수 있으며, 이는 두 변수 간에 양의 상관관계가 있는지, 음의 상관관계가 있는지 정도를 알 수 있음.
- 그렇지만 상관관계가 얼마나 큰지는 제대로 반영하지 못함.

 핵심 콕콕

공분산의 문제는 확률변수의 단위 크기에 영향을 많이 받기 때문에 이를 보완하기 위해서 상관계수를 활용

ⓒ 상관계수

- 확률변수의 절대적 크기에 영향을 받지 않도록 공분산을 단위화시킨 것으로 공분산에 각 확률변수의 분산을 나눠 주게 됨.

$$\rho = \frac{Cov(X, Y)}{\sqrt{Var(X) \, Var(Y)}}, \quad -1 \le \rho \le 1$$

- 상관계수는 양의 상관관계가 있는지 음의 상관관계가 있는지 알려줄 뿐만 아니라, 그 상관성이 얼마나 큰지도 알려줌.

- 1 또는 −1에 가까울 수록 상관성이 큰 것이고, 0에 가까울 수록 상관성이 작은 것임.
- 상관계수의 종류에는 피어슨 상관계수, 스피어만 상관계수, 켄달 상관계수 등이 있음(참고: https://bskyvision.com/116).

② 요인분석

㉠ 개념

- 질문 문항들, 변수들 혹은 측정 대상들 간의 상관관계를 고려해서 이들 측정치 사이에 공유하는 구조를 파악해 내는 기법
- 자료 및 변수의 감축 기법으로 변수가 독립변수/종속변수인가를 구분하지 않음
- 요인분석은 많은 변수의 상호관련성을 소수의 기본적인 요인으로 집약하는 방법의 하나
  - 전체 변수에 공통적인 요인이 있다고 가정하고 이 요인을 찾아내어 각 변수가 어느 정도 영향을 받고 있는지 그 정도를 산출하기도 하고 그 집단의 특성이 무엇인가를 기술하려는 통계 기법
- 어떤 변수들간의 잠재요인(latent factor)에 있어 개별 변수들을 설명하고 있음을 통계적으로 도출하는 분석을 의미
- 변인들 간의 상관관계를 이용하여 서로 유사한 변인들 끼리 묶어주는 방법

변수(Variable)	분석에 적용하고자 하는 내용을 포함하고 있는 데이터
요인 (Factor)	서로 상관계수가 높은 변수들끼리 모아서 작은 수의 변수 집단으로 나눈 것임.
요인 적재값 (Factor Loading)	변수들과 요인 간의 상관계수로 요인 적재값의 제곱은 해당 변수가 요인에 의하여 설명되는 분산의 비율을 나타냄.
요인 행렬 (Factor Matrix)	각 요인들에 대한 모든 변수들의 요인 적재값을 모아 놓은 행렬
공통성 (Communality)	• 여러 요인에 의하여 설명될 수 있는 한 변수의 분산의 양을 백분율로 나타낸 것 • 어떤 변수에 대하여 추출된 요인들에 의하여 그 변수에 담겨진 정보(분산)를 얼마나 표현할 수 있는가를 나타내는 비율
고윳값 (Eigenvalue)	• 각각의 요인으로 설명할 수 있는 변수들의 분산 총합으로 각 요인별로 모든 변수의 요인 적재값을 제곱하여 더한 값임. • 변수 속에 담겨진 정보(분산)가 어떤 요인에 의하여 어느 정도 표현될 수 있는가를 말해 주는 비율로, 먼저 추출된 요인의 고윳값은 항상 다음에 추출되는 요인의 고윳값의 값보다 큼.

ⓛ 상관관계 행렬 검토

- 요인분석 수행을 위해 측정변수들 간의 상관관계를 고려, 계산된 상관관계 매트릭스를 검토해야 함.

- 요인분석의 목적은 측정변수들 간의 동질적이거나 유사한 진단으로 묶는 것이므로 어느 한 특정 변수는 유사한 다른 변수와 높은 상관관계를 가져야 함.

ⓒ 요인 추출

- 모델을 결정하고 요인수를 결정

주성분 분석법 (Principal Component)	SPSS에서 디폴트로 사용하는 요인 추출 방법으로 데이터 총분산을 이용하며 가장 널리 사용되는 방법
최소제곱 요인 추출법 (Least Squares)	공통 요인분석 방법의 하나로 연구에 사용되는 변수는 모집단이고 대상자가 표본이라고 가정할 수 있을 때 사용되며, 요인 수에 대한 가설검정이 가능함.
최대우도 요인 추출법 (Maximum Likelihood)	연구에 사용되는 변수가 모집단 전체이고, 대상자는 모집단의 일부인 표본일 경우에 사용되며, 표본 수가 많은 경우 다른 방법보다 우수한 분석 결과를 얻을 수 있는 것으로 알려져 있음.
주축 요인 추출법 (Principal Axis Factoring)	측정 대상자와 변수가 모두 모집단이기 때문에 그 분석 결과는 다른 모집단에 대해 일반화시킬 수 없으며, 많은 표본과 많은 변수와의 관계를 기술하는 것이 목적일 경우에 유용한 방법임.
알파 요인 추출법 (Alpha Factoring)	측정 대상자는 모집단이고 변수는 모집단으로부터 추출된 표본이므로 연구 목적이 최대우도법이나 최소제곱법과는 달리 표본인 변수를 분석하여 얻은 결론을 변수의 모집단에 일반화시킬 수 있는 방법임.
이미지 요인 추출법 (Image Factoring)	측정대상자와 변수가 모두 모집단이기 때문에 그 분석 결과는 다른 모집단에 대해 일반화시킬 수 없으며, 많은 표본과 많은 변수와의 관계를 기술하는 것이 목적일 경우에 유용한 방법임.

ⓔ 요인 적재량 산출

최소고윳값 (Minimum Eigenvalue)	• 가장 많이 사용하는 방법의 하나로 적용하기 매우 간단함. • 주성분 분석법에서는 요인들은 고윳값이 '1'보다 작을 경우에는 의미가 없는 것으로 간주하고 무시함. • 공통 요인분석법을 선택할 경우 고유치는 약간 하향 조정되어야 함 • 요인 수의 결정에 있어서 최소고윳값 기준 하나만으로 결정하는 것은 매우 위험함. • SPSS에서는 요인 추출을 결정하는 최소고윳값은 기본값이 '1'임.
스크리검정 (Scree Test)	• 요인 수가 증가하면 고윳값이 점점 작아지다가 일정 수준에 이르면 완만하게 됨. • X축과 평행을 이루기 직전의 요인이 추출하여야 할 요인 수임(가장 중요한 요인에서부터 고윳값이 하락하다가 급격한 하락에서 완만한 하락으로 추세가 바뀌는 지점에서 요인의 수를 결정하는 방식).

심오한 TIP

변수의 형태에 따른 의미있는 정보를 얻기 어렵기 때문에 요인을 해석하기 쉽고 의미 있는 요인 패턴을 갖도록 분산을 재분배시키는 과정을 거쳐야 함.

 심오한 TIP

직각 회전

변수들 간의 독립성을 유지시키면서 회전시켜 줌.

비직각 회전

요인 간의 상관관계를 인정하기 때문에 다소 설득력이 떨어지지만 경험적인 근거를 가지고 요인 구조를 만들어 낼 수 있기 때문에 사회 현상 분석에 많이 사용할 수 있음.

⑪ 요인 회전

- 주성분 요인 또는 공통 요인에 의해 얻어진 최초 요인행렬은 측정변수들의 분산을 어느 정도 설명할 수 있으나, 대부분 각 변수들과 요인들 간의 관계가 명확하게 나타나지 않음.
- 회전되지 않는 요인은 단순히 자료를 감축시키는 과정으로 요인들의 중요성에 따라 요인들을 추출하기 때문에 변수의 형태에 따른 의미있는 정보를 얻기 어려움.
- 요인 회전 방법: 직각 회전방식(orthogonal)과 비직각 회전방식(oblique)
  ⓐ 직각 회전: 요인들 간의 상관관계가 없다고 가정하고 요인을 회전시키는 방법으로 각 요인 간의 각도를 90°로 유지하면서 회전시키는 방식

쿼티맥스 회전 (QUARTIMAX)	• 요인 행렬의 행을 단순화시키는 방식 • 한 변수가 어떤 요인에 대해 높은 요인 적재량을 가지면 다른 요인에 대해서는 낮은 요인 적재량을 갖게 함. • 단순한 요인 구조를 얻는 데는 문제가 있는 반면, 많은 변수에 대해 문항 간 높은 적재량을 갖는 변수들의 일반적 요인을 만들어 낼 수 있음.
배리맥스 회전 (VARIMAX)	• 요인 행렬의 열을 단순화시키는 방식으로 대부분 이 방법을 사용함. • 요인 행렬의 각 열에 1 또는 0에 가까운 요인 적재량을 보임. • 변수와 요인 간의 관계가 명확해지고 해석하기에 용이하기 때문에 단순한 요인 구조를 산출할 때 사용함.

  ⓑ 비직각 회전: 요인들 간의 상관관계가 있을 경우에 사용하며, 요인 간의 각도를 90° 이외의 사각(사선)을 유지하면서 변수를 회전시키는 방법

오블리민 회전 (OBLIMAX)	분석자가 단순히 이론적으로 더 의미 있는 구조, 차원을 얻는 데 관심이 있다면 사각 회전을 많이 사용함.

- 요인의 해석과 요인점수 산출

(4) 개체들의 유사성에 의해 개체를 분류

① 판별분석

ㄱ 개념

- 두 개 이상의 모집단에서 추출된 표본들이 지니고 있는 정보를 이용하여 이 표본들이 어느 모집단에서 추출된 것인지를 결정해 줄 수 있는 기준을 찾는 분석법

- Discriminant(판별법): 미리 알려진 여러 개의 그룹(모집단)에서 관측된 개체들을 각 그룹별로 구분하되, 가능한 한 각 개체들을 원래 속해 있던 모집단으로 판별해 주는 방법
- Classification(분류법): 새로 관측된 개체를 사전에 알고 있던 여러 개의 그룹 중에서 하나의 그룹으로 분류하는 방법

ⓛ 판별분석의 목적
  ⓐ 독립변수의 선정
  ⓑ 선정된 독립변수를 이용하여 판별함수를 도출
  ⓒ 판별 능력에 있어 독립 변수들의 상대적 중요도 평가
  ⓓ 판별함수의 판별 능력 평가
  ⓔ 새로운 판별 대상에 대한 예측력 평가

ⓒ 분류(classification)와의 차이점
- 대상이 몇 개의 그룹으로 나뉘어 지는가는 자료를 보기 전까지는 모르고(군집분석), 존재하는 그룹의 수를 알고 있고, 새로운 대상이 어느 그룹에 속하는지(판별분석)를 결정한다는 것
  ⓐ Z를 선형판별함수(linear discriminant function)이라 함.
  ⓑ 판별함수의 목적이 종속변수의 그룹을 정확하게 분류하는데 있다면 판별함수로부터 유의적인 판별력이 있는 독립변수들을 선택한 다음 분류를 위한 기준으로 판별함수로부터 계산한 판별 득점(discriminant score)을 이용하는 방법을 이용

② 군집분석
  ⓐ 개념
- 변수 또는 개체(item)들이 속한 모집단 또는 범주에 대한 사전 정보가 없는 경우에 관측값들 사이의 거리(또는 유사성)를 이용하여 변수 또는 개체들을 자연스럽게 몇 개의 그룹 또는 군집(cluster)으로 나누는 분석법

• 군집분석은 소속 집단 또는 범주에 대한 사전 정보가 없음.

• 개체뿐만이 아니라 변수들도 그 유사 정도에 따라 집단화할 수 있음.

• 군집들 사이의 거리를 어떻게 정의하느냐 하는 것이 풀어야 할 숙제

ⓐ 계층적(hierarchical) 방법 : 가까운 개체끼리 차례로 묶거나 멀리 떨어진 개체를 차례로 분리해 가는 군집 방법으로 한 번 병합된 개체는 다시 분리되지 않는 것이 특징

ⓑ 비계층적(nonhierarchical) 방법 또는 최적분화 방법(partitioning method) : 다변량 자료의 산포를 나타내는 여러 가지 측도를 이용하여 이들 판정기준을 최적화시키는 방법으로 군집을 나누는 방법으로 한 번 분리된 개체도 반복적으로 시행하는 과정에서 재분류될 수 있는 것이 특징

ⓒ 이외에도 조밀도에 의한 병법, 그래프를 이용하는 방법 등이 있음.

3) 비정형 데이터 탐색*

① 필요성

• 시장조사업체 마켓앤마켓(MarketsandMarkets)에 따르면 전 세계 텍스트 분석 시장은 2017년 39억 7,000만 달러 규모에서 연평균 성장률(CAGR) 17.2%를 지속해 2022년 87억 9,000만 달러 규모에 이를 것으로 전망

• 디지털 데이터의 90%인 텍스트, 이미지, 동영상과 같은 비정형 데이터와 같이 구조화되지 않은 데이터로부터 가치를 도출하는 텍스트 분석 기술은 디지털 시대의 중요 기술

② 방법

• 비정형 데이터 속의 패턴을 발견하거나 비정형 데이터를 번역하기 위해 데이터 마이닝, 텍스트 분석, 비표준 텍스트 분석 등과 같은 기법에 의해 다양한 방법을 제공

- 텍스트 탐색 : 소셜 데이터의 텍스트와 같은 스크립트 파일 형태일 경우 데이터를 파싱한 후 탐색하거나, 텍스트를 정형화하기 위한 일반적인 기법으로는 메타데이터로 태그를 직접 달거나, 고도의 텍스트 마이닝 기반 정형화를 위해 태그를 텍스트 속의 단어와 스피치의 한 부분이 대응되게 붙이는 방법이 있음.

- 동영상, 이미지 탐색 : 데이터 종류별 응용 소프트웨어를 활용
- 반정형 데이터 탐색 : JSON, XML, HTML 등 각각의 파서를 이용하여 데이터를 파싱한 후에 탐색
- 비정형 데이터의 모호함을 잘 발견하는 데 사용되는 타당성 기반 기법을 보다 잘 식별할 수 있게 하는 것을 향상시키거나 태그를 달 수 있게 할 수 있음.

③ 의미를 탐색하는 것

- 기계로 처리할 수 있는 구조를 만드는 소프트웨어를 이용하여 언어적·청각적·시각적 구조가 인간 커뮤니케이션의 모든 형태로 내재되도록 할 수 있음.
- 알고리즘을 이용하여 이러한 내재된 구조를 단어 형태로 검사하는 방법을 적용하여 텍스트나 문장 구문, 그리고 다른 소규모 및 대규모 패턴으로부터 의미를 추론할 수 있음.

- 인바운드 vs 아웃바운드 vs 소셜 검색

인바운드 검색	아웃바운드 검색	소셜 검색
· 기업 내 정보 검색 · DB, 업무용 문서 검색 위주 · 업무용 애플리케이션 전체 영역에서 검색 · 기업 내에서 유통되는 정보만 검색되므로 외부 여론을 파악하기 어려움.	· 외부 인터넷의 정보 검색 · 텍스트, 동영상, 이미지 등 비정형 데이터 검색 위주 · 인터넷 전체 영역에서 검색 · 외부망의 방대한 정보를 검색하므로 원하는 데이터를 찾기 어려움.	· SNS상의 정보 검색 · 인바운드 검색과 연계해 기업 내 외부 정보를 정확하게 파악할 수 있도록 함. · 기업 내부 기밀정보가 유출되거나 SNS의 특정 이슈에 휩쓸려 합리적인 의사 결정 기준이 흔들릴 수 있음.

심오한 TIP

전달되고 있는 주요 내용이 정의된 구조를 가지고 있지 않지만, 일반적으로는 스스로 구조를 갖고 있는 객체로서 정형 데이터와 비정형 데이터가 섞여 있는 경우, 여전히 비정형 데이터로 참조되는 개체로 봄.

핵심 콕콕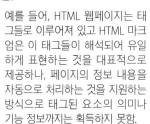

예를 들어, HTML 웹페이지는 태그들로 이루어져 있고 HTML 마크업은 이 태그들이 해석되어 유일하게 표현하는 것을 대표적으로 제공하나, 페이지의 정보 내용을 자동으로 처리하는 것을 지원하는 방식으로 태그된 요소의 의미나 기능 정보까지는 획득하지 못함.

과목 예상문제

(핵심 포인트로 잡아내는) 빅데이터 분석기사 필기

【데이터 탐색 기초】

01. 아래 설명은 데이터 탐색을 위해 활용되는 통계적 분석 기법 중 하나이다. 옳은 것은?

> 두 개 이상 다수의 집단을 비교하고자 할 때 집단 내의 분산, 총평균과 각 집단의 평균 차이에 의해 생긴 집단 간 분산의 비교를 통해 만들어진 F분포를 이용하여 가설 검정을 하는 방법

① 상관분석
② 회귀분석
③ 주성분분석
④ 분산분석

해설 통계적 분석: 전통적인 분석 방법으로 주로 수치형 데이터에 대하여 확률을 기반으로 어떤 현상의 추정, 예측을 검정하는 기법

02. 상관계수에 대한 설명으로 옳지 않은 것은?

① 변수 간의 관계 정도나 방향을 하나의 수치로 요약해 표시해 주는 지수
② – 상관계수는 −1에서 0, 0에서 1 사이의 값을 취하는데, 이때 0에 가까울수록 상관관계는 낮아지며, 1에 가까울수록 상관관계는 높아짐
③ 상관관계 정도는 수치의 0에서 ±1 사이의 절댓값으로 나타냄
④ 변수 관계의 방향은 +, −로 표현하며, +인 경우는 값이 증감 방향과 다른 경우 그 폭이 커짐을 의미

해설 변수 관계의 방향은 +, −로 표현하며, 관계의 방향에 따라 한 쪽이 증가할 때 다른 쪽도 증가하게 되는 관계, 즉 증감의 방향이 같은 경우 +(양, 정적인)의 상관관계가 있는 것이며, 증감의 방향이 반대인 경우 −(음, 부적인)의 상관관계가 있는 것으로 볼 수 있음.

03. 독립변수 간의 상관관계로 다중공선성이 존재할 가능성에 대해 판단할 근거로 가장 옳은 것은?

① VIF
② p-value
③ 표준편차
④ 분산

해설 VIF는 회귀계수의 분산이 얼마나 커지는지를 나타냄.
· 식은 $1/(1-R^2)$, R^2은 X_i를 X_i 이외의 설명변수에 회귀시켰을 때의 결정계수를 의미

04. 평균, 최빈값과 더불어 중심을 나타내는 대푯값 중 하나로 특이점(outlier)에 의하여 영향을 받지 않는 값으로 자료, 모집단, 확률분포에서 중심을 나타내는 측도로 옳은 것은?

① 중앙값
② 가중평균
③ 산술평균
④ 가중산술평균

해설 확률론과 통계학에서 중앙값은 자료, 모집단, 확률분포에서 중심을 나타내는 측도의 하나임. 중앙값을 기준으로 이 값보다 큰 값들과 작은 값들의 개수, 비율, 확률 등에서 균형을 이룸. 평균, 최빈값과 더불어 중심을 나타내는 대푯값 중 하나로 특이점(outlier)에 의하여 영향을 받지 않는다는 특징을 가지고 있음. 유한 개의 자료의 경우 자료의 값을 작은 것부터 순서대로 나열할 때 가운데에 위치하는 것을 그 자료의 중앙값이라 함.

【고급 데이터 탐색】

05. 빅데이터에서 그림을 이용하여 시각화함으로 데이터 특성을 확인하고자 사용하는 BOXPLOT으로 알 수 없는 것은?

① 분산 　　　　　　 ② 이상치
③ 중앙값 　　　　　 ④ 사분위수 범위

해설 많은 데이터를 시각화하여 데이터 집합의 범위와 중앙값을 빠르게 인지할 수 있도록 도와줌. 이상치, 최댓값, 최솟값, 사분위수 범위, 중앙값 등을 알 수 있음.

06. 체중 감량을 위한 효과적 방법에 대하 연구를 위해 3그룹으로 실험 집단을 구분하였다. 1/2 감식, 1/2 감식과 운동, 운동으로 각 집단에 명칭을 부여하였다. 이 연구 결과를 분석하는 데 있어 평균의 차이가 있음을 증명하는 방법을 사용하고자 한다. 적절한 방법은?

① 회귀분석 　　　　 ② 교차분석
③ 판별분석 　　　　 ④ 분산분석

해설 분산분석: 2집단 이상의 평균의 차이 분석

07. 다음 중 상관관계 분석의 검정 통계량은?

① r 　　　　　　　 ② $F\text{-}value$
③ $t\text{-}value$ 　　　　 ④ x^2

해설 상관관계 분석의 검정통계량은 r임.

08. 다음 중 귀무가설이 참일 경우에 귀무가설을 기각하게 되면 나오는 결과는?

① 옳은 결정$(1-\alpha)$ 　　 ② 옳은 결정$(1-\beta)$
③ 제1종 오류 　　　　　 ④ 제2종 오류

해설 제1종 오류에 대한 설명임.

09. 다음 중 가설의 검정 과정으로 올바른 것은?

① 가설설정 → 유의수준 및 기각역 설정 → 검정통계량 도출 → 통계적 결론
② 가설설정 → 검정통계량 도출 → 유의수준 및 기각역 설정 → 통계적 결론
③ 유의수준 및 기각역 설정 → 가설설정 → 검정통계량 도출 → 통계적 결론
④ 유의수준 및 기각역 설정 → 검정통계량 도출 → 가설설정 → 통계적 결론

해설 가설의 검정 과정은 가설설정 → 유의수준 및 기각역 설정 → 검정통계량 도출 → 통계적 결론 순

CHAPTER
03 통계 기법의 이해

[학습 방향]

실제 데이터를 분석을 위해서는 통계 기법을 알아야 한다. 관찰 혹은 측정된 데이터의 특성을 설명하는 기술통계와 데이터의 특성을 기초로 특성을 일반화하거나 예측하는데 활용되는 추론통계를 이해하면 될 것이다.

[핵심 내용]

- 기술통계 과정에서 데이터를 요약하고 표본을 추출하고 확률분포와 표본분포에 대해 알아본다.
- 추론통계 과정에서 표본으로부터 오류를 최소화하면서 모집단의 특성을 알아내는 추론 이론과 기법들을 학습한다.

1. 기술통계

1) 데이터 요약

(1) 통계학★

핵심 콕콕

통계학은 응용 분야에 따라 사회과학, 인문과학, 자연과학 등 모든 분야에서 활용되며, 그 영역과 활용도는 사회와 산업이 발전함에 따라서 점차 확대되고 있음.

- 통계학이란 자연 및 사회현상에서 나타나는 다양한 상황이나 측정값들을 요약하여 표현하는 것을 의미

- 통계학은 자료를 수집, 구성, 요약, 처리 및 분석, 결론의 과정을 통해서 도출된 결과를 가지고 어떤 주장 혹은 결정을 내릴 때, 객관적 근거를 바탕으로 합리적인 의사결정을 내리는 데 도움을 주는 과학적인 방법

① 통계학은 크게 기술통계(descriptive statistics)와 추론통계(inferential statistics)로 분류

- 기술통계 : 관찰 혹은 측정된 데이터의 특성을 기술을 의미

- 추론통계 : 기술통계에서 한걸음 더 나아가 데이터의 특성을 기초로 하여 모집단의 특성을 일반화하거나 예측하는 데 활용되는 통계를 의미

② 통계학 용어

- 모집단: 조사 대상이 되는 모든 개체(사람 혹은 사물)들의 전체 집합을 의미하며, 대통령 선거나 국회의원 선거 시 여론조사를 하려고 한다면, 모집단은 조사일 현재 대한민국 국적을 가진 사람으로서 투표권을 가진 국내외 모든 유권자가 모집단임.
- 표본: 모집단에서 일부 표집(sampling)하여 실제 조사한 대상을 의미하며, 모집단의 부분집합으로서 조사에 직접적으로 노출되는 대상자의 집단을 의미함.
- 통계학: 모집단으로부터 표본을 뽑아 표본의 특성인 통계량을 정리하며 이를 통해 모수를 추정하는 논리적인 과정을 의미
- 전수조사: 연구의 관심이 되는 전체 집단(모집단)을 전부 조사하는 방법을 의미하며, 조사의 관심이 되는 전체 집단을 말함.
- 모수: 모집단으로부터 계산된 모든 값으로서 전수조사를 하지 않는 한, 절대 알 수 없는 미지의 수
- 표본은 표본으로부터 계산된 모든 값으로 일반적으로 통계량을 가지고 모수를 추정하는데 사용
- 평균: 모집단이 지니고 있는 양적 구조의 특성치인 대표치를 나타내는 수치로 측정된 데이터(값)의 중앙으로의 집중화 경향을 파악하는 통계량
- 범위: 측정값의 최소와 최댓값을 의미
- 사분위수: 측정값을 낮은 순에서 높은 순으로 4등분 한 후, 각 등위에 해당하는 값을 의미하며, 1/4 분위수는 25%, 3/4 분위수는 75%를 의미
- 산포도: 자료가 대푯값을 기준으로 주위에 흩어져 있는 정도를 의미하며, 분산과 표준편차가 있음.
- 분산: 데이터를 분석하고 해석하는 데 있어 가장 빈번하게 사용되는 통계량으로 데이터가 평균을 중심으로 어느 정도 흩어져 있는가를 측정하는 값
- 표준편차: 데이터의 흩어진 정도를 측정하는 것으로 분산에 제곱근을 취한 값, 표준편차는 작을수록 좋음.

심오한 TIP

대통령 선거 시 여론조사를 실시할 때 전국에서 뽑은 1,000명이나 2,000명의 조사대상자가 표본에 해당

(2) 데이터의 유형★★

데이터의 유형은 양적 자료와 질적 자료로 나눌수 있음.

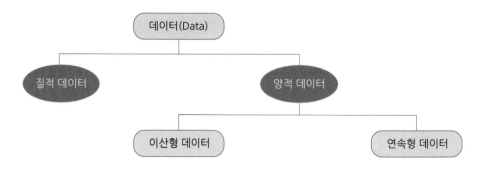

심오한 TIP

양적 자료는 무게, 온도, 점수 등과 같이 수치로 나타낼 수 있는 데이터를 의미

① 양적 자료(quantitative data)

- 연속형 자료, 수치형 자료, 등간척도+비율척도
- 사칙연산 및 수학식의 계산이 가능해야 하며, 기술통계분석을 통해서 평균, 표준편차, 왜도, 첨도 등을 통해 데이터를 요약할 수 있음.

② 질적 자료(qialitative data)

- 성별이나 취미와 같이 수치로 나타낼 수 없는 데이터를 의미
- 일반적으로 범주형 자료, 명목척도와 서열척도로 나타냄.
- 사칙연산과 크다, 작다 등의 일반적인 수학적 관계식을 가질 수 없는 데이터를 의미
- 빈도분석을 통해서 응답수 및 비율 등으로 요약 가능함.

(3) 측정과 척도★★

- 측정(measurement): 특정하게 명시된 규정에 의해 수치나 혹은 다른 기호들을 통해 조사한 대상물의 특성을 기록
- 척도: 측정 대상이 가지는 고유한 특성을 기록하는 것은 측정 대상물의 유형에 따라 적절하게 기록
- 척도는 명목척도(nominal scale)와 서열척도(ordinal scale, 혹은 순서척도), 등간척도(interval scale, 혹은 간격척도), 비율척도(ratio scale)의 4가지가 있음.

척도의 유형	기본 특성	일상적인 활용 사례	허용되는 통계량	
			기술통계	추론통계
명목척도	대상을 확인, 분류	주민등록번호, 운동선수 유니폼 번호 등	퍼센트 최빈값	카이스퀘어 이변량 검정
서열척도	대상의 상대적 순서 위치	품질 순위, 결승선 통과 순위, 팀간의 순위 등	퍼센트 중앙값	순위서열상관 ANOVA
등간척도	비교 대상들 간 차이, 크기 등	온도계의 온도 등	범위, 평균 분산과 표준편차	단순상관 t검정 ANOVA 회귀분석 요인분석
비율척도	절대영점이 존재하고 척도값 비율을 계산하여 이용	길이 무게 등	기하학적 평균 조화평균	분산의 계수

(자료원: 최천규(2010), 마케팅조사 : SPSS활용편, 한올출판사)

심오한 TIP

척도가 중요한 이유

1. 척도에 따라서 적용이 가능한 통계 분석 방법이 다름.
2. 숫자로 표현된 경우라고 해도 무조건 사칙연산이 가능하지는 않음.
3. 가능한 한 비율척도, 등간척도 형태로 자료를 수집하는 것이 분석을 하는데 있어서 용이함.

- 명목척도: 측정 대상을 확인하고, 분류하는 데 사용되며, 어떤 집단이나 범주(category)에 속하였는지를 나타내는 데 의미가 있을 뿐 다른 산술적 의미는 없음.

- 서열척도: 측정 대상들의 상대적 순서나 서열 등의 위치를 지정하는 척도로 단지 순위(順位)만을 나타낼 뿐 숫자가 대상들 간의 크기의 차이를 나타내주지는 않음.

- 등간척도: 척도상의 동등한 간격으로 구성하여 측정하는 척도로 측정 대상들 간에 크거나 작은 관계를 나타내는 척도

- 비율척도: 명목척도나 서열 및 등간척도가 갖는 모든 특성을 갖는 척도로 절대영점(absolute zero)을 갖는 점에서 등간척도와 차이가 있으며, 비율척도에서는 대상을 식별하고 분류하기도 하며, 등급을 매겨 간격이나 차이를 비교할 수도 있음.

2) 표본추출★★

- 표본의 추출은 전수조사와 표본조사가 있음.

- 전수조사: 모집단을 전체 조사하여 모집단의 특성을 파악함.

- 표본조사: 모집단의 일부를 추출하여 표본의 통계량을 통해 모수를 추정하는 것을 의미함.

- 일반적으로 표본의 추출 과정은 다음과 같은 과정을 거침.

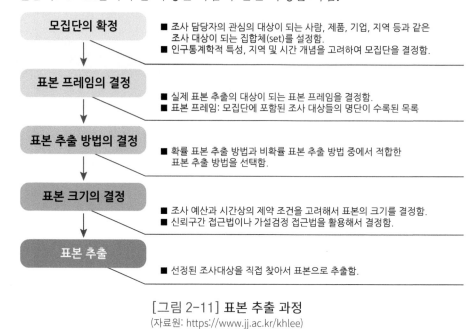

[그림 2-11] 표본 추출 과정

(자료원: https://www.jj.ac.kr/khlee)

- 표본의 추출 방법은 확률 표본 추출과 비확률 표본 추출이 있음.

(1) 확률 표본 추출

① 단순 무작위 표본 추출(simple random sampling)

- 크기가 N인 모집단에서 n개의 표본을 난수표를 이용해 선택
- 선택이 독립적이어서 편향(bias)되지 않으며, 무작위 표본은 접근 가능 모집단에서 추출함.

② 층화 표본 추출(stratified sampling)

- 모집단을 동질적인 소집단(strata)으로 층화하여 집단의 크기에 따라 단순 무작위 추출
- 층화 과정(stratification)을 통해 표본의 대표성을 향상
- 다른 추출법보다 시간이 더 소모되지만 단순 무작위 추출보다 훨씬 대표적인 표본을 제공
- 동질적인 집단이 이질적인 집단보다 표본 오차가 더 작음.

③ 군집 표본 추출(cluster sampling)

- 모집단이 넓은 지역에 분포할 때 모집단 내에서 군집 단위를 연속적으로 추출
- 표본을 상호 배타적인 소군집(cluster)으로 분류하고 무작위로 이들 집단을 선택한 후에 선택된 집단에서 표본을 추출하는 방식
- 소집단의 분포가 모집단과 유사해야 하며, 소집단 내에서도 모집단처럼 많은 차이가 있어야 함.
- 소집단 내 분포가 동질적이고 소집단 간 차이가 난다면 통계적 효율성이 떨어지는 단점이 있음.

④ 계통 표본 추출(Systematic sampling)

- 전체 대상자의 수를 뽑고자 하는 대상자의 순으로 나눈 수의 순서마다 대상자를 선정
- 시간이 절약됨.

(2) 비확률 표본 추출★

① 편의 표본 추출(convenience sampling)

- 비확률적인 추출의 가장 일반적인 형태
- 손쉽게 이용 가능한 대상만을 선택
- 표본 추출 과정에는 어느 정도의 편의성이 개입
- 모집단을 대표할 수 없음(대표성이 떨어짐).
- 사전 조사에 이용

② 판단 표본 추출(judgement sampling)

- 조사자가 표본의 구성에 대하여 잘 알고 있는 경우
- 무작위 표본보다 대표성 있다고 판단될 때 사용
- 표본 오차를 계산할 수 없다는 단점

심오한 TIP

군집표본 추출
대규모 표본조사에 이용(경제적으로 효율적)

PART 1. 빅데이터 분석 기획

PART 2. 빅데이터 탐색

PART 3. 빅데이터 모델링

PART 4. 빅데이터 결과 해석

③ 할당 표본 추출(quota sampling)

- 모집단의 알려진 비율에 근거하여 표본을 구성
- 연구 대상의 범주와 할당량 설정
- 마케팅 조사에서 연령별로 성별로 할당하여 조사
- 다른 방법에 비해 모집단을 대표
- 표본들이 모집단의 의견을 정확히 반영하지 못할 수도 있음.

④ 고의성 표본 추출(Purposeful sampling)

- 연구 대상자의 일부분은 쉽게 식별할 수 있지만 모집단 전체를 모두 확인하는 일이 거의 불가능할 경우에 사용
- 연구자가 자신의 연구 능력과 사전 지식을 활용하여 응답자를 선택
- 의도적으로 연구의 필요성에 맞춰 특정한 질병 혹은 질병 이력을 가지고 있는 대상자만을 찾아서 연구자의 판단에 따라 연구 대상자에 포함 여부 결정
- 연구 계획의 초기 단계에서 설문지의 적용 가능성이나 조사 도구의 타당성 등을 검토하기 위하여 많이 사용

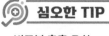

3) 확률분포★★

(1) 확률(probability)

- 특정 현상의 발생 가능성을 측정하는 척도
- 사건들이 지속적으로 발생하여 빈도를 구할 수 있는 객관적 의미의 확률과 빈도가 가끔 일어나는 특수한 사건에 적용되는 주관적 의미의 확률로 분류됨.
- 예) 주사위를 100번 던졌을 때 숫자 6이 나올 확률은 객관적 의미의 확률, 미세먼지를 통해서 희귀암이 걸리는 확률이 해당지역 시민의 100만 명중 5명이라고 나오는 확률을 주관적 의미의 확률

$$P(A) = \frac{n(A)}{n(S)}$$

    $P(A)$: 어떤 사건이 일어나는 경우의 수를 전체 경우의 수로 나눔.

    $n(S)$: 전체 경우의 수

    $n(A)$: 사건이 발생한 경우의 수

심오한 TIP

확률은 어떤 사건이 일어날 가능성을 0과 1사이의 값을 백분율이나 숫자로 나타내는 것으로 반복적인 실험을 할 경우에 어떤 값에 수렴되는 것을 의미함.

(2) 확률 용어★★

- 시행(trial) : 같은 조건 아래에서 반복하여 진행하는 실험이나 관측
- 사건(event) : 이러한 시행을 통해서 생기는 모든 결과(단순/ 독립/ 종속/ 배반)
- 표본공간(simple space) : 일어날 수 있는 모든 가능한 단순 사건을 모아 집합으로 표시한 것

① 단순 사건

- 한 개의 원소를 기본으로 이루어진 기본 사건
- 동전을 던졌을 때는 앞면과 뒷면 2가지 사건으로 구성
- 발생 가능한 결과 중 하나만 발생한 사건

② 배반 사건

- 하나의 사건이 발생했을 때 다른 사건이 동시에 발생할 수 없는 관계
- 주사위를 던졌을 때 6개의 숫자 중 한 개만 나올 수 있는 상황

    $P(A \cup B) = P(A) + P(B)$

③ 독립 사건

- 이미 발생된 사건이 다음에 발생될 사건의 확률에 영향을 미치지 않는 사건
- 동전을 던질 때 2번 던진다고 할 때, 첫 번째 앞면이 나왔다고 해서 두 번째 앞면이 나올 확률에 영향을 미치지 않음.

$$P(A \cup B) = P(A) + P(B)$$

④ 종속 사건

- 한번 시행한 사건이 다음에 발생할 사건에 영향을 미치는 것
- 예) 빨간공과 파란공이 각각 5개씩 있는 상자에서 4개의 공을 뽑는다고 할 때, 첫 번째로 파란공을 뽑았다면 다음에 파란공을 뽑을 확률이 줄어드는 것처럼 앞쪽의 사건이 뒤에 사건에 영향을 주는 것을 의미

$$P(A \cap B) = P(A|B) \times P(B)$$

⑤ 복원 추출

- 한 표본에서 한 집단의 표본을 선택했을 때, 다음 선택 시 앞에 선택된 표본을 다시 집단에 넣고 추출하는 방법을 의미

⑥ 비복원 추출

- 한 표본에서 또는 한 집단에서 표본을 선택된 것을 집단에 다시 넣지 않고 나머지 중에 추출하는 것
- 예) 공을 뽑는 상황을 예를 들면, 빨간공과 파란공을 5개씩 넣은 상자에서 2번의 기회로 공을 뽑을 때, 첫 번째 공을 파란색 공을 뽑았다고 가정하면, 이 경우에서 두 번째 기회에서 앞에서 뽑은 파란공을 다시 넣어 10개 중에서 뽑는 것을 복원 추출이라고 할 수 있으며, 앞에서 뽑은 파란공을 빼고 9개 공에서 다음 공을 고르는 것을 비복원 추출이라고 함.

(3) 확률 규칙★

- 확률은 두 개 이상의 사건에 대해서 사칙연산이 가능하며, 배반적인 경우와 배반적이지 않은 경우에 따라서 계산하는 방법이 다름.

- 덧셈법칙은 어떤 사건 A와 다른 사건 B가 각각 발생할 때 두 사건의 합집합일 확률을 계산
- 두 사건 중 적어도 하나의 사건이 일어날 확률을 계산하며 한 가지 사건이 일어날 확률을 계산

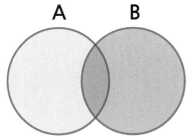

$$P(A \cup B) = P(A) + P(B) - P(A \cap B)$$

배반 사건: 좁은 의미의 덧셈 법칙

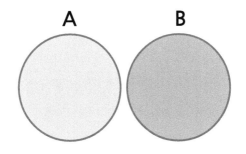

$$P(A \cup B) = P(A) + P(B)$$

비배반 사건: 일반화 덧셈 법칙

- 조건부 확률이란 한 사건이 일어난 다는 전제로 다른 사건이 일어날 확률이며, 배반 사건일 경우 두 사건의 확률을 곱하고, 비배반적 사건의 경우 A사건이 일어날 확률과 A사건이 일어난 상황에서 B사건이 일어날 확률을 곱해서 계산
- 결합 확률은 사건 A와 사건 B가 동시에 발생하는 확률이며, 두 사건이 동시에 일어날 사건의 수를 전체 사건의 수로 나눈 확률 값

$$P(A|B) = \frac{P(A \cap B)}{P(B)}$$

핵심 콕콕

조건부 확률은 두 사건이 종속관계에 있을 때 적용하는 확률 계산법으로 한 사건이 일어날 것을 전제로 다른 사건이 일어날 확률을 의미함.

(4) 확률분포★★

① 확률변수

- 실험을 할 경우 그 결과로 어떤 사건들이 얼마나 자주 일어날지를 나타내는 규칙이나 패턴을 의미
- 실험의 방식과 종류에 따라서 확률변수가 달라질 수 있음.
- 예) 남성 0.6(60%), 여성 0.4(40%)는 확률변수

② 확률분포

- 특정한 값을 가질 확률을 나타내는 함수로서, 각각의 결과를 전체가 1(100%)인 분포의 형태로 표현한 것
- 확률분포는 통계적 검정에서 판단의 기준이 되는 매우 중요한 개념
- 확률분포는 이산확률분포와 연속확률분포로 구분

㉠ 이산확률분포(discrete distribution)

- 정수와 같이 이산적 값을 가지는 이산확률변수에 대한 확률 분포로서, 확률변수가 0, 1, 2 같은 정수 값을 가지는 경우를 의미

  예) 동전을 세 번 던졌을 때, 앞면이 나올 확률변수를 x라고 한다거나, 찬반 투표 등이 있으며, 대표적인 이산확률분포로 이항분포, 포아송분포, 초기하분포, 기하분포 등이 있음.

㉡ 이항분포

- 상호 배반적인 두 사건만 나타나는 경우 발생할 확률의 기준이 되는 분포를 의미

  예) 성별에 따른 정치 성향 등을 나타내는 것을 말하며, 시행 횟수가 커지면 확률분포는 정규분포에 근사함.

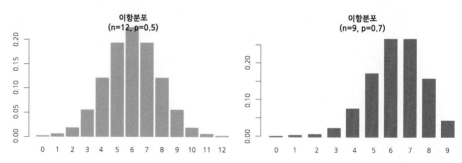

㉢ 포아송 분포

- 한쪽으로 치우친 이항분포를 의미
- 이항분포가 특별한 경우 두 가지 결과가 나오는 확률이 서로 비슷하지 않고 어느 한쪽으로 치우친 경우가 발생함.
- 일정한 시간, 거리, 공간상에서 매우 드물게 발생하는 확률을 계산할 때 기준이

되는 분포를 의미

예) 어느 하루 동안 공장에서 생산된 제품의 불량품 개수 등

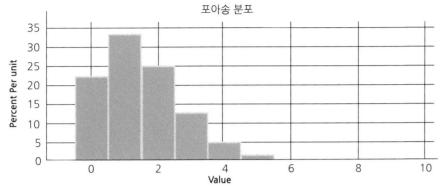

(자료원: http://stat88.org/textbook/notebooks/Chapter_04/04_The_Poisson_Distribution.html)

ⓒ 초기하 분포

- 시행마다 발생하는 결과가 이항분포처럼 2가지만 있음.
- 유한모집단에서 비복원 추출이 되기 때문에 베르누이 시행 조건에 만족되지 않는 경우 적용이 되는 확률분포를 의미함.

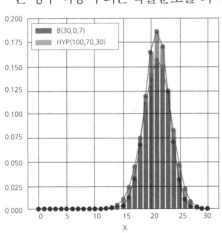 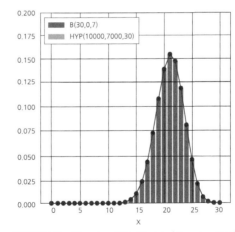

(자료원: https://soohee410.github.io/discrete_dist2)

㉫ 연속확률분포(continuous distribution)

- 확률변수가 연속적이면서 무한개의 경우의 수를 가지는 실수의 값을 가지는 경우에 이루는 확률분포를 의미

- 이산확률변수와 달리 가능한 x의 수가 정해져 있지 않고 연속적임.
  예) 사람의 신장, 체중, 소득 등이 있으며, 대표적인 연속확률분포는 정규분포, 표준정규분포, t분포, F분포 등

㉬ 정규분포

- 대표적인 연속확률분포

- 평균에서 확률이 가장 크고 평균을 중심으로 양쪽이 균형을 이루면서 평균이 데이터의 중앙값이 됨.
  예) 키, 몸무게, 수명 등 각종 일반적인 연속형 수치에 적용되는 확률분포

- 표준정규분포는 평균이 0, 표준편차가 1로 표준화한 정규분포를 의미

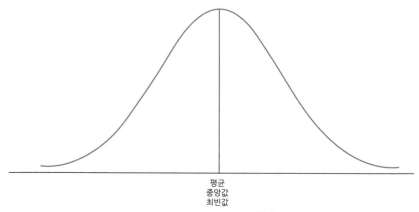

평균
중앙값
최빈값

(자료원: https://welfareact.net/320)

㉭ x^2분포

- 정규분포에서 파생된 분포로서 변수 x가 정규분포를 따를 때, x의 분산에 관한 x^2와 연결되는 분포를 의미

- 범주형 자료에 대한 적합도, 독립성 검정에 사용되는 기준 분포임.

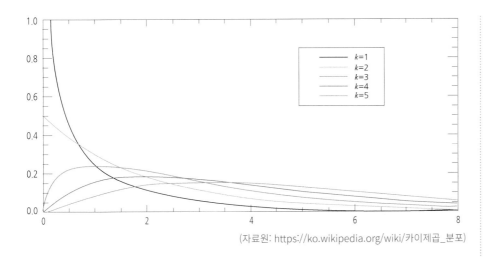

(자료원: https://ko.wikipedia.org/wiki/카이제곱_분포)

③ 표본분포

㉠ 표본분포

- 모집단에서 동일한 크기로 추출할 수 있는 표본을 모두 추출하였을 경우 추출되는 모든 표본을 대상으로 계산된 통계량의 확률분포를 의미

- 모집단에서 표본을 뽑아 그 표본을 대상으로 분석할 때, 선택된 표본은 모집단을 대표할 수 있어야 함.

- 모집단의 특성 추정을 위해 표본을 선택하여 분석하는 것은 표본에 포함되어 있는 오차를 측정해 낼 수 있다는 것을 의미

- 평균의 표본분포란 모집단에서 동일한 크기로 가능한 모든 표본을 뽑아서 각각의 표본들의 평균을 계산하였을 때, 그 평균들의 확률분포를 의미

- 표본평균의 표준편차는 모진단의 표준편차를 $\sqrt{n}$ 으로 나눈 것

  – 표본평균의 표준편차

  $$\mu_{\overline{X}} = \sum \overline{X} \cdot P(\overline{X})$$

- 모수 추정: 표본으로부터 얻은 정보인 통계량을 바탕으로 모집단의 속성인 모수를 설명하는 것을 의미

- 표본통계량을 이용하여 모집단의 모수를 설명하려면 표본 데이터의 특성을 파악해야 함.

ㄴ 오차(e)와 표준오차(e)

• 오차(e)

  – 모집단에서 표본을 선택하여 평균을 계산하면, 모집단의 평균과 차이가 나는 데 이 차이를 오차라고 함.

  – 평균의 표본분포의 분산의 오차들의 분산은 일치함.

• 표준오차(e)

  – 평균분포의 표준편차(S)를 평균

  – 평균의 표본분포의 표준편차를 평균의 표준오차라고 함.

  – 표준오차는 표본평균을 이용해서 어떤 의사결정을 할 때 예상되는 오류의 크기를 나타냄.

  – 일반적으로 표본의 크기(n)이 커질수록 평균들의 표준편차가 작아지며, 표본의 크기를 크게 하는 것이 표준오차를 줄일 수 있음.

  – 표본평균의 표준오차

  $$\sigma_e = \sigma_{\overline{X}} = \frac{\sigma}{\sqrt{n}}$$

ㄷ 중심극한 정리

• 중심극한 정리에 따르면, 모집단이 정규분포가 아니더라도 데이터의 샘플 개수가 30 이상이면, 표본평균의 분포는 모집단의 분포와 상관없이 정규분포를 따른다고 할 수 있음.

ㄹ 베이즈 정리(Bayes Theorem)

• 두 확률 변수의 사전 확률과 사후 확률 사이의 관계를 나타내는 정리를 의미

• 베이즈 정리는 조건부 확률로도 불리고 있음.

• 이전의 경험과 현재의 증거를 토대로 어떤 사건의 확률을 추론하는 알고리즘

• 사전 정보를 바탕으로 어떤 사건이 일어날 확률을 토대로 의사결정 시에 활용됨.

  예) A가 발생할 확률을 $P(A)$, A가 발생한 조건하에서 B가 발생할 확률을 $P(B|A)$라고 하면, $P(B|A) = \dfrac{P(A)}{P(B \cap A)}$가 됨.

2. 추론통계**

- 표본으로부터 얻은 결과를 이용하여 모집단의 특성을 예측하는 과정을 통계적 추론이라 부르며, 통계적 추론은 추정과 가설검정을 포함하고 있음.

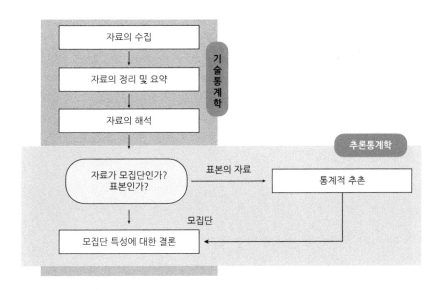

1) 추론통계**

- 통계학의 핵심으로서 표본으로부터 모집단의 특성을 알아내는 것을 의미
- 통계량을 토대로 모집단의 모수를 찾아내는 것을 의미
- 분석 결과가 통계적으로 유의한지를 검증하는 역할을 수행
- 오류를 최소화하면서 모집단의 특성을 알아낼 수 있는 추론 이론과 기법들이 필요

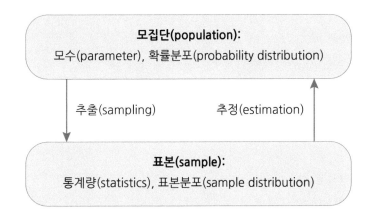

🎯 **핵심 콕콕**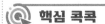

추론통계는 추측통계, 추리통계로도 불리기도 함.

- 확률분포를 바탕으로 표본에서 얻은 정보를 통해 모집단의 본질적인 성질을 알아내는 과정을 통해 사용되는 이론을 추론이론이라고 함.

(1) 추정이론

- 표본에서 얻은 추정량을 이용하여 모집단의 모수값을 추측하는 과정

(2) 추정량

- 표본에 따라 변하는 모든 표본을 대상으로 하는 일반적 용어
- 추정치를 구하기 위해 사용되는 추정 방법이나 도구를 의미(ex. 평균, 표준편차)
- 추정량에는 조건이 필요

(3) 추정치

- 특정 표본을 추출하여 실제의 값을 측정한 값을 의미(평균 토익점수 680, 표준편차 6.5)

(4) 좋은 추정량을 선택하기 위한 4가지 조건

① 불편성(Unbiasedness)
- 추정량의 실제 모수와 차이가 없다는 의미
- 치우침이 없는 '0'의 편의를 의미하고 이때의 추정량을 불편 추정량이라고 함
- 편의가 없다는 것을 의미
- 추정량의 기댓값이 모수와 같아지는 것이 좋은 추정량의 요건

② 효율성(Efficiency)
- 최소의 분산을 가진 추정량이 가장 효율적이라는 의미
- 분산이 작다는 것은 표본이 개입된 오차가 작다는 것을 의미
- 두 개의 추정량이 있을 때 분산의 크기가 더 작은 추정량이 더 효율적인 추정량임.

③ 일치성(Consistency)
- 표본의 크기 n이 무한히 증가함에 따라 추정량이 모수에 가까워지는 것을 의미

- 대부분의 추정량은 표본의 크기에 영향을 받으므로 좋은 추정량을 위해서는 표본의 크기가 커질수록 오차가 작아지는 성격을 가지고 있음.

④ 충족성(Sufficiency)
- 추정량이 모수에 대하여 가장 많은 정보를 제공할 때, 그 추정량에 충족성이 있다는 의미를 가짐.

- 추정작업을 하기 위해서는 구체적으로 추정작업을 어떻게 수행할지에 대한 절차와 방식을 정해야 함.
- 무엇을 추정할 것인가를 정하고, 모집단의 특성을 가지고 있는 여러 모수들 주에 어떤 모수를 핵심으로 할 것인지를 정함.

- 이러한 기준을 기반으로 추정의 방식을 정하게 되는데, 추정의 방식에는 점추정과 구간추정으로 분류

심오한 TIP

가장 핵심적인 모수는 모집단의 중심을 나타내는 모평균, 모비율, 두 모평균의 차이와 비율 등이 있으며, 다른 분류의 모수로는 모집단의 산포를 나타내는 모분산, 두 모분산의 비율 등이 있음.

2) 점추정★
- 모수를 가장 잘 대표할 것으로 생각되는 하나의 값을 제시하는 방식
- 추출된 표본을 기초로 하여 모수를 하나의 값으로 추정
- 합리적이면서도 단순한 방법이라는 장점을 가짐.
- 모수를 하나의 값으로 추정하기 때문에 추정의 신뢰성이 어느 정도인지 알 수 없는 문제를 가지고 있음.
  예) "어학 연수를 다녀온 학생의 토익점수는 760점이다" 혹은 "청소년 중 25%가 음주 경험이 있다" 등
- 점추정에서 합리적인 추정 방법은 (OLS, MLE 등)을 통해 도출되는 추정량을 점추정치로 사용하는 것임.
  예) 1,000명의 회사원을 뽑아서 그들의 연봉의 평균값이 3,200만 원일 때, 이 정보를 바탕으로 3,200만 원을 점추정치로 사용

PART 1. 빅데이터 분석 기획

PART 2. 빅데이터 탐색

PART 3. 빅데이터 모델링

PART 4. 빅데이터 결과 해석

3) 구간추정★★

(1) 구간추정

- 점추정의 문제점을 보완하기 위해 나온 추정법
- 두 개의 점을 선택하여 구간으로 추정하는 것을 의미
- 구간을 정하고 모수가 그 구간에 얼마만큼의 확률로 들어있는지를 추정하는 방법
- 모수의 추정치와 신뢰도를 함께 구할 수 있다는 장점이 있음.

  예) 선거기간 여론조사를 통해 지지도를 조사, A후보가 B후보보다 2.5% ± 0.2% 정도 지지율에서 앞서고 있으며 이 결과는 신뢰도 95%라고 언급

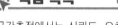

핵심 콕콕

구간추정에서는 신뢰도, 오차율, 신뢰구간 등을 사용

① 신뢰도

- 모집단의 평균이 포함될 신뢰구간을 의미

  예) 신뢰도가 95%라는 의미는 표본을 100번 뽑았을 때 95번 정도 신뢰구간 내에 모집단의 평균이 포함

② 오차율

- 신뢰구간 내의 모집단 평균이 포함되지 않을 확률을 의미

③ 신뢰구간

- 표준오차를 고려해 모집단 평균이 포함될 확률구간

④ 구간추정을 위해서 신뢰구간 추정 진행

- 표준오차를 고려하여 모집단의 포함될 확률구간인 신뢰구간을 설정함으로써 모집단 평균을 추정
- 점추정에 비해 다소 복잡하지만 원하는 정확도를 가지고 모수를 측정할 수 있다는 장점이 있음.
- 일반적으로 알 수 없는 추정 대상의 모수를 가운데 놓고 알 수 있는 표본의 통계량을 양 끝에 배치하여 구간을 설정하며, 같은 신뢰수준에서 구간의 길이가 최소가 되도록 설정

핵심 콕콕

구간추정에서는 신뢰구간의 길이를 정하기 위해서 추정량의 확률분포를 알아야 하며, 추정은 표본을 이용하기 때문에 확률분포도 표본통계량의 분포가 됨.

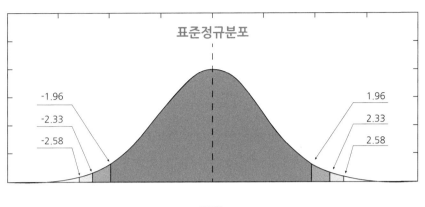

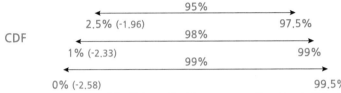

(자료원: https://m.blog.naver.com/PostList.nhn?blogId=hny6-0070)

 심오한 TIP

통계 검정에서는 95%, 99% 신뢰구간을 추정하는 것이 보편적이지만, 90% 신뢰구간을 측정을 하는 경우가 종종 있음.

PART 1. 빅데이터 분석 기획

PART 2. 빅데이터 탐색

PART 3. 빅데이터 모델링

PART 4. 빅데이터 결과 해석

⑤ 신뢰수준 설정

- 표본을 추출하여 얻은 통계량의 구간 안에 모수의 값이 포함될 비율에 대한 기준을 설정하는 것을 의미
- 95%의 신뢰수준과 신뢰구간은 무한히 반복하여 표본으로부터 신뢰구간을 구할 때 95% 정도의 비율로 모수의 값이 그 안에 포함될 것이라는 의미
- 신뢰수준은 '$100(1-\alpha)$'로 표현하며, $\alpha = 0.05$이면 95%, $\alpha = 0.01$이면 99%를 나타냄
- 일반적인 모평균의 구간추정은 모분산이 알려진 경우 모집단이 정규분포를 따르거나 표본의 크기가 큰 경우 중심극한정리로 인해서 정규분포를 따른다고 가정함.

  핵심 콕콕

모분산을 알고 있는 경우에 모분산을 통해 구간추정을 할 수 있음.

(2) 신뢰구간 추정 공식

① 모집단의 표준편차를 알고 있는 경우

$$\overline{X} - Z_{0\sqrt{2}} \frac{\sigma}{\sqrt{n}} \le \mu \le \overline{X} + Z_{0\sqrt{2}} \frac{\sigma}{\sqrt{n}}$$

- 표본의 크기가 작은 경우 모분산 대신에 표본분산(s)을 사용
- 표본분포도 달라지므로 정규분포 대신 t분포를 이용하여 구간의 길이를 정함.
- t분포에서 알지 못하는 모평균을 가운데 두고 알고 있는 양쪽의 값을 이용하여 구간의 길이를 정함.

② 모집단의 표준편차를 모르는 경우(대표본과 소표본)

$$\overline{X} - Z_{0\sqrt{2}}\frac{s}{\sqrt{n}} \le \mu \le \overline{X} + Z_{0\sqrt{2}}\frac{s}{\sqrt{n}}$$

$$\overline{X} - t_{0\sqrt{2},\,n-1}\frac{s}{\sqrt{n}} \le \mu \le \overline{X} + t_{0\sqrt{2},\,n-1}\frac{s}{\sqrt{n}}$$

- 표본수가 적은 경우 정규분포가 아닌 t분포를 기준으로 추정
- t분포는 z분포와 유사하고 $t = 0$일 때 종 모양으로 대칭
- t곡선의 모양을 결정하는 것은 자유도 $n-1$로 계산
- 표본의 크기가 증가할수록 표준정규분포 곡선에 가까워짐.

4) 가설검정★★

(1) 가설설정

- 추정과 검정으로 분리되면 추정은 표본의 통계량을 가지고 모집단 모수의 참값을 추측하는 과정을 의미
- 검정은 모수가 어떤 특정한 값을 가진다는 주장을 가설(hypothesis)로 설정

① 가설

- 검정되지 않은 잠정적 결론
- 아직 검증되지 않은 이론으로 둘 혹은 그 이상의 변인들 간의 추측적인 주장

② 검증

- 가설이 얼마나 통계적으로 신뢰할 수 있는지를 확인하는 작업을 의미
- 표본에서 얻은 데이터를 근거로 모집단의 가설이 맞는지 틀리는지를 통계적으로 분석해서 검정하는 것을 의미
- 검정은 추정의 신뢰수준과 대응되는 개념으로 통계적 유의성이 있음.

③ 통계적 유의성

- 제시된 가설이 통계적으로 의미가 있는지 없는지를 판단

④ 가설 채택과 기각

- 가설 채택: 관측치와 이론치의 차이가 신뢰수준 범위 내에 존재
- 가설 기각: 관측치와 이론치가 신뢰수준 범위를 벗어났다고 판단

(2) 귀무가설과 대립가설★★

- 귀무가설(null)은 대립가설이 기각되었을 때를 위해서 설정
- 귀무가설은 (H_0), 대립가설은 (H_1)로 표현하는 것이 일반적임.

① 귀무가설

- 영향이 없는 현재 상태이기 때문에 가정하고 시작
- 많은 경우 주로 부정적인 생각을 반영
- 통계적 가설검정에서는 귀무가설만을 테스트함.
- 가설에 대해 유의수준을 따로 설정
- 영가설로 불리기도 함.
- 수집된 자료는 귀무가설이 옳다는 가정하에서 얻어진 자료와 차이가 있을 때 통계적으로 유의하다고 할 수 있음.

② 대립가설

- 대체가설 또는 연구가설로 불리기도 함.
- 귀무가설의 반대를 의미
- 주로 긍정적인 생각을 반영

- 유의수준: 검정의 오류를 허용하는 한계
- 기각역: 일반적으로 귀무가설을 기각하는 영역

- 검정통계량이 기각역에 속하면 귀무가설을 기각하고 검정통계량이 채택역에 속하면 귀무가설을 채택(유지)함.

심오한 TIP

대부분의 연구에서 가설 검정은 연구자가 설정을 하는데, 귀무가설을 설정하는 것이 아닌 대립가설만 설정하는 경우가 대부분임.
예) H1: 소득수준이 높을수록 문화 소비 지출은 큼.

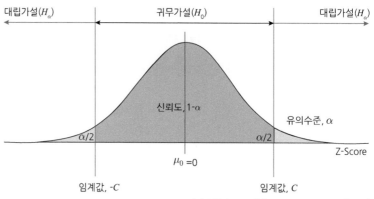

(자료원: https://dbrang.tistory.com/1210)

(3) 가설검증 절차★

① 검정하고자 하는 연구 목적을 확인

② 귀무가설과 연구가설을 설정

③ 적합한 통계적 기법과 부합되는 검정통계량을 선택

④ 유의수준($p\text{-}value$) 알파(α)값을 결정

⑤ 표본의 크기를 결정하고 데이터를 수집하고 검정통계에 활용할 임계값을 계산

⑥ 귀무가설에서는 검정통계량의 표본분포를 이용하여 검정통계와 연관된 확률을 결정

⑦ 유의수준과 검정통계에서 산출된 확률을 비교하여 기각역에 위치하는지, 채택역에 위치하는지를 결정

⑧ 귀무가설을 기각할 것인지 채택할 것인지의 통계적 의사결정을 실시

핵심 콕콕

통계학에서 사용되는 가설검정의 유형은 매우 다양함.

(4) 가설검증 유형★★★

• 검정 통계 기법: 평균검정, 비율검정, 평균의 차이 검정, 비율의 차이 검정, 분산분석, 상관관계분석, 회귀분석, x^2(카이스퀘어) 독립성 검정, x^2 적합성 검정, 판별분석 등

• t-검정, F-검정(분산분석에서 사용), Z-검정(비율검정), x^2-검정이 활용

• t-검정과 F-검정은 측정 데이터가 등간척도나 비율척도일 때 사용

• x^2-검정은 측정 데이터가 명목척도로 측정된 경우에 사용

• t-검정은 두 집단 간 평균의 차이를 검정할 때 사용

• F-검정은 세 개 이상의 집단 간 평균의 차이를 검정하는 분산분석(ANOVA; analysis of variance)에서 사용

통계적 검증	설명	활용 사례	비고
t-검정	두 집단 간의 평균 차이 여부를 검정하는 방법을 의미	• 두 회사 가전제품 간의 선호도 차이 검정 • 두 회사 다이어트 제품의 효과 차이 검정 • 일본과 한국의 초등학생 IQ 차이 검정 등	비율척도 및 등간척도 데이터 검정
F-검정	3개 이상의 집단들에 대한 평균을 비교하여 한 개 이상 집단 간에 차이가 있는지를 검정하는 방법을 의미	• 20대, 30대, 40대, 50대 연령별 생활 만족도 차이 검정 • 대도시, 중도시, 소도시 간의 1인당 노인 복지 만족도 차이 검정 • 서울, 대구, 인천, 부산 지역의 주민 평균 소득 차이 검정 등	비율척도 및 등간척도 데이터 검정 (ANOVA 분석이라고도 함.)
$x2$-검정	범주형 변수 간의 독립성이나 적합성을 검정하는 방법을 의미	• 성별 스마트폰 인지도 차이 검정 • 학년별 축제 참석 여부 차이 검정 • 학년별 취미 경향 차이 검정 • 지역별 선호 정당 차이 검정 • 가족의 규모와 세탁기 크기 독립성 검정 • 소비자들의 자동차 색상에 대한 선호도 적합성 검정	명목척도 및 서열척도 데이터 검정

(자료원: 한국디지털정책학회, NCS 경영빅데이터분석, 와우패스(2020))

(5) 오류★★

- 가설검증하에서 발생할 수 있는 오류에는 1종오류, 2종오류가 있음.
- 1종오류는 귀무가설이 참인 상황에서 그것을 기각하는 오류
- 2종오류는 귀무가설이 모집단의 특성을 제대로 반영하지 못함에도 불구하고 이를 받아들이는 오류
- 이 2가지 오류(α, β)의 크기를 줄여야 하겠지만 제1종의 오류(α)를 작게 하면 제2종의 오류(β)가 커지고, 제2종의 오류(β)를 작게 하면 제1종의 오류(α)는 커지게 됨.
- 어떠한 가설검정에서도 2가지의 오류는 필연적으로 발생을 하게 됨.
- 제1종의 오류(α)를 줄이면서 동시에 제2종의 오류(β)가 증가가 되지 않도록 하는 방법을 찾아야 하며 유의수준과 p-값($p-value$)이 있음.
- 유의수준: 가설을 검정하기 전에 설정된 유의수준
- $p-value$: 검정 과정에서 계산된 유의수준

	귀무가설 H_0 참	귀무가설 H_0 거짓
귀무가설 H_0 채택	옳은 결정($1-\alpha$)	제2종 오류(β-오류)
귀무가설 H_0 기각	제1종 오류(α-오류)	옳은 결정($1-\beta$)

(6) 검정 방식[★]

- 검정 방식은 단측(one-sided) 검정과 양측(two-sided) 검정이 있음.

① 단측검정

- 해당 가설이 차이가 있는지 없는지를 보는 것
- 어느 한쪽이 더 높으냐 혹은 낮으냐에 대한 것을 보는 것을 의미

  예) 가족의 규모에 따라서 자동차의 차이가 있는지 없는지를 검증하는 것을 의미

② 양측검정

- 큰 쪽이든 작은 쪽이든 어느 쪽이든 차이가 있으면 모두 의미가 있음($H_1 : \mu = \mu_1$).
- 단측검정보다 기각역의 면적이 2배(확률이 2배)가 됨.
- 단측검정에서 구한 $p-value$에 2배를 해주어야 함.
- 단측검정일 때보다 양측검정일 때 귀무가설을 기각하기가 어려움.

  예) 어느 카페에 대한 만족도가 남자가 높은지? 여자가 높은지?에 대한 것을 보는 것($H_1 : \mu \rangle \mu_1 / H_1 : \mu \langle \mu_1$)

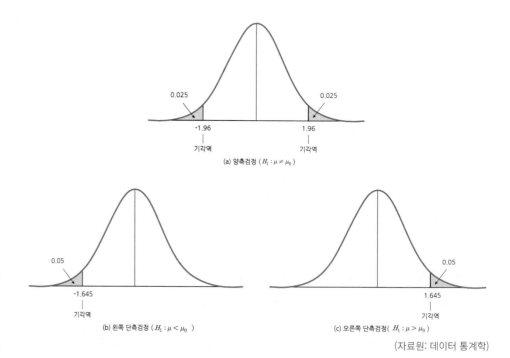

(a) 양측검정 ($H_1 : \mu \neq \mu_0$)

(b) 왼쪽 단측검정 ($H_1 : \mu < \mu_0$)

(c) 오른쪽 단측검정 ($H_1 : \mu > \mu_0$)

(자료원: 데이터 통계학)

③ 검정 과정

- 가설 설정 → 유의수준 및 기각역 설정 → 검정 통계량 도출 → 통계적 결론

(7) 독립변수와 종속변수★★

- 가설을 설정 및 검정을 할 때 독립변수와 종속변수의 관계로 기술

① 독립변수

- 다른 변수를 다른 변수를 설명 및 예언하는 변수로서 조작되는 변수
- 실험에 자극을 주는 변수
- 어떠한 상황에 대하여 원인이 되는 변수로 설명변수, 원인변수, 영향을 주는 변수
- 독립변수는 변화에 따라서 변동이 있는 변수

② 종속변수

- 다른 변수로부터 예측되는 변수
- 조작에 의한 변화
- 측정이 되는 변수
- 반응변수
- 자극에 대한 결과나 반응 및 효과를 나타내는 결과변수
- 영향을 받는 변수

분석 방법	독립·종속	귀무가설(H_0)/대립가설(H_1)	검정 통계량	p
교차분석	범주·범주	H_0: 독립변수에 따라 종속변수에는 차이가 없음. H_1: 독립변수에 따라 종속변수는 차이가 있음.	x^2	$p<0.05$ → 대립
독립표본 t-test	범주·연속	H_0: 독립변수에 따라 종속변수에는 차이가 없음. H_1: 독립변수에 따라 종속변수는 차이가 있음.	t-value	$p<0.05$ → 대립
분산분석	범주·연속	H_0: 독립변수에 따라 종속변수에는 차이가 없음. H_1: 독립변수에 따라 종속변수는 차이가 있음.	F-value	$p<0.05$ → 대립
상관관계 분석	연속·연속	H_0: 독립변수와 종속변수는 상관관계가 없음. H_1: 독립변수와 종속변수는 상관관계가 있음.	$r(rho)$	$p<0.05$ → 대립
회귀분석	연속·연속	H_0: 독립변수는 종속변수에 영향을 미치지 않음. H_1: 독립변수와 종속변수에 영향을 미침.	F-value t-value	$p<0.05$ → 대립

(자료원: 엑셀을 활용한 통계분석 맛보기 https://www.slideshare.net/ssuser64f3dc/ss-72602596)

과목 예상문제

(핵심 포인트로 잡아내는) 빅데이터 분석기사 필기

01. 다음 중 관찰 혹은 측정된 데이터의 특성을 기술을 의미하는 것은?

① 기술통계
② 추론통계
③ 추측통계
④ 추리통계

> **해설** 관찰 혹은 측정된 데이터의 특성을 기술을 기술통계라고 함.

02. 다음 중 양적 자료가 아닌 것은?

① 연속형
② 수치형
③ 범주형 자료
④ 등간 척도

> **해설** 양적 자료는 연속형, 수치형 자료를 의미하며, 등간 척도와 비율 척도가 있다. 범주형 자료는 질적 자료에 속함.

03. 다음 중 크기가 N인 모집단에서 n개의 표본을 난수표를 이용해 선택하는 것을 의미하는 것은?

① 층화 표본 추출
② 군집 표본 추출
③ 계통 표본 추출
④ 단순무작위 표본 추출

> **해설** 단순무작위 표본 추출은 크기가 N인 모집단에서 n개의 표본을 난수표를 이용해 선택하는 것을 의미함.

04. 다음 중 비확률표본이 아닌 것은?

① 편의표본
② 계통표본
③ 할당표본
④ 할당표본

> **해설** 비확률표본은 편의, 판단, 할당, 고의성 표본의 4가지가 있음.

05. 다음 중 대표적인 연속확률분포는?

① 기하분포
② 정규분포
③ 포아송분포
④ 이항분포

> **해설** 정규분포는 대표적인 연속확률분포임.

06. 다음 중 두 확률 변수의 사전 확률과 사후 확률 사이의 관계를 나타내는 정리를 의미하는 것은?

① 중심극한 정리
② 베이즈 정리
③ 표준오차 정리
④ 카이제곱 정리

> **해설** 두 확률 변수의 사전 확률과 사후 확률 사이의 관계를 나타내는 정리를 베이즈 정리라고 함.

07. 다음 중 모수를 가장 잘 대표할 것으로 생각되는 하나의 값을 제시하는 방식은?

① 추정
② 점추정
③ 구간추정
④ 신뢰추정

> **해설** 모수를 가장 잘 대표할 것으로 생각되는 하나의 값을 제시하는 방식을 점추정이라고 함.

[핵심 포인트로 잡아내는] 빅데이터 분석기사 필기

[핵심 포인트로 잡아내는] 빅데이터 분석기사 필기

PART **03**

빅데이터 모델링

01 분석 모형 설계

1. 분석 절차 수립★★★

핵심 콕콕

빅데이터 분석 기법 설계 3단계

- 기획 단계
- 수립 단계: 기획 단계에서 도출된 과제를 어떤 방법과 절차에 의해 분석할 것인가에 대한 계획의 수립
- 수행 단계: 실제로 데이터 분석을 수행

1) 분석 모형 선정★★

• 분석 모형의 설계는 무엇(what)을 그리고 왜(why) 하는지를 명확히 하는 것으로 목표 설정의 역할을 수행
• 유사한 개념으로 계획이 있는데, 계획은 주어진 목표를 달성하기 위한 구체적인 방법(how)을 모색하고 절차를 설정하는 것을 의미

(1) 분석 모형 선택

• 분석 모형 선택 시 중요한 것은 분석 목적에 맞는지에 대한 확인이 필요
• 분석 목적과 맞지 않은 분석 모형은 향후 사용이 어려움
• 입력변수에 따른 예측력으로, 모형의 안정성 확보
• 상황에 따라서 모형의 갱신을 유연하게 해야 함
• 모형별 목적 및 예측력의 불안정, 추정의 문제 발생 가능성이 가장 작은 분석 모형을 선정

(2) 분석 모형 선정

- 모형을 선정하기 위해서는 목적에 대한 정의가 중요하며, 분석 모형은 과거 데이터에 기반하여 어떤 수식이나 패턴을 생성하는 것을 의미
- 확보된 데이터 값을 변형 및 변환하여 원하는 상태의 데이터로 바꿈.

- 선정된 모형의 방법론에 따라서 필요한 자료를 파악해야 하고 독립변수와 종속변수 간의 관계 및 데이터의 타입에 따라서 분석하는 방법을 다르게 해야 함.
- 분석 목적에 따라서 단어와 조건에 대한 숫자 등을 나열하는 것이 좋음.
- 선정된 모형을 기반으로 하기 때문에 분석 방법에는 제약을 받을 수 있음.
- 좋은 결과를 위해서는 모수를 충분히 확보하는 것이 중요

- 빅데이터를 전략적으로 비즈니스에 활용하기 위해서는 빅데이터에 숨겨져 있는 통계적 의미를 제대로 파악하는 것이 중요
- 빅데이터의 특성을 파악하여 올바른 통계분석 기법을 선택하는 것이 중요
- 빅데이터를 제대로 분석하기 위해서는 빅데이터의 특성에 적합한 통계분석 기법을 선택해야 하는데, 통계분석 기법의 선택은 변수들 간의 관계, 변수 혹은 자료의 수, 그리고 변수에 포함된 자료의 형태뿐만 아니라 분석 대상에 포함되는 집단의 수에 의하여 결정
- 적합한 통계분석 방법에 대해서 검토할 때는 분석 목적을 우선 살펴본 후에 각 변수의 데이터 타입을 보고, 독립변수와 종속변수와의 상관관계를 확인한 후에 결정
- 종속변수에 영향을 주는 많은 독립변수 중에서 회귀 모형에 사용할 변수를 축소하거나 선택하거나 제거하여 가장 좋은 회귀 모형을 선택

① 전진선택법

- 전진선택법은 반응변수와 상관관계가 가장 큰 설명변수부터 선택하는 방법
- 절편만 있는 상수 모형의 중요한 설명변수부터 모형에 추가해 나가는 방식

② 후진제거법

- 후진제거법은 완전 모형(full model)에서 설명력이 작은 변수부터 하나씩 제거함.

심오한 TIP

단일 모형의 예측력이나 분석 결과가 좋다고 해도 여러 개의 변수로 분리하여 각각에 대해 모형을 생성하여 결과를 도출해야 함.

핵심 콕콕

변수 선택 방법
- 전진선택법(forward selection method)
- 후진제거법(backward elimination method)
- 단계별선택법(stepwise selection method)

- 독립변수를 모두 추가한 상태에서 가장 적은 영향을 주는 변수부터 하나씩 제거하면서 제거할 변수들이 없을 때까지 진행

③ 단계별 선택법
- 단계별 선택법은 전진선택법에 의해 각 단계별 새로 추가된 변수에 기인해 기존 변수의 중요도가 약화되면 해당 변수를 제거하는 등 단계별로 추가 또는 제거된 변수들의 중요도를 다시 검사하여 변수를 제거
- 제거할 변수가 없을 때까지 진행

- 전진선택법은 이해가 쉽고 변수의 개수가 많은 경우에도 사용이 가능하지만 안정성이 떨어진다는 단점이 있음.
- 후진제거법은 전체 변수를 모두 이용한다는 장점이 있지만 변수의 개수가 많을 경우 사용이 힘들다는 단점이 있음.

④ AIC와 BIC
- 전진선택법과 후진제거법의 단점을 개선한 모형이 AIC(Akaike Information Criterion)와 BIC(Bayesian Information Criterion) 방법
- AIC와 BIC를 이용해 모형의 복잡도에 별점을 주는 방식으로 평가
- 모든 모형에 대해 AIC와 BIC를 계산해 최소가 되는 모형을 선택
- 변수 선택 및 차원 축소 모형 검토는 '데이터 정제 → 변수 간의 상관관계 파악 → 전체 모형 결정 → 변수 선택 → 최적 모형 결정'의 순서로 진행

심오한 TIP

변수의 선택 방법에 많이 쓰이는 지표로는 AIC와 BIC가 있음.

AIC (Akaike information criterion)
- 모델 성능지표로 MSE에 변수의 수만큼 패널티를 주는 지표
- 회귀분석에서 모델 선택 시에 많이 쓰이는 지표

BIC (Bayes Information Criteria)
- AIC는 표본 n이 커질 때 부정확해진다는 단점이 있음.
- AIC를 보완한 지표가 BIC임.

AIC와 BIC가 작게 나온 모델일수록 좋은 모형이라고 할 수 있음.

2) 분석 모형 정의★★

(1) 분석 모델링
- 분석 모델링은 분석 목적에 따라 상세 분석 기법을 적용해 모델을 개발하는 과정
- 빅데이터 분석에서 모델링의 설계는 필요한 입력 데이터에 대한 처리가 매우 용이해야 함.
- 분석 모델링 시 데이터 획득 방법 및 분석 방법에 대해 미리 설정함으로써 데이

터 획득 및 검증에 소요되는 시간이 크게 줄어들었음.

- 다양한 방법으로 분석 대상에 대한 데이터를 획득
- 분석 데이터는 전처리 등을 통해서 변수들을 식별하고, 구조화해서 모델을 설계
- 데이터가 정형·비정형 등의 여러 형태로 존재할 수 있으며, 각 변수의 데이터 타입(연속형, 범주형)도 고려
- 모델을 설계하기 위해서는 분석 목표에 따른 가설이 확실해야 하며, 가설을 통해서 데이터의 접근 방법과 분석 방법을 설정

(2) 분석 모델링 설계

- 분석 모델링의 설계는 데이터를 확인하고, 데이터에 따른 분석 방법을 설정한 후 분석을 진행하여 결과를 도출하는 순서로 설계
- 설계에 있어 주의할 점은 결과를 도출했을 때, 처음에 의도한 분석 목표와 반드시 일치
- 연구자들은 분석 목적에 기반하여 질문을 던지고, 가설을 세우고, 해당 연구 목적에 주요 모수에 대해 검정 가능한 이론을 제시
- 이후 설정한 가설들과 데이터를 비교하는 가설검정 진행
- 만일 여러 번 가설을 기각하려 했어도 기각할 수 없다면, 이 주장을 참이라고 간주

- 연구자들이 세운 가정을 가설이라고 하며, 가설은 표본 데이터와 비교하여 일치 여부를 판단하여 만일 일치하지 않는다면 가설을 폐기하고 다시 설정을 해야 함.
- 통계적 가설은 모집단의 모수에 대해 설정
- 가설검정은 모수에 대한 서로 경쟁적이며, 상호 배타적이며, 포괄적인 두 개의 가설을 설정하고, 이중에서 어느 가설을 택할지 결정

- 전통적 추정 방법인 최대우도 추정법이나 최소제곱 추정법을 이용해 표본의 데이터로부터 표본평균을 구하여 추정치로 사용
- 베이지안 추정으로 초기 추정치 μ_0을 설정한 후 더 그럴듯한 추정치로 바꾸어 나가면서 최종의 추정치 μ로 사용

심오한 TIP

가설검정 절차는
- 1단계: 가설 설정
- 2단계: 의사결정규칙 설정
- 3단계: 데이터 수집 및 가설검정을 위한 통계량 계산
- 4단계: 의사결정
- 5단계: 사후조치

① 데이터에 대한 의존도의 차이

- 전통적 추론은 주어진 모집단 데이터가 없어 먼저 표본을 만든 후 표본 데이터에 100% 의존하여 추론
- 베이지안 추론에서는 데이터에 대한 의존도를 사람의 판단에 의해 신축적으로 조정이 가능

② 모수와 변수를 보는 시각의 차이

- 전통적 추론에서 모수는 참값을 알 수 없는 고정된 상수, 데이터는 확률분포를 따라 움직이는 변수라고 가정
- 베이지안 추론에서는 모수도 여러 개의 값을 가질 수 있는 변수이며 확률분포라고 가정

③ 추정의 실질적 목적의 차이

- 전통적 추론은 모집단 전체에 대한 추측을 주목적으로 하여 추정에 초점을 맞춤
- 베이지안 추정은 새로운 관측치에 대한 예측에 더 큰 관심을 두고 의사결정이나 전략적 판단에 필요한 정보의 수집에 초점을 맞춤.

④ 추정의 과정

- 1단계는 베이즈 정리의 도입
- 2단계는 추정 문제의 설계
- 3단계는 사전 분포의 설정
- 4단계는 초기 추정치 설정
- 5단계는 확률분포 수정
- 6단계는 사후 분포 도출
- 7단계는 최종 추정치 도출의 과정

3) 분석 모형 구축 절차★★

- 분석 모형의 구축 절차는 다음 그림과 같이 4단계로 이루어짐

핵심 콕콕

분석 모형 구축 절차는 Part 1의 Chapter 2를 참고

- 분석 모형은 하향식, 상향식, 그리고 프로토타이핑 접근 방법을 통해서 구축 절차를 수립할 수 있음.

(1) 하향식 분석 프로세스

- 하향식 접근 방법의 분석 모형 기획은 현황 분석을 통해서 또는 인식된 문제점, 전략으로부터 기회나 문제를 탐색하면서 시작
- 데이터의 가용성 분석, 가설 설정과 샘플 데이터 수집, 가설 검증, 사용자 관점에서의 해결 방안 및 과제(project) 추진 방안 설계, 빅데이터 분석 과제의 타당성 검토, 그리고 빅데이터 분석 과제의 확정 및 분석 계획 수립 과정으로 이어짐.

(2) 상향식 분석 프로세스

- 상향식 접근 방법은 하향식과는 달리 명확한 문제 해결 절차를 수용하지 않음.
- 이미 보유하고 있는 데이터웨어 하우스나 데이터 마트 등에 존재하는 변환·정제 과정을 거친 데이터를 기반으로 기본적인 기술적 통계분석, 군집분석, 시각화 기법, 상관분석, 인과분석 등을 통하여 데이터에 내재되어 있는 유의미한 패턴과 관계집합을 도출

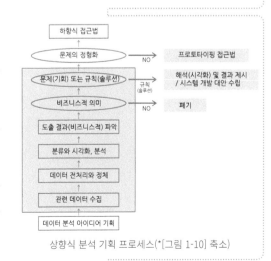

하향식 빅데이터 분석 기획 절차(*[그림 1-8] 축소)

상향식 분석 기획 프로세스(*[그림 1-10] 축소)

- 도출된 패턴과 관계를 비즈니스 관점에서 해석하고, 그 결과 의미가 있다고 판단되면 면밀한 검토를 거쳐 그 자체가 문제나 기회의 발견에 사용

① 데이터 분석 아이디어 기획이란 어떤 데이터를 어떤 목적을 위해 분류, 분석, 시각화해 볼 것인가에 대한 아이디어를 모으고 분석 방향을 기획함을 의미 (데이터 가용성 분석을 병행)

② 관련 데이터를 수집(또는 외부에 요청)하여 전처리 등을 하고 연관, 상관 등의 분석을 시행

③ 분석(도출) 결과에 대한 비즈니스적 의미를 파악하고 비즈니스 의미가 없으면 결과는 폐기하지만, 비즈니스 의미가 있으면 그게 규칙(솔루션)인지 아니면 문제(기회)의 발견인지를 판단

④ 규칙(솔루션)일 경우 해석 및 결과 제시 혹은 모형을 수립하여 활용토록 제안

⑤ 그러나 문제(기회) 발견으로 귀결될 경우 문제의 정형화 여부를 판단

⑥ 정형화 가능 시, 하향식 접근법을 실시, 정형화가 불가능할 경우에는 프로토타이핑 접근법을 통해 빅데이터 분석을 추가로 실시

(3) 프로토타이핑 프로세스

- 프로토타이핑 접근법에 의한 빅데이터 분석 기획은 사용자의 개괄적인 요구 사항을 반영한 초기 프로토타입 모델의 개발로부터 시작

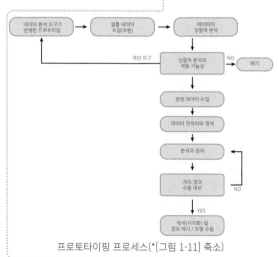

프로토타이핑 프로세스(*[그림 1-11] 축소)

  - 프로토타입은 차후에 수정한다는 전제하에 사용자의 기본적인 요구만을 반영하여 최대한 짧은 시간 내에 만들어낸 분석 모형 시스템

  - 프로토타입 모델의 완성도는 사용자의 요구 사항의 완전성에 직접적인 영향을 받지만, 보유 데이터의 포괄성이나 품질, 분석 역량의 수준, 분석 시스템의 인프라 수준 등으로 간접적인 영향을 미침.

  - 프로토타입 모델이 구축되면 사용자들은 모델을 사용해 실제로 분석을 수행해 보고 그 프로토타입이 적절한지, 유용한지 또는 사용하는 데 불편한 점은 없는지를 살펴봄.

① 성공적 과제 도출: 데이터 분석가와 비즈니스 분석가 등 분석 당사자가 프로토타입 결과에 만족해 하는 경우

② 개선 요구: 설계자와 사용자가 프로토타입의 일부분은 만족하지만 일부분은 개선해야 하는 경우

③ 실패/폐기: 설계자나 사용자가 비즈니스, 데이터, 기술적 관점에서의 타당성이나 없다고 판단하고 폐기하는 경우

2. 분석 환경 구축

1) 분석 도구 선정★

- 빅데이터를 분석하는 대표적인 분석도구는 R, Python 등이 있음.

(1) R

- 데이터 분석을 위한 통계분석 기법과 알고리즘, 시각화 기능을 지원하는 오픈소프트웨어 환경
- 1970년대 AT&T에서 개발한 통계언어인 S-language에 뿌리를 두고 있음.
- R은 맥, 유닉스, 윈도우 등 다양한 컴퓨팅 환경에서 사용 가능한 통계 계산과 그래픽을 위한 프로그래밍 언어
- 오픈소스 프로그램 형태로 제공되기 때문에 새로운 통계 데이터 분석 기법이 개발되었을 때 사용자들이 직접 분석 패키지를 만들어 업로드할 수 있음.
- 업로드한 분석 프로그램들을 다운받아 사용

① R 특징

- 대부분의 상업용 통계 소프트웨어 플랫폼은 수천에서 수만 달러 비용 발생하지만, R은 오픈소스 기반 무료 소프트웨어
- R은 텍스트, 엑셀, DBMS 등 다양한 종류의 정형·비정형 데이터를 이용할 수 있는 포괄적인 통계 플랫폼

 핵심 콕콕

R과 Python 중에서 어느 언어를 사용하는 것이 좋은가?
- 일반적으로는 분석하고자 하는 목적에 맞게 분석 언어를 선택해야 함.
- 두 언어 모두 능숙하게 다루는 것이 중요함.
- R은 통계분석에 유리
- Python은 인공지능(AI)에 유리

- R은 윈도우, 유닉스, 리눅스, 맥OS 등 다양한 플랫폼에서 작동이 가능한 멀티 운영 환경을 지원
- R은 대규모 데이터에서 분석 결과를 직관적으로 이해할 수 있도록 시각화 기능을 지원
- R은 유사 데이터에 대한 분석 작업을 기존 스크립트를 재사용하면서 처리할 수 있는 작업의 재현성을 제공
- R은 최신 통계분석 및 마이닝 기능을 가진 패키지 및 샘플이 지속적으로 업데이트 되고 있어 전 세계적 커뮤니티 생태계를 형성

핵심 콕콕

Python
귀도 반 로섬(Guido van Rossum)이 개발한 언어로 초보자부터 전문가까지 사용자층을 보유

(2) Python

- 동적 타이핑(dynamic typing) 범용 프로그래밍 언어로 펄 및 루비(Ruby)와 자주 비교
- 다양한 플랫폼에서 쓸 수 있고, 라이브러리(모듈)가 풍부하여 외국에서는 대학, 교육기관, 연구기관, 산업계 등에서 점차 이용
- 파이썬은 순수한 프로그램 언어 기능 외에도 다른 언어로 쓰여진 모듈들을 연결하는 풀언어(glue language)로 자주 이용
- 파이썬은 많은 상용 응용 프로그램에서 스크립트 언어로 채용되어 활용
- 파이썬은 기본적으로 해석기(인터프리터) 위에서 실행될 것을 염두에 두고 설계됨.

파이썬과 R 중에서 데이터 사이언스에 더 적합한 언어는 무엇인가?

01. 우아함(우승자: 파이썬)
우아함에 대한 평가는 매우 주관적이다. 맷로프 교수는 파이썬은 괄호나 교정기 사용을 크게 줄일 수 있기 때문에 파이썬의 명백한 승리이며, 파이썬은 매우 날렵하다고 말했다.

02. 학습 곡선(우승자: R)
Python을 사용하기 위해선 NumPy, Pandas, matplotlib를 포함한 많은 자료를 배워야 한다. 하지만 R에는 기본적으로 매트릭스 유형과 기본 그래픽이 내장되어 있다.

시스템에 능숙한 경우에도 Python의 라이브러리를 구성하기 까다로울 수 있다. 반면 대부분의 R 패키지는 즉시 실행되며, 초보자도 R을 활용해 몇 분 안에 간단한 데이터 분석을 할 수 있다.

03. 사용 가능한 라이브러리(무승부)

파이톤 패키지 인덱스(PyPI)는 18만 3,000개 이상의 패키지를 가지고 있으며, CRAN(Compreged Rarchive Network)은 1만 2,000개 이상의 패키지를 가지고 있다. 그러나 데이터 과학에 대한 PyPI는 적다.

예를 들어 맷로프가 주어진 데이터 포인트의 가장 가까운 이웃에 대한 빠른 계산을 하기 위해 코드가 필요할 때, 두 개의 패키지를 즉시 찾을 수 있었다. 반면 파이썬에서는 가장 가까운 이웃의 코드를 찾을 수 없었다. 그는 간단하고 직설적인 구현은 오직 한 개였다고 언급했다. 또한, 맷로프는 PyPI에 로그 선형 모델, 포아송 회귀 분석, 기악 변수, 공간 데이터, FWE 비율 용어를 검색하면 아무것도 나타나지 않았다고 덧붙였다.

04. 머신러닝(우승자: Python, 하지만 많이는 아님)

최근 몇 년간 파이썬의 엄청난 성장은 머신러닝과 인공지능의 상승에 일부분 영향을 받았다. Python은 AlexNet과 같이 이미지 인식을 위해 정밀하게 조정된 라이브러리를 많이 제공하지만, R 버전도 쉽게 개발할 수 있다.

맷로프는 파이썬 라이브러리의 힘은 특정한 이미지 평탄화 ops 설정에 의해 생기며, R의 Keras wrapper를 통해 쉽게 구현할 수 있다고 말했다. 순수한 R 버전의 TensorFlow(텐서플로우)가 개발될 수 있으며, R의 랜덤 포레스트와 그래디언트 부스팅의 가용성이 탁월할 수 있다고 주장한다.

05. 통계적 정확성(우승자: R, 월등히 좋음)

맷로프는 파이썬을 옹호하는 머신러닝 전문가들이 때때로 관련된 통계적 문제에 대해 잘 이해하지 못한다고 지적했다. 반면 R은 통계학자에 의해 작성되었다고 덧붙였다.

06. 병렬 연산(무승부)

R과 Python의 기본 버전은 멀티 코어 연산에 대한 지원이 약하다. 파이썬의 멀티 프로세싱 패키지는 다른 이슈들에 대한 좋은 해결책이 아니며, R의 병렬 패키지도 마찬가지이다. 맷로프는 "클러스터 연산을 지원하는 외부 라이브러리는 두 언어 모두 괜찮다", "현재 Python은 GPU에 대한 더 나은 인터페이스를 가지고 있다."라고 말했다.

07. C/C++ 인터페이스(우승자: R, 하지만 많이는 아님)

R의 Rcpp는 R과 C/C++를 연결하는 강력한 도구이다. 파이썬 swig(스위그)와 같은 도구를 가 지고 있지만 그것은 그렇게 강력하지 않으며, Pybind11 패키지는 아직 개발 중이다. R의 새로운 ALTREP 아이디어는 성능과 사용성을 향상시킬 수 있는 잠재력을 가지고 있다. 하지만 Cython과 파이썬의 PyPy 변형은 때때로 C/C++ 인터페이스의 필요성을 없앨 수 있다.

08. 객체 방향, 메타 프로그래밍(우승자: R, 하지만 많이는 아님)

R과 Python 둘 다에서 기능이 객체임에도 불구하고 R은 이를 더욱 심각하게 받아들이고 있다고 언급했다. 그는 "파이썬을 사용할 때마다 R에서 많이 하는 것처럼 단말기에 기능을 인쇄하지 못한다는 사실에 짜증이 난다."고 말했다.

Python은 단지 하나의 OOP 패러다임을 가지고 있다. 반면 R에서는 몇 가지를 선택할 수 있다. 그는 R의 마법 메타 프로그래밍 기능(코드를 생성하는 코드)을 감안할 때 컴퓨터 과학자들 은 R에 대해 주목해야 한다고 주장한다.

09. 언어의 통일성(우승자: 파이썬, 월등히 좋음)

파이썬이 버전 2.7에서 3.x로 변해도 큰 혼란이 생기지 않을 것이다. 하지만 R은 RStudio의 영향으로 두 개의 다른 언어로 바뀌어가고 있다. (R, Tidyverse)

맷로프는 Tidyverse가 일반적인 R보다 우월하다면 받아들일 수 있지만, 개인적으로 그렇게 생각하지 않는다고 언급했다. 또한, 이것이 초보자들에게 어렵게 만든다고 말했다.

10. 링크된 데이터 구조(우승자: 파이썬)

Binary tree 같은 고전적인 컴퓨터 사이언스 데이터 구조는 파이썬에서 구현하기 쉽다. R에서 리스트 클래스를 사용해 구현할 수 있지만, 맷로프는 이것도 느리다고 추측한다.

자료원: 코딩월드뉴스 이진영(2019.06.19. 기사)

2) 데이터 분할★★

(1) 데이터 분할

- 분석을 통해 좋은 결과를 도출하기 위해서는 수집된 데이터를 전처리를 통해서 분석을 위한 데이터로 바꾸는 작업이 필요
- 일반적으로 전처리 과정은 필요 없는 변수나 문제가 있는 이상치를 제거함.
- 데이터가 너무 크거나, 모형을 만들거나 검증을 위해서 데이터를 분할
- 데이터를 분할하는 것에는 학습/테스트 데이터 분할과 변수를 줄이는 차원 축소 등이 있음.

(2) 학습 및 테스트 데이터

- 일반적으로 데이터는 학습 데이터(training data)와 테스트 데이터(test data)로 분리
- 학습 데이터를 통해서 모형/알고리즘/모델 등을 학습시키거나 생성
- 학습되고 만들어진 모형과 모델을 통해서 예측이나 분석을 시행
- 시행을 통해서 얻은 결괏값 혹은 예측값을 실제 결괏값과 비교하여 모델과 모형의 성능을 평가
- 데이터 분할을 위해서는 학습/테스트 데이터의 크기와 랜덤 샘플링 여부 등을 결정
- 일반적으로 학습 데이터와 테스트 데이터의 크기는 7:3 혹은 8:2로 분리
- 학습 데이터를 다시 분할해서 학습 데이터와 학습된 모델이나 모형을 일차 검증하는 검증 데이터(validation data) 3가지로 분할

  핵심 콕콕

데이터(Data)
- 학습 데이터(training data)
- 테스트 데이터(test data)
- 검증 데이터(validation data)

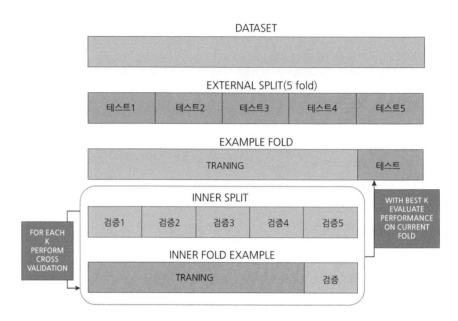

(3) 차원 축소

① 차원 축소

- 데이터의 차원이 커질수록 데이터 포인트들 간의 거리가 늘어나기 때문에 데이터가 회소
- 변수들 간의 거리에 기반한 다변량 자료들은 결과에 나쁜 영향을 미치거나 제대로 된 결과를 도출하지 못함.
- 차원 축소의 장점은 불필요한 변수를 줄여서 분석을 위한 시간을 절약하고 예측 성능의 향상에 기여
- 다차원 데이터의 차원을 줄여서 시각적으로도 보다 쉽게 패턴을 인지할 수 있도록 도와줌.
- 차원 축소는 단순히 데이터를 압축하는 것이 아닌 데이터를 더 잘 설명할 수 있는 변수를 추출하는 것임.

② 차원 축소 방법

- 차원 축소 분석 방법은 여러 가지가 있지만 주성분분석(PCA; Principal Component Analysis)과 선형판별분석(LDA; Linear Discriminant Analysis), 다차원척도분석(MDS; Multi Dimensional Scaling) 등이 있음.

③ PCA

- 대표적인 차원 축소 방법
- 많은 변수로 구성된 데이터에 대해 주성분이라는 새로운 변수를 생성하여 기존 변수보다 차원을 축소해 분석을 수행

- PCA는 원본 데이터의 변동성을 가장 중요한 정보로 간주함.
- PCA는 원본 데이터의 변동성을 기반으로 첫 번째 벡터 축을 생성하고, 두 번째 벡터 축을 첫 번째와 직각이 되는 벡터축으로 설정
- 생성된 벡터에 원본 데이터를 대입하면 벡터 축의 개수만큼 원본 데이터의 차원이 축소
- PCA는 일반적으로 원본 데이터의 공분산 행렬을 추출하고 공분산 행렬을 고유벡터와 고윳값으로 분해하고 원본 데이터를 고유벡터로 선형 변환하는 과정을 거쳐서 PCA 변환값을 도출

  핵심 콕콕

PCA
고차원의 원본 데이터를 저차원의 부분 공간으로 투영하여 데이터를 축소하는 기법

PART 1. 빅데이터 분석 기획

PART 2. 빅데이터 탐색

PART 3. 빅데이터 모델링

PART 4. 빅데이터 결과 해석

과목 예상문제

01. 다음 중 분석 모형 선택에 대한 설명으로 가장 올바르지 않은 것은?

① 상황에 따라서 모형의 수정을 유연하게 해야함
② 입력 변수에 따른 예측력으로 모형의 안정성 확보
③ 분석 목적과 맞지 않은 분석 모형은 향후 사용이 어려움
④ 분석 모형 선택 시 중요한 것은 분석 목적에 맞는지에 대한 확인이 필요

해설 상황에 따라서 모형의 갱신을 유연하게 해야 함.

02. 다음 글상자에서 설명하고 있는 용어는?

절편만 있는 상수 모형의 중요한 설명 변수부터 모형에 추가해 나가는 방식

① 전진선택법
② 후진선택법
③ 전진제거법
④ 후진제거법

해설 절편만 있는 상수 모형의 중요한 설명 변수부터 모형에 추가해 나가는 방식은 전진선택법임.

03. 다음 중 분석 모형 구축 절차의 단계 중에서 적용에 해당하는 것은?

① 요건 확정
② 수행 방안 설계
③ 주기적 리모델링
④ 모델링 성능 평가

해설 적용에는 운영 시스템에 적용 및 자동화, 주기적 리모델링이 있음.

04. 다음 글상자의 괄호안에 알맞은 용어를 차례대로 나열한 것은?

전통적 추론에서 (   )는 참값을 알 수 없는 고정된 (   ), 데이터는 확률분포를 따라 움직이는 (   )라고 가정한다.

① 변수, 상수, 변수
② 변수, 모수, 상수
③ 모수, 상수, 변수
④ 모수, 변수, 상수

해설 특정 미디어에 국한되지 않고 트위터, 페이스북, 블로그를 통합적으로 활용하여 파급 효과를 높이는 한층 업그레이드된 마케팅 기법

05. 다음 중 R에 대한 설명이 아닌 것은?

① 기본적으로 해석기(인터프리터) 위에서 실행될 것을 염두에 두고 설계
② 대규모 데이터에서 분석 결과를 직관적으로 이해할 수 있도록 시각화 기능을 지원
③ 맥, 유닉스, 윈도우 등 다양한 컴퓨팅 환경에서 사용 가능한 통계 계산과 그래픽을 위한 프로그래밍 언어
④ 데이터 분석을 위한 통계분석 기법과 알고리즘, 시각화 기능을 지원하는 오픈 소프트웨어 환경

해설 파이썬은 기본적으로 해석기(인터프리터) 위에서 실행될 것을 염두에 두고 설계되었음.

06. 다음 중 학습 데이터와 테스트 데이터의 크기 분리 기준으로 가장 올바른 것은?

① 5:5
② 6:4
③ 7:3
④ 9:1

해설 일반적으로 7:3이나 8:2를 가장 많이 사용함.

정답 1. ① 2. ① 3. ③ 4. ③ 5. ① 6. ③

07. 다음 중 PCA에 대한 설명으로 올바르지 않은 것은?

① 대표적인 차원 축소 방법
② 원본 데이터의 신뢰성을 가장 중요한 정보로 간주함
③ 생성된 벡터에 원본 데이터를 대입하면 벡터 축의 개수만큼 원본 데이터의 차원이 축소
④ 고차원의 원본 데이터를 저차원의 부분 공간으로 투영하여 데이터를 축소하는 기법

해설 PCA는 원본 데이터의 변동성을 가장 중요한 정보로 간주함.

08. 다음 중 차원 축소 방법이 아닌 것은?

① 주성분분석
② 다중회귀분석
③ 선형판별분석
④ 다차원척도분석

해설 차원 축소 방법은 주성분, 선형판별, 다차원척도 분석이 있음.

09. 다음 중 전처리 과정에서 필요 없는 변수 문제가 있는 무엇을 제거해야 하는가?

① 이상치
② 결측치
③ 예측치
④ 샘플링

해설 일반적으로 전처리 과정은 필요없는 변수나 문제가 있는 이상치를 제거함.

10. 다음 중 하향식 접근 방법에서 문제의 정형화가 안 되었을 경우에 취하는 접근법은?

① 상향식
② 하향식
③ 혼합식
④ 프로토타이핑

해설 하향식 접근 방법에서 문제의 정형화 안 되었을 경우에는 프로토타이핑 접근법을 사용함.

CHAPTER

02 분석 기법 적용

[학습 방향]

분석 기법 적용은 분석 모형을 선정을 선정하고 분석 기법을 적용하는 단계이다. 실제 분석에 사용하는 기본 분석기법과 고급 분석기법을 배워 분석모형에 대한 이해도를 높인다.

[핵심 내용]

- 대표적인 분석모형인 회귀분석, 로지스틱 회귀분석, 의사결정나무, 인공신경망, 서포트벡터머신, 연관성분석, 군집분석을 철저히 이해한다.
- 범주형 자료 분석, 다변량 분석, 주성분 분석, 시계열 분석, 딥러닝 분석, 비정형 데이터 분석, 소셜 네트워크 분석, 앙상블 분석, 비모수 통계 기법 등 고급 분석 기법을 알아본다.

1. 분석 기법

1) 회귀분석★★

(1) 단순회귀분석

핵심 콕콕

일반적으로 회귀분석은 빅데이터 뿐만이 아니라 인공지능에서도 중요하기 때문에 반드시 이론적인 학습을 하여야 함.

- 회귀분석(regression analysis)은 변수 간의 원인과 결과 간의 인과관계를 설명하는 분석 방법
- 회귀분석(regression analysis)은 독립변수(연속형)와 종속변수(연속형) 간의 관계를 함수관계로 나타냄.
- 독립변수가 종속변수에 미치는 영향의 정도를 분석하는 방법
- 회귀분석에서 회귀계수의 추정 방법은 통상적으로 최소자승법, 최우도법, 베이지안법, 적률법 등이 있음.
- 가장 많이 활용되는 회귀계수 추정 방법은 최소자승법
- 최소자승법은 잔차의 자승합을 최소화하는 방법으로 회귀계수를 추정하는 방법
- 회귀분석은 독립변수의 수가 1개이면 단순회귀분석, 2개이면 다중회귀분석
- 회귀분석의 특수한 경우로 종속변수가 이항형 또는 순서형으로 나타나는 경우이면 로지스틱 회귀분석을 이용

- 회귀분석의 기본 모형 및 가정

  $Y_i = \alpha + \beta X_i + \epsilon_i$

  α: 상수항

  β: 회귀계수(변수 X의 Y에 대한 영향력)

  ϵ_i: 오차항

- 가정 1) ϵ_i의 기대값은 '0'이다. $E(\epsilon_i)=0$

  2) ϵ_i는 모두 동일한 분산을 갖음

  3) ϵ_i는 서로 독립적이며 정규분포를 이룸.

- 회귀분석에서는 잔차($\epsilon_i = Y_i - \widehat{Y_i}$)의 제곱합을 최소화시키는 최소자승법(least square method)에 의하여 회귀계수를 추정

- 추정된 회귀식은 $\widehat{Y_i} = a + bX_i$으로 나타냄.

- 추정된 표본회귀계수인 b는 모수 β와의 사이에 오차가 발생하므로 b의 정확성, 적합성, 유의성을 검토

- b의 표준오차와 결정계수, 분산분석표에서의 F-검정을 통하여 검토할 수 있음.

- SSE = 오차제곱합(sum of squares error)은 회귀식으로 설명되지 않는 잔차의 제곱 합으로 $\sum ei^2$을 의미하며, SSE의 공식은 아래와 같음.

  $$\sum_{i=1}^{i} \left(y_i - \widehat{y_i} \right)^2$$

- SSR = 회귀제곱합(sum of squares regression)은 독립변수를 고려함으로써 회귀식 으로 설명되는 부분의 제곱합이며, SSR의 공식은 다음과 같음.

  $$\sum_{i=1}^{i} \left(\widehat{y_i} - \overline{y_i} \right)^2$$

- SST = SSR + SSE = 총제곱합(sum of squres total)은 총변동(total variation)이라고도 하 는데 독립변수를 고려하지 않았을 경우 실제 관측치 Y_i들이 $\overline{Y}$로부터 흩어진 정도

  R^2 = SSR/SST = 설명된 변동/총변동

- 결정계수 R^2는 종속변수 Y의 총제곱합 중에서 회귀식으로 설명되는 제곱합이 차지하는 상대적 비율로 측정

- R^2는 0부터 1사이의 값을 값을 갖는데 1에 가까울수록 회귀선은 표본 데이터를 잘 설명하고 있다고 할 수 있음.

[표 3-1] 회귀모형 검정 도구

b	검정 도구	내 용
정확성	표준오차: $s_e(b) = \sqrt{\hat{\sigma^2}/\sum x_i^2}$	$s_e(b)$ 값이 작을수록 정확성이 높음.
적합성	결정계수: $R^2 = \dfrac{SSR}{SST} = 1 - \dfrac{SSE}{SST}$	R^2 값이 1에 가까울수록 모형의 설명력이 높음.
유의성	분산분석: $F = \dfrac{회귀평균제곱}{잔차평균제곱} = \dfrac{MSR}{MSE}$	F 값이 클수록 추정된 모형이 통계적으로 유의함.

[사례 1] 서울시 강남구 지역 주민 10명을 대상으로 월급, 월지출, 재산을 설문조사한 결과 다음과 같았다. 월 지출을 종속변수로 하고, 월급을 독립변수로하여 월급이 월지출에 영향을 미치는지를 단순회귀분석하고자 한다.

구분	월급(만 원)	월지출(만 원)
변수	X	Y
1	82	50
2	85	53
3	88	60
4	90	61
5	95	65
6	98	68
7	101	70
8	105	72
9	108	72
10	112	75

[회귀분석 결과]

회귀분석 결과 추정된 회귀식 $(Y = a + bX)$은 다음과 같이 표시할 수 있음.

$Y = -12.968 + 0.805X$ (Y = 월지출, X = 월급)

- 산정된 회귀모형에 포함된 회귀계수 a 및 b 값을 어느 정도 신뢰할 수 있는지에 대한 확인 절차가 필요

- t-검정과 F-검정은 비율척도 자료에 적용되며, x^2검정은 명목척도 자료에 적용

- t-검정은 2집단 간의 비교에 적용되며, F-검정은 3집단 이상 간의 비교에 적용

- 회귀계수 b에 대한 통계적 검정은 t-검정을 따름.

- 회귀분석 결과 추정된 월급에 해당하는 회귀계수 b에 대한 통계적 검정은 t-검정으로 다음과 같은 절차를 통해 확인할 수 있음.

  - 월급 x 독립변수가 월지출 Y 종속변수에 영향을 미치는가를 검증

  - 이를 위해 먼저 가설검정 기준치 t 값을 설정한다. 신뢰수준 95%에서 자유도 $(n-1)$값은 2.262

  - 서울시 강남구 지역 주민 10명을 대상으로 월급과 월지출 설문 자료를 토대로 SAS, SPSS 혹은 공개 소프트웨어 R을 활용하여 계산한 t 값은 10.912

    · 대부분의 통계학 책은 부록에 t 분포표를 수록하고 있다. 따라서 시중에 유통되는 통계학 책 부록에서 확인할 수 있음.

  - 다음으로 가설검정 기준치 t 값과 산정된 t 값을 비교하면, 산정된 t 값 10.912가 기준치 t 값 2.262보다 크기 때문에 월급 x 변수는 월지출 Y 종속 변수에 영향을 미치는 것으로 해석할 수 있음.

  - 반대로 산정된 t 값이 기준치 t 값보다 적게 되면 월급 x 독립변수는 월지출 Y 종속변수에 영향을 미치지 않는 것으로 해석

(2) 다중회귀분석★

- 다중회귀분석(multiple regression analysis)은 2개 이상의 설명변수(독립변수)가 피설명변수(종속변수)에 미치는 영향 관계를 분석하는 기법

- 2개의 독립변수로 이루어진 다중회귀모형을 방정식으로 나타내면 다음과 같음.

  $$Y_i = a + bX_{1i} + cX_{2i} + \epsilon_i$$

  α: 상수항

  b, c: 회귀계수(변수 X의 Y에 대한 영향력)

  ϵ_i: 오차항

  - 가정 1) ϵ_i의 기댓값은 '0'이다. $E(\epsilon_i)=0$

    2) ϵ_i는 모두 동일한 분산임.

    3) ϵ_i는 서로 독립적이며 정규분포를 이룸.

핵심 콕콕

통계학에서 통계 결과치에 대한 검정은 t-검정, F-검정, x^2 검정 3가지가 있음.

핵심 콕콕

다중회귀분석의 목적 역시 회귀계수 a, b 및 c를 추정하는 데 있음.

[사례 2] 전국 연도별 15세 이상 생산가능인구, 경제활동인구, 취업자 수 자료를 활용하여 취업자 수를 종속변수로 하고, 독립변수를 15세 이상 인구와 경제활동인구로 하여 독립변수인 15세 이상 인구와 경제활동인구가 취업자 수에 미치는 영향 관계를 다중회귀분석한다.

구분	15세 이상 인구(천 명)	경제활동인구(천 명)	취업자(천 명)
변수	X_1	X_2	Y
2002년	36,963	22,921	22,169
2003년	37,340	22,957	22,139
2004년	37,717	23,417	22,557
2005년	38,300	23,743	22,856
2006년	38,762	23,978	23,151
2007년	39,170	24,216	23,433
2008년	39,598	24,347	23,577
2009년	40,092	24,394	23,506

(자료: 통계청)

[회귀분석 결과]

- 회귀분석 결과 추정된 회귀식 ($Y = a + bX_1 + cX_2$)은 다음과 같이 표시

    $Y = -606.948 + 0.039X_1 + 1.055X_2$

- 산정된 다중회귀모형에 포함된 회귀계수 a, b 및 c 값이 어느 정도 믿을 수 있는지에 대한 확인

- 보기 예로 다중회귀분석 결과 추정된 상수 a, 15세 이상 인구 회귀계수 b, 경제활동인구 회귀계수 c 중에서 경제활동인구에 해당하는 회귀계수 c에 대한 t-검정
    - 가설검정 기준치 t 값을 설정. 신뢰수준 95%에서 자유도($n-1$)값은 2.365
    - 통계청 연도별 전국 15세 이상 인구, 경제활동인구, 취업자 수 자료를 토대로 SAS, SPSS 혹은 소프트웨어 R을 활용하여 계산
    - t 값은 위의 회귀분석 결과표에서와 같이 5.813
    - 여기서 산정된 t 값 5.813은 기준치 t 값 2.365보다 크기 때문에 경제활동인구 X_2 독립변수는 취업자 수 Y 종속변수에 영향을 미치는 것으로 해석

2) 로지스틱 회귀분석(Logistic Regression)★★

- 로지스틱 회귀는 선형회귀분석과는 다르게 종속변수가 범주형 데이터를 대상으로 하며 입력 데이터가 주어졌을 때 해당 데이터의 결과가 특정 분류로 나뉘기 때문에 일종의 분류(classification) 기법으로도 볼 수 있음.
- 일상 생활과 관련된 많은 문제는 성공 또는 실패, 합격 또는 불합격, 생존 또는 비생존, 구매 또는 비구매와 같이 둘 중의 하나를 취하는 이분형 또는 범주형인 경우가 많음.

 핵심 콕콕

선형회귀분석은 종속변수 혹은 결과변수가 연속값을 갖는 수치로 나타냄.

- 회귀분석은 일반적인 회귀모형과 로지스틱 회귀모형의 두 가지 모형으로 분류
- 이는 추정할 종속변수의 유형에 따라 종속변수가 연속형이면 일반적인 회귀분석이고 이항형 또는 순서형의 범주형 자료 형태로 주어져 있으면 로지스틱 회귀모형이 됨.
- 로지스틱 회귀는 종속변수가 이항형 문제(즉 유효한 범주의 개수가 두 개인 경우)를 지칭할 때 사용

- 로지스틱 회귀분석은 목표변수 입력변수에 의하여 어떻게 설명되고 예측되는지 분석하기 위해 대상 자료를 적절한 함수식으로 나타내어 분석하는 통계적 방법중에 하나
- 두 집단의 특성에 대한 차이를 파악하는 분석 모형을 분류모형이라 함.
- 로지스틱 회귀모형은 이러한 분류모형의 한 종류로서 종속변수가 두 범주로 구성되어 있는 명목변수일 때 적절한 통계적 기법

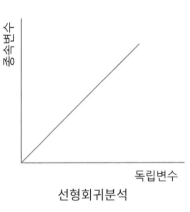

선형회귀분석

- 로지스틱 회귀는 이항형 또는 다항형이 될 수 있음.
- 이항형 로지스틱 회귀(binomial logistic regression)의 경우 종속변수의 결과가 (성공, 실패)와 같이 2개의 카테고리가 존재하는 것을 의미
- 다항형 로지스틱 회귀는 종속형 변수가 (맑음, 흐림, 비)와 같이 2개 이상의 카테고리로 분류되는 것
- 이항형 로지스틱의 회귀 분석에서 2개의 카테고리는 0과 1로 나타내어지고 각각의 카테고리로 분류될 확률의 합은 1이 됨.

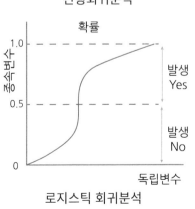

로지스틱 회귀분석

- 로지스틱 회귀는 일반적인 선형 모델(generalized linear model)의 특수한 경우로 볼 수 있으므로 선형회귀와 유사함.
- 하지만, 로지스틱 회귀의 모델은 종속 변수와 독립 변수 사이의 관계에 있어서 선형 모델과 차이점을 지니고 있음.
  - 첫 번째 차이점은 이항형인 데이터에 적용하였을 때 종속변수 y의 결과가 범위 $[0,1]$로 제한됨.
  - 두 번째 차이점은 종속변수가 이진적이기 때문에 조건부 확률($P(y \mid x)$)의 분포가 정규분포 대신 이항 분포를 따른다는 점
- 따라서 대상이 되는 데이터의 종속변수 y의 결과는 0과 1, 두 개의 경우만 존재하는 데 반해, 단순선형회귀를 적용하면 범위 $[0,1]$를 벗어나는 결과가 나오기 때문에 오히려 예측의 정확도만 떨어뜨리게 됨.
  - 이를 해결하기 위해 로지스틱 회귀는 연속이고 증가 함수이며 $[0,1]$에서 값을 갖는 연결 함수 $g(x)$를 제안함.
  - 연결 함수의 형태는 다양하게 존재하는데 그중 대표적인 두 개는 아래와 같음.

    로지스틱 모형: $g(x) = \dfrac{e^x}{1 + e^x}$

    검벨 모형: $g(x) = e^{-e^x}$

- 로지스틱 모형식은 독립 변수가 $[-\infty, \infty]$의 어느 숫자이든 상관없이 종속변수 또는 결과 값이 항상 범위 $[0,1]$ 사이에 있도록 하며, 이는 오즈(odds)를 로짓(logit) 변환을 수행함으로써 얻음.
- 오즈(odds) & 로짓 변환 성공 확률이 실패 확률에 비해 몇 배 더 높은가를 나타내며 그 식은 아래와 같음.

  $$\text{odds} = \dfrac{p(y = 1 \mid x)}{1 - p(y = 1 \mid x)}$$

- 만약 성공 확률이 0.8 ($p = 0.8$)이라면 odds = 0.8/(1−0.8) = 4.0이므로, 성공 확률이 실패 확률의 4배라는 것을 알 수 있음.
- 로짓 변환 오즈에 로그를 취한 함수로서 입력값의 범위가 $[0,1]$ 일때 출력값의 범위를 $(-\infty, +\infty)$로 조정함.

  $$\text{logit}(p) = \log \dfrac{p}{1 - p}$$

- 로지스틱 함수(logistic function)의 그래프는 아래 그래프와 같고 이는 독립변수 x 가 주어졌을 때 종속변수가 1의 범주에 속할 확률이며, $p(y=1 \mid x)$를 의미함.
- 로지스틱 함수는 로짓 변환을 통해 만들어지고 그 형태는 다음과 같음.

$$\text{logistic function} = \frac{e^{\beta \cdot X_i}}{1 + e^{\beta \cdot X_i}}$$

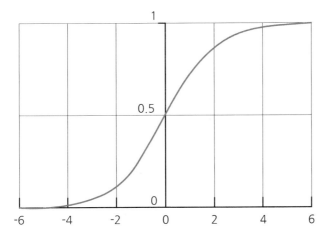

- 표준 로지스틱 함수 $\sigma(t)$는 모든 t에 있어서 $\sigma(t) \in [0, 1]$
- 두 개 이상의 범주를 가지는 문제가 대상인 경우엔 다항 로지스틱 회귀(multinomial logistic regression) 또는 분화 로지스틱 회귀(polytomous logistic regression)라고 하고 복수의 범주이면서 순서가 존재하면 서수 로지스틱 회귀(ordinal logistic regression)
- 회귀분석은 입력변수가 단수인 경우 단순회귀분석(Simple Regression Analysis)
- 입력변수가 다수인 경우 다중회귀분석(Multiple Regression Analysis)

- 목표변수가 y에 대해서 p개의 입력변수 $x_1, x_2, \cdots, x_p$가 있다면, 다중선형회귀모형은 다음과 같이 표현됨.

$$Y = a + \beta_1 x_1 + \beta_2 x_2 + \cdots + \beta_p x_p + e$$

– 여기서 $a, \beta_1, \beta_2, \cdots, \beta_p$는 추정되어야 할 $(p+1)$개의 회귀계수
– e은 기댓값 0, 분산 σ_2을 갖는 오차항
– 그러나 만약에 목표변수 y의 관찰값이 이항형일 때는 이러한 선형회귀모형은 문제점을 가지게 됨.

- 목표변수 y의 관측값은 이항형이지만 예측값의 유형은 이항형이 아님.
  - 예를 들어, $\alpha=0.1$이고 $\beta=0.1$이라면 $x+10$일 때 y의 예측값은 0.2이지만 $x=100$일 때 y의 예측값이 10.1이 됨.
  - 즉 y를 벗어나는 예측값이 생기게 됨.
  - 또 다른 문제점은 목표변수 y에 대한 확률분포가 선형회귀에 가정되는 확률분포와 맞지 않음.

- 즉 y가 이항형이기 때문에 베르누이(Bernoulli) 분포와 같이 이진변수(Binary Variable)를 가지는 분포에 의하여 모형화하는 것이 타당한데, 선형회귀모형은 y를 연속형인 것으로 간주되기 때문에 흔히 정규분포로 모형화함.
- 로지스틱 회귀모형은 목표변수가 이항형일 때 선형회귀모형의 이러한 단점을 극복하기 위한 확률에 대한 로짓 변환(Logit Transformation)을 고려하여 분석함.
- 즉 다음과 같이 모형화하여, 모형식의 좌변과 우변이 모두 실수 상의 값을 가지도록 하는 것임.

$$\log\ p(y=1|x_1, x_2, \cdots, x_p)/1 - p(y=1|x_1, x_2, \cdots, x_p)$$
$$= \alpha + \beta_1 x_1 + \cdots + \beta_p x_p$$

  - 여기에서 $\log$는 자연 로그(Natural Log)를 의미
  - 로지스틱 회귀모형의 목적은 흔히 추정된 로짓 모형을 이용하여 자료를 분류하기 위한 것임.
  - 일반적인 판별분석(Discriminant Analysis)과 비교하여 로지스틱 판별분석(Logistic Discriminant Analysis)이라고 함.

- 위 모형식으로부터 추정된 회귀계수 $\alpha, \beta_1, \cdots, \beta_p$를 이용하여 다음과 같이 사후확률(Posterior Probability)에 대한 추정식을 얻을 수 있음.

$$p(y=1|x_1, x_2, \cdots, x_p)$$
$$= \exp\left(\alpha + \beta_1 x_1 + \cdots + \beta_p x_p\right)/1 + \exp\left(\alpha + \beta_1 x_1 + \cdots + \beta_p x_p\right)$$

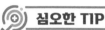

심오한 TIP

베르누이 분포(Bernoulli Distribution)
시행의 횟수가 1회, 시행의 결과가 성공 혹은 실패의 2가지인 분포을 의미

이항분포
n회 시행 시 성공 횟수 r의 분포값을 의미하며 베르누이 분포의 반복

- 이렇게 얻어진 각 개체에 대한 사후 확률은 그 개체를 분류한기 위해 사용될 수 있음.

$$\left(\hat{p}(y=0|x_1, x_2, \cdots, x_p) = 1 - \hat{P}(y=0|x_1, x_2, \cdots, x_p)\right)$$

- 즉 추정된 사후 확률은 0과 1사이 값을 가지게 되므로, 적절한 절단 값(CutOff Value)을 정하여 이 값을 기준으로 각 개체를 분류하는 것임.

- 로지스틱 회귀분석은 의료, 통신, 데이터 마이닝과 같은 다양한 분야에서 분류 및 예측을 위한 모델로써 폭넓게 사용되고 있음.

[사례] 로지스틱 회귀분석을 이용한 공부시간(hours studied)과 합격 확률(probability passed)의 관계 모형

아래 표는 공부시간과 합격 여부를 기록한 데이터 테이블이다.

공부시간	0.50	0.75	1.00	1.25	1.50	1.75	1.75	2.00	2.25	2.50
합격	0	0	0	0	0	0	1	0	1	0
공부시간	2.75	3.00	3.25	3.50	4.00	4.25	4.50	4.75	5.00	5.50
합격	1	0	1	0	1	1	1	1	1	1

- 아래는 공부한 시간(X)과 합격의 확률(Y)을 선형회귀분석으로 나타낸 모형이며, 이 모형을 이용해서 공부한 시간(X)으로 합격의 확률(Y)을 예측하면, 합격이 1, 불합격이 0인데도 불구하고, 합격의 확률(Y)이 1.2 이상 또는 -0.2 이하로 벗어날 수 있음.

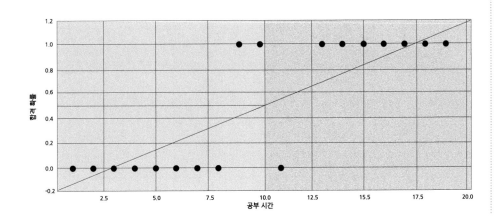

- 따라서 로지스틱 회귀분석을 이용하여 아래와 같이 공부한 시간(X)에 따른 합격의 확률(Y)을 0과 1사이로 나타냄.

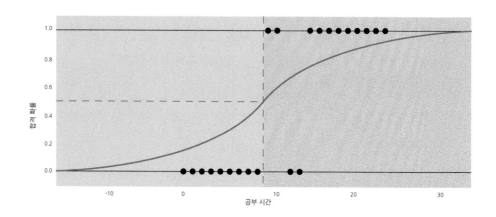

- 데이터를 이용해 분석된 로지스틱 회귀분석 결과는 다음과 같음.

	Coefficient	Std.Error	*z-value*	*p-value* (Wald)
Intercept	−4.0777	1.7610	−2.316	0.0206
공부시간	1.5046	0.6287	2.393	0.0167

– 위 로지스틱 회귀분석 결과표에서 $p = 0.0167$인 것으로 볼 때 공부시간이 합격여부에 충분히 영향을 미치고 있다는 것으로 판단을 할 수 있음.

– 또한 $P(y=합격)$의 계산을 위한 $\alpha = -4.0777$, $\beta = 1.5046$을 보여주고 있으며, 2시간을 공부한 사람의 합격 확률은 아래와 같이 계산될 수 있음.

  합격 확률 p(공부시간=2) $= 1/(1+\exp(-(-4.0777+.5046\times2)) = 0.26 = 26\%$

- 아래는 공부시간이 1, 2, 3, 4, 5 일 때 합격 확률을 보여주고 있음.

공부시간	합격		
	로그-승산	승산	(합격)확률
1	−2.57	0.076	7%
2	−1.07	0.34	26%
3	0.44	1.55	61%
4	1.94	6.96	87%
5	3.45	31.4	97%

3) 의사결정나무 분석★★★

(1) 의사결정나무 기법

① 의사결정나무 분석

- 의사결정나무 분석은 일반적으로 다음과 같은 단계를 거침.

    ㉠ 의사결정나무의 형성:분석의 목적과 자료 구조에 따라서 적절한 분리 기준과 정지 규칙을 지정하여 의사결정나무를 얻음.

    ㉡ 가지치기:분류 오류를 크게 할 위험이 높거나 부적절한 추론 규칙을 가지고 있는 가지를 제거

    ㉢ 타당성 평가:이익도표나 위험도표 또는 검증용 자료에 의한 교차타당성 등을 이용하여 의사결정나무를 평가

    ㉣ 해석 및 예측:의사결정나무를 해석하고 예측모형을 설정

- 의사결정나무구조 형성의 형태 중 하나는 <u>이진트리</u> 구조를 들 수 있음.

    - 이 구조는 각각의 노드가 두 개의 자식 노드를 만들어 yes 또는 no 질문에 답함으로써 터미널 노드까지 진행해 나가는 방법

    - 단순한 이진트리 모양만 있는 것이 아니라 혼합된 형태의 모형도 있음.

    - 의사결정나무를 형성하는 단계에서 사용되는 대표적인 알고리즘에는 <u>지니지수 (Gini Index)</u> 또는 분산의 감소량을 분리기준으로 활용

    - 이진분리를 수행하는 CART, <u>엔트로피지수</u>를 분리 기준으로 활용하는 C4.5 알고리즘, 카이제곱−검정 또는 F−검정을 분리 기준으로 활용

    - 다지 분리 수행이 가능한 CHAID 등이 있음.

    - 이들은 분리 기준과 정지 규칙 그리고 가지치기 등에서 서로 다른 차이점을 가지고 있음.

- 의사결정나무 분석은 예측과 분류를 위해 단편적이고 강력한 툴로서 트리구조로 규칙을 표현하기 때문에 이해하기가 쉬움.

    - 어떤 적용에서는 얼마나 잘 분류 또는 예측하게 되는 것인지 문제화되기도 함.

    - 즉 DM 발송회사는 모델이 어떻게 구성되었는지보다는 얼마나 자신의 메일에 잘 대답을 해줄 수 있는 집단을 분류해 줄 수 있는지에 관심을 가지고 있음.

> **짚오한 TIP**
>
> **이진 트리(binary tree)**
> 각각의 노드가 최대 두 개의 자식 노드를 가지는 트리 자료 구조로, 자식 노드를 각각 왼쪽 자식 노드와 오른쪽 자식 노드라고 함.
>
> **지니지수(Gini Index)**
> 영역내에서 특정 클래스에 속하는 관측치의 비율을 제외한 값
>
> **엔트로피지수(Entropy Index)**
> 엔트로피는 물리학에서 무질서도를 의미하는데 정보 획득은 설명변수 X라는 조건에 반응변수 Y의 엔트로피가 얼마나 감소하였는가를 나타내는 값

- 하지만 어떤 경우에는 왜 이런 결정을 하게 되었는지 설명하는 것도 중요하며 의사결정나무 분석은 이러한 경우에 유용
- 예를 들면, 카드 신청자의 카드 발급을 거절해야 하는 경우 그것의 결과를 설명할 수 없는 기존 통계 분석모델보다 이유를 설명해 줄 수 있는 의사결정나무 분석이 더 유용

- 의사결정나무의 장점은 다음과 같음.
  - ㉠ **주요 변수의 선정이 용이**:중요한 변수만 선별하여 의사결정나무를 구성
  - ㉡ **교호효과의 해석**:두 개 이상의 변수가 결합하여 목표변수에 어떻게 영향을 주는지 쉽게 알 수 있음.
  - ㉢ **비모수적 모형**:선형적, 정규성, 등분산성 등의 가정이 필요 없음.
  - ㉣ **해석의 용이성**:모형의 이해가 쉽고, 새로운 자료의 모형에 적합하며, 어떤 입력변수가 목표변수를 설명하기에 좋은지 쉽게 파악할 수 있음.
  - ㉤ **지식의 추출**:의사결정나무를 룰로 자동 변화가 가능하며, 이 룰은 다양한 활용이 가능

- 의사결정나무는 반면에 아래의 단점을 갖고 있음.
  - ㉠ **비연속성**:연속형 변수를 비연속적인 값으로 취급하기 때문에 분리의 경계점 근방에서 예측 오류가 클 가능성이 있음.
  - ㉡ **선형성 또는 주 효과의 결여**:선형 또는 주 효과 모형에서와 같은 결과를 얻을 수 없다는 한계점이 있음.
  - ㉢ **비안정성**:분석용 자료에만 의존하기 때문에 새로운 자료의 예측에서는 불안정할 가능성이 높음.
  - ㉣ 몇몇 의사결정나무 알고리즘이 이진분리를 이용하기 때문에 분리 가지의 수가 너무 많음.
  - ㉤ 나무 형성 시 컴퓨팅 비용이 많이 듦.

② 분리기준 및 가지치기
- 의사결정나무의 분리기준은 하나의 부모마디로부터 자식마디들이 형성될 때 입

력변수(또는 독립변수)의 선택과 선택된 입력변수에 따른 범주를 선택할 때의 기준을 의미

- 즉 어떤 입력변수를 이용하여 어떻게 분리하는 것이 목표변수를 가장 잘 구별해 주는지를 파악하여 자식마디가 형성

- 여기서 목표변수의 분포를 구별해 주는 정도는 순수도 또는 불순도에 의해 측정 되는데 목표변수의 특정 범주에 개체들이 포함되어 있는 정도를 순수도라고 함.

③ 이산형 목표변수에 사용되는 분리기준

- 이산형 목표변수인 경우 목표변수의 각 범주에 속하는 빈도(frequency)에 근거하여 분리가 일어남.

- 이때 사용되는 분리기준으로서 대표적인 것이 다음과 같음.

  ㉠ 카이제곱통계량(Chi-square statistics)의 유의확률(*p-value*): 범주형 자료에서 순도에 대한 차이 유무에 대한 검정 결과로 얻어지는 유의확률로서 유의확률이 작은 입력변수와 그때의 분리기준에 의해서 자식마디가 형성됨.

  Pearson의 카이제곱통계량: $X^2 = \sum_{i,j} \dfrac{(f_{ij} - e_{ij})^2}{e_{ij}}$

  여기서 f_{ij}는 (i,j) 범주의 관측도수를 나타내며 e_{ij}는 분리되는 잎마디의 순도가 같다는 귀무가설 아래의 기대도수를 나타냄.

  ㉡ 지니지수(Gini index): 불순도를 측정하는 하나의 지니로서 지니지수를 가장 감소시켜주는 입력변수와 그때의 최적 분리기준에 의해 자식마디가 형성되며, 자식마디 중 하나를 b라고 하면 b에서의 지니지수는 다음과 같음.

  $I(b) = \sum_{i=1}^{r} P(i)(1 - P(i))$

  여기서 r은 목표변수의 범주의 수를 나타내며, $P(i)$는 주어진 자료 중 i범주에 분류될 확률을 나타내며, 이의 최댓값은 $P(i)$가 모두 같을 경우임.

  ㉢ 엔트로피지수(Entropy index): 다항분포에서 우도비 검정통계량을 사용하는 것으로 이 지수가 가장 작은 예측변수와 그때의 최적분리에 의해 자식마디가 형성되며, 새로운 자식마디 b에서의 엔트로피지수는 다음과 같음.

  $I(b) = -\sum_{i=1}^{r} P(i)\log_2(P(i))$

  여기서 r은 목표변수의 범주의 수를 나타내며, $P(i)$는 주어진 자료 중 i범주

핵심 콕콕

의사결정나무에서의 분리 원칙은 부모마디의 순수도에 비해서 자식마디들의 순수도가 증가하도록 자식마디를 형성해 나가며, 목표변수가 이산형이냐 연속형이냐에 따라 각각 분리기준을 달리함.

에 분류될 확률을 나타내고 이의 최댓값은 $P(i)$가 모두 같을 경우임.

새로운 가정에서의 지니지수와 엔트로피지수는 다음과 같음.

$$\sum_b I(b) \times P(b)$$

여기서 $P(b)$는 자식마디 b의 관측값이 전체에서 차지하는 비율

[예제] 다음은 목표변수에 의한 어떤 분류변수에 의한 분할표이다. 주어진 표를 이용하여 카이제곱통계량과 지니지수 및 엔트로피지수를 구하여라.

	Good	Bad	Total
Right	32	48	80
Left	178	42	220
Total	210	90	300

[풀이]

㉠ 카이제곱통계량

위의 표에서 각 셀에 대한 기대도수를 구하면 다음과 같음.

	Good	Bad	Total
Right	56	24	80
Left	154	66	220
Total	210	90	300

여기서 $56 = 80/300 \times 210/300 \times 300$과 같이 계산된 것이므로, 카이제곱통계량은 (기대도수－관측도수)^2／기대도수의 합임.

$X^2 = (56-32)^2/56 + (24-48)^2/24 + (154-178)^2/154 + (66-42)^2/66 = 46.75$

㉡ 지니지수

Right 잎에서의 지니지수 $= (32/80) \times (48/80) \times 2$

Left 잎에서의 지니지수 $= (178/220) \times (42/220) \times 2$

그러므로 지니지수는 다음과 같음.

지니지수 $= 32/80 \times 48/80 \times 2 \times 80/300 + 178/220 \times 42/220 \times 2 \times 220/300 = 0.3545$

모든 분리변수와 분리기준에서 지니지수를 가장 작게 하는 분리변수와 분리

기준을 사용하여 분리를 수행함.

ⓒ 엔트로피지수

엔트로피는 다음과 같음.

Right 잎에서의 엔트로피 $= -(32/80\log_2(32/80) + 48/80\log_2(48/80))$

Left 잎에서의 엔트로피 $= -(178/200\log_2(178/200) + 42/200\log_2(42/200))$

그러므로 엔트로피지수는 다음과 같음.

엔트로피지수 $= -(32/80\log_2(32/80) + 48/80\log_2(48/80)) \times 80/300$

$-(178/200\log_2(178/200) + 42/200\log_2(42/200)) \times 220/300 = 0.71538$

④ 연속형 목표변수에 사용되는 분리기준

- 목표변수가 연속인 경우에는 목표변수의 평균에 기초하여 분리가 일어남.

㉠ 분산분석에서의 F-통계량의 유의확률

수준에 따른 평균의 차이 유무에 대한 분산분석의 검정 결과로 얻어지는 유의확률이 가장 작은 예측변수와 그때의 분리기준에 의해 자식마디가 형성

㉡ 분산의 감소량

예측 오차를 최소화하는 것과 동일한 기준으로 분산의 감소량을 최대화하는 기준의 최적분리에 의해 자식마디가 형성

⑤ 정지 규칙과 가지치기

㉠ 정지 규칙(stopping rule)

의사결정나무에서 정지 규칙은 더 이상 분리가 일어나지 않고 현재의 마디가 잎이 되도록 하는 규칙을 말함.

각 알고리즘에 따라 정지 규칙을 달리하지만 정지규칙에는 모든 자료가 한 그룹에 속할 때, 마디에 속하는 자료가 일정 수 이하일 때, 불순도의 감소량이 아주 작을 때, 뿌리마디로부터의 깊이가 일정 수 이상일 때 등이 있음.

㉡ 가지치기 규칙(pruning)

성장이 끝난 나무의 가지를 적당히 제거하여 적당한 크기를 갖는 나무모형을 최종적인 예측모형으로 선택하는 것이 예측력의 향상에 도움이 됨.

지나치게 많은 마디를 가지는 의사결정나무는 새로운 자료에 적용할 때 예측 오차(prediction error)가 매우 클 가능성이 있음.

따라서 형성된 의사결정나무에서 적절하지 않은 마디를 제거하여 적당한 크기를 갖는 부분 의사결정나무를 최종적인 예측모형으로 선택하는 것이 바람직함.

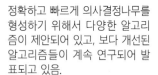

정확하고 빠르게 의사결정나무를 형성하기 위해서 다양한 알고리즘이 제안되어 있고, 보다 개선된 알고리즘들이 계속 연구되어 발표되고 있음.

(2) 의사결정나무 알고리즘★★★

- 의사결정나무분석을 수행하기 위한 다양한 분리기준, 정지 규칙, 가지치기 방법들이 제안되어 있으며, 이들을 어떻게 결합하느냐에 따라서 서로 다른 의사결정나무 형성방법이 만들어짐.

- 의사결정나무 분석의 대표적인 알고리즘으로는 CHAID(Kass, 1980), CART(Breiman et al., 1984), C4.5(Quinalan, 1993) 등이 있음.

- 이들은 SPSS, SAS 등 많은 소프트웨어 회사들에 의해서 다양한 제품으로 상용화되어 있음.

[표 3-2] 의사결정나무 알고리즘

	CHAID	CART	QUEST
목표변수	명목형, 순서형, 연속형	명목형, 순서형, 연속형	명목형
예측변수	명목형, 순서형, 연속형(사전그룹화)	명목형, 순서형, 연속형	명목형, 순서형, 연속형
분리기준	카이제곱-검정 F-검정	지니계수 분산의 감소	카이제곱-검정 F-검정(Levene의 검정)
분리개수	다지분리(multiway)	이지분리(binary)	이지분리(binary)
가지치기	알고리즘에 포함되어 있지 않음.	알고리즘에 포함되어 있음.	알고리즘에 포함되어 있음.
결손값의 대체규칙	알고리즘에 포함되어 있지 않음.	알고리즘에 포함되어 있음.	알고리즘에 포함되어 있음.
비용함수	변수선택에 직접적으로 사용되지 않음.	변수 선택에 사용됨.	변수 선택에 직접적으로 사용되지는 않으나 비용함수에 의해서 사전 확률을 조정함.

① CART(Classification and Regression Trees)

- CART 알고리즘은 의사결정나무를 만드는 데 가장 많이 사용되는 방법 중 하나

- 1984년 L. Briemen과 그의 동료들에 의해 발표

- 지니지수(Gini Index: 이산형 목표변수인 경우 적용) 또는 분산의 감소량(연속형 목표변수인 경우 적용)를 이용하여 <u>이진분리(binary split)</u>를 수행하는 알고리즘

심오한 TIP

이진분리(binary split)
부모마디로부터 자식마디가 2개만 형성되게 한다는 것을 의미

- 의사결정나무를 얻은 후에 사용자가 직접 가지치기를 수행할 수도 있음.

- CART와 QUEST 알고리즘은 표준오차(Standard error)와 최소위험(minimum risk)을 통해 가지치기 기준을 사전에 지정할 수가 있음.

  ㉠ 표준오차

  표준오차 규칙은 T번째 마디에서의 위험을 $R(T)$라 하고, $R(T)$의 표준오차를 $SE(R(T))$라 할 때, T_k번째까지의 나무구조가 T_0번째까지의 마디를 모두 포함하고 있다고 가정하면,

  $$R(T_k) \le R(T_0) + \alpha SE(R(T_0))$$

  인 경우에 있어 T_k번째까지의 나무구조를 선택하는 것을 의미함.

  즉 $\alpha SE(R(T_0))$ 정도의 위험 감소량은 유의하지 않은 것으로 생각하여 더 이상 나무구조를 형성하지 않게 된다는 것을 의미함.

  이때 α는 가중계수를 의미하며, 0.5, 1.0, 1.5, 2.0, 2.5 등을 지정할 수가 있음.

  ㉡ 최소위험

  최소위험을 가지는 나무구조를 의사결정나무로 선택

- CART와 QUEST에서는 각 마디에서 선택된 예측변수에 결손값이 존재하는 경우에 다른 예측변수를 이용하여 결손값을 대체할 수 있음.

- 결손값에 대한 대체 규칙을 지정해 놓으면 의사결정나무의 형성 과정 또는 새로운 자료의 분류 과정에서 이 규칙에 따라서 각 예측변수의 결손값을 대체할 수 있음.

② CHAID(Chi-squared Automatic Interaction Detection)

- 1975년 J.A. Hadrian이 처음 만들어서 발표

- CHAID는 1963년에 J.A. Morgan과 N.A Souquist에 의해 서술된 초기 자동교호감지 시스템 AID로부터 유래
- 자동교호감지라는 문구가 암시하듯이 CHAID는 변수 간의 통계적 관계를 알아내기 위하여 사용
- 변수들 간의 상관관계를 이용하여 의사결정나무를 만들어야 하므로 이 방법은 의사결정나무에서 분류를 위한 도구로 사용

- CHAID는 과다 적합하고 나서 가지치기를 하지 않고 과다적합이 일어나기 전에 나무를 키워나가는 것을 중지
- 또 다른 차이는 CHAID는 범주형 변수에만 국한되어 사용
- 연속형 변수는 범위로 나누어지어 상, 중, 하 등의 범주형 계급으로 대체되어야 함.

- CHAID 알고리즘은 둘 이상의 자식마디로 학습용 자료를 분할하기 위해서 입력변수를 선택하기 위한 방법을 모색
- 자식마디들은 목표변수의 특정한 값에 대한 확률이 마디마다 다르도록 선택
- 각 입력변수들은 잠재적인 분할자로 간주
- 여기에서의 첫 단계는 목표변수의 값이 같은 범주를 함께 묶어주는 것

- 카이제곱 검정은 1900년에 영국 통계학자에 의해 개발된 통계적 유의성 검정
- 각 표본에서 특정 경우에 관측된 도구와 기대도수와의 사이의 표준화된 차의 제곱합으로 정의된 것을 검정통계량으로 사용
- 이 테스트는 관련성이 우연한 것인가를 알아보는 데 사용
  - 첫 단계에서 반응변수에 통계적으로 유의한 차이를 주지 않는 모든 입력변수들이 함께 묶어짐.
  - 둘째 단계에서 셋 이상의 변수로 된 각 그룹은 모든 가능한 이원분리에 의해 재분할 되며, 이 분할들 중 통계적으로 유의하게 차이가 난다면 분할이 그대로 유지됨.

- CHAID에서는 분류에 있어서 통계적으로 유의한 차이를 주는 더 이상의 분할이 없을 때까지 나무를 계속 키워나감.

카이제곱 검정

각 입력변수가 일단 목표집단에서 최대한 가능한 계층을 다양하게 나타내도록 검정으로 묶여지며, 이 카이제곱 검정에 의해 가장 큰 차이를 보여주는 분할을 입력변수가 현재 마디에서 분할자로 선택됨.

- 정확한 유의수준은 나무의 크기를 결정하는 값으로 사용
- 현재 경향은 의미가 있는 곳까지 분할을 계속하는 방법을 떠나서 가지치기를 포함하는 방법을 연구하는 쪽으로 움직여가고 있음.
- 어떤 연구자는 아직도 CHAID로 접근하는 것을 선호하고 가지치기를 하는 부분은 실제 관측치에 대해 나무의 역할을 반영하지 않는 단순화된 나무를 만들어 주는 경향이 있다고 믿고 있음.

③ QUEST(Quick, Unbiased, Efficient, Statistical Tree)
- QUEST(Loh and Shin, 1997)는 CART에서와 같이 이진분리(binary split)를 수행하는 알고리즘
- QUEST가 CHAID나 CART와 다른점은 명목형 목표변수에 대해서만 분석을 수행할 수 있으며 예측변수의 측도에 따라서 서로 다른 분리 규칙을 사용
- 예측변수가 순서형 또는 연속형인 경우에는 분리 규칙으로 ANOVA F-검정 또는 Levene의 검정(Levene's robust test of homogeneity of variance)을 사용하며, 예측변수가 명목형인 경우에는 Pearson의 카이제곱 검정을 사용

- 목표변수의 범주가 3개 이상인 경우에는 2평균 군집분석(two-menas clustering)을 수행하여 두 개의 그룹을 만든 후 분석을 수행
- 또한 각 예측변수의 최적 분리를 찾기 위하여 2차 판별분석을 수행하고, 목표변수를 가장 잘 분류하는 예측변수의 최적 분리를 이용하여 자식마디를 형성

- 일반적으로 CART는 자식마디를 형성할 때 보다 많은 이산값을 가지는 예측변수를 선택하는 경향이 있기 때문에 계산 시간이 다소 많이 걸리고 분류 또는 예측오차가 커질 가능성이 있음.
- QUEST는 위와 같은 알고리즘을 이용하여 변수 선택 편의(bias)나 계산 시간을 줄이고자 하는 방법
- QUEST는 관측치의 수가 많거나 복잡한 자료에 대해서는 효율적이지만, 이 방법 역시 모든 관점에서 다른 알고리즘보다 항상 좋은 결과를 주는 것은 아님.

■ 분류 혹은 가지치기를 위한 변수 선정을 위한 지니지수 계산 방법

아래 데이터는 특정 제품을 구매한 10명의 고객 데이터이다. 10명의 고객 중 구매/비구매는 각자 5명/5명 씩이며, 남/녀 비율도 5명/5명 이며, 기혼/미혼 비율 역시 5명/5명 씩이다.

No.	1	2	3	4	5	6	7	8	9	10
남/녀	M	M	M	M	M	M	F	F	F	F
결혼	N	N	N	Y	Y	Y	Y	Y	N	N
구매	Y	Y	Y	Y	Y	N	N	N	N	N

*남/녀=M(남자) 또는 F(여자); 결혼=Y(기혼) 또는 N(미혼); 구매=Y(구매) 또는 N(비구매)

＊ 지니지수 계산

지니지수(상위 혹은 뿌리) = $1 - (5/10)^2 - (5/10)^2 = 0.5$

＊ 성별로 분류 혹은 가지치기하는 경우 지니지수 계산

지니지수(남) = $1 - (5/6)^2 - (1/6)^2 = 0.275$

지니지수(여) = $1 - (0/4)^2 - (4/4)^2 = 0$

지니지수(성별) = 고객 중 남자 비율×지니지수(남)+고객 중 여자 비율×지니지수(여)

$= (6/10) \times (0.275) + (4/6) \times 0 = 0.167$

따라서 성별을 기준으로 했을 때 불확실성이 0.5에서 0.167로 감소함.

＊ 결혼 유무로 분류 혹은 가지치기하는 경우 지니지수 계산

지니지수(기혼) = $1 - (2/5)^2 - (3/5)^2 = 0.48$

지니지수(미혼) = $1 - (3/5)^2 - (2/5)^2 = 0.48$

지니지수(결혼 유무) = 고객 중 기혼 비율×지니지수(기혼)+고객 중 미혼 비율×지니지수(미혼)

$= (5/10) \times (0.48) + (5/10) \times 0.48 = 0.48$

결혼 유무를 기준으로 했을 때 불확실성이 0.5에서 0.48로 아주 근소하게 감소함.

위 테이블에 10명의 고객을 성별에 따라 분류/가지치기했을 때 지니지수는 0.5에서 0.167로 감소한 반면, 결혼 유무에 따라 분류/가지치기했을 때 지니지수는

0.5에서 0.48로 감소하여 성별에 따라 고객 데이터를 분류하는 것이 바람직하다는 것을 알 수 있음.

■ 분류 혹은 가지치기를 위한 변수 선정을 위한 엔트로피 계산 방법

＊ 분류 혹은 가지치기 전 뿌리 노드의 엔트로피 값

Entropy (뿌리 혹은 상위)

= −구매 고객수 / 전체 고객수 × $\log_2$(구매 고객수 / 전체 고객수) − 비구매 고객수 / 전체 고객수 × $\log_2$(비구매 고객수 / 전체 고객수)

= $-5 / 10 \times \log_2(5/10) - 5/10 \times \log_2(5/10) = 1$

＊ Entropy (성별): 성별을 기준으로 분류했을 때 엔트로피 값 계산

Entropy (남)

= −남자 구매 고객수 / 남자 고객수 × $\log_2$(남자 구매 고객수 / 남자 고객수) − 남자_비구매 고객수 / 남자 고객수 × $\log_2$(남자_비구매 고객수 / 남자 고객수)

= $-5/6 \times \log_2(5/6) - 1/6 \times \log_2(1/6) = 0.65$

Entropy (여)

= −여자 구매 고객수 / 여자 고객수 × $\log_2$(여자 구매 고객수 / 여자 고객수) − 여자_비구매 고객수 / 여자 고객수 × $\log_2$(여자_비구매 고객수 / 여자 고객수)

= $-0/4 \times \log_2(0/4) - 4/4 \times \log_2(4/4) = 0$

Entropy (성별)

= 고객 중_남자비율 × (Entropy (남자)) + 고객 중_여자비율 × (Entropy (여자))

= $6/10 \times 0.65 + 4/10 \times 0 = 0.39$

성별로 분류했을 때 줄어든 불확실성 수치

= Entropy (뿌리 혹은 상위) − Entropy (성별)

= $1 - 0.39 = 0.61$

* Entropy (결혼 유무): 결혼 유무 기준으로 분류했을 때 엔트로피 값 계산

Entropy (기혼)

= −기혼_구매 고객수/기혼 고객수×$\log_2$(기혼_구매 고객수/기혼 고객수)−기혼_비구매 고객수/기혼 고객수×$\log_2$(기혼_비구매 고객수/기혼 고객수)

= −2/5×$\log_2$(2/5)−3/5×$\log_2$(3/5) = 0.971

Entropy (미혼)

= −미혼_구매 고객수/미혼 고객수×$\log_2$(미혼_구매 고객수/미혼 고객수)−미혼_비구매 고객수/미혼 고객수×$\log_2$(미혼_비구매 고객수/미혼 고객수)

= −3/5×$\log_2$(3/5)−2/5×$\log_2$(2/5) = 0.971

Entropy (결혼 유무)

= 고객 중_기혼비율×(Entropy (남자))+고객 중_미혼비율×(Entropy (여자))

= 5/10×0.971+5/10×0.971 = 0.971

결혼 유무로 줄어든 엔트로피 값

= Entropy (뿌리 혹은 상위) − Entropy (결혼 유무)

= 1−0.971 = 0.029

성별로 분류했을 때 줄어든 불확실성 수치 = 0.61이며, 결혼 유무로 분류했을 때 줄어든 불확실성 수치 = 0.029

- 이 둘을 비교했을 때 성별로 분류 했을 때 줄어든 불확실성 수치(0.61)가 결혼 유무로 분류 했을 때 줄어든 불확실성 수치(0.029)보다 월등히 큼을 볼 수 있음.
- 따라서 가지치지 혹은 분류를 성별(M/F)에 따라 하는 것이 좋음을 알 수 있음.

(3) 의사결정나무의 활용

- 의사결정나무는 여러 많은 상황들에 적용될 수 있음.
  ㉠ 대형 데이터 집합을 탐색하여 유용한 변수를 골라내기
  ㉡ 중요한 산업 공정에서의 중요한 변수들의 미래 상태를 예측하기
  ㉢ 추천 시스템에 대한 방향성 있는 고객의 군집을 형성하기

[사례] 본 사례는 서로 다른 3가지 종류의 붓꽃 데이터를 이용하여 각 붓꽃의 특성을 유출하고자 한다. 이러한 추출된 특성은 미래에 새로운 붓꽃들을 분류하는 데에 사용이 된다.

실습 데이터 'iris'의 변수 설명은 아래와 같음.

변수	축약변수	변수 설명
Sepal Length	SL	꽃받침의 길이 정보이다.
Sepal Width	SW	꽃받침의 너비 정보이다.
Petal Length	PL	꽃잎의 길이 정보이다.
Petal Width	PW	꽃잎의 너비 정보이다.
Species	SPEC	꽃의 종류 정보이다. setosa/versicolor/virginica의 3종류로 구분된다.

의사결정나무 분석을 통해 도출된 의사결정나무 모형은 아래와 같음.

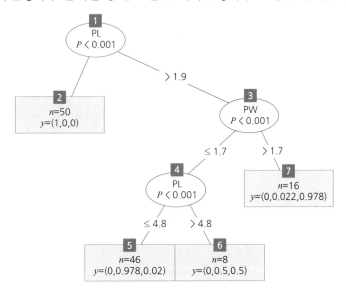

위 의사결정나무는 3개의 노드(node: 조건이 갈라지는 곳)와 4개의 리브(leave: 각 조건에 따른 결정)으로 구성이 되며, $y=(p_1, p_2, p_3)$는 각 각 3개의 목적 함수 값의 확률로 해석이 됨.

예를 들어 첫 번째 리브 값 $y=(1,0,0)$은 다음과 같이 해석함.

If(PL(Petal Length)<=1.9) Then probability of being 'setona'=1.0(100%)

'$n=50$'이란 이 조건을 만족시키는, 즉 여기에 해당하는 데이터가 전체 150개 중 50개란 뜻임. 가장 'versicolor'가 될 확률이 높은 조건은 리브 5

$$IF\,(PL(Petal\;Length)>1.9)\;AND\;(PW<=1.7)\;AND\;(PL<=4.8)\;Then$$
$$probability\;of\;being\;'versicolor\,'=0.978(97.8\%)$$

또한 가장 'virginica'가 될 확률이 높은 조건은 리브 7

$$IF\,(PL(Petal\;Length)>1.9)\;AND\;(PW>1.7)\;Then\;probability\;of\;being$$
$$'virginica\,'=0.978(97.8\%)$$

- 의사결정나무는 각 붓꽃(iris)의 특징을 명확하게 알려주며, 차후에 붓꽃의 종류를 구분하는 데에 쓰일 수 있음.
- 각 리브(leave)는 위와 같이 룰로 나타내어질 수 있으며, 전문가 시스템의 지식으로 그 룰이 직접적으로 활용이 될 수 있음.

4) 인공신경망★★★

(1) 인공신경망 개념

- 인공신경망은 생물학적 뇌의 작동 원리를 그대로 모방하는 방법으로, 데이터 안의 독특한 패턴이나 구조를 인지하는 데 필요한 모델을 구축하는 기법
- 인공신경망은 간단한 계산 능력을 가진 처리 단위, 뉴런 또는 노드들이 서로 복잡하게 연결된 컴퓨터 시스템으로서 외부에서 주어진 입력에 대하여 반응을 할 수 있음.
- 이러한 특징은 결국 인공신경망을 구성하고 있는 다수의 뉴런끼리의 상호연결성에 기인한 것임.
- 뉴런은 생체내의 신경세포와 비슷한 것으로써 가중치화 된 상호연결성으로 서로 연결이 있음.
- 가장 일반적인 인공신경망 모형은 아래 그림과와 같은 <u>다계층 퍼셉트론</u> 모형으로서 입력층(input layer)에서 은닉층(hidden layer), 은닉층에서 출력층(output layer)으로 각 뉴런이 서로 연결되어 있는 것이 특징

- 인공신경망은 인간의 신경학적 뉴런과 비슷한 노드(node)와 층(layer)으로 구성되며 노드는 신경망 모형에서 가장 기본적인 요소를 말함.
- 노드는 입력물로 받아들여 작동하는 인간의 뇌와 비슷함.

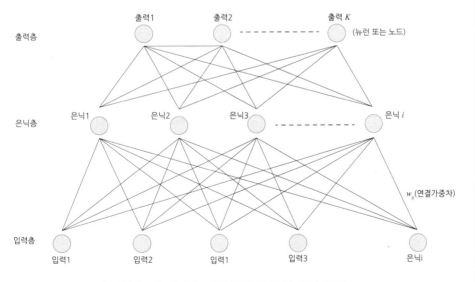

생물학적 이름	인공신경망에서의 표현 이름
Soma	Node
Dendrites	Input
Axon	Output
Synapse	Weight

- 위와 같이 인간의 뇌세포와 연결과 관련된 요소인 soma, dentrites, axon, synapse는 인공신경망에서 node, input, output, weight으로 시뮬레이션 되어 표현됨.

[그림 3-1] 다계층 퍼셉트론 모형의 기본 구조

- 인공신경망 모형은 예측 오차를 줄이고 예측 정확성을 증진시키기 위해서 반복적으로 가중치를 수정하며, 이런 반복적인 단계를 훈련이라고 함.
- 많은 연구자들은 신경망을 노드와 노드의 연결, 그 연결에 부여된 가중치로 구성되어 있는 체계적 모형인 암흑상자라고 생각함.
- 반면에 학습 과정을 통해서 자기조직화를 찾기 때문에 해 또는 결과를 도출하는 과정에서는 많은 유연성을 갖고 있음.

(2) 인공신경망에세의 학습과 예측

- 인공신경망에서 학습이란 input 값과 output 값을 나타내는 weights, 즉 가중치 값들을 찾는 것임.
- 예를 들어 문제 ($2 * X = 10$)이 있다고 가정하면 2는 input 10은 output이고 X가 weight라고 할 수 있음.
- 인공신경망은 적절한 X(weight) 값을 반복을 통해서 찾아낸다. 즉 $x = 1$, $x = 2$, $x = 3$, $x = 4$, $x = 5$ 이런식으로 반복적인 과정을 통해서 x(weight) = 5을 찾아냄.

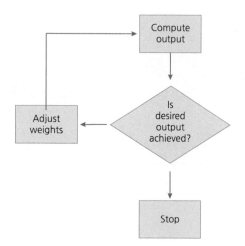

- 인공신경망의 정보 처리 과정은 다음 그림과 같음.
- 가장 기본적인 인공신경망인 Feed forward Backpropagation 알고리즘을 가진 인공신경망의 경우 input layer에 들어온 input 정보/데이터는 Hidden layer로 전달되어 지며, 다시 Hidden layer에서 output layer로 전달

– 하나의 노드는 하나 혹은 여러 개의 input 정보를 받아 합쳐 (weighted sum) 전
달함수(transfer function)를 통해 연결된 output node들로 전달

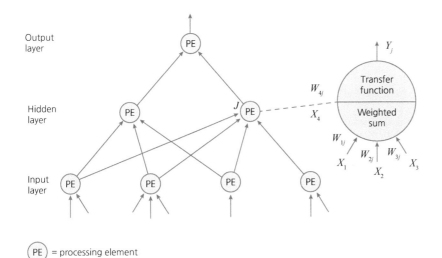

PE = processing element

- 은닉노드(뉴런)에서는 신경망의 종류에 따라 다르지만, 가장 대표적인 다층 퍼셉
트론(Multi-Layer Perceptron, MLP) 방식에서는 다음과 같은 일이 발생함.

  ㉠ 각 입력노드로부터 전달되는 신호들을 모아 선형결합(linear combination)함.

  $X_1, \cdots, X_p$를 선명변수(입력노드)라고 할 때 은닉노드 L은 다음과 같이 표현됨.

  $$L = \omega_1 X_1 + \cdots + \omega_p X_p$$

  은닉노드가 다수인 경우 가중치 $\omega_1 \cdots + \omega_p$는 노드에 따라 다르게 됨.

  ㉡ L이 클수록 뉴런이 많이 활성화되고 작을수록 조금 활성화됨. 뉴런의 활성화
  정도를 S라고 하면, S가 제한된 범위의 값을 취하도록, L로부터 S로의 변환
  $S = g(L)$에 시그모이드(sigmoid curve)형 곡선이 개입됨.

  대표적인 예는

  로지스틱(logistic): $\qquad\qquad S = e^L / (1 + e^L) \qquad\qquad 0 \le S \le 1$

  쌍곡 탄젠트(hyperbolic tangent): $S = (e^L - e^{-L}) / (e^L + e^{-L}) \quad -1 \le S \le 1$

- 출력노드는 은닉노드로부터 신호들을 전달받아 결합함으로써 최종 반응을 내보
는데, 목표변수 값이 연속형인 경우에는 선형결합을 취하고 범주형인 경우에는
이것을 다시 변환함.

- 신경망은 복잡하지만 가능도 함수(likelihood function)를 세우고 그것을 최대화하기 위하여 소위 역전파 알고리즘(back-propagation algorithm)을 사용함.
- 개념적으로 이 알고리즘은 다음 두 가지 요소를 고려하여 효율적인 계산을 추구한다고 볼 수 있음.

  ㉠ 학습률(learning rate): $\eta > 0$

  경사가 가장 높아지는 방향으로 올라가도록 한다. 적극성을 뜻함.

  ㉡ 모멘트(moment): $\alpha > 0$

  이제까지 이동하던 방향으로 움직이도록 하며, 안정성을 위함임.
- 임의의 위치에서 시작하되 처음에는 큰 학습률 η를 적용하여 적극적으로 학습시키지만 점차 작은 학습률을 채택함.
- 그러면 결국 최댓점이라고 생각되는 곳에 도달
- 그리고 다시 다른 임의의 위치에서 시작하되 동일한 과정을 반복
- 이런 과정을 수백 번 반복하여 가장 높은 최대점을 취함으로써 최종 도달한 곳이 국소(local) 최댓점이 아닌 대역(global) 최댓점, 또는 그것에 가깝게 되도록 하며, 흔히 모멘트 α값은 고정됨.
- 이런 식으로 가능도(likelihood)가 최대가 되는 가중치 파라미터들을 찾아내기 때문에 훈련자료에서만 통하는 과다한 최대화가 추구됨.
- 이것을 막기 위하여, 실제로 훈련자료의 일부만 최적 파라미터를 찾는 데 쓰고 남은 일부는 가능도 값을 산출하는 데 씀.
- 뒷부분에 쓰이는 표본을 검토 표본(validation sample)이라고 함.

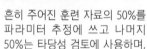

핵심 콕콕

흔히 주어진 훈련 자료의 50%를 파라미터 추정에 쓰고 나머지 50%는 타당성 검토에 사용하며, 이 비율은 조정 가능함.

(3) 인공신경망 구축 시 고려사항★★

① 입력변수

- **첫째, 입력 자료를 선택하는 문제**
- 신경망 모형은 그 복잡성으로 인하여 입력 자료의 선택에 매우 민감
- 신경망 모형에 적합한 자료는 범주형 입력변수가 모든 범주에서 일정 빈도 이상의 값을 갖고, 연속형 입력변수 값들의 범위가 변수 간에 큰 차이가 없음.
- 입력변수의 수가 너무 적거나 많지 않고, 범주형 출력값의 각 범주의 빈도가 비슷한 자료

- 둘째, 연속형 입력변수의 변환 또는 범주화
  - 연속형 변수의 경우 그 분포가 평균을 중심으로 대칭이 아닌 경우에는 좋지 않은 결과를 줌.
  - 예를 들어 고객의 소득 분포는 일반적으로 대부분의 고객의 소득은 평균 미만이고 특정한 고객의 소득이 매우 큰 패턴을 보이며, 이러한 경우에는 분포가 대략 대칭이 되도록 로그 변환 등을 고려할 수 있음.
  - 또 다른 방법으로는 연속형 변수를 범주화하는 것
  - 소득의 경우 매우 낮음, 낮음, 중간, 높음, 대단히 높음 등으로 범주화할 수 있음
  - 이때 각 범주의 빈도가 비슷하게 되도록 설정하는 것이 바람직함.
- 셋째, 새로운 변수의 생성
  - 때로는 원 입력변수들을 조합하여 새로운 변수를 만든 후 생성된 변수를 입력변수로 사용하면 아주 좋은 결과를 얻을 수 있음.
  - 예를 들면 고객의 수입, 학력 등 여러 가지 사항을 고려하여 구매지수를 만든 후에 이 지수를 입력변수로 사용하여 특정한 상품의 구매 여부를 예측하는 것임.
- 마지막으로 범주형 입력변수의 **가변수화**
  - 회귀분석과 마찬가지로 신경망에서도 범주형 변수는 가변수화함.
  - 회귀분석과 다른점은 신경망 모형에서는 가변수 설정 방법에 따라 그 결과가 민감하게 반응한다는 것임.
  - 예를 들어 남자와 여자를 0과 1로 가변수화하는 것과 −1과 1로 가변수화하는 것은 그 결과가 틀려질 수 있다는 것임.
  - 일반적으로 모든 범주형 변수는 같은 범위를 갖도록 가변수화하는 것이 바람직함.

② 초기치와 다중 최솟값 문제
- 역전파 알고리즘은 초깃값에 따라 그 결과가 많이 달라지므로 초기치의 선택은 현실적으로 매우 중요한 문제임.
- 만약 가중치가 0이면 시그모이드 함수는 대략 선형이 되고 따라서 신경망 모형은 근사적으로 선형모형이 됨.
- 보통 초기치는 0 근처에서 랜덤하게 선택되므로 초기의 모형은 선형모형에 가깝고 가중치 값이 증가할수록 비선형 모형이 됨.

심오한 TIP

가변수(Dummy variable)

독립변수를 0과1로 변환한 변수를 의미하며, 일반적인 경우 그 사실 여부에 대해 예/아니오로 확인 가능한 질적 변수를 회귀분석에 사용하기 위해 그 가부를 0 혹은 1 의 숫자 형태로 대응시킨 변수

심오한 TIP

시그모이드 함수

S자형 곡선 또는 시그모이드 곡선을 갖는 수학 함수이며, 시그모이드 함수의 예시로는 로지스틱 함수가 있음.

- 초기치가 정확히 0이면 반복에 따라 값이 전혀 변하지 않고 너무 큰 값에서 출발하면 좋지 않은 해를 주는 문제점이 있으므로 주의해야 함.

- 신경망에서는 일반적으로 비용함수 $R(\theta)$는 비볼록함수이고 여러 개의 국소 최솟값(local minima)을 가짐.

- 따라서 랜덤하게 선택된 여러 개의 초기치에 대하여 신경망을 적합한 후 얻은 해들을 비교하여 가장 오차가 작은 것을 선택하여 최종 예측치를 얻거나 예측값의 평균(또는 최빈값)을 구하여 최종 예측치로 주는 방법을 고려해 볼 수 있음.

- 또다른 방법으로는 훈련자료에 대하여 신경망을 기저 학습법으로 사용하는 배깅(bagging)을 적용하는 것임.

③ 학습모드와 학습률
- 역전파 알고리즘의 실행시 많이 사용되는 방법
  - 온라인 학습모드(online learning mode): 각 관측값을 순차적으로 하나씩 신경망에 투입하여 가중치 추정값을 매번 조정
  - 확률적 학습모드(probabilistic learning mode): 온라인 학습모드의 변형으로 신경망에 투입되는 관측값의 순서가 랜덤하다는 것이 다른 점
  - 배치 학습모드(batch learning mode): 전체 훈련자료 전체를 동시에 신경망에 투입하여 역전파 알고리즘으로 값을 구한다는 것
- 온라인 학습모드는 배치 학습모드에 대하여 다음과 같은 장점이 있음.
  - 첫째, 일반적으로 속도가 더 빠르며 특히 훈련자료에 비슷한 값이 많은 경우에는 그 차이가 더 두드러짐.
  - 둘째, 훈련자료가 비정상성(nonstationarity)과 같은 특이한 성질을 가진 경우에 더 좋음.
  - 셋째 국소 최솟값에서 벗어나기가 더 쉽다. 또한 고차원 자료에 대하여 배치 학습모드로 학습하려면 벗어나기가 더 쉬움.

- 또한 고차원 자료에 대하여 배치 학습모드로 학습하려면 큰 행렬에 대한 연산이 필요하므로 온라인 학습모드가 일반적으로 더 많이 사용됨.

- 보통 학습률은 상수값을 사용하는데 알고리즘의 반복마다 다른 값을 갖도록 할수도 있음.

- 온라인 학습모드에서는 학습률 값을 처음에는 적당히 큰 값으로 정하고 반복이 진행되어 해가 가까울수록 학습률이 0으로 수렴하도록 줄이는 방식을 취함.

④ 은닉층과 은닉노드의 수

- 신경망을 적용할 때 부딪히는 주요한 문제 중 하나가 모형 선택, 즉 은닉층의 수와 은닉노드의 수를 결정하는 것임.

- 너무 많으면 추정할 모수인 가중치들이 너무 많아져서 과대적합 문제가 발생할수 있고 너무 적으면 반대로 과소적합이 될 수 있음.

- 첫째 은닉수의 수는 기본적으로 자료의 성격이나 상황에 따라 결정해야 함.

  · 은닉층이 하나인 신경망은 범용 근사자(universal approximator)임이 알려져 있음.

  · 즉 $C\infty$에 속하는 매끄러운(smooth) 함수를 근사적으로 표현할 수 있다는 것

  · 그러므로 많은 경우 신경망 모형을 적용할 때 은닉층은 하나로 하고 은닉노드수를 적절히 선택하면 큰 무리가 없을 것

- 둘째 은닉노드의 수는 교차확인오차를 사용하여 결정하는 것보다는 적절히 큰 값으로 놓고 가중치 감소(weight decay)라는 모수에 대한 벌점화를 적용하는 것이 좋음.

⑤ 과대적합 문제

- 신경망에서는 많은 가중치를 추정해야 하므로 과대적합 문제가 빈번히 발생

- 과대적합을 피하기 위한 방법으로는 알고리즘의 조기 종료와 가중치 감소 기법이 있음.

- 첫째, 조기 종료는 모형을 적합하는 과정에서 검증오차가 증가하기 시작하면 반복을 중지하는 방법으로 초기치는 선형 모형에 가깝기 때문에 최종 모형을 선형 모형으로 축소시키는 효과가 있음.

- 두 번째 방법은 선형 모형의 능형회귀와 유사한 가중치 감소하는 별점화 기법이 있음 이 기법은 별점화된 목적함수 $R(\theta)+\lambda J(\theta)$를 최소화함.

  여기서 $J(\theta)= \sum_{k,m} \beta_{km}^2 + \sum_{ml} \alpha_{m,l}^2$이고 $\lambda \geq 0$는 조율 모수로 흔히 교차확인법으로 추정함.

 심오한 TIP

과대적합(overfitting)

머신러닝에서 학습 데이터를 과하게 학습(overfitting)하는 것으로, 일반적으로 학습 데이터는 실제 데이터의 부분 집합이므로 학습 데이터에 대해서는 오차가 감소하지만 실제 데이터에 대해서는 오차가 증가하게 됨.

$\lambda \rightarrow \infty$이면 계수값들은 0으로 수렴함.

또한 가중치 제거(weight elimination) 벌점항 $J(\theta) = \sum_{k,m} \frac{1 + \beta_{km}^2}{\beta_{km}^2} + \sum_{m,l} \frac{1 + \alpha_{m,l}^2}{\alpha_{m,l}^2}$ 을 사용하기도 함.

가중치 제거는 가중치 감소에 비하여 작은 계수값들을 더욱 줄여주는 효과가 있음.

(4) 인공신경망의 종류★

- 인공신경망은 데이터의 전달 방식, 학습 방식에 따라 다양한 종류가 있음.

- 전방 전달 신경망(Feedforward neural network) : 가장 간단한 방법의 인공신경망 이며, 신경망 정보가 입력노드에서 은닉노드를 거쳐 출력노드까지 전달되며 순 환 경로가 존재하지 않는 그래프를 형성함.

    - 순환 인공신경망(Recurrent neural network) : 순환 인공신경망은 전방 신경망과 정반대의 동작을 하며, 노드들 간의 양방향 데이터 이동을 하며 데이터는 선형 적으로 전달이 됨.

- 홉필드 인공신경망(Hopfield neural network) : 자기조직화 맵(SOM)이나 인공신경 망에서 가장 많이 사용되는 퍼셉트론(perceptron) 등은 연산이나 학습 과정에서 지속적으로 가중치(weight)가 변경되는 알고리즘임.

    다른 알고리즘과 다르게 홉필드 네트워크(Hopfield network)는 고정된 가중치를 이용하여 완전한 정보를 연상하는 차이점이 있음.

- 방사 신경망(Radial basis function network) : 방사상 인공신경망은 다차원의 공간 의 보간법에 매우 강력한 능력을 가지고 있으며, 방사 함수는 다 계층의 시그모 이드 함수를 은닉노드에서 사용하는 형태를 대체할 수 있음.

- 코헨 자기조직 신경망(kohonen self-organizing network) : 자기조직 신경망 알고리 즘은 대표적인 신경망 알고리즘 중 하나로 대부분의 신경망 알고리즘이 지도 (supervised) 학습 방법을 사용하는 것과는 대조적으로 자율(unsupervised) 학습 방 법과 경쟁(competitive) 학습 방법을 사용함.

    신경망은 입력층과 경쟁층으로 나뉘고, 경쟁층의 각 뉴런은 연결 강도 백터와 입 력 백터가 얼마나 가까운가를 계산함.

    각 뉴런들은 학습할 수 있는 특권을 부여 받으려고 서로 경쟁하는데 거리가 가장 가까운 뉴런이 승리하게 됨.

핵심 콕콕

전방 전달 신경망에는 다양한 방법의 구조가 존재하는데 이진 구조, 퍼셉트론, 시그모이드 등 여러 가지 방법으로 구성할 수 있음.

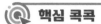

핵심 콕콕

순환 인공신경망에서 데이터는 후방노드에서 전방노드로 전달하여 연산이 수행될 수 도 있음.

핵심 콕콕

홉필드 네트워크는 학습 패턴에 대해 계산된 고정 가중치 행렬을 저장하고, 입력 패턴이 들어올 때마다 가중치 행렬을 이용하여 입력 패턴에 대한 학습 패턴을 연상하면 됨.

이 승자 뉴런이 출력 신호를 보낼 수 있는 유일한 뉴런임.

또한 이 뉴런과 이와 인접한 이웃 뉴런들만이 제시된 입력 백터에 대하여 학습이
허용됨.

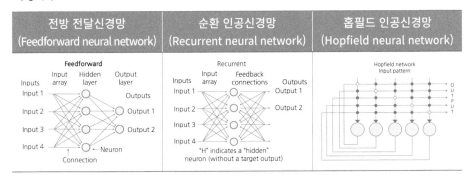

전방 전달신경망 (Feedforward neural network)	순환 인공신경망 (Recurrent neural network)	홉필드 인공신경망 (Hopfield neural network)

(5) 인공신경망의 특징과 장단점★★

- 인간의 뇌처럼 다양한 뉴런이 서로 연결된 구조를 이용하여 의사결정이 이루어
  지고 있는 구조를 이용한 것이 인공신경망임.
- 인공신경망은 자료의 관련성을 나타내 줄 수 있는 기법으로 뇌의 신경 시스템을
  응용하여 예측을 최대화하기 위한 조직화를 찾기 위해 반복적으로 학습하는 원리

- 인공신경망은 복잡하고 비선형적이며 관계성을 갖는 다변량을 분석할 수 있음.
- 인공신경망 기법은 회귀분석과 같은 선형 기법과 비교하여 비선형 기법으로서
  의 예측력이 뛰어나며, 자료에 대한 통계적 분석 없이 결정을 수행할 수 있음.
- 인공신경망은 통계적 기본 가정이 적고 유연하며 다양하게 활용이 됨.
- 특히 데이터 사이즈가 작은 경우 불완전 데이터, 노이즈 데이터가 많은 경우 인공
  신경망 모델의 성능이 일반적으로 다른 기법과 비교해서 우수하다고 평가됨.
- 인공신경망 기법의 단점
- 모델이 제시하는 결과에 대하여 왜 그런 결과가 나오는지에 대한 원인을 명쾌하
  게 설명할 수 없다는 점
- 모델의 학습에 시간이 과도하게 드는 점
- 전체적인 관점에서의 최적해가 아닌 지역 내 최적해가 선택될 수 있다는 점
- 과적합화(overfitting)가 될 수 있다는 점 등

[인공신경망 사례]

본 사례는 기업 생존/부도 예측 문제를 인공신경망 모델로 구현하여 보았다. 기업생존/부도 예측변수로는 차입금의존도, 자기자본비율, 이자보상비율, 부채비율, 총자본경상이익율, 유동비율, 총부채회전율, 순운전자본비율을 이용하였다.

[표 3-3] 신경망모형 분석 결과

- Estimated accuracy: 74.8 - Input Layer: 8 neurons - Hidden Layer: 3 neurons - Output Layer: 2 neurons	- Relative Importance of Inputs 　차입금의존도 0.532354 　자기자본비율 0.4585 　이자보상비율 0.386533 　부채비율 0.29293 　총자본경상이익률 0.216319 　유동비율 0.134382 　총부채회전율 0.107228 　순운전자본비율 0.072239

- 신경망 모형 분석 결과 표는 이 사례가 사용하는 인공신경망의 예측되는 정확도, 인공신경망의 구조, 중요한 예측변수들을 보여주고 있음.
- 이 인공신경망 모형은 8개의 변수 각각 한 개씩 input 노드를 부여하여 8개의 input node가 입력층에 있으며, 은닉층은 3개의 node로 구성되며, 마지막 결과층은 2개의 node로 구성되어 있음.
- 또한 8개의 input 변수 중 차입금 의존도가 기업생존/부도에 영향을 미치는 가장 중요한 변수임을 보여주고 있음.

[표 3-4] 신경망 훈련 결과

부도 여부		정상	부도	전체
정상	Count	99	26	125
부도	Count	48	121	169
전체	Count	147	147	294

- 일반적으로 데이터 마이닝을 사용 시 데이터를 훈련용 데이터와 모델의 검증을 위한 테스트 데이터로 나눔.
- 훈련용 데이터는 모델을 만드는 데에 사용되는 데이터이고, 테스트 데이터는

모델의 정확도, 예측력을 테스트하기 위해서 사용되는 데이터임.

- 신경망 훈련 결과는 훈련자료의 설명도(fitting)가 (99＋121) / 294＝74.8%로 산출되었음을 보여 주고 있음.
- 이는 산출된 인공신경망 모델이 얼마나 모델을 만드는 데 사용된 데이터를 잘 설명하고 있는가를 정량화(100% 만점)로 나타낸 것임.
- 신경망 테스트 결과는 테스트 자료를 이용한 예측 정확도가 (34＋58) / 146＝63.0% 로 결과가 산출되었음을 보여줌.
  - 따라서 이 인공신경망 모델의 기업부도/생존 예측의 정확도는 63%/100%라고 할 수 있음.

5) 서포트 벡터 머신★★★

(1) SVM(Support Vector Machines)

- SVM은 데이터로부터 분류와 규칙을 학습하기 위한 훈련 알고리즘으로써 통계적 학습 이론을 기반으로 하고 있음.
- SVM의 기본 원리는 훈련 데이터들을 서로 다른 두 개의 클래스로 분류할 때 기준이 되는 분리경계면(hyperplane)을 학습 알고리즘을 이용하여 찾는 것임.
- 일반적으로 서포트 벡터 머신은 분류 또는 회귀분석에 사용 가능한 초평면(hyperplane) 또는 초평면들의 집합으로 구성되어 있음.
- 일반적으로 초기의 문제가 유한 차원 공간에서 다루어지는데, 종종 데이터가 선형 구분이 되지 않는 문제가 발생함.
- 이러한 문제를 해결하기 위해 초기 문제의 유한 차원에서 더 높은 차원으로 대응시켜 분리를 쉽게 하는 방법이 제안됨.
- 그 과정에서 계산량이 늘어나는 것을 막기 위해서 각 문제에 적절한 커널 함수 $k(x, y)$를 정의한 SVM 구조를 설계하여 내적 연산을 초기 문제의 변수들을 사용해서 효과적으로 계산할 수 있도록 함.
- 높은 차원 공간의 초평면은 점들의 집합과 상수 벡터의 내적 연산으로 정의됨.
- 초평면에 정의된 벡터들은 데이터 베이스 안에 나타나는 이미지 벡터 매개 변수들과의 선형적 결합이 되도록 선택

  핵심 콕콕

직관적으로, 초평면이 가장 가까운 학습 데이터 점과 큰 차이를 가지고 있으면 분류 오차(classifier error)가 작기 때문에 좋은 분류를 위해서는 어떤 분류된 점에 대해서 가장 가까운 학습 데이터와 가장 먼 거리를 가지는 초평면을 찾아야 함.

- 선택된 초평면에서 초평면에 대응된 점 x는 다음과 같은 관계가 성립함.

$$\sum_i \alpha_i K(x_i, x) = constant$$

- 만약 $k(x, y)$에서 x와 y가 점점 멀어질수록 작아진다면, 각각의 합은 테스트 점 x와 그와 대응되는 데이터 점 x_i의 근접성의 정도를 나타내게 됨.
- 이러한 방식으로 위 커널식의 합은 구별하고 싶은 집합 안에 있는 데이터 점과 테스트 점 간의 상대적인 근접성을 측정하는데 사용될 수 있음.
- 초기 공간에서 볼록하지 않는 집합 안의 점 x가 높은 차원으로 대응되었을 때 오히려 더 복잡하고 어려워질 수도 있는데 이런 부분을 주의해야 함.

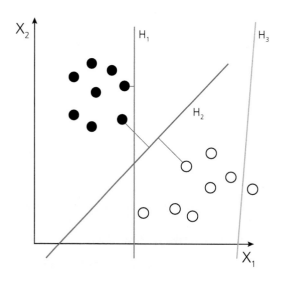

- 위 그림은 검은 바둑돌과 흰 바둑돌들을 구분 짓는 3개의 분리선 H_1, H_2, H_3을 보여 주고 있음. 그림에서와 같이 H_3은 두 클래스의 바둑돌들을 분리, 분류하고 있지 않음. 만면에 H_1과 H_2는 두 종류의 바둑돌들을 제재로 분류하는데, H_2가 H_1보다 더 큰 마진을 갖고 분류하는 것을 확인할 수 있음.
- 데이터를 분류하는것은 기계학습에 있어서 일반적인 작업임.
- 주어진 데이터 점들이 두 개의 클래스 안에 각각 속해 있다고 가정했을 때, 새로운 데이터 점이 두 클래스 중 어느 곳에 속하는지 결정하는 것이 목표임.
- 서포트 벡터 머신에서 데이터 점이 p-차원의 벡터(p개의 숫자 리스트)로 주어졌을 때, 이러한 데이터 점을 $(p-1)$-차원의 초평면으로 분류할 수 있는지를 확인하고 싶은 것임.

핵심 콕콕

데이터를 분류하는 작업을 선형 분류라고 말함.

- 데이터를 분류하는 초평면은 여러 경우가 나올 수 있음.
- 초평면을 선택하는 타당한 방법 중 하나는 두 클래스 사이에서 가장 큰 분류 또는 마진(margin)을 가지는 초평면을 선택하는 것임.
- 그래서 우리는 초평면에서 가장 가까운 각 클래스의 데이터 점들 간의 거리를 최대로 하는 초평면을 선택함.
- 만약 그런 초평면이 존재할 경우, 그 초평면을 최대-마진 초평면(maximum-margin hyperplane)이라 하고 선형 분류기를 최대-마진 분류기(maximum margin classifier)라고 함.
- SVM의 목적은 학습자료로 주어진 n차원의 벡터 공간에서 분류 공간 간에 모든 점들 사이의 거리를 최대화하도록 만들어 하나의 평면을 구해내는 것임.
- 이 선형 평면 분류 경계면을 OSH(Optimal Separating Hyperplane)라고 하며, OSH에 가장 가까운 점들을 Support Vector라고 부름.
- n차원의 OSH는 n차원 방향벡터 W와 기준벡터 b로 $WX + b = 0$를 만족하는 점들의 집합으로 표현됨.
- 선형 공간에서의 hyperplane 모형은 다음 그림과 같음.

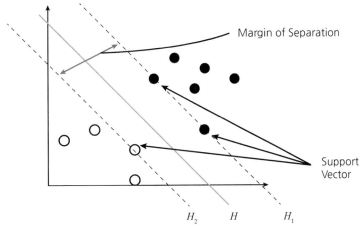

[그림 1-2] 선형 공간에서 hyperplane 모델

- 선형 공간에서 hyperplane 모델에서 흰색 원과 검은색 원을 구분짓는 hyperplane을 보여주고 있음.
  여기서 H는 OHS를 나타내며 H_1과 H_2는 2개의 벡터 그룹의 영역을 보여주는 hyperplane이 됨.

H_1과 H_2에서 접한 3개의 벡터가 support vector가 됨..

H_1과 H_2는 H를 기준으로 support vector를 최대 마진으로 이분함

여기서 2개의 그룹을 1과 −1로 보았을 때, 학습 데이터 $\{X_i, Y_i\}$는 다음 표와 같이 구분됨.

[표 3-5] 학습 데이터 $\{X_i, Y_i\}$에 대한 구분의 예

H_1: $WX_i + b = 1$ (검정색 원 그룹을 1로 보았을 때)
H_2: $WX_i + b = -1$ (흰색 원 그룹을 −1로 보았을 때)
W : hyperplane과 직교하는 벡터. 원점에서 hyperplane과의 수직 거리는
$|b|/\|W\|$이고, $\|W\|$는 W의 유클리드(Euclidean) 놈(norm)

- H_1에서 직교 거리가 $|1-b|/\|W\|$이고, H_2에서 직교 거리가 $|-1-b|/\|W\|$이므로 H_1에서 H_2까지의 마진(margin) 거리는 $|2|/\|W\|$가 됨. H_1과 H_2에 대해서 둘은 평행이고 사이에 학습 데이터가 존재하지 않으므로 최대 마진으로부터 hyperplane의 H_1과 H_2를 찾을 수 있음.

- 서포트 벡터(x)에 대한 마진은 다음과 같이 표현이 됨.
$$margin = \frac{2|d(x)|}{\|w\|} = \frac{2}{\|w\|}$$

- 최대 마진을 갖는 결정 초평면을 찾는 것은 조건부 최적화 문제로 나타낼 수 있음. 아래의 식이 나타내는 데이터 포인트가 바로 서포트 벡터임.

다음 식과 같이 최대 마진을 구하는 문제를 역수를 취해, 최소화하는 문제로 바꿀 수 있음.
$$\max \frac{2}{\|w\|} \rightarrow \min \frac{1}{2} \|w\|^2 = \min \frac{1}{2} w^T \cdot w$$
$$\text{s.t.} \quad t_i(w^T x_i + b) \geq 1 \qquad i = 1, \cdots, n$$

- SVM은 입력 벡터를 고차원(High dimensional)의 특징 공간(feature space)으로 이동시켜(mapping) 분리 경계가 매우 복잡한 문제를 선형판별함수의 사용이 가능한 단순한 문제로 변화시키기 때문에 수학적 분석이 수월하고 조정해야 할 모수(parameter)의

수가 많지 않아 비교적 간단하게 학습에 영향을 미치는 요소들을 규명할 수 있다는 장점을 가지고 있음.

- 구조적 위험을 최소화함으로써 과대적합 문제에서 벗어날 수 있음.
- 볼록함수를 최소화하는 학습을 진행하기 때문에 전역적 최적해(global optima)를 구할 수 있음.

- SVM 장점
  - 범주나 수치 예측 문제에 사용할 수 있음.
  - 노이즈 데이터의 영향을 크게 받지 않고 과적합화가 잘 되지 않음.
  - 다른 기법에 비해 높은 정확도를 보이는 경우가 많음.

- SVM 단점
  - 최적의 모델을 찾기 위해 커널과 모델에서 매개변수의 여러 가지 조합 테스트가 필요함.
  - 입력 데이터가 크고 변수의 수가 많다면 훈련시간이 많이 걸릴 수 있음.
  - 해석하기가 비교적 어려운 블랙박스와 같은 모델을 제공함.

핵심 콕콕

서포트 벡터 머신(SVM)
신경망보다 성능이 우수한 기계 학습 기법으로 주목받고 있음 (Steve R. Gunn., 1998).

(2) SVM 활용 사례

- 이 사례는 고객 구매 의도를 SVM을 포함한 다양한 데이터 마이닝 알고리즘들을 이용하여 예측함.
  - 본 연구에 사용된 데이터는 서울에 위치한 G 편의점의 판매 자료임.

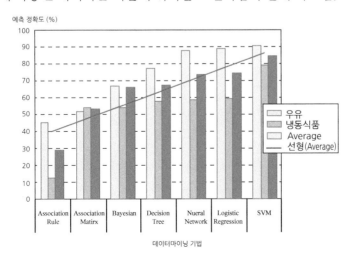

- 편의점에서 판매되는 제품의 종류가 다양한 관계로 전체 1,334개의 데이터에 포함되어 있는 품목들을 제품이 가지고 있는 성질의 유사성을 기준으로 총 21개의 카테고리로 분류함.
- 본 사례에서는 특정 상품, 특히 우유와 냉동식품에 대한 구매 의도 예측 정확도 비교함.

- 보다 정확한 예측력 측정을 위하여 10-fold cross validation을 시행함.
- 즉 예측력을 10번 테스트 데이터로 측정하여 그 평균을 도출함.
- 성능 비교 그래프 에서 나타난 결과와 같이 우유와 냉동식품에 대한 고객의 구매 의도 예측 정확도는 SVM이 두 경우 모두 가장 높게 측정되고 있음.

6) 연관관계분석★★
(1) 연관관계분석 개념

- 연관성 규칙은 상품 혹은 서비스 간의 관계를 살펴보고 이로부터 유용한 규칙을 찾아내고자 할 때 이용될 수 있는 기법임.
- 동시 구매될 가능성이 큰 상품들을 찾아내는 기법으로 시장바구니분석과 관련된 문제에 많이 적용됨.
- 측정의 기본은 얼마나 자주 구매되었는가 하는 빈도를 기본으로 연관 정도를 정량화하기 위해서는 지지도, 신뢰도, 향상도를 계산하여 기준으로 함.
- 연관성 규칙의 기본적인 개념은 시장바구니 품목들을 식별하는 것에서부터 시작
- 사건들은 동시 다발적으로 발생하며, 이러한 사건들은 상호 영향을 주면서 결과를 나타나게 되는데 이와 같이 사건 또는 품목 간에 일어나는 연관성을 규명하려는 것이 연관성 규칙임.
- 즉 연관성 규칙이란 두 항목 간 그룹 사이에 강한 연관이 존재하는지에 대한 기술을 말함.
- 다시 말해 연관 규칙은 아래 연관관계 룰과 같이 "A라는 어떠한 사건이 일어나면 B라는 다른 사건이 일어난다."와 같이 표현함.

A(전항)→B(후항)

(2) 연관관계분석의 특징

- 데이터 마이닝을 이용해서 연관성 규칙을 발견하는 것은 대량의 데이터로부터 품목간의 어떠한 종속 관계가 존재하는지를 찾아내는 작업임.
- 이러한 연관성 규칙을 통해 요소 간의 연관성 패턴 분석을 할 수 있음.
- 이때 연관성 규칙은 비목적성 기법으로써 목적 변수 없이 규칙 관계를 설명할 수 있는 특징을 가짐.
- 이처럼 연관성 규칙은 데이터 마이닝 기법으로 장바구니 분석을 통한 상품 추천이나 상품 진열 등에 사용될 수 있음.
- 연관성 규칙은 상품 또는 서비스 간의 관계를 살펴봄으로써 그들 간의 유용한 관계가 존재하는지 알아보고자 할 때 적합한 방법이라고 할 수 있음.
- 구체적인 행위를 언급하여 규칙을 도출하기 때문에 이해하기 쉽고 명쾌한 특성을 가지고 있으며, 실질적인 정보를 도출할 수 있는 장점을 가지고 있음.
- 이러한 이유로 연관성 규칙은 마케팅 문제뿐만 아니라 광범위한 의사결정을 하는 데 널리 사용되고 있음.
- 이와 같이 연관성 규칙은 동시에 구매될 확률이 높은 상품 간의 관계와 상품을 찾아내기 때문에 장바구니 분석에서 많이 사용됨.
- 연관성 규칙에 있어 분석의 기초가 되는 것은 얼마나 많이 특정 서비스나 상품이 같이 구매되었는가를 파악하는 것임.

(3) 연관관계분석 기법★★★

- 데이터 마이닝 기법 중 하나인 연관성 규칙은 데이터들의 빈도수나 동시 발생 확률을 이용하여 한 항목들의 그룹과 다른 항목들의 그룹 사이에 강한 연관성이 있음을 밝혀주는 기술
- 다음 표는 연관성 규칙의 기본 형태를 도식화한 것

[표 3-6] 연관성 규칙의 예

> $X \rightarrow Y$ [*support, confidence, lift*]
> (if X then Y : 만일 X가 일어나면 Y가 일어난다.)

심오한 TIP

데이터 마이닝(data mining)
대규모로 저장된 데이터 안에서 체계적이고 자동적으로 통계적 규칙이나 패턴을 분석하여 가치 있는 정보를 추출하는 과정

- 대량의 데이터로부터 연관성을 도출하기 위해서는 지지도(Support), 신뢰도(Confidence), 향상도(Lift)로 구성되는 세 가지 기준이 필요함.

- 첫 번째, 지지도는 전체 거래 중에서 어떠한 항목과 다른 항목 사이에 동시에 포함되는 거래의 빈도가 어느 정도인가를 나타냄.

  · Support(X) 또는 Support(X, Y)로 표현할 수 있음.

  · 지지도를 통해 전체적인 구매 의도에 대한 경향을 파악할 수 있음.

  · 지지도는 다음과 같이 확률로 나타낼 수 있음.

  아래 식에서 N은 전체의 거래 횟수를 나타내며, $n(X \cap Y)$는 X라는 상품과 Y라는 상품을 동시에 구매한 빈도를 말함.

  $$support(A \rightarrow B) = P(A \cap B)$$

  $= Percent\ of\ samples\ contain\ both\ A\ and\ B$ (A와 B가 동시에 장바구니에 담길 확률)

  $$Support = \frac{n(X \cap Y)}{N}$$

- 두 번째, 신뢰도는 조건부확률과 동일한 방식으로 정의됨.

  · $X \rightarrow Y$로 표현되는 연관 규칙에서의 신뢰도는 X가 포함된 트랜잭션 중에서 X와 Y가 동시에 포함된 트랜잭션의 비율로 정의될 수 있음.

  · 이는 Support(X, Y)/Support(X)을 의미하며, Confidence(X→Y)로 표현할 수 있음. 이를 통해 연관성의 정도를 파악할 수 있음.

  · 신뢰도는 연관성 규칙의 강도를 나타내고, 이는 다음의 조건부확률로 나타낼 수 있음.

  $$confidence(A \rightarrow B) = P(B|A)$$

  $= Percent\ of\ A\ samples\ also\ containing\ B$ (A를 구매한 사람이 B를 구매할 조건부확률)

  $$Confidence = P(Y|X)$$

- 세 번째, 향상도는 어떠한 X 상품을 구매한 경우 그 거래가 다른 Y 상품을 포함하는 경우와 Y 상품이 X와 상관없이 단독으로 구매된 경우의 비율을 나타냄.

  · 향상도는 Support(X, Y)/(Support(X) × Support(Y))로 표현할 수 있음.

  · 향상도는 다음과 같이 나타내며, $P(Y)$는 전체 거래 중 Y 상품의 거래가 일어나는 확률을 나타냄.

$$Lift = \frac{P(Y|X)}{P(Y)} = \frac{P(X \cap Y)}{P(X) \cdot P(Y)}$$

- 상품 X와 Y간의 $Lift$값이 1이면 상호 독립적이라고 할 수 있으며, $Lift$값이 1보다 크면 양의 상관관계(보완재)이고, $Lift$값이 1보다 작으면 음의 상관관계(대체재)를 나타냄.
- 이러한 지지도와 신뢰도 및 향상도는 일정한 특정 기준에 의해 해석과 결정이 되는 것이 아니라 연구자의 경험이나 판단을 중심으로 결정과 활용이 됨.

[**연관관계** *support, confidence, lift, leverage* **계산 사례**]

오른쪽 연관관계 분석을 위한 데이터는 8개의 구매 사례(장바구니)를 갖고 있다.

A(Apple: 사과), B(Banana: 바나나), C(Carrot: 당근) 세 가지 과일 채소를 8명의 고객이 구매한 데이터이다. 첫 번째 고객은 A(Apple: 사과) 하나만 구매하고 마지막 8번째 고객은 A(Apple: 사과), B(Banana: 바나나), C(Carrot: 당근) 세가지 과일 채소를 모두 구매한 것을 볼 수 있다.

#	Basket
1	A
2	B
3	C
4	A, B
5	A, C
6	B, C
7	A, B, C
8	A, B, C

- $support(A \rightarrow B) = P(A \cap B)$

  = (A와 B를 동시에 구매한 장바구니 수)/(전체 장바구니 수)

  = 3/8

- $confidence(A \rightarrow B) = P(B|A)$

  = (A와 B를 동시에 구매한 장바구니 수)/(A를 구매한 장바구니 수)

  = 3/5

- $lift(A \rightarrow B)$

  = $P(A \cap B)/P(A)*P(B)$

  = $0.375/(0.625*0.625) = 0.96$

- $leverage(A \rightarrow B)$

  $= P(A \cap B) - (P(A) * P(B));$

  $= 0.375 - 0.390 = -0.015$

(4) 연관관계분석 장단점★

- 연관관계분석이 장점은 다음과 같음.

  ① 결과가 분명
    - '조건→결과'와 같은 연관 규칙은 결과를 이해하기 쉽게 하며, 결과를 행동으로 쉽게 옮길 수 있음.
    - 어떤 상황에서는 관련 품목들의 단순한 집합만으로도 충분하며, 복잡한 규칙을 만들어낼 필요가 없는 경우도 있음.

  ② 간접적 데이터 마이닝에 유리
    - 간접적 데이터 마이닝은 대규모 자료에 접근하려 하지만 어디에서부터 시작하여야 할지를 모를 때 매우 중요한 역할을 함.
    - 따라서 연관관계분석은 자료분석을 위한 초기 탐색적 단계에 적절한 기법이며, 분명한 결과를 제공하기 때문에 이후의 데이터 마이닝 절차에 대한 방향제시를 할 수 있음.

  ③ 한 개의 변수가 여러 개의 값을 갖는 데이터에 유용
    - 연관성분석은 자료에 대한 별도의 작업 과정을 거치지 않고 여러 개의 변수 값을 갖는(variable-length) 데이터를 다룰 수 있음.
    - 다른 기법들은 고정 영역 서식의 레코드를 요구하는데 이러한 방법은 한 거래에 일어나는 품목들을 자연스럽게 표현하는 방법이 아님.
    - 연관성분석은 어떠한 정보의 손실 없이 거래 자료를 다룰 수 있음.

  ④ 계산이 용이
    - 비록 거래 수와 분석에 사용되어 질 품목이 수에 따라 계산량이 매우 빨리 증가하지만 연관 규칙을 발견하는데 필요한 계산은 꽤 간단함.
    - 이것은 유전자 알고리즘, 혹은 신경망 같은 복잡한 기법보다 사용하기에 편리하며, 간단한 문제는 스프레드시트를 이용하여 해결할 수도 있음.

- 연관관계분석이 단점은 다음과 같음.

① 고려되는 품목의 수와 규칙 속에 포함되는 품목의 수가 많아짐에 따라 규칙을 생성하는 데 필요한 계산량이 기하급수적으로 늘어난다는 것임.
   - 너무 일반화한 상위 품목으로 분석하는 것은 의미를 상실할 가능성이 높음.
   - 최소 지지도 가지치기와 같이 계산량을 줄이는 방법은 중요한 규칙들을 고려대상에서 제외시킬 가능성이 있음.

② 자료 속성에 따라 제한된 지원을 한다는 것임.
   - 연관관계분석은 거래가 일어난 품목만을 적용하도록 개발된 기법
   - 품목은 제품형과 같이 특성이 확실하게 구분되는 것을 제외하고는 동일한 것으로 가정됨.
   - 연관관계분석은 적용이 가능할 때 매우 강력한 도구가 되지만 모든 문제를 다 해결할 수 있다고는 볼 수 없음.
   - 품목에 대한 분류 체계와 가상 품목을 이용한다면 규칙을 보다 의미 있고 분명하게 표현하는 데 도움이 될 수 있음.

③ 적절한 품목을 결정하기가 어려움
   - 연관성분석을 적용할 때 가장 어려운 문제 중의 하나는 분석에 사용되어 질 품목을 올바르게 선택하는 것임.
   - 품목을 분류 체계의 대분류 쪽으로 일반화함으로써 분석에 사용된 품목의 거래 빈도수가 거의 같아진다는 것을 알 수 있음.
   - 이러한 일반화 과정이 약간의 정보를 잃는다 할지라도, 그런 후에 일반화된 품목들을 연결하는 정보를 얻기 위하여 분석에 가상 품목을 포함시킬 수 있음.

④ 거래가 드문 품목을 무시한다는 것임.
   - 연관성분석은 모든 품목들이 데이터에서 거의 동일한 횟수로 일어날 때 가장 효과적인 방법
   - 희귀 품목은 거래수가 극히 적을 것이며 그러한 품목은 삭제될 것임.
   - 최소 지지도 문지방 기준을 수정함으로써 고가이고 희귀한 품목이 고려대상에 남아있도록 할 수 있음.
   - 또한 분류 체계를 이용한다면 희귀 품목들이 분류 체계의 위쪽으로 끌어올려 어떤 형태로든지 분석에 포함되게 할 수도 있음.

(5) 연관관계분석 활용 예

① 백화점이나 호텔 고객들이 신용카드로 결제한 경우에 그 품목들을 살펴보고 다음에 어떤 상품이나 서비스를 받을지 알 수 있음.

② 신용카드, 대출 등의 은행 서비스를 받은 내역을 보면 특정한 서비스를 받을 가능성이 높은 고객을 식별해 낼 수 있음.

③ 의료보험금이나 상해보험금 청구가 특이한 경우 보험 사기의 징조가 될 수 있어 추가적인 조사를 필요로 함.

④ 환자의 의무기록에서 여러 치료가 같이 이루어진 경우 합병증 발생의 징후를 알 수 있음.

[연관관계분석 사례]

연관관계분석 실습을 위해서 간단한 실습 사례를 소개한다. 사과, 배, 감을 파는 조그마한 과일가게가 있다고 하자. 오늘 8명의 고객이 이 과일 가게에서 구매를 했으며 거래 내역은 아래와 같다. 첫 번째 고객은 사과만을 구매했으며, 두 번째 고객은 사과와 배를 구매했다. 한 고객의 한 번의 구매를 하나의 장바구니로 나타내며 각각의 장바구니에는 여러 개의 항목이 담길 수 있다.

[연관관계분석 데이터]

장바구니 번호	항목 1	항목 2	항목 3
1	사과		
2	사과	배	
3	감		
4	사과	배	
5	사과	감	
6	배	감	
7	사과	배	감
8	사과	배	감

[분석 결과]

아래는 연관관계분석을 통해 도출된 연관관계 룰이다. 배를 산 고객의 0.6(60%)

가 감을 샀다 (1번 룰). 배와 감은 전채 장바구니 중 0.375(37.5%)에서 같이 발견되었다. 또한 감을 산 고객의 0.6(60%)가 배를 구매했다(2번 룰).

	1hs	rhs	support	confidence	lift
1	{배}	{감}	0.375	0.6000000	0.9600000
2	{감}	{배}	0.375	0.6000000	0.9600000
3	{배}	{사과}	0.500	0.8000000	1.0666667
4	{사과}	{배}	0.500	0.6666667	1.0666667
5	{감}	{사과}	0.375	0.6000000	0.8000000
6	{사과}	{감}	0.375	0.5000000	0.8000000
7	{감,				
8	배}	{사과}	0.250	0.6666667	0.8888889
9	{배,				
10	사과}	{감}	0.250	0.5000000	0.8000000
11	{감,				
12	사과}	{배}	0.250	0.6666667	1.0666667

7) 군집분석(Cluster Analytics)★★

(1) 군집분석

- 군집분석은 전체 데이터를 군집을 통해 잘 구분하는 것으로 다양한 특징을 가진 관찰 대상으로부터 동일집단으로 분류하는 데 사용함.
- 이는 유사한 특성을 가진 개체를 합쳐가면서 최종적으로 유사 특성의 군집을 찾아내는 분류 방법으로 구분하려고 하는 각 군집에 대한 아무런 사전 지식이 없는 상태에서 분류하는 것이므로 비지도학습(Unsupervised Learning)에 해당함.
- 즉 개체들에 대한 사전 지식 없이 유사도에 근거하여 군집들을 구분함.
- 개체 공간에 주어진 유한 개의 개체들이 서로 가깝게 모여서 무리를 이루고 있는 개체 집합을 군집(cluster)이라 부르며 군집화하는 과정을 클러스터링(clustering)이라 함.
- 따라서 군집은 다음 그림에서와 같이 군집 내의 개체들 간에는 유사도가 높으며, 이질적인 집단들 간에는 유사도가 동일 군집 내의 개체들보다 상대적으로 낮다는 특성을 갖음.

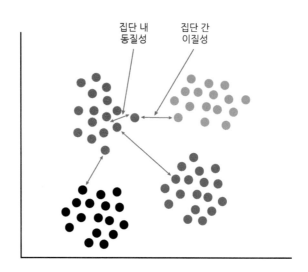

집단 내
동질성

집단 간
이질성

[그림 3-3] 군집분석에서의 군집 특성

- 군집간의 유사도를 평가하기 위해서 여러 가지의 거리 측정 함수를 사용할 수 있으며, 여기에는 유클리디안 거리(Euclidean distance), 민콥스키 거리(Minkowski distance), 마할라노비스 거리(Mahalanobis distance), 표준화 거리(Standardized distance), 맨하탄 거리(Manhattan distance) 등이 있음.

거리 측정 함수	거리 측정 공식
유클리디안 거리 (Euclidean distance)	두 점 (p_1, p_2)와 (q_1, q_2)의 거리는 아래와 같음. $d(p, q) = \sqrt{(q_1 - p_1)^2 + (q_2 - p_2)^2}$
민콥스키 거리 (Minkowski distance)	아래 두 점 X와 Y는 아래와 같음. $X = (x_1, x_2, \cdots, x_n)$ and $Y = (y_1, y_2, \cdots, y_n) \in \mathbb{R}^n$ 위 두 점 X와 Y의 거리는 아래와 같음. $D(X, Y) = \left(\sum_{i=1}^{n} |x_i - y_i|^p \right)^{\frac{1}{p}}$
마할라노비스 거리 (Mahalanobis distance)	$d(\vec{x}, \vec{y}) = \sqrt{(\vec{x} - \vec{y})^T S^{-1} (\vec{x} - \vec{y})}$
표준화 거리 (Standardized distance)	$SD = \sqrt{\dfrac{\sum_{i=1}^{n}(x_i - \overline{X})^2}{n} + \dfrac{\sum_{i=1}^{n}(y_i - \overline{Y})^2}{n} + \dfrac{\sum_{i=1}^{n}(z_i - \overline{Z})^2}{n}}$
맨하탄 거리 (Manhattan distance)	$d_1(p, q) = \| p - q \|_1 = \sum_{i=1}^{n} |p_i - q_i|$

- 한편, 이러한 군집분석의 종류는 대상을 어떻게 분석할지에 따라 다음과 같이 계층적 군집분석과 비계층적 군집분석으로 구분할 수 있음.

핵심 콕콕

계층적 군집분석에서 단일연결방식은 "최단연결법", 완전연결방식은 "최장연결법", 평균연결방식은 "평균연결법"이라고도 부르기도 함.

[그림 3-4] 군집분석의 분류

① 계층적 군집분석

- 계층적 군집분석은 개별대상 간의 거리의 의하여 가장 가까이에 있는 대상들로부터 시작하여 결합해 감으로써 나무 모양의 계층 구조를 형성해 가는 방법임.

- 계층적 군집분석은 군집 간의 거리와 유사성을 정하는 방법에 따라 단일연결방식, 완전연결방식, 집단 간 평균연결방식, 집단 내 평균연결방식 등으로 구분

  - 단일연결방식(Simple Linkage 또는 Nearest Neighbor Method): 군집 간의 거리를 한 군집에 속한 개체와 다른 군집에 속한 개체 간의 거리가 가장 가까운 개체 간의 거리로 계산하여 연결하는 방식

  - 완전연결방식(Complete Linkage 또는 Furthest Neighbor Method): 군집 간의 거리를 두 군집 간의 거리가 가장 먼 개체 간의 거리로 계산하여 연결하는 방식

  - 집단 간 평균연결방식(Average Linkage between Groups Method): 군집 간 각 개체 간의 거리를 평균하여 이 평균거리가 가장 가까운 집단을 연결하는 방식

  - 집단 내 평균연결방식(Average Linkage Within Groups Method): 이 방식은 집단 간 평균방식의 변형으로 다른 군집에 있는 개체 간의 거리뿐만 아니라 같은 집단에 속한 개체 간의 거리도 포함하여 평균을 구하는 방식

  - Ward법(Ward's error sum of squares method; Ward의 오차제곱합 방법): 단순한 거리 기준이 아닌, 구성 가능한 군집들 모두에 대해서 그 군집을 구성하는 대상들의 측정치의 분산을 기준으로 사용하는 방법

- 계층적 군집분석은 다음 그림에서와 같이 덴드로그램(Dendrogram)을 그려줌으로써 군집이 형성되는 과정을 정확히 파악할 수 있으나 데이터의 크기가 크면 분석하기가 어렵다는 단점을 갖음.
- 또한, 한 개체가 일단 특정 군집에 소속되면 다른 군집으로 이동될 수 없으며, 예외값(outlier)이 제거되지 않고 반드시 어느 군집에 속하게 된다는 한계점을 갖음.

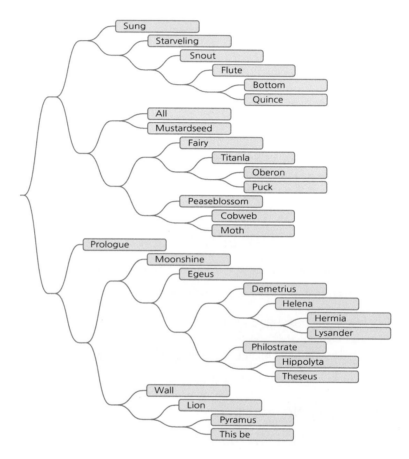

[그림 3-5] 덴드로그램(Dendrogram)

② 비계층적 군집분석

- 군집분석에서 개체의 수가 많은 경우에는 개체들 간의 유사성을 구하는 것이 번거롭고 어려운 일임.
- 비계층적 군집분석은 계층적 군집분석과 달리 군집의 수가 한 개씩 감소하는 것이 아니라 사전에 정해진 군집의 숫자에 따라 대상들이 군집들에 할당되는 것임.

- 즉 구하고자 하는 군집의 수를 정한 상태에서 설정된 군집의 중심에 가장 가까운 개체를 하나씩 포함해 가는 방식으로 군집을 형성함.
- 이 방법은 많은 데이터를 빠르고 쉽게 분류할 수 있으나 군집의 수를 미리 정해 주어야 함.
- 군집을 형성하기 위한 초기값에 따라 군집 결과가 달라지는 단점이 있음.

(2) 군집분석 알고리즘★★★

① K-means 알고리즘
- K-means 알고리즘은 가장 일반적으로 사용되는 분할 클러스터링 알고리즘임.
- 이 알고리즘의 개념은 개체들과 그 개체가 속하는 클러스터의 중심과의 평균 유클리드(Euclidean) 거리를 최소화하는 것임.
- 클러스터의 중심은 그 클러스터에 속한 개체의 평균 혹은 중심(centroid)이라 함
- 개체의 특성은 실수 값을 가지는 벡터로 표현됨.
- K-means에서 클러스터는 중력의 중심과 같이 무게 중심을 가지는 구형(sphere)으로 생각함.
- 중심이 클러스터에 속한 개체들을 얼마나 잘 표현하였는가를 나타내는 척도(RSS : Residual Sum of Squares)는 아래 식에서 보는바와 같이 각 클러스터에 속하는 모든 개체들에 대하여 각 개체와 중심까지의 제곱거리의 합으로 나타냄.

$$\sqrt{(p_1-q_1)^2 + (p_2-q_2)^2 + \cdots + (p_n-q_n)^2} = \sqrt{\sum_{i=1}^{n}(p_i-q_i)^2}$$

- K-means 클러스터링은 다음과 같이 4단계를 거쳐 수행됨.
- 1단계에서는 최초의 k'평균'(이 사례에서 k=3)은 데이터 영역 내에서 무작위로 생성
- 2단계는 최초 클러스터링 단계로서 K 클러스터는 최초의 k'평균'을 중심으로 각 개체는 k개의 중심 중 가장 가까운 곳으로 분류
- 3단계는 반복적인 클러스터링을 수행하는 단계로 개체를 바탕으로 k개의 중심을 다시 계산하고 분류를 반복
- 4단계는 종료 단계로 일전한 조건을 만족하여 k개의 중심이 더 이상 움직이지 않으면 종료함.

• 다음 그림은 이러한 K-means 클러스터링 과정을 보이고 있음.

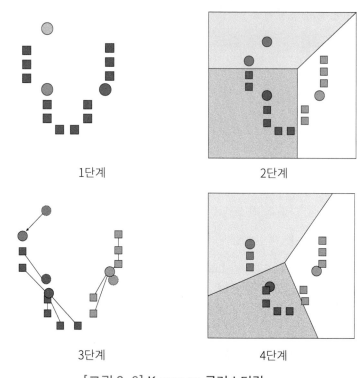

1단계

2단계

3단계

4단계

[그림 3-6] K-means 클러스터링

• K-means의 성능은 초기 중심을 어떻게 선정하는가에 따라 크게 달라짐.

– 기본적인 초기 중심은 무작위로 선정된 k개의 패턴 또는 패턴 집합 범위 내의 임의의 k개의 좌표들로 구성됨.

– 이와 같이 설정된 초기의 중심에서 출발한 클러스터링은 결과 클러스터 또한 편차가 클 수밖에 없음.

• 클러스터 분석 모델의 철학은 아래의 사례에서 잘 알 수 있음.

– 각 클러스터 안에 포함된 점(데이터)들은 가능한 그들 사이의 거리가 가까워야 함.

– 각 클러스터 간의 거리는 가능한 거리가 멀어야 함.

아래 4개의 점이 x, y 좌표로 표시되었다고 하면,

A(1, 2), B(2, 1), C(3, 4), D(4, 3)

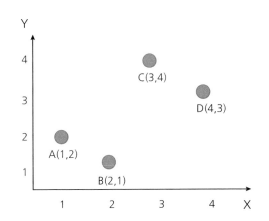

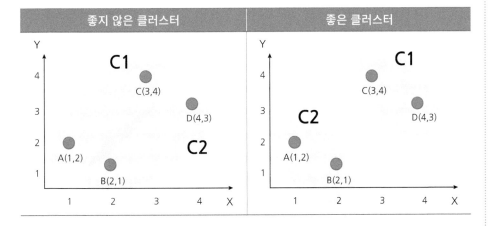

위 그림에서 왼쪽 그래프에 나타난 클러스터보다 오른쪽 클러스터가 각 클러스터 C1, C2 안에 포함된 점(데이터)들은 사이의 거리가 가깝고 각 클러스터 C1, C2 간의 거리는 먼 것을 볼 수 있음.

오른쪽 클러스터 방법이 왼쪽 클러스터보다 좋은 클러스터 분류라 할 수 있음.

두 점 A(1, 2)와 B(2, 1)의 거리는 SQRT$((2-1)^2 + (1-2)^2)$ = SQRT(2) = 1.414214와 같이 계산됨.

- 군집 간의 거리를 측정하는 방법은 다음 4가지 방법이 있음.

- **최단거리 또는 단일 연결법**(minimum distance or single linkage)

 가장 가까이에 있는 두 관측치 A_i와 B_j 사이의 거리 측정

 $\min\left(distance\left(A_i, B_j\right)\right), \quad i = 1, 2, \cdots, m; \quad j = 1, 2, \cdots, n$

- 최대거리 또는 완전연결법(maximum distance or complete linkage)

  가장 멀리에 있는 두 관측치 A_i와 B_j 사이의 거리 측정

  $\max\left(distance\left(A_i, B_j\right)\right),\ \ i = 1, 2, \cdots, m;\ \ j = 1, 2, \cdots, n$

- 평균거리 또는 평균 연결법(average distance or average linkage)

  하나의 군집 내에 있는 관측치들과 다른 군집 내에 있는 관측치들 사이의 모든 가능한 거리의 평균 거리 측정

  $average\left(distance\left(A_i, B_j\right)\right),\ \ i = 1, 2, \cdots, m;\ \ j = 1, 2, \cdots, n$

- 중심거리(centroid distance)

  두 군집의 중심 간의 거리를 계산하며, 군집의 중심은 군집에 있는 모든 레코드들의 측정 벡터 평균값

  $distance\ \left|\overline{X}_A - \overline{X}_B\right|$

② 가우시안 혼합 모델(Gaussian mixture models)

- 패턴분석에 있어서 데이터의 특성을 분석하는 것이 매우 중요
- 데이터의 분포 특성을 알기 위해 적절한 확률밀도함수(probability density function)를 가정하여 데이터 분포를 만드는 것이 확률분포 모델임.
- 가우시안 혼합 모델은 주어진 표본 데이터의 집합의 분포밀도를 하나의 확률밀도함수로 모델링하는 방법을 개선하여 복수의 가우시안 확률밀도함수로 모델링하는 방법임.
- 이는 복잡한 입력 데이터를 각 가우시안 분포함수의 평균과 분산값으로 모델링을 함으로써 연산량을 줄일 수 있음.

(3) 커널 K-means 알고리즘★★

- K-means 알고리즘은 선형으로 분리 가능한 경우 완벽하게 클러스터로 분리됨.
- 다음 그림에서와 같이 선형으로 분리가 불가능한 경우, 데이터는 서로 다른 밀도의 임의 형상의 클러스터를 포함하며, K-means 알고리즘을 이용하여 분리가 불가능함.
- 커널 알고리즘은 K-means와 동일한 방식을 적용하지만, 한 가지 차이점은 거리의 계산에서 유클리드(Euclidean) 거리를 대신해서 커널을 사용함.

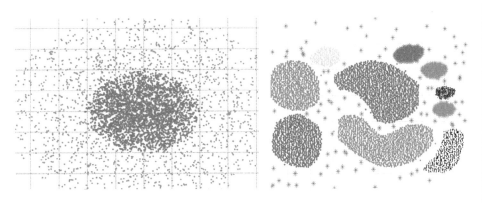

[그림 3-7] 선형 분리 불가능한 데이터

(4) Spectral Clustering

- Spectral Clustering는 선형 분리가 불가능한 데이터를 가능한 데이터로 변환하여 처리함.
- Spectral Clustering는 데이터 군집화를 그래프 분할 문제로 바꾼 것임.
- 특정 목적함수를 최적화하려는 그래프 분할을 찾는 문제로 볼 수 있음.
- 주어진 데이터 포인트들 사이에 유사도를 나타내는 유사도 행렬 A를 구성하고 이 행렬의 고유 벡터를 이용하여 원본 데이터를 군집화하는 기법
- 유사도 행렬 A는 인접 행렬로 해석될 수 있으며, 따라서 Spectral Clustering는 유사도 행렬을 구하는 과정과 그래프 분할의 과정으로 구분할 수 있음.

핵심 콕콕

Spectral Clustering
유사도 행렬이 블록대각 행렬을 이룰 때, 최적의 결과를 보이는 것으로 알려져 있음

(5) Latent Dirichlet Allocation★★

- 정보 검색에서 문서 모델링은 중요한 의미가 있음.
- 문서 모델링이란 개별 문서 더 나아가 문서 컬렉션(Corpus)를 표현하는 방법을 찾는 것임.
- Latent Dirichlet Allocation은 이러한 문서 분류 방법 중 널리 사용하는 기법임.
- Latent Dirichlet Allocation은 문서가 다양한 주제로 이루어졌다는 전제하에 주어진 문서에 대하여 각 문서에 어떤 주제들이 존재하는지에 대한 확률 모형임.
- Latent Dirichlet Allocation 모델에서 하나의 문서를 생성하는 절차를 보여줌.

> 가. $\theta_i \sim \text{Dir}(\alpha)$를 선택$(i \in \{1, \cdots, M\}$와 $\text{Dir}(\alpha)$는 매개변수 α에 대한 Dirichlet 분산)
>
> 나. $\phi_k \sim \text{Dir}(\beta)$을 선택$(k \in \{1, \cdots, K\})$
>
> 다. 각 단어의 위치들 i, j에 대해$(j \in \{1, \cdots, N_i\}$ 및 $i \in \{1, \cdots, M\})$
> - 하나의 토픽 $z_{i,j} \sim Multinomial(\phi_i)$을 선택
> - 하나의 단어 $w_{i,j} \sim Multinomial(\phi_{\approx i,j})$을 선택

- 여기서 α와 β는 코퍼스 단위로 정해지는 값이고, N과 θ는 문서 단위로 정해지는 값임.
- β는 각 주제별로 특정 단어가 생성될 확률이 담긴 테이블(2차원 매트릭스)이며, N은 문서의 길이, θ는 해당 문서에서 각 주제의 가중치를 나타냄. (θ의 각 엔트리 값을 합치면 1이 됨)
- z_i는 문서의 i번째 단어에 대한 주제 벡터(하나의 엔트리만 1이고 나머지는 0)임.
- 이 모델에서 주제의 개수는 k로 고정되어 있으며, 따라서 θ와 z_i는 길이가 k인 벡터임.

[사례] 고객의 분류

A. 계층적 군집화 분석 사례

아래 사례는 고객의 구매 정보를 이용하여 계층적 군집화 분석을 한 사례이다. 4개의 변수 total, price, period, variety에 대한 10명의 고객의 데이터를 수집하였다.

total	price	period	variety
5.1	1.4	0.2	3.5
4.9	1.4	0.2	3.0
4.7	1.3	0.2	3.2
4.6	1.5	0.2	3.1
5.0	1.4	0.2	3.6
5.4	1.7	0.4	3.9
4.6	1.4	0.3	3.4
5.0	1.5	0.2	3.4
4.4	1.4	0.2	2.9
4.9	1.5	0.1	3.1

5.4	1.5	0.2	3.7
4.8	1.6	0.2	3.4
4.8	1.4	0.1	3.0

계층적 군집화 분석은 군집의 전체적인 모양을 산과 산맥처럼 모여주어, 몇 개
의 군집이 이상적인지를 결정하는 것을 도와줄 수 있음.

다음 그래프를 참조로 3개의 크러스터를 선택하여 k-means 크러스터를 하기로
결정함.

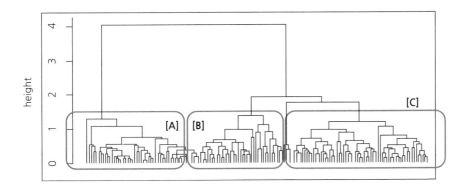

B. K-Means 클로스터 알고리즘 분석 사례

K-Means 클로스터 알고리즘을 이용하여 아래와 같은 클러스터 분석 그래프를
도출함.

아래는 고객을 고객정보에 따라 3개의 클러스터로 분류한 후 시각화한 그래프임.

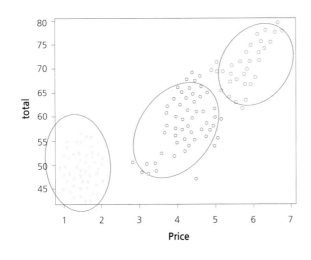

2. 고급 분석 기법^{★★}

1) 범주형 자료 분석

(1) 범주형 자료의 특성

- 범주형 자료란 특정 변수의 관찰값을 범주화(그룹화) 처리하고 각 범주에 해당되는 빈도를 표기한 자료임.
  - 예를 들면, 성별이라는 변수의 관찰값은 '남', '여'로 (범주화되어) 표현되는데, 주어진 자료에서 '남'과 '여'의 빈도를 구하여 분석함.
  - 다른 예를 들면, 'A 과목 수강생의 기말시험 점수'라는 변수의 관찰값을 '90점 이상', '80점 이상~90점 미만', '80점 미만'으로 범주화 처리하여 측정하고, 해당 범주의 빈도 정보를 이용하여 범주형 자료 분석을 할 수 있음.

- 범주형 자료 분석은 위와 같이 하나의 관심 변수만을 분석할 수도 있고, 두 변수 사이의 관계에 대한 분석을 할 수도 있음.
  - 예를 들면, 50개의 빅데이터 교육 프로그램에 대하여 '빅데이터 교육 프로그램 등록금 수준'과 '수료 후 취직한 기업의 연봉'이라는 두 변수의 관찰값을 '상, 중, 하'와 같은 방식으로 범주화 처리하여 각 결합에 대하여 빈도를 구함.
  - 이와 같은 방식으로 범주형 자료를 생성하여 두 변수의 관계를 분석할 수 있음.

(2) 빈도 분포표와 분할표

- 빈도 분포표(frequency distribution table)는 범주화 처리된 한 변수의 관찰값에 대한 빈도를 이용하여 분포 관련 정보를 제공
  - 예를 들면, A 과목 수강생의 키라는 변수에 대한 빈도 분포표를 아래와 같이 작성할 수 있음.

[표 3-7] A 과목 수강생의 키에 대한 빈도 분포표

키	빈도
160cm 미만	8
160cm 이상~ 170cm 미만	27
170cm 이상~ 180cm 미만	15
180cm 이상	2

핵심 콕콕

변수의 종류
변수는 정량변수와 정성변수로 구분되며, 정량변수는 이산변수와 연속변수로 구분되며 관찰값이 수치로 표현되고 사칙연산이 가능함. 정성변수는 관찰값이 주로 문자로 표현되지만, 숫자로 표현되기도 하나 사칙연산은 불가능함. 예를 들면, 성별이라는 변수의 관찰값인 '남', '여'를 0, 1로 표현할 수도 있지만, 사칙연산이 불가능하여 성별은 여전히 정성변수임.

핵심 콕콕

분포
특정 변수에 대해서 관찰 가능한 값과 그 값에 대한 빈도나 확률 정보를 제공함.

- 분할표(contingency table)는 범주화 처리된 두 변수 사이의 관계를 빈도를 이용하여 나타낸 표로 범주형 자료 분석에 많이 활용됨.
- 위의 예를 이용하여 분할표를 작성하면 아래와 같음.
- 빈도의 수를 모두 합산하면 빅데이터 교육 프로그램의 전체 빈도인 50이 됨.
- 분할표는 총 50개의 빅데이터 교육 프로그램 가운데 프로그램 등록금 수준은 '하'이면서 수료 후 취직한 기업의 연봉 수준이 '하'인 경우, '중'인 경우, '상'인 경우는 각각 14개, 3개, 2개로 해석할 수 있음.
- 두 변수의 관찰값(여기서는 '상', '중', '하')에 대한 결합 빈도에 대한 정보를 제공함.

[표 3-8] 50개 교육 프로그램의 등록금 수준과 취직한 기업 연봉 수준 분할표(모집단)

프로그램 등록금 수준	수료 후 취직한 기업의 연봉 수준		
	하	중	상
하	14	3	2
중	6	10	2
상	2	7	4

(3) 범주형 자료 분석의 종류★

- 범주형 자료 분석의 목적과 기법은 아래와 같이 정리할 수 있음.

분석 목적 (분석 대상)	분석 기법
두 변수 사이의 독립성 확인 (모집단)	독립성 정의 이용
두 변수 사이의 독립성 검정 (표본집단)	두 모집단 조건부 비율 검정 카이제곱 검정
한 변수가 특정 분포를 따르는지 검정 (표본집단)	카이제곱 검정
조건부 확률 비교 (모집단 또는 표본집단)	상대위험과 승산비

심오한 TIP

검정(test)은 통계적 추론(statistical inference)의 한 방법으로 표본집단을 이용하여 모집단의 특성을 파악하고자 할 때 사용됨. 따라서, 표본집단을 분석하였을 때만 검정의 개념이 성립함. 모집단 자체가 분석 대상이 되면 추론의 개념이 적용되지 않음.

(4) 두 변수 사이의 독립성 확인(모집단)

- 두 변수 사이의 독립성은 모집단을 대상으로 한 경우에는 독립성 정의를 이용하여 확인함.
- 표본집단을 대상으로 한 경우에는 검정 기법을 사용하여 확인할 수 있음.

- 모집단은 검정과 같은 추론 기법을 사용할 필요 없이 개념 정의가 성립하는지를 확인하기만 하면 됨.
- 표본집단은 추출한 표본에 따라서 통계량이 변하기 때문에 추정 및 검정과 같은 추론 기법을 적용함.

- 두 변수 X와 Y의 독립성 정의는 아래와 같음.

$$P(X = x, Y = y) = P(X = x)P(Y = y), \quad \forall\, x \in X, y \in Y$$

  - 여기서 $P(X = x, Y = y)$은 두 변수의 결합확률(joint probability)이고, $P(X = x)$와 $P(Y = y)$은 각각 두 변수 X와 Y의 주변확률(marginal probability)임.
  - $\forall\, x \in X, y \in Y$은 변수 X의 모든 관찰값 x와 변수 Y의 모든 관찰값 y에 대해서 위의 등식이 성립한다는 것임.
  - 단, 한 가지의 경우라도 등식이 성립하지 않으면, 두 변수의 독립은 성립하지 않고 서로 종속한다는 결론을 내리게 됨.

- 앞의 분할표 예가 모집단 자료라고 가정하고, 이를 이용하여 두 변수의 독립성 여부를 확인해야 함.
  - 독립성 여부를 확인하기 위해서 원래 분할표를 결합확률(테두리 안의 확률)과 주변확률(테두리 밖의 확률)의 형태로 변환하면 다음과 같음.

[표 3-9] 결합확률과 주변확률로 변환한 분할표(모집단)

프로그램 등록금 수준	수료 후 취직한 기업의 연봉 수준			
	하	중	상	소계
하	0.28	0.06	0.04	0.38
중	0.12	0.20	0.04	0.36
상	0.04	0.14	0.08	0.26
소계	0.44	0.40	0.16	1.00

- 결합확률은 분할표에서 두 변수의 관찰값('상', '중', '하')에 대한 결합 빈도를 총 개체 수(여기서는 50)로 나누어서 얻음.
  - 주변확률은 분할표의 결합확률을 가로 방향과 세로 방향으로 합산하여 얻은 주

변 빈도를 총 개체 수로 나누어서 구할 수 있음.

- [표 3-9]에서는 소계 부분이 주변확률에 해당됨.

• 두 변수인 프로그램 등록금 수준과 수료 후 취직한 기업의 연봉 수준의 독립성 여부는 위의 두 변수 독립성 정의 공식에서 보았듯이 모든 결합확률이 주변확률의 곱으로 표현되는지를 확인하는 것임.

- 만약 한 가지 경우라도 등식이 성립하지 않으면 두 변수의 독립성이 성립하지 않고 종속관계를 갖게 됨.

- 예를 들어서 프로그램 등록 수준 '상'과 수료 후 취직한 기업의 연봉 수준 '상'의 결합확률은 0.08인데 각각의 주변확률은 0.26과 0.16으로 두 주변확률의 곱(0.26 ×0.16=0.042)은 결합확률과 다르므로 두 변수는 독립이 아닌 종속관계임을 알 수 있음.

(5) 두 변수 사이의 독립성 검정(두 모집단 조건부 비율 검정)★★★

• 표본집단을 대상으로 두 변수 사이의 독립성을 검정하는 방법으로는 두 모집단 비율 검정 기법과 카이제곱 검정 기법이 있음.

- 두 모집단 비율 검정 기법은 두 변수의 관찰값이 각각 두 개인 경우(2×2 분할표로 표현이 가능한 경우)에만 적용이 가능함.

- 카이제곱 검정 기법은 두 변수의 관찰값 개수가 두 개인 경우뿐만 아니라 여럿인 경우에도 적용할 수 있음.

• 위에서 살펴본 두 변수 X와 Y의 독립성 정의는 조건부 확률의 정의를 이용해서 아래와 같이 다시 작성할 수 있음.

$$P(X=x|Y=y) = P(X=x), \quad \forall\, x \in X, y \in Y$$

- 위의 등식이 의미하는 바는 Y 변수의 값이 무엇이든 $P(X=x)$은 영향을 받지 않고 항상 같다는 의미로 두 변수 X와 Y의 독립성을 의미

- 참고로 여기서 $P(X=x|Y=y)$은 조건부 확률로 아래와 같이 정의되어 있음.

$$P(X=x|Y=y) = \frac{P(X=x,\, Y=y)}{P(Y=y)}$$

- A 병원에 입원해 있는 환자(표본집단) 100명을 대상으로 흡연과 암 진단이라는 두 변수에 대해서 '예', '아니오'(관찰값)로 구성된 2×2 분할표가 아래와 예가 있음.

[표 3-10] 암 진단과 흡연에 관한 분할표(표본집단)

흡연	암 진단	
	예	아니오
예	32	19
아니오	20	29

- 위의 분할표를 결합확률(테두리 안)과 주변확률(테두리 밖)로 변환하여 표시하면 아래와 같음.

[표 3-11] 결합확률과 주변확률로 변환한 분할표(표본집단)

흡연	암 진단		
	예	아니오	소계
예	0.32	0.19	0.51
아니오	0.20	0.29	0.49
소계	0.52	0.48	1.00

- 조건부 확률을 이용해서 두 변수의 독립성을 검정하는 문제
- 흡연이 암 진단에 영향을 미치는지를 알아보려면, 흡연한 경우와 흡연 안 한 경우에 대한 암 진단 확률 P(암 진단=예 | 흡연=예)와 P(암 진단=예 | 흡연=아니오)가 같은지를 보면 됨.
- 흡연과 암 진단이 독립이면 두 조건부 확률은 같을 것이고 종속이면 다를 것임.
- 위의 표에서 각각의 조건부 확률 추정치를 공식을 이용하여 구하면 아래와 같음.

$\hat{P}$(암 진단=예 | 흡연=예)=32/51=0.627

$\hat{P}$(암 진단=예 | 흡연=아니오)=20/49=0.408

- 서로 독립인 두 모집단의 비율 차이($\pi_1 - \pi_2$) 검정 방법은 다음과 같음.
- 표본의 크기가 충분히 클 경우 중심 극한 정리에 의해서 두 모집단의 비율의 추정치(p_1와 p_2)는 각기 정규분포를 따르게 됨.
- 두 모집단 비율의 추정치의 차이($p_1 - p_2$)도 정규분포를 따르게 됨.
- 아래의 검정 통계량을 임계치인 표준정규분포의 z-score와 비교하여 귀무가설(H_0)의 기각 여부를 결정할 수 있음.
- 또는 p값과 유의 수준 α를 비교하여 p값이 α보다 작거나 같으면 귀무가설을 기각함.

$$H_0 : \pi_1 = \pi_2 \qquad \text{vs.} \qquad H_1 : \pi_1 \neq \pi_2$$

$$\text{검정 통계량} : TS = \left| \frac{p_1 - p_2}{\sqrt{p_0(1-p_0)\left(\dfrac{1}{n_1} + \dfrac{1}{n_2}\right)}} \right| \qquad \text{vs.} \qquad \text{z-score}: z_{\alpha/2}$$

- 검정 통계량이 z-score 보다 크면 귀무가설을 기각함.
- 검정 통계량의 절대값을 제거하면 양측 검정에 해당됨을 알 수 있음.
- 유의 수준 10%, 5%, 1%에 대한 z-score의 근사치는 각각 1.645, 1.96, 2.58임.
- 여기서 $p_0 = \dfrac{n_1 p_1 + n_2 p_2}{n_1 + n_2}$이고, n_1과 n_2은 각각 두 개의 모집단에서 추출한 표본의 개수임.

- 암 진단과 흡연 문제를 두 모집단 비율 차이에 적용해 보면, 흡연 그룹과 비흡연 그룹을 두 개의 모집단으로 분리하고, 각 모집단의 비율은 흡연 그룹의 암 진단 확률과 비흡연 그룹의 암 진단 확률을 비교하면 됨.
- 이러한 관계를 이용해서 가설을 설립하고 검정 통계량(TS)을 구하면 아래와 같음.

  $H_0 :$ 두 변수는 서로 독립이다.   vs. $H_1 :$ 두 변수는 독립이 아니다.
  $n_1 = 51, \ n_2 = 49, \ p_1 = 0.627, \ p_2 = 0.408, \ p_0 = 0.520, \ TS = 2.194$

- 5% 유의수준에서 검정 통계량이 z-score보다 크기 때문에 귀무가설을 기각하게 되어 두 개의 조건부 확률이 다르다는 결론을 내릴 수 있음.
- 이는 두 변수가 서로 독립은 아니라는 결론을 얻을 수 있음.

심오한 TIP

z-score는 표준정규분포표나 통계 소프트웨어를 이용해서 구할 수 있음.

핵심 콕콕

임계치
가설 검정에서 기각 구간과 비기각 구간을 구분하는 절사점으로 사용됨.

심오한 TIP

귀무 가설(null hypothesis)
통계학에서 처음부터 버릴 것을 예상하는 가설로, 차이가 없거나 의미있는 차이가 없는 경우의 가설이며 이것이 맞거나 맞지 않다는 통계학적 증거를 통해 증명하려는 가설임.

(6) 두 변수 사이의 독립성 검정(카이제곱 검정)★★★

- 카이제곱 검정은 두 변수의 독립성을 검정하는 데 사용됨.
- 두 변수 X와 Y의 독립성 정의는 두 변수의 결합 확률이 두 변수의 주변 확률의 곱과 같은지를 확인하여 이루어짐.
- 결합 확률과 주변 확률은 각각 결합 빈도와 주변 빈도를 전체 개체 수로 나누어서 구함.
- 결합 빈도의 개념을 실제 측정된 빈도(표본에서의 개념)와 주변 확률을 이용해서 구한 기대 빈도(모집단에서의 개념으로 이론상의 빈도)로 구분하여 이들 사이에 유의한 차이가 있는지를 이용하여 검정하는 방식임.
- 측정된 빈도와 기대 빈도 사이에 유의한 차이가 없으면 두 변수는 서로 독립이고, 유의한 차이가 발생하면 서로 종속이라는 결론임.

- 예를 들어서 아파트 단지의 도시가스 사용료와 전기 사용료는 서로 독립인지를 분석하고자 할 때 110개의 아파트 단지를 표본으로 한 분할표는 다음과 같음.

[표 3-12] 110개 아파트 단지의 도시가스 사용료와 전기 사용료 분할표(표본집단)

도시가스 사용료	전기사용료			소계
	하	중	상	
하	22	15	13	50
중	18	10	7	35
상	10	9	6	25
소계	50	34	26	110

- 위의 분할표의 결합빈도(테두리 안)는 실제 측정된 빈도(O_{ij})인데, 기대빈도(E_{ij})는 두 변수가 독립일 경우의 결합확률을 구하는 아래의 공식으로 구할 수 있음.

$$\frac{E_{ij}}{n} = \frac{R_i}{n} \times \frac{C_j}{n}$$

- 여기서 $\frac{E_{ij}}{n}$은 행 i와 열 j에 대한 결합확률이고, R_i는 행 i의 빈도 합이고, C_j는 열 j의 빈도 합이며, n은 전체 개체의 수라 할 때 $\frac{R_i}{n}$와 $\frac{C_j}{n}$는 각각 행 i와 열 j의 주변 확률에 해당됨.

- 예를 들면, 도시가스 사용료 '상'과 전기 사용료 '중'의 결합확률 $\dfrac{E_{32}}{n}$은 $R_3=25$, $C_2=34$, $n=110$을 이용하여 0.0702임을 알 수 있고, 기대빈도 $E_{32}=7.7273$을 얻을 수 있음.
- 이때 측정된 결합빈도는 $O_{32}=9$인데, 만약 모든 조합에 대해서 측정빈도와 기대빈도가 같음을 검정한다면 두 변수는 독립임을 입증할 수 있음.

- 두 변수의 독립성을 검정하기 위한 카이제곱 검정 통계량은 아래와 같이 구함.

$$\chi^2 = \sum_{i=1}^{r} \sum_{j=1}^{c} \frac{(O_{ij} - E_{ij})^2}{E_{ij}} , \ i=1,\cdots,r, \ j=1,\cdots,c$$

- 검정 통계량 χ^2은 카이제곱분포를 따름.
- 카이제곱분포는 모수를 한 개 가지고 있고, 이는 자유도(degree of freedom)로 df로 표기함.
- 두 변수의 독립을 검정할 때의 자유도는 $(r-1)\times(c-1)$로 구할 수 있음.

- 아래와 같은 가설을 세우면, 카이제곱 검정 통계량은 임계치보다 크고 귀무가설을 기각하는 우측 검정임.
- p값과 유의수준 α를 비교하여 p값이 α보다 작거나 같으면 귀무가설을 기각함.

  H_0:두 변수는 서로 독립이다.   vs. H_1:두 변수는 독립이 아니다.

- 위의 분할표 예를 이용하여 카이제곱 검정 통계량을 계산하고 유의수준 5%에서 가설 검정을 실행하면 다음과 같음.

$$\chi_4^2 = \sum_{i=1}^{3} \sum_{j=1}^{3} \frac{(O_{ij} - E_{ij})^2}{E_{ij}} = 1.062 \quad \text{vs} \quad \text{임계치}: 9.488$$

- 검정 통계량이 유의수준보다 작으므로 5% 유의수준에서 두 변수는 서로 독립임.

(7) 한 변수가 특정 분포를 따르는지 검정(카이제곱 검정)★

- 한 변수가 특정 분포를 따르는지를 검정하는 방법을 적합도 검정(goodness of fit)이라고도 함.
- 범주화 처리된 변수의 관찰값에 대한 빈도를 측정해서 어떤 변수가 특정 분포를

따를 때 얻을 수 있는 이론상의 빈도(기대빈도)와 실제 측정된 빈도 사이에 통계적으로 유의미한 차이가 있는지를 검정하는 기법임.

- 카이제곱 검정은 범주화된 변수에 대한 검정으로 사용됨.
- 분포가 이산 균일분포, 이항분포, <u>포아송분포</u>와 같은 이산분포로 가정 되는 경우에 주로 활용됨.
- 연속분포인 경우에도 관찰값을 범주화 처리하여 카이제곱 검정을 이용할 수도 있지만, 일반적으로 콜모고로프–스미노프(Kolmogorov–Smirnov) 검정 방법을 자주 활용함.

포아송 분포(Poisson distribution)
확률론에서 단위 시간 안에 어떤 사건이 몇 번 발생할 것인지를 표현하는 이산 확률 분포

- 한 변수의 분포 적합성을 검정하기 위한 카이제곱 검정 통계량은 아래와 같음.

$$\chi^2 = \sum_{i=1}^{r} \frac{(O_i - E_i)^2}{E_i}, \ \ i = 1, \cdots, r$$

- 검정 통계량 χ^2은 카이제곱분포를 따름.
- 한 변수의 분포 적합성을 검정할 때의 자유도는 균일 분포 검정의 경우 $(r-1)$로 구할 수 있음.

- 아래와 같은 가설을 세우면, 카이제곱 검정 통계량이 임계치보다 크고 귀무가설을 기각하는 우측 검정임.
- p값과 유의수준 α를 비교하여 p값이 α보다 작거나 같으면 귀무가설을 기각함.

$$H_0 : F = F_0 \quad \text{vs.} \quad H_1 : F \neq F_0$$

- 여기서 F는 분포(일반적으로 누적분포함수를 의미)를 의미하고, F_0는 비교하고자 하는 특정 분포에 해당됨.

- 예를 들어서 아래와 같은 주사위를 120번 던지기 하여 나온 숫자의 빈도(O_i)는 균일할 것으로 예상되므로 이산 균일분포를 따르는지에 대해서 적합도 검정을 실행할 수 있음.
- 주사위를 총 120번 던지므로 1부터 6까지의 각 숫자에 대한 기대빈도(E_i)는 20임을 알 수 있음.

숫자	1	2	3	4	5	6
빈도	18	21	24	17	21	19

- 가설을 아래와 같이 세우고, 검정 통계량을 계산하면 다음과 같음.

    $$H_0 : F = F_0 \quad vs. \quad H_1 : F \neq F_0$$

- 여기서 F_0는 이산 균일분포를 의미함.

    $$\chi^2 = \sum_{i=1}^{6} \frac{(O_i - E_i)^2}{E_i} = 1.6$$

- 자유도는 5이고, 10% 유의수준에서 임계치는 9.2364로 검정 통계량 보다 임계치가 커서 귀무가설을 기각하지 못하게 되고, 결국 주사위를 던져서 나오는 수의 분포는 이산 균일분포를 따른다고 할 수 있음.

(8) 상대위험(relative risk)과 승산비(odds ratio)★★

- 두 집단에서의 특정 관심 사건 발생 여부에 대한 비교 목적으로 조건부 확률을 계산하여 단순히 차이만 비교할 때는 놓칠 수 있는 정보가 있는데, 이러한 단점을 보완하기 위해서 상대위험이나 승산비 개념이 활용됨.

- 중소기업 집단과 대기업 집단이 있는데 기업들이 부도날 확률에 대한 예
- 첫 번째 경우는 중소기업이 부도날 확률과 대기업이 부도날 확률이 각각 0.52와 0.42
- 두 번째 경우는 중소기업이 부도날 확률과 대기업이 부도날 확률이 각각 0.12와 0.02
- 두 가지 경우 모두 중소기업이 부도날 확률과 대기업이 부도날 확률의 차이는 0.1로 같음.
- 대기업 대비 중소기업이 부도날 확률은 첫 번째 경우는 1.2배(=0.52/0.42)이지만 두 번째 경우는 6배(0.12/0.02)임.

- 상대위험은 두 집단의 조건부 확률을 비율로 비교하여, 단순 차이 비교에서는 얻을 수 없는 정보를 제공해 줌.

- 승산(odds)은 특정 사건이 발생하는 경우와 발생하지 않는 경우의 비율로 아래와 같이 나타낼 수 있음.

$$odds = \frac{p}{1-p}$$

- 예를 들면, 부도라는 사건에 대해서 승산은 부도가 발생할 확률(p) 나누기 부도가 발생하지 않을 확률($1-p$)임.

- 승산비는 두 집단의 승산의 비율
- 예를 들면, 중소기업의 승산이 $odds_1$이고, 대기업의 승산이 $odds_2$이면, 대기업 대비 중소기업의 승산비는 아래와 같음.

$$odds\ ratio = \frac{odds_1}{odds_2} = \frac{p_1/(1-p_1)}{p_2/(1-p_2)}$$

- 여기서 p_1과 p_2는 각기 중소기업이 부도날 확률과 대기업이 부도날 확률임.

- 아래의 분할표를 이용하여 조건부 확률, 상대위험, 승산비를 구해봄.

[표 3-13] 기업 구분과 부도 여부를 이용한 분할표

기업 구분	부도 여부	
	예	아니오
중소기업	14	86
대기업	2	48

- 분할표의 빈도를 이용하여 아래와 같이 중소기업이 부도날 확률과 대기업이 부도날 확률을 조건부 확률로 계산할 수 있음.

  P(부도 여부 = 예 | 기업 구분 = 중소기업) = 0.14

  P(부도 여부 = 예 | 기업 구분 = 대기업) = 0.04

- 두 조건부 확률의 차이는 0.1인데, 대기업 대비 중소기업의 상대위험을 구하면 3.5가 됨.
- 중소기업의 승산과 대기업의 승산을 구하면 각기 0.163과 0.042이고, 대기업 대비 중소기업의 승산비는 3.907임.

2) 다변량 분석★★

(1) 다변량 분석의 특징

- 분석하고자 하는 변수의 개수가 한 개인 분석은 일변량(univariate) 분석이고, 두 개 이상인 분석은 다변량(multivariate) 분석임.

핵심 콕콕

다변량 분석 기법
모평균 벡터 검정, 다변량 분산분석, 주성분분석, 요인분석, 판별분석, 군집분석, 다차원 척도법 등이 있음

- 모집단이 일변량 정규분포를 따르면, 모평균과 모분산을 각각 하나씩 가지게 됨.
- 모집단이 다변량 정규분포를 따르면, 모평균 벡터와 모집단 공분산 행렬을 가짐.
- 모집단 공분산 행렬은 각 변수에 대한 모분산과 변수들 사이에서 얻어진 모집단 공분산으로 구성됨.
- 다변량이 서로 독립이면 모집단 공분산은 0이 됨.

(2) 모평균 벡터 검정

- 모집단이 일변량 정규분포를 따르고, 모분산을 모른다고 할 경우, 모평균에 대한 검정은 t 통계량을 이용할 수 있음.
- 반면, 모집단이 다변량 정규분포를 따르고, 모집단 공분산 행렬을 모르는 경우, 모평균 벡터에 대한 검정은 Hotelling T^2 통계량을 이용함.
- 예를 들면, A 대학 학생의 키의 평균(모평균)이 170cm인지만 검정하려면 t 통계량을 이용하고, A 대학 학생의 키와 몸무게 평균(모평균 벡터)이 각각 170cm인지와 65kg인지를 동시에 검정하고자 할 때는 Hotelling T^2 통계량을 이용함.

- 두 개의 모집단이 각각 일변량 정규분포를 따르고, 모분산을 모른다고 할 경우, 모평균 차이에 대한 검정은 t 통계량을 이용할 수 있음.
- 반면, 두 개의 모집단이 각각 다변량 정규분포를 따르고, 모집단 공분산 행렬을 모르는 경우, 모평균 벡터 차이에 대한 검정은 Hotelling T^2 통계량을 이용함.
- 예를 들면, A팀 축구선수와 B팀 농구선수(두 모집단) 사이에 50m 달리기 평균 속도(모평균)에 차이가 있는지만 검정하려면 t 통계량을 이용하지만, A팀 축구선수와 B팀 농구선수(두 모집단) 사이에 50m 달리기 평균 속도와 멀리뛰기 평균 거리(모평균 벡터)가 동시에 차이가 있는지를 검정하고자 할 때는 Hotelling T^2 통계량을 이용함.

(3) 다변량 분산분석(multivariate analysis of variance)

- 일원배치 일변량 분산분석(one-way ANOVA)은 여러 처리(독립변수)가 하나의 종속변수에 차이를 가져오는지를 분석하는 기법임.
- 여기서 독립변수는 범주형 변수이고, 종속변수는 연속변수임.
- 예를 들면, 커피를 전혀 안 마시는 그룹, 커피를 하루에 1~3잔 마시는 그룹, 커피를 하루에 4잔 이상 마시는 그룹을 처리(독립변수)로 하고, 처리에 따른 혈압(종속변수)에 차이가 생기는지를 분석하고자 할 때 일변량 분산분석을 이용할 수 있음.

- 일원배치 다변량 분석(one-way MANOVA)은 일변량 변수와 마찬가지로 독립변수(범주형 변수)는 여럿이며 종속변수(연속변수)도 여럿인 경우임.
- 예를 들면, 독립변수는 위의 예에서와 같이 일일 커피 섭취량에 따른 그룹인데, 종속변수는 혈압과 심전도인 경우, 커피 섭취량이 심장 관련 변수인 혈압과 심전도에 영향을 미치는지 분석하고자 할 때 이용할 수 있음.

(4) 주성분 분석(principle component analysis)★★★

- 주성분 분석은 원래 분석 대상인 변수의 개수가 p개일 때, 변수들끼리 선형결합을 통하여 p보다 적은 수의 변수로 변형시켜 분석을 쉽게 하는 동시에 정보 손실을 최소화하는 분석 기법임.
- 선형결합으로 새로이 얻은 변수들을 주성분이라고 함.
- 변수의 개수가 p개이면, 수학적으로 p 차원에 놓이게 되는데, 주성분 분석은 변수의 수를 축소 시키기 때문에 차원 축소의 기능을 함.

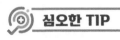

심오한 TIP

선형 결합(linear combination)
확률론에서 단위 시간 안에 어떤 사건이 몇 번 발생할 것인지를 표현하는 이산 확률 분포

- 주성분 분석을 위해서 다변량 자료를 선형 결합할 때, 새로이 생성된 변수들(주성분)끼리는 서로 독립이어야 함.
- 선형 결합된 변수 가운데 분산이 가장 큰 (설명력이 가장 높은) 변수를 제1 주성분이라고 하고, 두 번째로 분산이 큰 (설명력이 높은) 변수를 제2 주성분이라 하여, 총 p개의 주성분을 얻을 수 있음.

- 주성분 분석은 차원 축소 기법의 하나임.

- 차원 축소의 혜택을 얻기 위해서 모든 주성분 p개를 분석에 사용하는 것이 아님.
- 전체에서 설명력이 높은 주성분부터 순서대로 처음 여러 개의 주성분만을 최종 선택하여 분석에 활용함.

- 정보 손실을 최소화하기 위해서 주성분을 몇 개까지 포함할 것인지를 결정하는 것도 중요함.
  - 주성분의 개수를 결정할 때 가장 중요한 요소는 분산의 누적 기여율이 전체의 70~90% 수준이 되도록 주성분의 수를 결정하는 것임.
  - 실질적으로는 스크리 그래프(scree graph)를 활용함.
  - 스크리 그래프는 종축에 주성분이 순서대로 나열되어 있고, 횡축에는 주성분의 분산이 표시되어 있음.
  - 종축과 횡축으로 생성된 각 점을 선으로 연결하면, 좌에서 우로 하향하는데 기울기가 급격하게 평평해지기 직전까지의 주성분까지 포함함.

- 다변량의 단위가 다르거나 분산의 차이가 클 경우는 이러한 차이에 따른 영향을 최소화하기 위해서 원래 변수를 우선 표준화 변환한 뒤 선형결합을 하여 주성분을 구하는 방식이 이용됨.

- 주성분 분석의 장점은 원래 다변량의 다중공선성 문제를 해결하는 것임.
  - 다변량 변수끼리 상관성이 존재하면 회귀분석 등에 독립변수로 이용할 수 없음.
  - 그러나 주성분으로 원래 변수를 변환하면, 주성분끼리는 서로 독립이기 때문에 회귀분석이나 판별분석의 독립변수로 이용할 수 있음.

(5) 요인분석(factor analysis)★★

- 변수들에 내재되어 있는 공통의 인자를 이용하여 분석에 필요한 변수의 차원을 축소시키는 분석임.

- 주성분 분석에서 새로운 변수인 주성분은 서로 독립이면서 분산을 이용한 설명력이 높은 변수들의 선형결합 식으로 정의됨.

 심오한 TIP

스크리 그래프(scree graph)
2차원 좌표축에 고유값 순서, 고유값 크기로 점을 찍고 점간을 선분으로 연결하는 그래프이며, 가파른 정도를 보고 큰 고유값과 작은 고유값을 구분하여 자연스럽게 적절한 개수를 정함.

 핵심 콕콕

주성분 분석은 회귀분석 목적으로 만든 것이 아니므로 독립변수끼리의 독립성을 확보하더라도 종속변수와의 상관성을 확보하지 않기 때문에 회귀분석이나 판별분석에서 유의미한 결과를 얻는다는 보장은 없음.

 핵심 콕콕

요인분석은 인자분석이라고도 함.

– 그러나 요인 분석에서 새로운 변수는 원래 변수들에 잠재되어 있는 공통인자들의 선형결합으로 이루어짐.

• 요인 분석의 목적은 공통인자를 정하고 인자적재행렬을 추정하여 해석하는 것임
– 인자적재행렬은 각 변수와 해당 요인 간의 상관계수임.
– 인자적재행렬 추정 방법에는 ① 주성분법 ② 주축인자법 ③ 최대우도법 등이 있음.

핵심 콕콕

요인분석을 하면, 개체별 인자 점수를 산출할 수 있는데, 이는 개체별 원래 변수의 중요성을 의미함.

• 요인(축) 회전을 이용하여 어떤 변수가 어떤 요인과 높게 관계하는지와 같은 요인 구조를 명확히 알 수 있음.
– 요인 회전 방식에는 직각 회전 방식과 사각 회적 방식이 있음.

핵심 콕콕

판별분석의 목적은 이미 분류가 된 그룹의 독립변수를 이용하여 그룹 판별을 해주는 모델(또는 함수)을 만들고, 이를 이용하여 새로운 관측치를 판별하여 개체를 분류하는 것임.

• **판별분석**
• 판별분석(classification 또는 discrimination)은 독립변수를 이용하여 그룹(반응변수)을 분류하는 분석 방법임.
– 반응변수는 범주형(많은 경우는 이진변수)임.

• 판별의 정확성을 평가하기 위해서 아래와 같이 오분류 행렬(confusion matrix)을 구하여 정확한 분류율(또는 정확도)과 오류율(1-정확도)를 계산할 수 있음.

[표 3-14] 반응변수가 이진변수인 오분류 행렬 예

실제	예측		소계
	Y = 1	Y = 0	소계
Y = 1	33	7	40
Y = 0	9	51	60
소계	42	58	100

– 정확도는 전체 개체 수 가운데 올바르게 분류한 경우 (실제 $Y=1$인데, $Y=1$로 예측한 경우와 실제 $Y=0$인데 $Y=0$으로 예측한 경우)의 합을 비율로 나타낸 것임.
– 즉 정확도는 $(33+51)/100=0.84$이므로 오류율은 $1-0.84=0.16$임.

(6) 군집분석 ★★★

- n개의 여러 개체를 k개의 그룹으로 묶는 분석 방법임.
  - 계층적 군집 방법과 비계층적 군집 방법을 이용하여 개체 간의 유사성을 이용하여 그룹으로 묶을 수 있음.
  - 군집 방법을 적용하기 위해서는 개체 간의 유사성을 측정하고 거리를 계산하여야 하는데, 유클리드 거리나 코사인 거리 등을 이용할 수 있음.

🔍 **핵심 콕콕**

다변량 자료에서 개체 사이의 거리는 다변량 분석에서 중요하게 활용되며, 개체가 가지고 있는 변수의 관찰값을 이용하여 측정할 수 있음.

- 유클리드 거리
  - 두 개체 A와 B의 p개의 변수에 대한 관찰값이 $A = \{x_1, x_2, \cdots, x_p\}$와 $B = \{y_1, y_2, \cdots, y_p\}$와 같은 벡터로 주어졌을 때, 유클리드 거리 d는 아래와 같이 얻음.
  - 유클리드 거리가 0에 가까울수록 두 개체의 유사도가 높음.

$$d = \sqrt{\sum_{i=1}^{p} (x_i - y_i)^2}$$

- 코사인 거리
  - 두 벡터 간 각도의 코사인 값을 이용하여 벡터 간의 거리를 측정하는 것임.
  - 두 벡터가 유사할수록 코사인 값은 1에 가까워지고, 유사하지 않을수록 0에 가까워짐.
  - 코사인 값은 아래와 같이 얻어짐.

$$\cos \theta = \frac{\sum_{i=1}^{p} x_i y_i}{\sqrt{\sum_{i=1}^{p} x_i^2} \sqrt{\sum_{i=1}^{p} y_i^2}}$$

- 변수별 관찰값 자체의 크기가 달라져도 비율이 유사하면 코사인 값은 크게 변하지 않음.

- 계층적 군집 방법
  - 모든 개체가 각각 하나의 독립된 군집을 이룬다는 가정에서 출발함.
  - 유사한 개체끼리 군집을 이루고 군집들끼리 군집화를 수행함.
  - 최종적으로는 모든 개체가 하나의 군집을 만드는 방법임.

- 덴드로그램(dendrogram)을 이용하여 개체 간 거리에 따른 모든 군집 과정을 계층적으로 표현할 수 있어서 계층적 군집 방법이라고 함.
- 계층적 군집 방법에는 단일 링크법, 완전 링크법, 평균 링크법, 와드(ward) 링크법 등이 있음.

- 비계층적 군집 방법으로는 k 평균 군집 방법이 있음.
- n개의 개체를 미리 정의된 k개의 군집으로 나누고, 각 군집의 평균을 이용하여 중심을 계산하여 각 개체와 군집의 중심과의 거리를 계산함.
- 각 개체를 거리가 가장 짧은 그룹에 분류함.
- 더 이상 분류상의 변화가 없을 때까지 반복

- 비계층적 군집 방법은 개체 수가 많은 경우에 용이하게 적용할 수 있음.
- 군집 분류를 하기 전에 군집의 개수를 미리 설정해 두어야 함.
- 초기 분류에 영향을 많이 받아서 군집 결과가 달라질 수 있음.

(7) 다차원 척도법(multidimensional scaling)★★

- 다차원 척도법은 개체 간의 유사성을 측정하여 2차원이나 3차원 공간에 점으로 표현하여 분석하는 시각화 기법임.

- 군집분석은 그룹으로 묶는 분류에 초점이 맞추어져 있음.
- 다차원 척도법은 그룹을 시각적으로 표현하는 데 있음.
- 2차원 또는 3차원 축의 의미를 해석함으로써 개체들의 그룹화 결과를 설명함.

- 다차원 척도법에서는 두 개체 간의 유사성을 거리를 이용하여 측정함.
- 스트레스 값이 최소화될 때까지 개체들의 2차원 또는 3차원 공간 최적 좌표를 업데이트하여 최종 모델을 산출해 냄.
- 스트레스 값은 실제 거리와 다차원 척도법으로 추정된 거리 사이의 오차임.
- 0과 1 사이의 값이며, 0일 때 모델 적합도가 완벽하며, 0.05 이내면 대체로 좋은 적합도이며, 0.2 이상이면 나쁜 적합도로 판단함.

- 연속형 변수인 경우는 유클리드 거리(d_{ij})를 이용하여 실제 거리를 계산함.
- 스트레스 값(*stress*)은 아래와 같이 계산됨.

$$stress = \sqrt{\dfrac{\displaystyle\sum_{i>j}(d_{ij} - \hat{d}_{ij})^2}{\displaystyle\sum_{i>j}d_{ij}^2}}$$

- 여기서 $\hat{d}_{ij}$는 다차원 척도법으로 추정된 거리임.

3) 시계열 분석★★★

(1) 시계열 자료의 특징

- 시계열 자료는 일반적으로 횡축에 시간(t), 종축에 시간에 따른 관찰값(y_t)으로 표현함.
- 시계열 자료는 하나의 특정 시점에 측정될 수도 있고, 일정 기간에 걸쳐서 측정될 수도 있음.
- 예를 들면, 현재 t시점의 주식가격 S_t는 현재의 일정 시점에 측정된 값이지만, *GDP* 등은 일정 기간을 거쳐 실현된 값을 측정하여 얻은 것으로 1년 동안 구현된 GDP_t로 표현할 수 있음.

- 시계열 자료 분석과 예측을 위해서는 주어진 자료(historical data)를 in-sample과 out-of-sample로 구분하여 분석과 예측에 이용함.
- 모델 구축을 위해서 in-sample을 이용함.
- 예측을 위해서 out-of-sample을 이용함.
- in-sample과 out-of-sample은 데이터 마이닝에서 모델 구축에 이용하는 train data와 예측에 이용하는 test data의 개념에 상응함.
- 데이터 마이닝에서의 예측은 미래 예측 개념이 아님.
- train data와 test data를 무작위(random)로 구분할 수 있음.
- 그러나 시계열 예측은 미래 예측의 개념이 포함되어 있으므로 in-sample은 out-of-sample과 비교해서 항상 과거 자료여야 함.

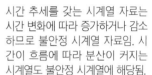

집오한 TIP

시간 추세를 갖는 시계열 자료는 시간 변화에 따라 증가하거나 감소하므로 불안정 시계열 자료임. 시간이 흐름에 따라 분산이 커지는 시계열도 불안정 시계열에 해당됨.

(2) 정상성(stationary) 또는 안정성 ★★★

- 정상(또는 안정) 시계열은 시간(t)의 변화에도 세 가지 조건(평균이 일정, 분산이 일정, 공분산은 시차에만 의존함)을 만족하는 시계열 자료를 의미함.
- 세 가지 조건 가운데 하나라도 만족시키지 못하는 시계열 자료는 비정상(non-stationary)(또는 불안정) 시계열이라고 함.

- 시계열 변수 y_t의 정상 시계열의 조건을 수식으로 표현하면 아래와 같음.

  여기서, $i=1, 2, \cdots, n, j=1, 2, \cdots, n.$

  $$E(y_i) = \mu$$
  $$V(y_i) = \sigma^2$$
  $$Cov(y_i, y_j) = \rho(\,|\,i-j\,|\,), \ i \neq j$$

- 정상 시계열의 개념이 중요한 이유는 자기회귀 모델(auto-regressive model)은 정상 시계열에만 적용할 수 있기 때문임.
- 비정상 시계열 자료에 자기회귀 모델을 적용하려면, 비정상 시계열을 우선 정상 시계열로 변환한 뒤에 적용할 수 있음.

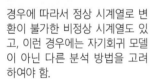

핵심 콕콕

경우에 따라서 정상 시계열로 변환이 불가한 비정상 시계열도 있고, 이런 경우에는 자기회귀 모델이 아닌 다른 분석 방법을 고려하여야 함.

- 비정상 시계열 자료를 정상 시계열 자료로 변환하는 방법으로 차분 방법이 있음.
- 예를 들면, y_t가 불안정 시계열 자료라면, $z_t = y_t - y_{t-1}$와 같은 1차 차분을 할 경우, z_t는 정상 시계열 조건을 만족할 수 있음.
- 1차 차분을 하여도 정상 시계열 조건을 충족시키지 못하는 경우, 차분한 자료를 다시 차분하는 2차 차분 $z_t - z_{t-1}$을 시도할 수 있음.
- 그러나 여러 번 차분한다고 모든 비정상 시계열 자료가 정상 시계열 자료로 변환되는 것은 아님.

- 간혹 원 시계열 자료를 로그 변환하기도 함.
- 이를 통해서 원 시계열 자료의 스케일을 작게 만들어서 등분산성 성질을 갖게 만들기도 함.

(3) 백색잡음(white noise) ★★★

- 백색잡음(ϵ_t)은 자기회귀 모델의 오차항이 충족시켜야 할 조건으로 주로 사용함.
- 아래의 세 가지 조건을 만족하여야 함.

$$E(\epsilon_i) = 0$$
$$V(\epsilon_i) = \sigma_\epsilon^2$$
$$Cov(\epsilon_i, \epsilon_j) = 0, \quad i \neq j$$

- 백색잡음은 $\epsilon_t \sim WN(0, \sigma_\epsilon^2)$으로 표기하기도 함.
- 정규분포와 같은 특정 분포에 대한 가정을 필요로 하지 않음.
- 정상 시계열의 조건을 만족함.

(4) 단위근 검정(unit-root test) ★★★

- 정상 시계열 여부를 검정하는 방법으로 단위근 검정 방법이 있음.
- 단위근을 갖는 시계열 자료는 랜덤워크라고도 함.
- 시간이 지남에 따라서 분산이 점점 커지는 불안정 시계열의 자료에 해당됨.

- 단위근 검정 방법으로는 딕키-풀러(Dickey-Fuller) 검정법, 확장된 딕키-풀러 (Dickey-Fuller) 검정법, 필립-페론(Phillips-Perron) 검정법, KPSS 검정법이 있음.
- 앞의 3가지 검정법은 귀무가설이 비정상 시계열임.
- p값이 작을수록 정상 시계열일 가능성이 높음.
- KPSS 검정법은 귀무가설이 정상 시계열이기 때문에 p값이 클수록 정상 시계열 일 가능성이 높음.

(5) 공적분(co-integration) 검정 ★★

- 두 개의 시계열 변수를 각기 독립변수와 종속변수로 이용하여 회귀 모형을 만들 었을 때, 기울기 계수가 유의하게 나왔더라도, 두 개의 시계열 자료가 모두 비정 상 시계열이면 장기적인 관계가 아닌 순간적으로만 관계성을 보이는 거짓 회귀 (spurious regression)를 의심해 보아야 함.
- 그러나 두 개의 비정상 시계열 변수가 공적분 관계를 가질 경우, 두 시계열은 장 기적 관계를 갖는 것으로 인정하여 유의미한 회귀관계를 주장할 수 있음.

– 공적분 관계는 두 시계열 변수로 만든 회귀식의 오차항이 정상성을 가지는지를 검정하는 방법으로 확인할 수 있음.

(6) 그랜저 인과관계(Granger-causality)

- t시점의 시계열 변수 X가 t 보다 미래 시점의 시계열 변수 Y를 예측하는 데 도움이 된다면(정확히는 예측에 따른 오차를 줄여 준다면) X는 Y의 그랜저 인과성을 갖는다고 할 수 있음.
- 시계열 변수 Y를 예측하는 데 시계열 변수 X가 도움이 되었는지를 검정하고자 할 때 그랜저 인과성 검정을 이용할 수 있음.

(7) 시계열 모델링 기법

- 시계열 모델링 기법은 아래와 같이 정리할 수 있음.

모델명	적용 대상
분해 모델	시간 추세와 계절성을 요소로 갖는 시계열 자료
패널 모델	시계열 반응변수의 소속이 여럿인 회귀분석 기법
자기회귀 모델 (AR model)	독립변수와 종속변수가 같은 자기 회귀 형식이되, 시점을 달리하여 독립변수와 종속변수를 구분
ARMA model	AR 모델에서 오차항에 시차 항을 추가한 모델
ARIMA model	비정상 시계열 자료 분석을 위해서 차분 변환 기법이 ARMA 모델에 포함된 형태

(8) 분해 모델(decomposition model)

- 분해 모델은 시계열 자료의 구성 요소인 ① 시간 추세(trend), ② 계절성(seasonality), ③ 순환성(cycle), ④ 불규칙성(irregularity)을 분해하여 분석 및 예측에 활용하는 모델임.
- 분석하고자 하는 시계열 자료에 대해서 여러 요소는 합 형식(additive)이나 곱 형식(multiplicative)으로 표현됨.
- 계절성과 순환성은 반복적인 패턴을 의미하는데, 반복적인 패턴이 1년을 기준으로 1년보다 짧으면 계절성이라고 하고, 길면 순환성이라고 함.

- 합 형식은 시계열 자료의 분산이 시간의 흐름에 일정한 경우에 활용함.
- 곱 형식은 시계열 자료의 분산이 시간의 흐름에 따라 점점 증가하거나 감소하는 경우에 적절함.

- 시간 추세는 선형, 비선형으로 모델이 가능함.
- 비선형으로는 다항식이나 로그 및 지수함수를 사용할 수 있음.

(9) 패널 모델(panel model)

- 패널 모델은 시계열적으로 반복 측정된 반응변수의 소속이 여럿인 회귀분석 기법에 해당됨.
- 여기서 반응변수의 소속은 더미변수의 형태로 독립변수로 이용됨.
- 주요 관심사는 일반적인 회귀분석과 마찬가지로 특정 독립변수가 반응변수에 유의하게 영향을 미치는지를 분석하는 것임.
- 즉 특정 독립변수의 기울기 계수의 유의성과 크기를 파악하는 것임.

- 예를 들면, A, B, C, D 4개 국가의 GDP가 2018, 2019, 2020년 3개 연도밖에 없는 가운데, 반응변수 GDP와 관심 독립변수 시장 이자율의 관계를 분석하고자 할 때 사용할 수 있음.
- 국가별로 GDP와 이자율이 다르므로 일반적인 회귀분석을 이용하면 아무런 관계가 나오지 않더라도 국가별 소속을 더미변수 처리하여 분석해 보면 이자율과 GDP가 유의하게 나올 수 있음.

- 패널 모델의 장점은 반응변수의 소속별 관찰값이 적은 경우에도 활용할 수 있다는 것임.
- 전체 소속의 관찰값 수를 모두 이용하므로 반응변수의 관찰값 수 부족 문제를 해결할 수 있음.

(10) 자기회귀 모델(AR model: auto-regressive model)

- y_t가 정상 시계열이면 아래와 같은 자기회귀 모델을 만들 수 있음.

$$y_t - \mu = \phi(y_{y-1} - \mu) + \epsilon_t$$

- 여기서 $\mu = E(y_t)$, $\epsilon_t \sim WN(0, \sigma_\epsilon^2)$임 (즉, ϵ_t은 백색잡음)

- 위 모델을 다시 정리하면 아래와 같음.

$$y_t = \beta_0 + \beta_1 y_{y-1} + \epsilon_t$$

- 여기서 $\beta_0 = \phi(1 - \mu)$, $\beta_1 = \phi$임

- 하나의 변수 y에 대하여 시점(t)만 달리하여 y_t와 y_{t-1}을 각기 종속변수와 독립
  변수로 가지고, β_0와 β_1을 각기 절편과 기울기로 가지는 회귀모델 형식으로 표현
  할 수 있어서 자기회귀 모델이라고 부름.

- 독립변수는 종속변수에 비해서 항상 이전 시점의 변수이어야 함.
- 독립변수와 종속변수 사이에는 시간의 흐름에 따른 인과성을 주장할 수 있음
- 오차항은 종속변수와 같은 시점이어야 함.

- 자귀회귀 모델의 모수는 시차 p이고, $AR(p)$ 모델은 아래와 같음.

$$y_t = \beta_0 + \beta_1 y_{y-1} + \cdots + \beta_p y_{y-p} + \epsilon_t$$

- 여기서 ϵ_t은 백색잡음임.

(11) ARMA model

- MA(moving average model)은 오차항에 시차 항을 추가하여 만든 모델임.
- 모수 q를 갖는 일반화된 모델 $MA(q)$은 아래와 같음.

$$y_t = \mu + \epsilon_t - \theta_1 \epsilon_{t-1} - \theta_2 \epsilon_{t-2} - \cdots \theta_q \epsilon_{t-q}$$

- 여기서 ϵ_t은 백색잡음임.

- ARMA 모델은 자기회귀 모델(AR)에 오차항에 대한 시차를 추가한 모델(MA)을
  결합한 모델로 아래와 같음.

$$(1 - \phi_1 B - \cdots - \phi_p B^p)(y_t - \mu) = (1 - \theta_1 B - \cdots - \theta_q B^q)\epsilon_t$$

- 여기서 ϵ_t은 백색잡음이며, B는 backward operator라고 불리며, $B^k y_t = y_{t-k}$와 같이 시계열 자료 y_t의 시점을 k 만큼 과거로 환원시킴.
- 다만, B은 상수에 대해서는 영향을 미치지 못함.
- 즉 상수 c에 대해서 $Bc = c$임.

- ARMA 모델의 모수는 p와 q로 $ARMA(p, q)$로 표기함.
- q가 0이면 AR 모델과 같고, p가 0이면 MA 모델과 같음.
- 백색잡음의 시계열은 $ARMA(0, 0)$에 해당됨.

(12) ARIMA model

- 시계열 y_t이 비정상 시계열일 경우에는 차분의 방법을 이용하여 정상 시계열로 변환한 뒤에 $ARMA$ 모델을 적용할 수 있음.
- 편의상 차분 과정을 $ARMA$ 모델에 포함한 모델이 $ARIMA$ 모델임.
- $ARIMA$ 모델이 세 개의 모수 p, d, q를 가지면 $ARIMA(p, d, q)$로 표기하고, d는 차분의 횟수를 의미함.

- 1차 차분한 뒤 차분한 시계열 변수를 $ARMA(1, 2)$ 모델에 적합하는 경우의 $ARIMA$ 모델은 $ARIMA(1, 1, 2)$로 표기할 수 있음.

- 차분 과정이 없어도 안정 시계열인 자료에 $ARMA(1, 2)$ 모델을 적합하는 경우의 $ARIMA$ 모델은 $ARIMA(1, 0, 2)$로 표기할 수 있음.

- 랜덤워크의 시계열은 $ARIMA(0, 1, 0)$에 해당됨.

4) 딥러닝 분석★★

(1) 딥러닝의 개념

다층 신경망

다층 신경망은 입력층, 은닉층, 출력층으로 이루어져 있으며, 여러 개의 은닉층을 가질 수 있음. 은닉층이 여러 개인경우를 심층 신경망이라고 함.

- 딥러닝 기법은 다양한 머신러닝 기법 가운데 하나인 <u>다층 신경망</u> 기법의 단점을 극복하고, 음성 인식이나 이미지 인식에서 탁월한 성과를 보임.
  - 최근에 새롭게 부상한 기계학습 알고리즘임.

- 대용량 데이터의 수집이 가능해지고 이를 학습시킬 수 있는 하드웨어(CPU나 GPU)의 발전은 딥러닝이 높은 성능을 발휘하게 된 배경이라고 할 수 있음.

- 대표적인 딥러닝 알고리즘으로 CNN, RNN 등이 있음.

(2) 딥러닝의 특징★

오차 역전파법

신경망의 오차를 출력층에서부터 입력층으로 거꾸로 전파시켜 각 층의 가중치의 기울기를 계산하는 방법

- 기존의 신경망 기법 학습에 사용되는 <u>오차 역전파법</u>은 층수가 적은 신경망에서는 좋은 성과를 보였으나, 층수가 많은 신경망에서는 과적합 등의 문제가 발생함.
  - 기존 인공신경망 기법은 역전파법을 적용 시 입력층으로 갈수록 가중치들이 거의 0에 가까워지는 기울기 소실 문제가 발생하여 과적합 결과를 초래함.
  - 반면에, 딥러닝 기법은 <u>사전 훈련</u> 등을 통해서 기울기 소실 문제를 극복

사전 훈련

신경망을 학습시키기 전에 층 단위의 학습을 거치는 것으로 보다 좋은 초깃값을 얻는 방법

- 기존의 신경망 학습을 위한 파라미터로 층수나 유닛의 수가 있는데, 이들에 대한 결정 방법은 없었음.
  - 딥러닝 기법은 다층 신경망을 볼츠만 머신 등을 이용하여 단층 신경망으로 분할함.
  - 그 다음 비지도 학습 형태의 사전 훈련을 거친 뒤 얻은 파라미터 초깃값을 이용하면 학습이 잘 된다는 것을 보여 줌.

확률적 경사 하강법

순차적 경사 하강법이라고도 불리며 표본의 일부, 또는 극단적으로 표본 하나만 이용하여 파라미터를 업데이트하는 방법

- 기존의 기계학습은 모델의 파라미터 추정을 위해서 모든 훈련 표본에 대하여 계산되는 오차를 최소화하는 배치학습 방법을 사용함.
  - 딥러닝 학습법은 표본의 일부만 사용하거나 극단적으로 하나의 표본만을 이용하는 <u>확률적 경사 하강법</u>을 사용함.

- 확률적 경사 하강법은 계산 효율과 학습 속도를 향상시키고, 배치학습법의 오차 함수가 국소 극소점에 갇히는 과적합 위험을 줄일 수 있음.

- 신경망의 자유도(가중치의 수)가 높을수록 <u>과적합</u> 발생 가능성이 높아짐.
- 신경망의 자유도 자체를 낮추는 것보다는 가중치에 제약을 가하거나 다층 신경망 유닛 중 일부만을 확률적으로 선택해서 학습하는 드롭아웃 방법을 활용할 수 있음.

(3) CNN(convolution neural network) 알고리즘

- 합성곱 신경망(CNN)은 입력에서 출력을 향해 합성곱층과 풀링층 순서로 여러 번 반복됨.

- 이미지와 필터(패턴을 갖는 작은 크기의 이미지)를 이용하여 이미지 합성곱을 함.
- 원래 이미지의 특정 부분을 강조하는 새로운 이미지를 만들어서 분류에 활용함.

- 이미지 합성곱으로 만든 새로운 이미지와 원래 이미지의 크기가 같으면 유용한 경우가 많음.
- 이를 같게 하려고 테두리 부분을 0으로 처리하는 방법을 제로 패딩이라고 함.

- 이미지 인식에 주로 사용되며 사전 훈련을 필요로 하지 않음.

(4) RNN(recurrent neural network) 알고리즘

- 재귀 신경망(RNN)은 내부에 방향성이 있는 순환경로를 가진 신경망임.
- 연속열 데이터 분류에 유용하여 자연어 처리나 음성 인식에 주로 사용됨.
- 연속열 데이터는 구성 요소에 순서가 있는 데이터로 텍스트, 음성, 동영상에 해당됨.

- 단기 기억만 구현하는 RNN의 한계를 극복하기 위한 방법으로 <u>LSTM(long short term memory)</u>이 제안됨.

핵심 콕콕

과적합
훈련용 데이터에서의 적합도를 높이는 데 치중한 나머지 훈련용 데이터에서는 정확도가 높게 나오지만, 검정용 데이터에서는 정확도가 낮게 나오게 될 때 과적합 문제가 발생함.

핵심 콕콕

LSTM(Long Short-Term Memory models)
언어, 음성인식 등 다양한 분야에서 사용이 되고 있으며, RNN의 주요 모델 중의 하나로, 장기 의존성 문제를 해결할 수 있 다는 장점을 가짐.
또한, 과거 데이터를 고려하여 미래의 데이터를 예측할 수 있음
LSTM은 은닉 상태(hidden)를 계산하는 식이 RNN보다는 더 복잡하며, 셀 상태(cell)라는 값을 추가하였음.

5) 비정형 데이터 분석★★

(1) 비정형 데이터의 개념

심오한 TIP

자료의 3요소는 주체, 변수, 관찰값인데, 집단(모집단 또는 표본집단)은 주체와 변수로 정의된다. 예를 들면, 'A과목 수강생의 키'라는 모집단은 'A과목의 수강생'이라는 주체와 '키'라는 변수로 구성됨.

- 정형 데이터는 데이터 구성의 3요소인 주체, 변수, 관찰값이 엑셀의 스프래드 형식으로 잘 정리된 데이터
  - 전통적인 통계 분석을 위해 활용되어 왔음.
- 비정형 데이터는 텍스트, 이미지, 동영상, 음성 등의 데이터
  - 분석을 위해서는 적절한 전처리 작업이 필요함.
  - 분석 방법도 정형 데이터에 적용하는 전통적 분석 방법과는 다른 방법을 필요함.

- 최근에 새로이 생성되는 데이터의 90% 이상은 SNS나 YouTube 등에서 생성되는 데이터
  - 비정형 데이터 형식을 갖추고 있음.
  - 이러한 데이터에 대한 분석 수요가 증가함에 따라 비정형 데이터 분석이 점점 중요해지고 있음.

- 비정형 데이터의 대표적인 예인 텍스트는 자연어로 구성되어 있음.
  - 자연어는 중의성, 연관성, 모호성 등의 성격을 가지며 시대와 관점에 따라 여러 의미로 해석 가능하여 의미있는 결과를 도출하기 위해서는 다양한 전처리 작업이 필요함.
  - 또한, 전처리 과정을 잘하더라도 맥락에 따라 달리 해석될 수 있으므로 분석에 어려움이 있음.

(2) 텍스트 마이닝

- 비정형 데이터 가운데 텍스트 분석을 위한 방법으로 아래와 같은 단계를 거쳐서 실행함.

단계	분석을 위한 주요 개념
텍스트 수집	파싱(parsing), 스크래핑(scraping), 크롤링(crawling)
데이터 전처리	정규 표현식, 불용어 제거, 어간 추출
텍스트 분석 대상	토큰, n-그램, 말뭉치, 단어 주머니, 문서-단어 행렬
텍스트 분석	워드 클라우드, 감성 분석, 유사성 분석

(3) 텍스트 수집

- 파싱은 문장을 구문 요소로 분해하는 프로세스로 문자열 분석을 용이하게 하기 위해서 요소군으로 분할하는 작업임.
  - 웹 데이터의 경우, HTML이나 XML 형식으로 만들어져 있고, 태그(tag)나 노드(node) 안에 요소를 이용하여 표현되어 있음.
  - 파싱 방식으로 웹 문서에서 원하는 부분에 해당되는 요소군을 추출할 수 있음.

- 스크래핑은 웹페이지 등에서 필요한 정보를 수집하는 것을 의미함.
  - 스크래핑을 하는 프로그램을 스크래퍼라고 함.

- 크롤링은 자동으로 웹 등의 정보 수집을 반복하는 프로그램을 의미함.

(4) 데이터 전처리★★

- 정규표현식은 자물쇠 언어라고도 함.
  - 주어진 문자열이 특별히 의미 있는 문장과 부합하는지를 판정하여 그에 맞는 응답을 제시함.
  - 문자열 가운데 원하는 부분만 정확히 추출하기 위해서 사용됨.
  - 메타문자나 함수를 이용해서 처리함.

- 불용어 제거는 문자열 분석에 앞서 의미 없는 용어를 제거하는 작업임.
  - 영어 문자열 같은 경우에 관사, be 동사, 대명사 등은 의미가 없으므로 불용어로 분류하여 전처리 과정에서 제거함.

- 어간 추출은 단어의 핵심적인 뜻을 나타내는 것임.
  - 여러 단어가 결국에는 하나의 의미를 나타낼 때, 해당 단어들의 어간을 추출하여 어간의 출현 빈도를 구하면 해당 의미의 출현 빈도를 측정할 수 있음.

(5) 텍스트 분석 대상

- 토큰은 텍스트 분석의 기본 단위로 단어가 될 수도 있고, 문장이 될 수도 있음.

- *n*-그램은 연속된 단어의 묶음임.
- 읽어 들일 문자나 단어의 개수를 순서열에 따라서 1개가 아닌 *n*개로 지정함으로써 문맥을 파악하는 데 도움을 줌.

- 말뭉치는 자연어가 들어 있는 관련 문서들의 모음집임.
- 말뭉치는 단락, 문장, 단어 등으로 세분화 가능함.

- 단어 주머니(bag of words)는 단어가 특정 상황에서 다른 단어와 함께 발생하는 빈도를 평가하기 위한 것임.
- 특정 문서에서 어떤 단어가 연동되어 동시에 출현하는지를 보기 위해서 사용됨.

- 문서-단어 행렬은 문서 번호를 행에 위치시키고, 관찰된 단어를 열에 위치시킨 행렬로 문서당 관측된 단어의 빈도를 행렬의 요소로 포함함.

(6) 워드 클라우드

- 워드 클라우드는 문서에서 추출한 단어를 빈도에 따라서 크기를 조정하여 구름처럼 그리는 분석 기법임.
- 빈도가 많은 단어는 중요도가 높을 것이라는 가정하에 만들어짐.
- 불용어 제거 등의 전처리 작업이 적절히 선행되어야 의미 있는 결과를 얻음.

(7) 감성 분석

- 감성 분석은 텍스트에서 감성을 추출하는 것을 목적으로 함.
- 주로 긍정인지 부정인지를 분석하기 위해서 사용됨.
- 특정 문서가 긍정인지 부정인지 여부 판단하기 위해서 단어별 긍정과 부정이 구분되어있는 용어사전을 이용하여 특정 문서에서 쓰인 단어 가운데 긍정과 부정 단어의 개수를 합산하여 판단할 수 있음.
- 긍정과 부정이 분류명이 붙은 문서를 이용해서 기계학습 모형을 훈련시켜 규칙을 생성하는 방식으로 감성분석을 실행할 수도 있음.

- 감성어 사전은 단순히 긍정, 부정뿐만 아니라 인간의 10가지 감정에 대해서 단어 별로 구분해 놓은 사전도 있음.

(8) 유사성 분석
- 문서-단어 행렬의 빈도를 이용하여 문서 사이의 유클리드 거리나 코사인 거리를 적용하여 문서끼리 얼마나 유사한지를 분석할 수 있음.
  - 단어 사이의 유클리드 거리나 코사인 거리를 적용하면 단어끼리 얼마나 유사한지도 분석할 수 있음.

6) 소셜 네트워크 분석(social network analysis)
(1) 소셜 네트워크의 개념
- 소셜 네트워크 분석은 수학의 네트워크나 그래프 이론을 사용하여 사회 구조를 파악하는 방법임.
  - 네트워크는 노드(node)와 연결선(edge)로 구성되어 있음.
  - 노드에는 분석 대상을 위치시키고, 연결선은 분석 대상 사이의 관계를 표시함.
  - 연결선은 방향성을 가질 수도 있고, 상호 연결 형태인 쌍방향성을 가질 수 있음.

- 방향성을 갖는 관계로는 국가 간 물품 수출이 있음.
  - 물품 수출은 특정 국가에서 다른 국가로 물품이 이동하므로 방향성이 존재함.
  - 쌍방향 관계로는 국가 간 외교가 있음.
  - 국가 간 외교는 상호 필요성에 의해서 맺어지는 관계로 일반적으로 쌍방향 관계로 여겨짐.

- 네트워크상의 노드와 연결선은 인접행렬을 이용하여 표현할 수 있음.
  - 인접행렬의 행과 열은 노드명으로 표현되는 <u>정방행렬</u>임.
  - 행에 위치한 노드에서 열에 위치한 노드 방향으로 연결이 이루어짐.
  - 연결이 이루어지지 않으면 해당 행-열의 셀 값은 0으로 처리됨.
  - 연결이 있으면 연결 여부만 나타내기 위해 1을 기입하거나 연결 횟수를 기입함.
  - 쌍방향 연결이면 <u>대칭 행렬</u>이 됨.

핵심 콕콕

정방행렬(square matrix)
행과 열의 개수가 같은 행렬

대칭행렬(sysmetric matrix)
행과 열의 위치를 바꾸어도 해당 셀의 요소 값이 같은 행렬

- 분석 대상끼리의 연결 여부를 이용하여 분석 대상이 네트워크에서 차지하는 영향력을 분석할 수 있음.
  - 전체 네트워크의 밀도 등을 평가할 수도 있음.
  - 노드가 네트워크에서 차지하는 영향력은 다양한 방법으로 측정할 수 있는 노드의 중심성(centrality)을 이용하여 평가할 수 있음.

(2) 노드의 중심성(centrality) ★★

- 연결 중심성(degree centrality)은 특정 노드에 직접 연결되어 있는 연결선의 수로 정의됨.
  - 연결선이 많을수록 중심성이 높은 노드로 평가됨.
  - 쌍방향 연결선뿐만 아니라 연결선의 방향성을 고려하여 들어오는 연결선과 나가는 연결선을 구분할 수도 있음.

- 근접 중심성(closeness centrality)은 특정 노드에서 다른 노드들까지의 거리로 정의되고, 거리를 측정하는 방법은 다양함.

- 매개 중심성(betweenness centrality)은 다른 노드를 연결하는 중개인 역할 측면의 중심성으로 노드 사이의 허브를 찾는데 도움을 주기도 함.

- 고유벡터 중심성(eigenvector centrality)은 중요한 노드와의 연결이 많은 측면에서의 중심성임.
  - 중요하지 않은 여러 노드와 연결되어 있는 것 보다는 소수임.
  - 매우 중요한 노드와의 연결이 중요한 상황에 유용하게 활용할 수 있음.

7) 앙상블 분석★★
(1) 앙상블(Ensemble)의 개념
- 앙상블은 여러 개의 모델에서 얻은 결과를 종합해서 예측 정확도를 높이는 기법임.

- 적절한 표본 추출법을 이용하여 여러 개의 훈련용 데이터를 만듦.
- 각 훈련용 데이터에 하나의 분류 모델을 적용함.
- 얻은 예측치를 분석하여 최종 모델을 선택함.

- 새로운 자료에 대한 예측
- 범주형 자료 분류의 경우에는 다수결 투표 방법을 사용함.
- 연속형 자료 회귀분석의 경우에는 평균을 사용함.

- 적절한 표본 추출과 관련된 방법으로 배깅과 부스팅이 있음.
- 배깅 기법과 변수 임의 선택 기법을 결합한 랜덤 포레스트 기법이 있음.

(2) 앙상블 모델의 장점

- 앙상블 기법은 하나의 모델만을 이용하는 것에 비해서 아래의 장점을 가짐.

장점	설명
편의 제거	여러 모델의 평균을 이용하여 치우침을 제거
분산 감소	여러 모델을 이용함에 따른 변동 축소
과적합 축소	여러 모델 이용에 따른 과적합 문제 회피 가능

(3) 배깅(bagging: bootstrap aggregation)

- 원래 데이터로부터 부트스트랩(bootstrap) 방법으로 크기가 같은 표본을 추출함.
- 각 표본(총 k개)에 하나씩의 분류 모델(총 k개)을 적용하여 얻은 예측 결과를 이용하여 투표 등을 통해서 최종 모델을 선택하는 방법임.

(4) 부스팅(boosting) ★

- 부스팅은 배깅과 유사함
- 부트스트랩 표본 추출 과정에서 분류가 잘된 부트스트랩 표본에는 높은 가중치를 부여함.
- 분류가 잘못된 부트스트랩 표본에는 낮은 가중치를 부여하여 표본을 추출함.

부트스트랩 기법

표본 추출 방법의 하나로 복원추출(같은 표본을 다시 추출할 수 있음)을 허용함.

- 배깅에 비해서 정확도를 높일 수 있음.
  - 계산이 복잡하여 속도가 느림.
  - 과적합 가능성이 높음.

- 부스팅 알고리즘에는 아다부스팅(AdaBoosting: adaptive boosting) 기법 등이 있음.

(5) 랜덤 포레스트(random forest)★★

- 랜덤 포레스트 기법은 표본 추출에서는 배깅 기법을 이용하고 변수 임의 선택이라는 방법을 적용함.

- 변수 임의 선택 기법은 분류 모형으로 의사결정나무를 사용할 경우, 각 노드마다 예측 변수의 최적 분할을 선택하는 대신 먼저 예측 변수들을 임의로 추출하고 추출된 변수를 최적 분할하여 만드는 기법임.
  - 새로운 자료에 대한 예측은 범주형 자료 분류의 경우에는 다수결 방법을 사용함
  - 연속형 자료 회귀분석의 경우에는 평균을 사용함.

8) 비모수 통계(non-parametric statistics)★

(1) 비모수 통계의 특징

- 비모수 통계 기법은 비분포(distribution-free) 기법이라고도 함.
  - 정규분포, 이항분포 등 일반적인 분포는 해당 분포를 특징짓는 모집단 누적 분포 함수(cumulative distribution function)로 정의되어 있음.
  - 누적 분포 함수는 특정 모수를 인자(input)로 가지고 있음.
  - 예를 들면, 정규분포를 정의하기 위해서 모평균과 모분산이라는 모수가 필요함.
  - 비모수 통계 기법은 모집단의 누적 분포 함수를 특정하지 않은 상태로 분석하고, 특정 모수 또한 포함하지 않으므로 비모수 통계 기법이라고 함.

- 모수 검정(parametric test)은 모집단이 특정 분포를 따른다는 가정하에 특정 모수에 대한 검정 방법을 구축한 것임.

- 예를 들면, t 검정은 모집단이 정규분포를 따른다는 가정하에 모평균에 대한 검정 방법을 구축한 것임.
- 비모수 검정은 모집단이 특정 분포를 따른다는 가정 없이 부호(sign)나 순위(rank)를 이용하여 관찰값 사이의 독립성(한 집단의 경우)이나 두 집단의 중앙값에 대한 차이 등에 대한 검정을 실행함.

(2) 비모수 통계과 모수 통계 비교

[표 3-15] 비모수 검정과 모수 검정 특징 비교★★

	비모수 검정	모수 검정
특징	모집단 분포 가정이 어려울 때, 모수 검정보다 검정력이 높음. 순서(ordianl) 자료에도 활용 가능	모집단 분포 가정이 적합하면, 비모수 검정보다 검정력이 높음.

[표 3-16] 분석 대상에 따른 비모수 통계 기법과 모수 통계 기법 비교

분석 대상	비모수 통계 기법	모수 통계 기법
한 집단	런 검정(runs test)	없음
한 집단	윌콕슨 부호 순위 검정	한 집단 t 검정
두 집단 (독립)	만 휘트니 검정	두 집단 t 검정
두 집단 (쌍체)	윌콕슨 부호 순위 검정	쌍체 t 검정
두 집단	스피어만 순위 상관계수	피어슨 상관계수
두 집단 이상	크루스칼-왈리스 검정	일원 배치 일변량 분산분석
	프리드만 검정	이원 배치 일변량 분산분석 (무작위 블록설계)

(3) 비모수 검정 기법의 목적★★

분석 목적	비모수 검정 기법
한 집단 무작위성 검정	런 검정(runs test)
한 집단 중앙값 검정	윌콕슨 부호 순위 검정
두 집단 중앙값 차이 검정	만 휘트니 검정
두 집단 중앙값 차이 검정	윌콕슨 부호 순위 검정
두 집단 순위 차이 검정	스피어만 순위 상관계수
두 집단 이상 중앙값 차이 검정	크루스칼-왈리스 검정
	프리드만 검정

핵심 콕콕

검정력(power)
대립가설이 사실일 때 귀무가설을 기각할 확률을 의미하며, 검정력이 높은 검정 기법은 보다 정확한 검정 기법으로 평가받음.

심오한 TIP

여기서 집단은 모집단을 의미하고, 모집단은 변수와 주체로 구성되어 있으므로 두 집단을 비교한다는 의미는 두 모집단의 특정 변수를 비교한다는 의미이지만, 검정은 표본을 이용하여 실행할 수 있는 추론 방식이므로 실제 분석은 표본집단을 이용함.

(4) 런 검정(Wald-Wolfowitz runs test)

- 한 집단의 변수가 무작위성을 나타내는지를 검정하는 방법임.
  - 이진 형태의 사건(event)의 관찰값이 서로 독립적인 패턴을 나타내는지를 확인하기 위해서 사용함.
  - 귀무가설과 대립가설은 아래와 같이 수립함.

    H_0: 사건은 무작위 패턴을 따름.

    H_1: 사건은 무작위 패턴을 따르지 않음.

- 런 검정법을 이용하여 가설 검정을 실행하기 위해서 관찰값을 두 개의 타입으로 구분하고, 연속적으로 같은 타입이 관찰되는 시리즈인 런(run)의 개수와 각각의 타입의 관찰값 총 개수를 이용하여 무작위성에 대한 검정을 실행함.
  - 검정 통계량은 런을 표준화하여 만들고, 두 타입의 관찰값의 개수가 각각 10 이상이면, 런은 정규분포로 근사한다는 가정하에 양측검정 방식을 적용함.
  - 런 검정의 검정 통계량 R_z은 아래와 같고, 표준 정규분포를 따름.

$$R_z = \frac{R - \mu_R}{\sigma_R}$$

여기서 $\mu_R = \frac{2n_1 n_2}{n} + 1$, $\sigma_R = \sqrt{\frac{2n_1 n_2 (2n_1 n_2 - n)}{n^2 (n-1)}}$, R은 런의 개수,
n_1: 타입 1의 개수, n_2: 타입 2의 개수, n_3: 전체 개수

- 예를 들면, 다음과 같이 20개의 연속된 관찰값으로 이루어진 이진 타입의 사건이 있다고 할 때 런 검정을 위한 값을 아래와 같이 얻을 수 있음.

  AAABBABBBAABBAAAABBA

  n_1: 11 (A 타입의 개수)

  n_2: 9 (B 타입의 개수)

  n: 20 (전체 개수)

  R: 9

  μ_R: 9.9

  σ_R: 40.91564

  R_z: −0.022

- 관찰값 자체가 이진 형태이면 있는 그대로 두 개의 타입으로 구분함.
- 관찰값이 연속인 경우엔 의미 있는 절사값을 이용하여 두 개의 타입으로 구분함.
- 예를 들면, 최소자승추정법을 이용한 회귀분석의 잔차항이 무작위성을 갖는지를 검정하려면, 잔차의 평균인 0을 기준으로 0보다 크고, 작은 두 개의 타입으로 구분하여 이진 형태로 변환한 뒤 검정을 실행할 수 있음.

- 런 검정법은 대체로 검정력(test power)이 낮은 것으로 알려져 있음.

(5) 윌콕슨 부호 순위 검정(Wilcoxon signed rank test)

- 윌콕슨 순위 검정의 장점은 자료의 순위만을 이용하여 검정을 진행하므로 정규분포 가정이 불필요함.
- 이상치를 포함하더라도 결과에 큰 차이를 가져다 주지 않음.
- 다만, 자료의 분포가 대략적으로 좌우 대칭인 경우에 적용 가능함.

- 윌콕슨 순위 검정의 가설은 한 집단인 경우와 두 집단인 경우로 나누어서 적용함.
- 한 집단의 경우는 중앙값이 특정값보다 큰지(우측검정), 작은지(좌측검정), 또는 특정값과 다른지(양측검정)를 검정할 수 있음.
- 두 집단인 경우에는 관찰값이 쌍으로 주어진 경우에 한해서 검정할 수 있음.
- 쌍으로 주어진 관찰값의 차이를 이용하여 차이의 중앙값이 0보다 큰지(양측검정), 작은지(좌측검정), 또는 0과 다른지(양측검정)를 검정할 수 있음.

- 한 집단 검정의 경우에는 관찰값에서 특정값을 차감한 값의 절대값을 이용해서 크기가 작은 값부터 큰 값으로 자연수로 순위를 부여함.
- 동점이 있는 경우에는 순위의 평균값으로 순위를 표기함.
- 예를 들어서, 총 5개 가운데, 3위가 2개 있다면, 순위는 1, 2, 3.5, 3.5, 5위와 같이 구성됨.
- 검정 통계량은 차이가 양의 값인 경우의 순위만을 이용하여 만듦.

- 관찰값이 쌍으로 주어진 두 집단 검정의 경우
- 차이의 절댓값을 이용해서 크기가 작은 값부터 큰 값으로 자연수로 순위를 부여하고, 동점이 있는 경우에는 순위의 평균값으로 순위를 표기함.
- 검정 통계량은 차이가 양의 값인 경우의 순위만을 이용하여 만듦.

- 윌콕슨 순위 검정의 검정 통계량
- 표본의 크기가 충분히 클 경우에는 정규분포로 근사하므로 이러한 성질을 검정에 활용할 수 있음.
- 표본의 크기가 작은 경우에는 임계치를 별도로 계산한 표나 컴퓨터 프로그램을 이용하여야 함.

(6) 만 휘트니 검정(Mann-Whitney test)

- 만 휘트니 검정은 독립된 두 집단의 중앙값에 대한 차이 검정에 이용함.
- 정규분포에 대한 가정 없이 적용 가능함.
- 다만, 두 집단의 분산은 같다는 가정에서 진행됨.

- 두 집단에서 추출한 표본을 모두 합치고, 작은 값에서 큰 값으로 정렬한 뒤, 자연수로 순위를 부여함.
- 동률일 경우에는 순위의 평균값을 할당함.
- 할당된 순위를 집단별로 합산하여 검정 통계량을 만들어서 검정에 사용함.
- 표본의 크기가 충분히 클 경우, 검정 통계량은 정규분포를 따르므로 이러한 특성을 이용하여 검정에 활용함.

(7) 스피어만 순위 상관계수(Spearman rank test)

- 스피어만 순위 상관계수는 두 집단의 특정 변수 간의 관계의 강한 정도를 검정하기 위해서 사용됨.
- 스피어만 순위 상관계수의 범위는 -1에서 1 사이임.
- 양수는 두 변수가 양의 관계이고, 음수는 두 변수가 음의 관계임을 의미함.
- 1이나 -1에 가까울수록 두 변수의 관계가 강하다고 할 수 있음.

- 스피어만 순위 상관계수는 순위를 이용해서 구함.
  - 변수별로 큰 값부터 작은 값으로 자연수로 순위를 부여하고 동점이 있는 경우에는 순위의 평균값으로 순위를 표기함.
  - 순위의 차이의 제곱을 이용하여 만든 검정 통계량은 표본의 크기가 충분히 클 때, t 분포를 따르게 되어 이를 이용하여 검정에 활용함.

- 모수 검정 방법인 피어슨의 상관계수는 두 집단 특정 변수 간의 선형관계의 강한 정도를 검정하는데 반해, 스피어만의 검정은 반드시 선형 관계에 국한되어 있지는 않음.

(8) 크루스칼-왈리스 검정(Kruskal-Wallis test)

- 크루스칼-왈리스 검정의 분석 대상은 모수 검정의 일원배치 일변량 분산분석 (one-way ANOVA)과 같음.
  - 일원배치 일변량 분산분석의 경우는 연속변수인 반응변수를 범주형의 독립변수를 이용하여 그룹화한 뒤, 독립변수의 범주가 반응변수의 평균에 차이를 유발하는지를 검정하는 것임.
  - 크루스칼-왈리스 검정은 일원배치 일변량 분산분석과 달리 반응변수의 중앙값에 차이를 유발하는지를 검정함.

- 크루스칼-왈리스 검정은 정규분포에 대한 가정은 불필요하고, 관찰값에 순위를 부여하여 만든 검정 통계량을 이용함.

(9) 프리드만 검정(Friedman test)

- 프리드만 검정의 분석 대상은 모수 검정의 무작위 블록설계에 기반한 이원배치 일변량 분산분석(two-way ANOVA)과 같음.
  - 무작위 블록설계에 기반한 이원배치 일변량 분산분석의 경우는 연속변수인 반응변수를 관심 변수인 범주형의 독립변수를 이용하여 그룹화하되, 통제 목적으로 제2의 요인을 독립변수(블록으로 작용)로 포함하여 관심 변수에 해당하는 독립변수의 범주가 반응변수의 평균에 차이를 유발하는지를 검정하는 것임.

- 프리드만 검정은 무작위 블록 설계에 기반한 이원배치 일변량 분산분석과 달리 반응변수의 중앙값에 차이를 유발하는지를 검정함.

- 무작위 블록 설계에 기반한 이원배치 일변량 분산분석의 예를 들면 다음과 같음.
- 혈압이라는 반응변수가 커피 섭취량(관심 독립변수)에 영향을 받는지를 알아보려 함.
- 일반적으로 혈압이 체중에 영향을 받는다고 할 때, 체중이라는 또 다른 독립변수를 모델에 추가함으로써 체중이 혈압에 미치는 영향을 통제하면서 커피 섭취량이 혈압에 미치는 영향을 보다 정확하게 확인할 수 있을 것임.
- 이때 체중은 제2의 요인으로 무작위 블록 설계에 기반한 이원배치 일변량 분산분석에서 블록으로 작용함.

- 프리드만 검정은 정규분포에 대한 가정은 불필요하고, 관찰값에 순위를 부여하여 만든 검정 통계량을 이용함 .

과목 예상문제

(핵심 포인트로 잡아내는) 빅데이터 분석기사 필기

【범주형 자료】

01. 모집단이 주어졌을 때 두 변수 사이의 독립성을 확인하기 위한 방법은?

① 카이제곱 검정
② 독립성 공식 적용
③ t 검정
④ 두 모집단 조건부 비율 검정

해설 검정은 표본집단을 이용한 통계분석 방법임.

02. 가설 검정에서 임계치에 대한 설명으로 틀린 것은?

① 기각역과 비기각역을 구분하는 값이다.
② 유의수준에 의해서 결정된다.
③ 표본에 의해서 결정된다.
④ 검정 통계량과 임계치를 비교하여 가설 검정의 결론을 내린다.
⑤ 카이제곱 통계량

해설 임계치는 표본과 무관하게 결정됨.

03. 특정 공장에서 생산하는 스마트폰 가운데 하루에 발생하는 불량품의 개수가 포아송 분포를 따르는지 검정하는 방법은?

① 카이제곱 검정
② 독립성 공식 적용
③ t 검정
④ 두 모집단 조건부 비율 검정

해설 이산 분포에 대한 검정 방법으로 카이제곱이 사용됨.

04. 변수의 개수가 2개이고, 각 변수의 관찰값이 2개인 경우, 두 변수 사이의 독립성 검정을 위해 가장 적절한 방법은?

① F 검정
② 독립성 공식 적용
③ t 검정
④ 두 모집단 조건부 비율 검정

해설 두 모집단 조건부 비율 검정이나 카이제곱 검정을 이용할 수 있음.

05. 대기업과 중소기업이 부도날 확률이 각각 0.12와 0.02라고 하자. 대기업 대비 중소기업의 상대위험을 계산하면 얼마인가?

① 0.1
② 1.2
③ 6.0
④ 9.0

해설 0.12/0.02 = 6

【다변량 분석】

06. 모집단이 다변량 정규분포를 따르고, 모집단 공분산 행렬을 모르는 경우, 모평균 벡터에 대한 검정에 사용하는 통계량은?

① t 통계량
② F 통계량
③ Hotelling T^2 통계량
④ 카이제곱 통계량

07. 독립변수는 범주화 처리된 일일 커피 섭취량이고, 종속변수는 혈압과 심전도 두 가지라고 하자. 커피 섭취량이 심장 관련 변수인 혈압과 심전도에 영향을 미치는지 분석하고자 할 때 적절한 분석 방법은?

① 일원배치 다변량 분산분석
② 일원배치 일변량 분산분석
③ 주성분 분석
④ 요인분석

해설 독립변수(범주형 변수)는 여럿이며 종속변수(연속변수)도 여럿인 경우에 대한 분석은 일원배치 다변량 분석임.

08. 다음 중 주성분 분석에 대한 설명으로 틀린 것은?

① 주성분은 서로 상관관계가 높아야 한다.
② 주성분의 수는 스크리 그래프(scree graph)를 이용하여 결정할 수 있다.
③ 주성분은 분산을 이용한 설명력이 높은 변수들의 선형결합 식으로 만든다.
④ 주성분은 다변량의 다중공선성 문제를 해결해준다.

해설 주성분은 서로 독립이어야 함.

09. 다음 중 요인 분석에 대한 설명으로 틀린 것은?

① 개체별 요인 점수를 산출할 수 있는데, 이는 개체별 원래 변수의 중요성을 의미한다.
② 요인 회전의 목적은 어떤 변수가 어떤 요인과 높게 관계하는지를 명확히 알기 위해서이다.
③ 변수들에 내재되어 있는 공통의 인자를 이용하여 분석에 필요한 변수의 차원을 축소시키는 분석이다.
④ 개체 간의 유사성을 측정하여 2차원이나 3차원 공간에 점으로 표현하여 분석하는 시각화 기법이다.

해설 개체 간의 유사성을 측정하여 2차원이나 3차원 공간에 점으로 표현하여 분석하는 시각화 기법은 다차원 척도법임.

10. 다음 중 코사인 거리에 대한 설명으로 틀린 것은?

① 두 벡터 간 각도의 코사인 값을 이용한다.
② 두 벡터가 유사할수록 코사인 값은 0에 가까워진다.
③ 유클리드 거리가 작아져도 코사인 거리는 변하지 않을 수 있다.
④ 변수별 관찰값 자체의 크기가 달라져도 비율이 유사하면 코사인 값은 크게 변하지 않는다.

해설 두 벡터가 유사할수록 코사인 값은 1에 가까워짐.

【시계열 분석】

11. 백색잡음에 관한 설명으로 틀린 것은?

① 정상 시계열이다.
② 정규분포를 따른다.
③ 상관관계가 0이다.
④ 분산이 시간 변화에 고정되어 있다.

해설 백색잡음은 특정 분포를 가정하지 않음.

12. 시계열 자료가 ARMA(p=0, q=0)로 모델 가능하면, 다음 중 어느 것에 해당되는가?

① 랜덤워크   ② 단위근을 갖는 시계열
③ 불안정 시계열   ④ 백색잡음

해설 ARMA(0, 0)은 안정 시계열로 주어진 보기에서는 백색잡음만 가능함.

13. 단위근 검정 기법 가운데 귀무가설이 정상 시계열인 방법은?

① Dickey-Fuller 검정법
② 확장된 Dickey-Fuller 검정법
③ Phillips-Perron 검정법
④ KPSS 검정법

해설 KPSS 검정법은 귀무가설이 다른 3가지 검정법과 다름.

14. 선형의 시간 추세를 가지는 시계열 자료를 정상 시계열로 변환하기 위한 적절한 방법은?

① 1차 차분   ② 2차 차분   ③ 로그 변환   ④ 지수 변환

해설 선형 시간 추세는 1차 차분으로 정상 시계열이 됨.

15. 두 개의 시계열 자료가 모두 비정상 시계열이면 거짓 회귀(spurious regression)가 의심될 때 사용하는 검정 방법은?

① 단위근 검정   ② 크루스칼–왈리스 검정
③ 공적분 검정   ④ 그랜저 인과성 검정

해설 공적분 검정은 두 개의 시계열이 비정상 시계열이면서 거짓 회귀가 의심될 때 진행함.

【딥러닝 분석】

16. 기존 인공신경망 기법은 오차 역전파법 적용 시 입력층으로 갈수록 가중치들이 거의 0에 가까워지는 문제가 발생하는데, 이런 현상을 무엇이라고 하는가?

① 확률적 경사 하강   ② 제로 패딩
③ 기울기 소실   ④ 드롭아웃

해설 기울기 소실 현상은 오차 역전파법 적용 시 입력층으로 갈수록 가중치들이 거의 0에 가까워지는 문제가 발생함.

17. 확률적 경사 하강법에 대한 설명으로 틀린 것은?

① 표본의 일부만 사용하거나 극단적으로 하나의 표본만을 이용한다.
② 배치학습법의 하나로 모든 관찰치의 오차를 이용하여 계산한다.
③ 계산 효율과 학습 속도를 향상시킨다.
④ 과적합 위험을 줄일 수 있다.

해설 확률적 경사법은 모든 관찰치가 아닌 일부 관찰치나 하나의 관찰치를 이용함.

18. 다음 중 딥러닝 알고리즘이 아닌 것은?

① EM 알고리즘   ② RNN
③ CNN   ④ LSTM

해설 EM 알고리즘은 딥러닝과 관계 없는 최적화 기법의 하나임.

19. 기존 인공신경망이 갖는 과적합 문제를 해소하기 위해 딥러닝 기법에서 고려하는 방법이 아닌 것은?

① 사전 훈련   ② 제약 볼츠만 머신
③ 확률적 경사 하강법   ④ 배치학습

해설 배치학습은 모든 관찰치를 이용하는 기법으로 통계적 모수 추정에 주로 사용됨.

20. 딥러닝 기법의 하나인 합성곱 신경망(CNN)에서 이미지 합성곱으로 만든 새로운 이미지와 원래 이미지의 크기가 같게 하려고 테두리 부분을 조정해 주는 방법으로 적절한 것은?

① 제로 패딩   ② 사전 훈련
③ 필터   ④ LSTM

해설 제로 패딩은 이미지 합성곱으로 만든 새로운 이미지와 원래 이미지의 크기가 같게 하려고 테두리 부분을 조정해 주는 방법임.

【비정형 데이터 분석】

21. 다음 중 n-그램에 대한 설명으로 틀린 것은?

① 연속된 n개의 글자 묶음이다.
② 문맥 파악에 도움을 주기도 한다.
③ 텍스트 분석의 단위인 토큰의 일종이다.
④ 순서열에 중요성을 부여한다.

해설 주로 n개의 연속된 단어 묶음임.

22. 다음 중 비정형 데이터 가운데 텍스트에 대한 전처리 기법이라고 할 수 없는 것은?

① 정규 표현식　　　　② 감성분석
③ 불용어 제거　　　　④ 어간 추출

> **해설** 감성분석은 전처리 이후에 적용하는 기법임.

23. HTML 형식의 웹데이터는 태그(tag) 안에 요소를 이용하여 표현하는데, 문자열 분석을 위해 요소군으로 분할하는 작업을 무엇이라고 하는가?

① 스크래핑　　　　② 크롤링
③ 파싱　　　　④ 워드 클라우드

> **해설** 파싱은 문자열 분석을 위해 요소군으로 분할하는 작업임.

24. 단어, 문장 등 텍스트 분석의 기본 단위를 무엇이라고 하는가?

① 문서-단어 행렬　　　　② 말뭉치
③ 단어 주머니　　　　④ 토큰

> **해설** 토큰은 텍스트 분석의 기본 단위임.

25. 다음 중 문서 사이의 유사도 거리를 적용하여 문서끼리 얼마나 유사한지를 분석하려고 할 때 분석 대상으로 적절한 것은?

① 문서-단어 행렬　　　　② 감성어 사전
③ 불용어　　　　④ 토큰

> **해설** 문서-단어 행렬의 빈도나 TF-IDF를 이용하여 문서나 단어의 유사도를 분석할 수 있음.

【소셜 네트워크 분석】

26. 소셜 네트워크상의 노드와 연결선을 행렬로 표현한 것은?

① 대각행렬　　　　② 인접행렬
③ 희소행렬　　　　④ 직교행렬

> **해설** 인접행렬은 소셜 네트워크의 노드와 연결선을 행렬로 표현함.

27. 소셜 네트워크 분석에서 특정 노드에 직접 연결되어 있는 연결선의 수로 정의되는 노드의 중심성은?

① 연결 중심성　　　　② 매개 중심성
③ 근접 중심성　　　　④ 고유벡터 중심성

> **해설** 연결 중심성에 대한 설명임.

28. 소셜 네트워크 분석에서 다른 사람들과 연결이 많은 유명 인사와의 연결에 가중치를 부여한 중심성은?

① 연결 중심성　　　　② 매개 중심성
③ 근접 중심성　　　　④ 고유벡터 중심성

> **해설** 고유벡터 중심성에 대한 설명임.

29. 소셜 네트워크 분석에서 인접행렬이 비대칭 행렬인 경우가 의미하는 것은?

① 노드 간 방향성이 없는 쌍방 연결
② 노드 간 방향성이 있는 연결
③ 다중 관계 표시
④ 관계 여부만 표시

> **해설** 노드 간 방향성이 없으면 대칭행렬이 되고, 방향성이 있으면 비대칭 행렬이 됨.

30. 소셜 네트워크 분석에서 특정 노드에서 다른 노드들까지의 거리 개념이 중요한 중심성은?

① 연결 중심성   ② 매개 중심성
③ 근접 중심성   ④ 고유벡터 중심성

> **해설** 근접 중심성은 소셜 네트워크 분석에서 특정 노드에서 다른 노드들까지의 거리 개념이 중요함.

【앙상블 분석】

31. 다음 중 부스트랩(boostrap) 표본 추출 기법을 사용하는 방법론은?

① 서포트 벡터 머신   ② 나이브 베이지안 분류
③ 랜덤 포레스트   ④ 의사결정나무

> **해설** 랜덤 포레스트는 부스트랩 표본 추출기법을 이용한 배깅 기법을 사용함.

32. 앙상블 모델의 장점이 아닌 것은?

① 편의 제거   ② 분산 감소
③ 과적합 축소   ④ 신속한 계산 속도

> **해설** 앙상블 모델의 단점은 계산 속도가 느리다는 것임.

33. 다음 중 랜덤 포레스트 기법에 대한 설명으로 틀린 것은?

① 표본 추출은 배깅 기법을 이용한다.
② 부스트랩 표본 추출에서 분류 결과에 따른 다른 가중치를 부여한다.
③ 변수 임의 선택 방법을 적용한다.
④ 범주형 자료 분류의 경우에는 다수결 방법을 이용하여 예측한다.

> **해설** 부스트랩 표본 추출에서 분류 결과에 따른 다른 가중치를 부여하는 기법은 부스팅 기법임.

34. 다음 중 부스팅 기법에 대한 설명으로 틀린 것은?

① 부스트랩 표본 추출에서 분류 결과에 따른 다른 가중치를 부여한다.
② 배깅 기법에 비해서 단순하여 속도가 빠르고 과적합 가능성이 낮다.
③ 적절한 표본 추출과 관련된 방법이다.
④ 분류가 잘된 부스트랩 표본에는 높은 가중치를 부여한다.

> **해설** 부스팅은 배깅에 비해서 정확도를 높일 수 있으나 계산이 복잡하여 속도가 느리고 과적합 가능성이 높음.

35. 여러 개의 모델에서 얻은 결과를 종합해서 예측 정확도를 높이는 기법으로 범주형 자료 분류의 경우에는 다수결 투표 방법을 사용하고, 연속형 자료 회귀분석의 경우에는 평균을 사용하는 기법은?

① 딥러닝   ② 비정형분석
③ 앙상블   ④ 군집분석

【비모수 통계】

36. 다음 중 비모수 검정에 대한 설명으로 틀린 것은?

① 순서(ordianl) 자료에도 활용 가능하다.
② 모집단 분포 가정이 적합하면 모수 검정보다 검정력이 높다.
③ 모수검정이 평균을 이용하는데 비해 비모수 검정은 주로 중앙값을 이용한다.
④ 정규분포를 가정하지 않아도 적용 가능하다.

> **해설** 모집단 분포 가정이 적합하면 모수 검정이 비모수 검정보다 정확도를 높일 수 있음.

37. 다음 중 윌콕슨 부호 순위 검정에 대한 설명으로 틀린 것은?

① 한 집단의 중앙값 및 두 집단의 중앙값 차이 검정에 이용된다.

② 자료의 순위만을 이용하여 검정을 진행한다.

③ 기본적으로 크기가 큰 값부터 작은 값으로 자연수로 순위를 부여한다.

④ 동점이 있는 경우에는 순위의 평균값으로 순위를 표기한다.

해설 윌콕슨 부호 순위 검정은 크기가 작은 값부터 큰 값으로 자연수로 순위를 부여함.

38. 다음 중 분석 대상을 기준으로 할 때 비모수 통계 기법과 모수 통계 기법의 짝이 잘못된 것은?

① 윌콕슨 부호 순위 검정과 쌍체 t 검정

② 스피어만 순위 상관계수와 피어슨 상관계수

③ 크루스칼–왈리스 검정과 일원배치 일변량 분산분석

④ 런 검점과 두 집단 t 검정

해설 비모수 검정 기법인 런 검정과 같은 분석 대상을 갖는 모수 검정 기법은 없음.

39. 다음 중 프리드만 검정법에 대한 설명으로 틀린 것은?

① 정규분포를 가정한다.

② 관찰값에 순위를 부여하여 만든 검정 통계량을 이용한다.

③ 반응변수의 중앙값에 차이를 유발하는지를 검정한다.

④ 분석대상은 무작위 블록설계에 기반한 이원배치 일변량 분산분석과 같다.

해설 프리드만 검정은 정규분포에 대한 가정은 불필요하고, 관찰값에 순위를 부여하여 만든 검정 통계량을 이용함.

40. 런 검정(Wald-Wolfowitz runs test)에 대한 설명으로 틀린 것은?

① 무작위성 검정에 사용된다.

② 두 개의 사건으로 이분하여 분석한다.

③ 파워(power)가 높은 검정 방법이다.

④ 한 변수에 대한 검정 방법이다.

해설 런 검정법은 검정력(power)이 낮은 기법임.

[핵심 포인트로 잡아내는] 빅데이터 분석기사 필기

PART 04

[핵심 포인트로 잡아내는] 빅데이터 분석기사 필기

빅데이터 결과 해석

Chapter 1. **분석 모형 평가 및 개선**

Chapter 2. **분석 결과 해석 및 활용**

01 분석 모형 평가 및 개선

[학습 방향]

분석 모형을 평가하는 방법과 분석 모형의 성능을 개선하는 방법을 알아본다. 특히 지도학습과 비지도학습으로 평가하는 방법을 비교해서 설명할 수 있도록 이해하도록 한다.

[핵심 내용]

• 분석 모형 평가에서 분석 모형의 성능을 검증하는 평가지표와 분석 모형을 진단하는 방법을 배운다. 또한 교차검증 기법과 모수 유의성 검정, 적합도 검정에 대해 이해한다.
• 분석 모형 개선에서 과대적합 방지, 매개변수 최적화, 분석 모형 융합, 최종 모형 선정에 대해 배운다.

1. 분석 모형 평가★★★

1) 평가 지표

심오한 TIP

지도 학습(Supervised Learning)
훈련 데이터(Training Data)로부터 하나의 함수를 유추해내기 위한 머신러닝의 한 방법

• 통계학과 머신러닝 분야에서는 편향-분산 트레이드오프(Bias-variance tradeoff) 또는 딜레마(dilemma)는 <u>지도학습</u> 알고리즘이 트레이닝 세트의 범위를 넘어 지나치게 일반화하는 것을 예방하기 위해 두 종류의 오차(편향, 분산)를 최소화할 때 겪는 문제

(1) 편향(bias)

• 예측값과 실제값의 거리
• 편향은 학습 알고리즘에서 잘못된 가정을 했을 때 발생하는 오차
• 높은 편향값은 알고리즘이 데이터의 특징과 결과물과의 적절한 관계를 놓치게 만드는 과소적합(underfitting) 문제를 발생
  – 편향이 작을 때: 데이터를 최대치로 학습함을 의미(과대적합)
  – 편향이 클 때: 데이터를 최소치로 학습함을 의미(최소적합)

(2) 분산

- 학습한 모델의 예측값이 평균으로부터 퍼진 정도
- 분산은 트레이닝 세트에 내재된 작은 변동(fluctuation) 때문에 발생하는 오차
- 높은 분산값은 큰 노이즈까지 모델링에 포함시키는 과적합(overfitting) 문제를 발생
- 편향–분산 분해는 학습 알고리즘의 기대 오차를 분석하는 한 가지 방법으로, 오차를 편향, 분산, 그리고 데이터 자체가 내재하고 있어 어떤 모델링으로도 줄일 수 없는 오류의 합

핵심 콕콕

편향-분산 트레이드오프는 분류(classification), 회귀분석, 구조화된 출력 학습(structed output learning) 등 모든 형태의 지도 학습에 응용

- 사람의 학습에서 직관적 판단 오류(heuristics)의 효과성을 설명하기 위해 언급
  ① 모델의 복잡도가 낮으면?
     bias는 증가하고 variance가 감소 (OLS 회귀분석)
  ② 모델의 복잡도가 높으면?
     bias는 감소하고 variance가 증가 (딥러닝)
     ⇒ bias와 variance가 최소화되는 수준에서 모델의 복잡도 선택

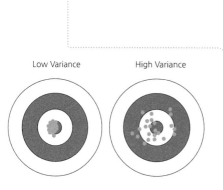

(3) 분석 모형의 평가 기준★

- 모형의 평가 기준은 크게 일반화 가능성, 효율성, 예측과 분류의 정확성으로 구분이 됨.

기준	설명
일반화 가능성	같은 모집단 내의 다른 데이터에 적용하는 경우에도 안정적인 결과를 제공 데이터를 확장하여 적용할 수 있는지에 대한 평가 기준
효율성	분류 분석 모형이 얼마나 효과적으로 구축이 되었는지에 대한 평가 적은 입력 변수를 필요로 할수록 효율성이 높음.
예측과 분류의 정확성	구축된 모형의 정확성 측면에서 평가하는 것으로 안정적으로 효율적인 모형을 구축했다고 해도 실제 문제에 적용을 했을 때 정확하지 못한 결과만을 양산하는 모형은 의미가 없음.

(자료원: https://codedragon.tistory.com/9771)

(4) 분석 모형 평가 방법★★

- 분류분석에서 사용한 대부분의 개념인 모형의 복잡도, 과적합, 변수 선택, 모형 평가, 교차검증, 데이터 세트 분할 등이 회귀분석에서도 사용이 됨.
- 분류분석과 회귀분석의 차이점은 정확도 지표로 분류분석에서는 이항편차, 혼동행렬, ROC 곡선, AUC 등이 사용
- 회귀분석에서는 RMSE가 사용이 되며, 예측오차 값이 작을수록 더 정확한 모형임.

① 혼동 행렬(confusion matrix)

- 분석 모델에서 구한 분류의 예측 범주와 데이터의 실제 분류 범주를 교차표 형태로 정리한 행렬
- 혼동 행렬은 학습된 분류 모델이 예측을 수행하면서 얼마나 헷갈리고 있는지도 함께 보여주는 지표
- 어떠한 유형의 예측 오류가 발생하는지를 확인이 가능
- 오차 행렬이라고도 하며 TN, FP, FN, TP 4가지의 결과를 출력

  예) 목표변수가 2-범주인 경우 아래 그림과 같은 형태로 표현된다. 'O'의 칸의 경우, 예측 범주 값과 실제 범주 값이 일치한 경우로 분류 머신러닝이 올바르게 결과를 예측한 경우

	Predicted	
	Positive	Negative
Actual True	TP	FN
Actual False	FP	TN

(자료원: https://data-gardner.tistory.com/16)

TN(true negative): 실제 부정 데이터를 부정으로 제대로 예측

FP(false positive): 실제 부정 데이터를 긍정으로 잘못 예측

FN(false negative): 실제 긍정 데이터를 부정으로 잘못 예측

TP(true positive): 실제 긍정 데이터를 긍정으로 제대로 예측

② 정확도(accuracy)

- 정확도는 예측 결과 전체 중 정확하게 예측한 비율(TN, TP)

  정확도 = 예측 결과가 동일한 데이터 건수 / 전체 예측 데이터 건수

③ 정밀도(precision)

- 정밀도는 positive로 예측한 값들 중에 실제로 positive한 값의 비율
- 정밀도는 불균형한 데이터 세트의 모델을 평가하는데 사용

    스팸 메일을 스팸으로 예측한 경우 (TP)

    정상 메일을 스팸으로 예측한 경우 (FP)

    스팸 메일을 정상으로 예측한 경우 (FN)

    정상 메일을 정상으로 예측한 경우 (FP)

- 1번과 4번은 제대로 예측하였지만, 2번과 3번은 번거로운 상황이 발생
- 2번은 업무에 영향을 줄 수도 있음.
- FP를 낮추는데 초점을 두어야 함.

④ 재현율(recall)

- 재현율은 실제 값이 positive인 값들 중에 예측을 positive로 한 값의 비율
- 재현율은 불균형한 데이터 세트의 모델을 평가하는데도 사용

    암환자에게 암을 예측한 경우 (TP)

    암환자가 아닌 사람에게 암을 예측한 경우 (FP)

    암환자에게 암이 아니라고 예측한 경우 (FN)

    암환자가 아닌 사람에게 암이 아니라고 예측한 경우 (TN)

- 1번과 4번은 제대로 예측하였지만, 2번과 3번은 힘든 상황이 발생
- 3번은 최악의 경우
- FN을 낮추는 데 초점을 두어야 함.

⑤ F값

- F1 score는 정밀도와 재현율을 결합한 지표
- 한 쪽으로 치우치지 않는 수치를 나타낼 때 상대적으로 높은 값을 가짐.

⑥ 예측확률

- 이진 분류는 0과 1 등 두개 중 하나를 예측하지만, 실제로 레이블 2개로 분류되는지에 관한 확률을 나타내는 모델이 많음.
- 0으로 분류되는 확률과 1로 분류되는 확률 계산

⑦ ROC 곡선과 AUC

- ROC 곡선은 Receiver Operation Characteristic Curve
- ROC 곡선은 FPR(X축)과 TPR(Y축)의 관계를 그린 곡선

- AUC는 Area Under Curve이며, ROC 곡선 아래의 면적을 의미

  FPR: False Positive Rate

  TPR: True Positive Rate (재현율)

- TPR은 재현율로 이와 대응하는 지표에 TNR(특이성)이 있음.
- 특이성은 실제값 negative가 정확히 예측돼야 하는 수준을 의미

- ROC 곡선이 직선에 가까울수록 성능이 떨어지는 것이고, 멀어질수록 성능이 뛰어난 것을 의미
- AUC가 클 수록 좋은 값을 가짐.

(5) 평균제곱오차와 결정계수

① 평균제곱오차(MSE)

- 평균제곱오차는 평가할 데이터와 예측값 사이의 오차 제곱을 모두 계산한 후 평균
- 평균제곱오차가 작을수록 예측값이 올바름.

② 결정계수

- 결정계수는 평균제곱오차를 사용해 학습한 모델 예측의 적합도를 나타냄.

짚오한 TIP

평균제곱근오차(RMSE)
평균제곱근오차도 평균재곱오차와 같이, 값이 작은수록 모델의 성능이 좋다고 판단함.

(6) 회귀모형의 평가 지표★★

- 회귀모형에 대한 평가 지표는 아래와 같음.

지표	내용	공식
MAE: Mean Absolute Error	잔차의 절댓값에 대한 평균표 자체가 직관적이며 예측변수와 단위가 같음.	$MAE = \dfrac{1}{n}\sum |y - \hat{y}|$
MSE: Mean Square Error	잔차의 제곱에 대한 평균 지표 자체가 직관적	$MSE = \dfrac{1}{n}\sum \left(y - \hat{y}\right)^2$
RMSE: Root Mean Square Error	잔차의 제곱에 대한 평균값에 제곱근 한 것 지표 자체가 직관적이며 예측변수와 단위가 같음. 잔차를 제곱하기 때문에 이상치에 민감	$RMSE = \sqrt{\displaystyle\sum_{i=1}^{n} \dfrac{\left(\hat{y_i} - y_i\right)}{n}}$
MAPE: Mean Absolute Percentage Error	MAE를 비율(%)로 표현한 것 지표 자체가 직관적 비율 변수이기 때문에 MAE, MSE, RMSE에 비해 비교에 용이	$MAPE = \dfrac{100\%}{n}\sum \left|\dfrac{y - \hat{y}}{y}\right|$
MPE: Mean Percentage Error	MAPE에서 절댓값을 제외한 지표 실제값에 대해 underestimates or overestimates 인지 파악 MPE > 0: underperformance (underestimates) MPE < 0: overperformance (overestimates)	$MPE = \dfrac{100\%}{n}\sum \left(\dfrac{y - \hat{y}}{y}\right)$
SST : Total sum of squares	SSE + SSR의 합 Y의 총 변동(SST)은 직선으로 설명 불가능한 변동 SSE와 직선으로 설명 가능한 변동 SSR	$\displaystyle\sum_{i=1}^{n}\left(y_i - \overline{y}\right)^2$
SSE : Error sum of squares	회귀선에 위치한 값(추정값)과 실제값의 차이(오차)의 제곱 직선으로 설명이 불가능한 변동	$= \displaystyle\sum_{i=1}^{n}\left(y_i - \hat{y_i}\right)^2 + \sum_{i=1}^{n}\left(\hat{y_i} - \overline{y_i}\right)^2$
SSR : Regression sum of squares	회귀선에 위치한 값(추정값) 과 Y의 평균을 뺀 값의 제곱 직선으로 설명이 가능한 변동	

출처: https://www.dataquest.io/blog/understanding-regression-error-metrics, https://acdongpgm.tistory.com/70

(7) 머신러닝 주요 평가 지표★★

[표 4-1] 머신러닝 모형의 성능 평가 지표(NCS)

평가지표	계산식	의미

정확도
(Accuracy)
	(TP+TN)/(TP+TN+FP+FN)	• 실제 분류 범주를 정확하게 예측한 비율
		  (전체 예측에서 참긍정(TP)과 참부정(TN)이 차지하는
		  비율, 1-오차비율과 동일)

오차비율 (Error Rate)	(FP+FN)/(TP+TN+FP+FN)	• 실제 분류 범주를 잘못 분류한 비율 (1-정확도와 동일)
민감도 (Sensitivity)	(TP)/(TP+FN)	• 긍정(Positive) 범주 중에서 긍정으로 올바르게 예측 (True Positive)한 비율

특이도
(Specificity)
	(TN)/(TN+FP)	• 부정(Negative) 범주 중에서 부정으로 올바르게 예측
		  (True Negative)한 비율
		  (1-거짓 긍정률)

거짓 긍정률
(FP Rate)
	(FP)/(TN+FP)	• 부정(Negative) 범주 중에서 긍정으로 잘못 예측(False
		  Positive)한 비율
		  (1-특이도와 동일)

정밀도 (Precision)	(TP)/(TP+FP)	• 긍정(Positive)으로 예측한 비율 중에서 실제 긍정(True Positive)인 비율

F-Measure
(F1-Score)
	(2*TP)/(2*TP+FP+FN)	• 정밀도와 민감도(재현율)을 하나로 합한 성능 평가지표
		  (정밀도와 민감도(재현율)의 조화 평균)
		• 0~1사이의 범위를 가지며, 정밀도와 민감도 양쪽 다 클
		  때 F-Measure도 큰 값을 가짐.

카파 통계
(Kappa
Statistic)
	(Pr(a)-Pr(e))/(1-Pr(e))	• Pr(a) : 정확도
		• Pr(e) : 오차 비율
		• 모델의 예측값과 실제값이 우연히 일치할 확률을 제외
		  한 뒤의 값
		• 0~1까지의 값을 가지며 1에 가까울수록 모델의 예측값
		  과 실제값이 정확히 일치
		• 0에 가까울수록 모델의 예측값과 실제값이 불일치

(8) ROC 곡선★

* ROC(Receiver Operating Characteristic) 곡선은 거짓 긍정률(FP Rate)과 참 긍정률(TP Rate) 간의 관계를 그래프로 나타낸 것을 의미

* 목표변수 범주 값 분류 시 긍정 범주(Positive)와 부정 범주(Negative)를 판단하는 기준치의 변화에 따라 참 긍정률과 거짓 긍정률이 어떻게 변화하는지를 표시

* [그림 4-1]은 데이터 개수가 10개밖에 안 되므로 계단 형태의 함수로 나타났지만, 데이터량이 많아지면 부드러운 곡선의 형태로 나타남.

- X축인 거짓 긍정률(FP Rate)은 최대한 낮으면서, Y축인 참 긍정률(TP Rate) 값은 최대한 높은 경우가 가장 이상적인 분류 모델 결과

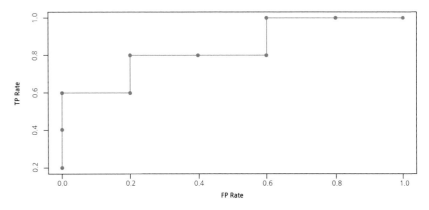

[그림 4-1] 긍정 범주 판정 기준 변화에 따른 ROC 곡선(NCS)

- [그림 4-2]에서 ROC 곡선이 좌상단에 위치할수록 모델 성능이 우수하며, ROC 곡선이 대각선에 가깝게 위치할 수록 참 긍정과 거짓 긍정을 제대로 구별하지 못하는 것을 의미
- 테스트 모델2가 테스트 모델1보다 모델 성능이 더 좋은 분류 모델

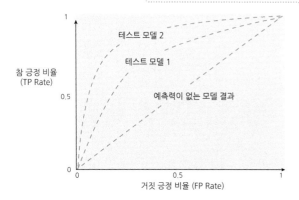

[그림 4-2] 분류 머신러닝 결과의 ROC 곡선(NCS)

2) 분석 모형 진단★★★

(1) 데이터 모형 진단

- 데이터 품질 기준 및 진단 대상 정의는 실제로 품질 측정을 수행하기 위한 품질 기준 및 대상 선정, 데이터 프로파일링, 업무규칙 정의 및 체크리스트 준비 등이 이루어지는 과정
- 데이터 품질 진단 수행 시 적용할 품질 측정의 기준을 사전에 정의하고, 데이터의 형태(정형, 비정형)에 따라 데이터 품질 진단을 수행할 대상 정보 시스템의 테이블 및 칼럼 등을 정의하거나 진단 대상이 되는 멀티미디어 콘텐츠 및 해당 메타데이터를 선정

- 데이터 유형별 특성에 따른 데이터 프로파일링 및 업무규칙 정의, 체크리스트 준비 등을 수행

품질 기준 선정	품질 측정 시 기준이 되는 품질 기준을 선정하는 절차
품질 이슈 조사	데이터의 **품질 이슈 조사** 및 설문, 면담 또는 과거에 수행된 데이터 품질 진단 내용 등을 조사
데이터 관리 문서 수집	대상 시스템 구성도, 테이블 정의서, 칼럼 정의서, 자료사전, ERD 등을 비롯하여 설계 표준이나 지침, **콘텐츠 작성 표준** 데이터 관리 문서를 수집
진단 대상 중요도 평가	사전 **조사된 이슈**를 토대로 진단 대상 비정형 콘텐츠나 테이블 등의 업무 중요도 및 서비스 **중요도를** 선정하여 진단 대상의 중요도를 평가
진단 대상 선정	평가된 진단 대상 업무, 테이블, 비정형 콘텐츠 등에 대해 중요도, 품질 이슈 등에 따라 우선 진단 대상을 선정
핵심 데이터 항목 정의	선정된 진단 테이블에 대해 핵심 데이터 후보 항목을 **도출**하거나 비정형 콘텐츠에 대한 측정 항목을 **도출**하고, 타당성 평가 과정을 거쳐서 핵심 데이터 항목 또는 측정 항목을 선정
데이터 프로파일링	**통계적 기법을** 활용하여 데이터 소스에 존재하는 데이터의 구조, 내용, 품질을 파악하기 위해 다양한 형태로 분석
업무규칙 정의	업무적 특성이 데이터에 반영된 규칙을 도출하여 데이터에 존재하는 업무규칙으로 정의

(출처: 한국데이터베이스진흥원)

[그림 4-3] 데이터 진단 절차

(2) 데이터 분석 모형 오류

- 데이터 분석 모형을 구축하는 데는 일반화 오류와 훈련 오류라는 두 가지 종류의 오류가 발생할 수 있고, 구축된 분석 모형은 이를 고려하여 검증되어야 함.

[표 4-2] 데이터 분석 모형 오류

구분	내용
일반화 오류	• 분석 모형을 만들 때 주어진 데이터 집합의 특성을 지나치게 반영하여 발생하는 오류 • 주어진 데이터 집합은 모집단의 일부분임에도 불구하고 데이터가 가지는 주변적 특성, 단순 잡음 등을 모두 묘사하기 때문에 발생 • 이러한 모형을 과적합(overfitting)되었다고 함.
훈련 오류	• 주어진 데이터 집합에 부차적인 특성과 잡음이 있다는 점을 고려하여 데이터의 특성을 덜 반영하도록 분석 모형을 만들어 생기는 오류 • 일반화 오류와 반대되는 개념 • 이러한 모형을 미적합(underfitting)되었다고 함.

(3) 데이터 분석 모형 검증 방법

- 데이터 분석 모형을 검증하기 위해서 홀드아웃 교차검증(Holdout Cross Validation)
과 K-겹 교차검증(K-fold Cross Validation)을 사용

① 홀드아웃 교차검증

- 데이터를 훈련 데이터와 테스트 데이터로 나눈 후 훈련 데이터는 모델을 학습하
고 테스트 데이터로 모델의 성능을 증가시키는 선택을 반복
- 동일한 테스트 데이터를 계속 재사용한다면, 이 테스트 데이터는 효용가치가 떨
어지고 훈련 데이터화됨으로써 과적합

② K-겹 교차검증

- 데이터를 k개의 데이터로 나누고, 그중 1개는 테스트 데이터로 사용하고 나머지
k-1개는 훈련 데이터로 사용

3) 교차검증★★★

(1) 교차검증 기법

① K-교차검증(K-fold Cross Validation)

- 단일한 훈련 데이터와 테스트 데이터로 1회만 분할하는 것이 아니라, 전체 데이
터를 k개로 등분한 뒤 k=1, 2, k번째 데이터 세트를 차례로 테스트 데이터로 사
용하고 나머지 데이터 세트를 모델 훈련에 반복적으로 사용하면서 모델 성능을
측정하는 방법
- 데이터 세트를 훈련 데이터와 테스트 데이터로 나누어 모델링 및 성능 평가를
k회 반복하게 되며, 모든 k개 중첩에 대한 성능 평가 결과들에 대한 평균치를 통
해 최종 모델 성능 평가를 도출

- 장점: 모든 데이터를 훈련 데이터와 테스트 데이터에 쓸 수 있고, 과대적합 염려
가 크지 않음.
- 단점: 시간이 오래 걸림.

  심오한 TIP

훈련(Train)으로 학습, Validation
으로 검증, 테스트(Test)로 최종
성능 평가를 하는 과정을 거침.

Train
- 모델을 학습하기 위한 데이터
셋을 의미
- 최적의 파라미터를 찾는 것이
중요

Validation
- 이미 학습(Train)이 완료된 모
델 검증을 위한 데이터을 의미
- 학습된 여러 모델 가운데서 가
장 좋은 모델을 고르기 위한 데
이터셋을 의미
- 학습 과정에 어느 정도 관여를
함(직접 관여는 아님).

Test
- 최종 성능을 평가하기 위한 데
이터셋을 의미

② 홀드아웃 교차검증(Hold-out Cross Validation)

- 데이터를 훈련 데이터와 테스트 데이터로 나눔.
- 훈련 데이터로 모델을 학습하고 테스트 데이터로 모델의 성능을 평가
- 홀드아웃 메소드를 사용하면 훈련 데이터, 검증 데이터, 테스트 데이터 3가지로 나눔.
- 훈련 데이터와 테스트 데이터의 비율은 50:50, 80:20 등 사용자가 결정

- 장점: 계산량이 많지 않기 때문에 모형을 쉽게 평가할 수 있음.
- 단점: 데이터를 나누는 방식이 성능 추정에 민감한 영향을 미칠 수 있음.

③ 교차분석(Cross Tabulation Analysis)

- 검증하고자 하는 변수가 모두 범주형 자료(명목척도, 서열척도)일 때, 두 변수 간에 연관성이 있는지 보기 위한 방법
- 교차분석을 통해서 두 변수 간 교차빈도(교차표)를 볼 수 있고, 교차빈도에 대한 통계적 유의성을 검증하여 두 변수 간에 연관성이 있는지를 알 수 있음.

- 적합도 검정: 관찰된 비율 값이 기댓값과 같은지 조사하는 검정
- 독립성 검정: 두 변수 간에 어떤 관련이 있는지 알아보는 검정
- 동질성 검정: 두 집단의 분포가 동일한지 검정

④ 분류 모형 성능 평가를 위한 검사 방법★★

- 분류 오류율 검사
- 분류 오류율은 분류 규칙을 통해 추정된 범주와 실제 범주가 일치하지 않는 비율 (잘못 분류된 데이터의 비율)을 의미
- 훈련 데이터 세트로 구축된 분류 모델을 검증 데이터 세트를 활용하여 분류 오류율을 검사하고 성능을 평가
- 데이터 크기가 충분하지 않으면 교차 유효성 검사 방법을 적용할 수 있으며, 예측 오차 대신 분류 오류율을 산출하여 평균 분류 오류율을 최종 분류 오류율로 이용

- 혼동행렬(Confusion Matrix)
- 일종의 정오 분류표로 참과 거짓을 분류하는 분류 규칙을 가진 모델에 적합

		예측	
		참	거짓
실제	참	진양성 (True Positive, TP)	가음성 (False Negative, FN)
	거짓	가양성 (False Positive, FP)	진음성 (True Negative, TN)

- 진(True)은 실제와 예측이 일치하는 경우이며, 가(False)는 실제와 예측이 불일치함을 의미
- 혼동행렬 구성표에서 진양성(TP), 가양성(FP), 가음성(FN), 진음성(TN)에 해당하는 각 셀에서는 각 경우에 해당하는 관측 수(훈련 데이터 세트를 활용)를 입력하게 되며, 이를 통해 분류 규칙 성능과 관련한 다양한 정보를 얻을 수 있음.

- 성능 평가 지표
- **오류율**: 전체 데이터 수에서 잘못 분류한 데이터 수의 비율

$$오류율 = \frac{FP + FN}{TP + FP + FN + TN}$$

- **정확도**: 전체 중에서 올바르게 실제 범주를 추정한 전체 비율을 나타내는 것으로 오류율과 상반되는 개념

$$정확도 = \frac{TP + TN}{TP + FP + FN + TN} = 1 - 오류율$$

- **민감도**: 실제 참인 경우를 참으로 분류하여 판정하는 비율(특정 질병에 대해 실제 질병이 있는 경우를 양성으로 판정하는 비율)

$$민감도 = \frac{TP}{TP + FN}$$

- **특이도**: 실제 거짓인 경우를 거짓으로 분류하여 판정하는 비율(특정 질병에 대해 실제 질병이 없는 경우를 음성으로 판정하는 비율)

$$특이도 = \frac{TN}{FP + TN}$$

 **핵심 콕콕**

상관관계와 회귀분석 검증은 Part 2의 Chapter 3을 참고하면 됨.

⑤ 상관관계 검증

• 상관분석

- 상관분석은 두 개 이상의 변수 간에 존재하는 상호 연관성의 정도(즉 하나의 변수가 다른 변수와 어떤 밀접성을 가지고 변화하는가)를 측정하여 분석하며, 이를 추정하는 수치로는 공분산(covariance)과 상관계수(correlation coefficient)가 있음.

- 공분산은 양수와 음수 모든 값을 취할 수 있음.

- 공분산이 양의 값을 가질 때 확률변수 X가 증가하면 Y도 같이 증가하며, X가 감소하면 Y도 감소하는 양의 선형관계

- 공분산이 음의 값을 가질 때 확률변수 X가 증가하면 Y는 감소하며, X가 감소하면 Y는 증가하는 음의 선형관계

- 공분산의 값이 0이면 두 확률변수는 선형관계가 없음.

- 공분산 값이 측정 단위에 따라 변하는 문제점을 해결하기 위해 측정값을 표준화

- 자료가 평균이 0이고 분산이 1인 자료가 되므로 이에 대한 공분산을 계산하면 측정 단위에 변하지 않는 연관도가 나타나며, 이러한 공분산을 상관계수라고 함.

- 두 변수 사이의 연관 정보를 알아내는 것을 단순상관분석이라고 하며, 셋 또는 그 이상의 변수들 사이의 연관 정도를 분석하는 것을 다중상관분석이라고 함.

- 데이터의 속성에 따라서 수치적·명목적·순서적 데이터 등을 가지는 변수 간의 상관분석이 있음.

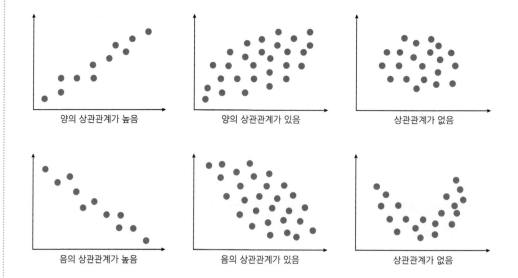

- 수치적 데이터 변수의 상관분석

- 수치적 데이터 변수로 이루어진 두 변수 간의 선형적 연관성을 계량적으로 파악하기 위한 통계적 기법

- 일반적으로 피어슨 상관분석(pearson correlation analysis)을 선형 관련성 정도로 측정하는 척도로 사용

- 다른 변수와 함께 변화하는 분산인 공분산이 어느 정도가 되는가에 따라 좌우되며, 공분산이 클수록 상관관계가 높음.

- 공분산은 변수의 단위에 의존적이기에 값의 크기를 통한 연관성의 정도를 파악하기 어려우므로 표준화를 통해 상관관계의 정도를 나타내는 정량화된 지표가 상관계수

- 피어슨 상관계수는 다음과 같이 정의함.

$$r\,(\in[-1,1]\quad r=\frac{\sum_{i=1}^{n}(x_i-\bar{x})(y_i-\bar{y})}{\sqrt{\sum_{i=1}^{n}(x_i-\bar{x})^2}\sqrt{\sum_{i=1}^{n}(y_i-\bar{y})^2}}$$

- 명목적 데이터 변수의 상관분석

- 명목적 데이터 변수들로 이루어진 두 변수 간의 연관성을 계량적으로 파악하기 위한 통계적 기법들로, 분석 기법으로는 교차분석이라고 불리는 χ^2 검정을 이용

- 명목적 변수들로 구성된 분류표상의 발생빈도를 기반으로 명목적 데이터 변수 간의 연관성을 추론

- 순서적 데이터 변수의 상관분석

- 순서가 중요한 의미가 있는 순서적 데이터 변수들로 이루어진 두 변수 간의 연관성 및 상관관계를 검정하기 위한 통계적 분석 기법

- 스피어만 순위 상관계수(rank correlation coefficient)를 통해서 분석을 수행하며, 스피어만 순위 상관계수는 원 데이터 대신 이들의 순위를 이용하여 상관계수를 결정

- 두 (수치형) 변수 x와 y에 대해 x 값들의 순위를 $r_1^x, r_2^x, \cdots, r_n^x$, y 값들의 순위를 $r_1^y, r_2^y, \cdots, r_n^y$라 할 때 스피어만 순위 상관계수 r^s는 다음과 같음.

$$r_s = \frac{\sum_{i=1}^{n}\left(r_x^i - \bar{r}_x\right)\left(r_y^i - \bar{r}_y\right)}{\sqrt{\sum_{i=1}^{n}\left(r_x^i - \bar{r}_x\right)^2}\sqrt{\sum_{i=1}^{n}\left(r_y^i - \bar{r}_y\right)^2}} = 1 - \frac{6\sum_{i=1}^{n}\left(r_x^i - r_y^i\right)^2}{n(n^2-1)}$$

⑥ 회귀분석 검증

- 연속형 변수들에 대해 종속변수와 독립변수 간의 상관관계에 따른 수학적 관계식을 도출하여 어떠한 독립변수들의 값이 주어졌을 때, 이에 따른 종속변수 값을 예측하고 이 수학적 관계식이 얼마나 관계를 잘 설명하고 있는지를 판별할 때 활용되는 분석 방법

- 단순 회귀모형은 독립변수와 종속변수가 1개씩이고 모두 수치형 변수인 경우를 일컬으며, 2개 이상의 독립변수(수치형 혹은 범주형)와 1개의 수치형 종속변수에 대한 회귀분석 모델을 다중회귀 모형이라고 함.

- 회귀분석 결과를 신뢰하고 효과적으로 활용하기 위해 다음의 4가지 전제 조건이 있음.

  - 선형성: 독립변수와 종속변수 간에는 선형관계가 존재

  - 등분산성: 잔차(추정오차)들은 같은 분산을 갖음.

  - 독립성: 잔차들은 서로 독립

  - 정규성: 잔차는 평균이 0이고 분산이 σ^2인 정규분포를 따름.

⑦ 분산분석 검증

- 두 개 이상의 집단 간 비교를 수행하고자 할 때 집단 내의 분산, 총 평균과 각 집단의 평균 차이에 의해 생긴 집단 간 분산 비교로 얻은 F 분포를 이용하여 가설검정을 수행하는 방법

- 검정 통계량인 F-검정 통계량 값은 집단 내 분산 대비 집단 간 분산이 몇 배 더 큰지를 나타내는 값으로 해석

- 복수의 집단을 비교할 때 분산을 계산함으로써 집단 간에 통계적인 차이가 있다고 할 수 있는지, 혹은 차이가 없다고 할 수 있는지를 판정하는 분석 방법

- 독립변수와 종속변수의 수에 따라서 일원분산분석, 이원분산분석, 다변량분산분석, 공분산분석으로 나눌 수 있음.

- 일원분산분석은 집단을 나누는 요인인 독립변수가 1개이고 종속변수도 1개인 경우로 독립변수에 의한 집단 사이의 종속변수 평균 차이를 비교하기 위한 방법
- 이원분산분석은 독립변수가 2개이고 종속변수가 1개일 경우에서의 집단 간 종속변수의 평균 차이를 분석하는 방법
- 다변량분석은 종속변수가 2개 이상인 경우에서 집단 간 종속변수의 평균 차이를 비교하는 방법
- 공분산분석은 연속형 외생변수가 종속변수에 미치는 영향을 제거한 후, 순수한 집단 간 종속변수의 평균 차이를 평가하는 방법

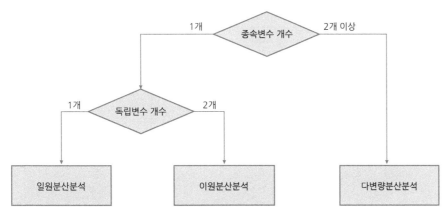

[그림 4-4] 분산분석(NCS)

4) 모수 유의성 검정★★

- 모집단에 대한 유의성을 검정하기 위한 방법으로는 T-검정, Z-검정, χ^2검정, 분산분석 등이 있음(Part 2의 기술통계에서 자세하게 다루고 있으므로 구체적인 사항은 Part 2를 확인하시기 바라며, 여기서는 간략하게 다시 한번 살펴보고자 함.).

(1) 모수의 추정

- 모수는 전체 모집단의 기술 측정값을 의미하며, 전체 모집단을 측정하는 것은 불가능하기 때문에 모집단에서 랜덤 표본을 추출하여 모수 추정치를 구함.
- 분석의 목적 중 하나는 이 추정치와 관련된 오차의 양과 함께 모집단 모수의 추정치를 얻기 위한 것으로 이러한 추정치를 통계량이라고 함.

- 추정은 모수를 하나의 특정한 값으로 추정하는 점추정(point estimation)과 모수가 포함되는 구간을 추정하는 구간추정(interval estimation)으로 분류
  - 점추정
    - 어떤 값 하나를 어떤 집단의 대푯값으로 추정
  - 구간추정
    - 어떤 특정한 값으로 추정하기보다는 표본분포를 고려하여 모집단의 모수가 포함될 범위를 설정

(2) 가설검정

① 가설검정

- 가설검정 방법은 대립가설의 형태에 따라서 양측검정과 단측검정으로 분류
  - **양측검정**: 모수 θ(혹은 모수들의 함수)에 대해 표본자료를 바탕으로 모수가 특정값 θ_0과 통계적으로 같은지 여부를 판단
  - **단측검정**: 모수 θ에 대한 귀무가설이 $H_0 : \theta = \theta_0$일 때, θ가 특정 값 θ_0보다 클 경우(혹은 작은 경우)에만 귀무가설을 기각하게 되는 경우

② 통계적 오류

- 가설을 검증하는 데 있어 모집단 전체를 통해 검증하는 것이 아닌 모집단으로부터 추출된 표본을 기반으로 모집단에 대한 결론을 내리는 것이기 때문에 다음과 같은 통계적인 오류가 발생할 가능성이 항상 존재

- **제1종 오류**: 귀무가설이 참인데 잘못하여 이를 기각하게 되는 오류
  - **유의수준**(level of significance): 제1종 오류를 범할 최대 허용확률로, α로 표기
  - **신뢰수준**(level of confidence): 귀무가설이 참일 때 이를 참이라고 판단하는 확률 (즉 $1-\alpha$)을 의미

- **제2종 오류**: 귀무가설이 참이 아닌데 잘못하여 이를 채택하게 되는 오류
  - **검정력**: 제2종 오류를 범할 최대 허용확률을 β라 할 때, 귀무가설이 참이 아닌 경우 이를 기각할 수 있는 확률(즉 $1-\beta$)을 의미

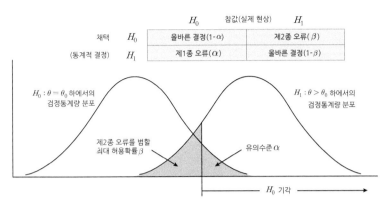

[그림 4-5] 가설검정의 오류(단측검증 예시) (NCS)

③ 검정 통계량과 $p-value$

- 검정 통계량

  – 검정 통계량은 가설검정의 대상이 되는 모수를 추론하기 위해 사용되는 표본 통계량

  – 귀무가설이 참이라는 전제하에서 모집단으로부터 추출된 확률표본의 정보를 이용하여 계산

- $p-value$(p-값)

  – 귀무가설이 참이라는 가정에 따라 주어진 표본 데이터를 희소 또는 극한값으로 얻을 확률값

  – 검정 통계량 및 이의 확률분포에 근거하여 귀무가설이 참일 때 귀무가설을 기각하게 되는 제1종 오류를 범할 확률

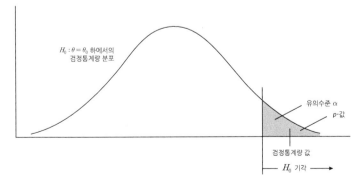

[그림 4-6] 검정 통계량과 p-값과의 관계(NCS)

5) 적합도 검정★★

(1) 적합도 검정 통계량

- 관측값들이 어떤 이론적 분포를 따르고 있는지를 검정하는 방법
- 도수분포의 각 구간에 있는 관측도수를 O_1, O_2, $\cdots$, O_k라 하고, 각 범주(혹은 계급)가 일어날 확률을 p_1, p_2, $\cdots$, p_k라고 할 때 기대되는 관측도수 E_1, E_2, $\cdots$, E_k를 계산하여 실제 관측도수와 기대 관측도수의 차이를 검정
  - 귀무가설(H_0): 실제 분포와 이론적 분포가 같음.
  - 대립가설(H_1): 실제 분포와 이론적 분포가 같지 않음.

$$\chi^2 = \sum_{i=1}^{n} \frac{(O_i - E_i)^2}{E_i}$$

- k 는 범주의 개수, O_i 는 i번째 관찰도수이며, E_i 는 i번째 기대도수를 의미
- 관찰빈도와 기대빈도 간에 차이가 크면 검정 통계량 값이 커지며 귀무가설을 기각할 확률이 커짐.
- 검정 통계량 χ^2은 자유도가 $k-1$인 카이제곱 분포를 따름.
- 카이제곱 분포값, 검정 통계량, 유의수준을 이용하여 귀무가설의 채택 여부를 결정

(2) 정규성 검정★★

- 데이터 세트의 분포가 정규 분포를 따르고 있는지를 검정
- 일반적으로 검정 기법들은 데이터의 정규분포를 가정하고 수행되고 있으므로, 자체의 정규성을 확인하는 과정을 반드시 거쳐야 함.

① 중심극한정리

- 표본의 크기가 커질수록 표본 평균의 분포는 모집단의 분포 모양과는 상관없이 정규분포에 가까워진다는 이론
- 표본 평균의 평균은 모집단의 모 평균과 동일하며, 표본 평균의 표준편차는 모집단의 모 표준편차를 표본 크기의 제곱근으로 나눈 것
- 표본(샘플) 수가 30개 이상이면 정규분포를 따른다고 가정

② 정규성 검정의 종류
- Shapiro-Wilk test: 샘플 수가 2,000개 미만인 데이터 세트에 적합
- Kolmogorov-Smirnov test: 샘플수가 2,000개 이상인 데이터 세트에 적합
- Quantile-Quantile plot Graphic test: 데이터 세트가 정규분포를 따르고 있는지를 판단하는 시각적인 분석 방법, 대표적인 QQ plot를 통해 직관적 확인이 가능
- 샘플 수에 따른 왜도와 첨도의 신뢰하한 및 상한: 표본의 크기에 따른 왜도와 첨도의 신뢰하한과 신뢰하한 표 이용
- 샘플 수에 따른 왜도와 첨도의 신뢰하한 및 상한: 표본의 크기에 따른 왜도와 첨도의 신뢰하한과 신뢰하한 표와 분석 결과의 왜도와 첨도 값 이용
- 왜도와 첨도, 표준오차: 왜도, 첨도, 표준오차를 이용해 95% 신뢰구간을 계산하여 결괏값에서 0을 포함하고 있으면, 정규분포로 봄.
- ＊ 샘플 수의 기준은 교재마다 다르며, 50개, 5,000개를 기준으로 하는 경우도 있음.

2. 분석 모형 개선★★★

1) 과대적합 방지★★★
(1) 과대적합
- 제한된 훈련 데이터 세트(모델 훈련에 사용한 한정된 데이터)에 너무 과하게 특화되어 새로운 데이터에 대한 오차가 커지는 경우를 의미
- 분석 모델이 훈련 데이터에 너무 잘 맞지만 일반성이 떨어진다는 의미
- 너무 상세하고 복잡한 모델링을 하기 때문에 훈련 데이터만 과도하게 정확히 동작을 하는 모델의 의미
- 불필요한 잡음(noise)를 과도하게 모델링에 반영한 상태
- 과소적합은 데이터를 충분히 반영하지 못해(샘플 개수가 충분치 않음) 잡음이 많이 발생함.

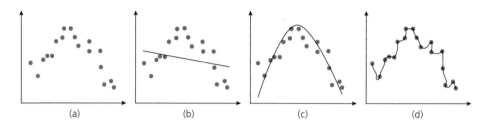

(a)   (b)   (c)   (d)

- (a)훈련 데이터를 (b)와 같이 단순히 직선으로 추정하는 경우는 훈련 데이터뿐만 아니라 실제 데이터에서도 오차가 클 수 있음.
- (d)는 예측모델 함수가 훈련 데이터 세트상의 모든 데이터를 오차 없이 추정하는 경우로, 이 같은 경우 새로운 데이터가 주어지는 경우는 오차가 커질 확률이 높음.
- (c)를 (b)와 (d)의 경우와 비교해 볼 때, 약간의 오차가 존재하지만 예측모델이 훈련 데이터 세트상의 데이터에 대한 특성을 잘 나타내고 있으며 새로운 데이터에 대해서도 좋은 결과가 나올 가능성이 높음.

(2) 과대적합 방지

- 훈련 데이터만으로 실제 데이터의 오차가 증가하는 지점을 정확하게 예측하는 것은 불가능
- 예측 빅데이터 분석 모형의 성능 평가를 통해 우수한 모형을 구분하여 사용
- 예측을 위한 데이터 분석 모형을 설계할 때 다양한 성능 평가지표를 비교·분석하여 과대적합의 원인을 규명하고 데이터 오차가 증가하는 원인을 확인

2) 매개변수 최적화★★

(1) 매개변수

- 매개변수(parameter)는 변수의 특별한 한 종류
- 함수 등과 같은 서브루틴의 인풋으로 제공되는 여러 데이터 중 하나를 가리키기 위해 사용
- 인수는 함수 호출을 통해 함수에 전달되는 값의 이름을 의미하지만, 매개변수는 함수가 수신할 수 있는 값을 의미

(2) 최적화

- 학습 모델과 실제 레이블과의 차이는 손실함수로 표현되며, 학습의 목적은 오차, 손실함수의 값을 최대한 작게 하도록 하는 매개변수(가중치, 편향)를 찾는 것임.
- 손실함수를 최소화하는 매개변수를 찾는 방법에는 확률적 경사 하강법(SGD)과 확률적 경사 하강법 방법의 단점을 보완한 모멘텀 및 AdaGrad, Adam 방법 등이 있음.

핵심 콕콕

매개변수의 최적값을 찾는 문제이며, 이러한 문제를 푸는 것을 최적화라고 함.

(3) 확률적 경사 하강법(Stochastic Gradient Descent)★★

- 확률적 경사 하강법은 학습 최적화에 있어서 가장 간단한 방식을 의미
- 손실함수의 기울기를 구하여, 그 기울기를 따라 조금씩 아래로 내려가 최종적으로는 손실함수가 가장 작은 지점에 도달하도록 하는 알고리즘

$$W \leftarrow W - \eta \frac{\partial L}{\partial W}$$

- 손실함수(L)를 가중치로 미분한 값(기울기)에 η(학습률, learning rate)를 곱하여 그것을 현재의 매개변수(가중치)에서 뺀 후, 이 값이 새로운 가중치가 되어 다시 손실함수를 구하고, 그것을 토대로 가중치를 갱신하는 과정을 반복
- 확률적 경사 하강법(SGD)은 단순하며 구현하기가 쉽지만, 문제에 따라서는 비효율적일 때가 많이 존재
- 손실함수 그래프의 지역 최적점(local minimum)에 갇혀 전역 최적점(global minimum)을 찾지 못하는 경우가 많고, 손실함수가 비등방성 함수(방향에 따라 기울기가 달라지는 함수)일 때는 최적화에 있어 위와 같이 매우 비효율적이고 오래 걸리는 탐색 경로를 보여줌.

핵심 콕콕

확률적 경사 하강법(SGD)
가장 간단하게 손실함수의 그래프에서 가장 낮은 지점을 찾아가도록 손실함수의 기울기를 구해 최적값을 찾아가는 방법

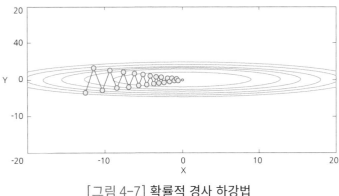

[그림 4-7] 확률적 경사 하강법

(4) 모멘텀(Momentum)★★

- 모멘텀 기법은 경사 하강법의 한 종류로서 모멘텀이라고 하는 이유는 확률적 경사 하강법(SGD)에 속도라는 개념을 적용
- 기울기 방향으로 힘을 받으면 물체가 가속된다는 물리 법칙을 알고리즘에 적용

핵심 콕콕

모멘텀은 '운동량'을 뜻함.

PART 1. 빅데이터 분석 기획

PART 2. 빅데이터 탐색

PART 3. 빅데이터 모델링

PART 4. 빅데이터 결과 해석

$$v \leftarrow \alpha v - \eta \frac{\partial L}{\partial W}$$

$$W \leftarrow W + v$$

- v라는 속도 항에 기울기 값이 누적되고, 누적된 값이 가중치 갱신에 영향을 미침.

- 기울기가 줄어드는 최적점 근처에서 느리게 진행하는 확률적 경사 하강법(SGD)과는 다르게 모멘텀 알고리즘은 기울기가 줄어들더라도 누적된 기울기 값으로 인해 빠르게 최적점으로 수렴
- 모멘텀 알고리즘의 최적점 탐색 경로를 보면 알 수 있듯이, 공이 구르는 듯한 모습을 보여줌.
- 탐색 경로가 지그재그로 크게 변하는 확률적 경사 하강법(SGD)보다 탐색 경로의 변위가 줄어들어 빠르게 최적점으로 수렴

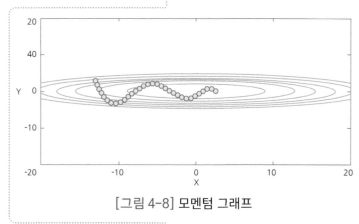

[그림 4-8] 모멘텀 그래프

(5) AdaGrad(Adaptive Gradient Algorithm)★

① 학습률(learning rate)
- 신경망 학습에서는 학습률(η) 값이 매우 중요
- 이 값이 매개변수의 갱신 정도를 결정
- 학습률이 너무 크면 발산할 수 있고, 너무 작으면 학습 시간이 매우 길어지며, 확률적 경사 하강법(SGD)이나 모멘텀 방식에서는 이 학습률 값을 상수로 두기 때문에 매번 비슷한 스텝으로 다음 매개변수가 결정됨.
- 최적점 근처에서 손실함수의 기울기는 감소하기 때문에 최적점을 지나치지 않고 곧 바로 수렴하려면 학습률 자체도 감소시켜야 함[학습률 감소(learning rate decay)라고 함.].
- 학습을 진행하면서 학습률을 점차 줄여나가는 학습률 감소 기법을 적용한 최적화 알고리즘
- 손실함수의 기울기가 큰 첫 부분에서는 크게 학습하다가, 최적점에 가까워질수록 학습률을 줄여 조금씩 작게 학습하는 방식

- 매개변수 전체의 학습률 값을 일괄적으로 낮추는 것이 아니라 각각의 매개변수에 맞는 학습률 값을 만들어주는 방식

- h라는 새로운 변수가 등장
- h는 기존 손실함수의 기울기 값을 제곱하여 계속 더해 주고 매개변수를 갱신할 때 이 h의 제곱근을 나눠주어 학습률을 조정
- 매개변수 중에서 크게 갱신된 원소는 h값이 커지고, 따라서 다음번에는 학습률이 낮아져서 작게 갱신
- h가 나눠지기 때문에 모든 가중치들이 학습을 하면서 줄어드는 경향을 보이나, 각 가중치가 이전에 갱신되었던 크기에 맞게 학습률이 결정

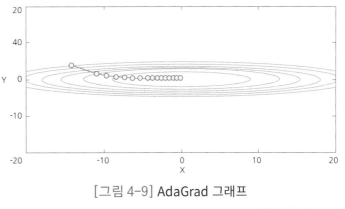

[그림 4-9] AdaGrad 그래프

② AdaGrad 기법의 최적점 탐색 경로
- AdaGrad 기법의 최적점 탐색 경로를 보면, 최적점을 향해 매우 효율적으로 움직임.
- 처음에는 큰 폭으로 움직이지만, 그 큰 움직임에 비례하여 갱신 정도도 큰 폭으로 작아짐.
- 갱신 강도가 빠르게 약해지고, 지그재그 움직임이 눈에 띄게 줄어들어 빠르게 최적점으로 수렴

(6) Adam★

- 모멘텀 방식과 AdaGrad 방식을 합친 것 같은 알고리즘이므로, 최적점 탐색 경로 또한 이 두 방식을 합친 것과 비슷한 양상으로 나타남.
- 탐색 경로의 전체적인 경향은 모멘텀 방식처럼 공이 굴러가는 듯하고, AdaGrad로 인해 갱신 강도가 조정되므로 모멘텀 방식보다 좌우 흔들림이 덜함.

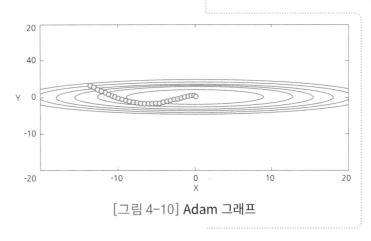

[그림 4-10] Adam 그래프

(7) 기법의 비교

- 사용한 기법에 따라 갱신 경로가 달라짐.
- 모든 문제에서 항상 뛰어난 기법은 아직 존재하지 않고, 문제에 따라 가장 효율적인 기법이 달라지며, 확률적 경사 하강법(SGD)이 가장 좋아 보이지는 않으나, 아직까지도 많은 상황에서 사용

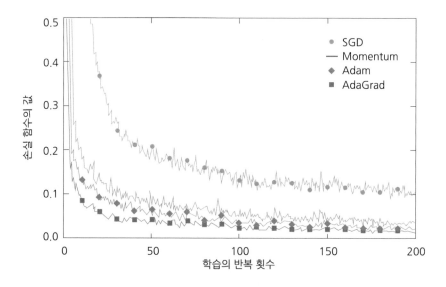

[그림 4-11] 4가지 기법 비교 그래프

- 그래프는 각 기법들을 손글씨 숫자 인식 데이터인 MNIST 데이터 세트에 적용
- 확률적 경사 하강법(SGD)이 가장 느리게 최적점으로 수렴하고, 나머지 세 기법은 비슷한 속도로 수렴
- 일반적으로 SGD보다 다른 세 기법이 빠르게 학습하고, 때로는 최종 정확도도 높게 나타남.

3) 분석 모형 융합

- 여러 개의 분석 모형을 만들고 여러 개의 분석 결과를 결합하여 예측 모형을 구축하는 대표적인 방법이 바로 앙상블 기법임.

(1) 앙상블 기법★★

- 하나의 데이터를 여러 개의 분류기를 통해 다수의 학습 모델을 만들어 학습시키고 학습 결과를 결합함으로써 과적합을 방지하고 정확도를 높이는 학습 기법(itwiki)
- 앙상블 기법에는 보팅, 배깅, 부스팅 등이 있음.

① 보팅

- 앙상블 학습의 기본, 하위 모든 기법들이 보팅 사용
- 여러 모델에서 구해진 예측값들을 대상으로 다수결 투표를 하여 최종 클래스를 예측

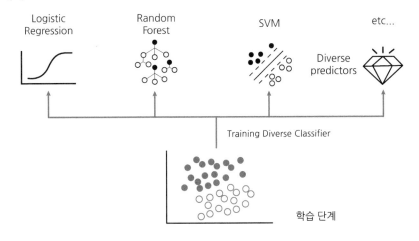

② 배깅

- 하나의 데이터를 여러 개로 나누어 학습하는 앙상블 학습법
- Bootstrap Aggregating의 줄임말로 부트스트래핑을 이용한 앙상블 학습법
- 보팅을 하나의 고유한 학습법으로 보고 배깅과 구분하자면, 일반적으로 보팅은 하나의 데이터에 여러 알고리즘 적용, 배깅은 여러 개로 나누어진 데이터에 하나의 알고리즘을 적용하는 것으로 구분
- 여러 개로 나누어진 데이터를 이용하는 배깅에서도 최종 예측값을 선택하는 행위는 '보팅'이라 함.

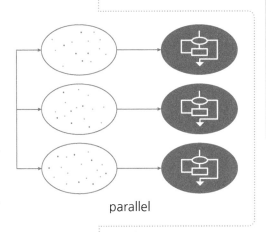

parallel

㉠ 부트스트래핑과 페이스팅

부트스트래핑: 학습 데이터 세트에서 중복을 허용하여 랜덤하게 추출하는 방식
(aka. 리샘플링)

페이스팅: 학습 데이터 세트에서 중복 없이 랜덤하게 추출하는 방식

㉡ 부트스트래핑 장점과 단점

장점: 분산 감소

단점: 중복으로 인해, 특정 샘플은 사용되지 않고 특정 샘플은 여러번 사용되어 편향될 가능성

OOB(Out-of-Bag) 샘플: 샘플링되지 않은 나머지 샘플

③ 부스팅

- 병렬로 수행되는 배깅과 달리, 각 결과값을 이용하여 순차적으로 결합

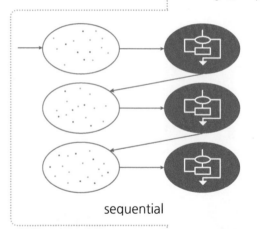

sequential

- 성능이 약한 학습기(weak learner)를 여러 개 연결하여 순차적으로 학습함으로써 강한 학습기(strong learner)를 만드는 앙상블 학습 기법

- 부스팅의 장점과 단점
  - 장점: 오답에 대해 높은 가중치를 부여하고 정답에 대해 낮은 가중치를 부여하여 오답에 더욱 집중
  - 단점: 이상치(Outlier)에 취약

종류	설명
아다부스팅 (AdaBoost)	· Adaptive Boosting · 언더피팅됐던 학습 데이터 샘플의 가중치를 높여감.
그래디언트 부스팅 (Gradient Boosting)	· 가중치 업데이트를 경사 하강법(Gradient Descent)을 이용 · 학습 전단계 모델에서의 잔여 오차에 대해 새로운 모델을 학습시키는 방법

④ 랜덤 포레스트

- 배깅 + 의사결정나무

- 배깅을 적용한 의사결정나무 앙상블 학습 기법
- 분류, 회귀 분석 등에 사용되는 앙상블 학습 방법의 일종
- 훈련 과정에서 구성한 다수의 결정 트리로부터 부류(분류) 또는 평균 예측치(회귀 분석)를 출력함으로써 동작

4) 최종 모형 선정★★

(1) 모형 검증

- 최종 모형을 선정하기 위한 검증을 위해서 테스트 활동을 수행
- 빅데이터에서는 수정 사항을 검증하기 위해 테스트 케이스를 생성하고, 수정에 이상이 없는지 회귀 테스트를 수행
- 빅데이터 요구 사항에 부합하는 성능을 만족하는지 검사하기 위해 성능 테스트를 수행

(2) 테스트 케이스

- 특정한 프로그램 경로를 실행해 보거나, 특정 요구 사항을 준수하는지를 확인하기 위해 개발된 입력값, 실행 조건, 그리고 예상된 결과의 집합을 의미
- 테스트 케이스의 표준은 과거에는 IEEE 829를 준수하였고, 현재는 ISO 29119-3에서 테스트 문서 등을 가이드
- 표준을 준수하여 테스트 케이스를 작성하고, 수정된 기능 등에서 예상되는 값이 출력되는지의 여부 등을 확인

[표 4-3] 테스트 케이스 구성 요소

구성 요소	내용
식별자 (Identifier)	항목 식별자
테스트 항목 (Test Item)	테스트할 모듈 또는 기능
입력 명세 (Input Specification)	입력값 또는 조건
출력 명세 (Output Specification)	테스트 케이스 실행 시 기대되는 출력값 결과

환경 설정 (Environmental Needs)	테스트 케이스 수행 시 필요한 하드웨어나 소프트웨어 환경
특수 절차 요구 (Special Procedure Requirement)	테스트 케이스 수행 시 특별히 요구되는 절차
의존성 기술 (Inter-case Dependencies)	테스트 케이스 간의 의존성

(3) 회귀 테스트

- 유지 보수에서 수정·완전·예지·적응 활동을 수행할 때 오류를 제거하거나, 수정한 시스템에서 변경 활동에 따라 새로이 발생하는 오류가 없는지 확인하는 반복 테스트
- 수정 활동에 의해 다른 부분에 영향을 미쳐 다른 부분까지 테스트를 해야 하는데, 이런 효과를 파급 효과(ripple effect)라고 함.
- 수정 작업이 일어났을 때 미처 고려하지 못한 부분에서 다른 오류가 발생하는 현상이 있는데, 이를 부작용(side effect)이라고 함.
- 회귀 테스트는 항상 이와 같은 파급 효과와 부작용을 고려해서 테스트를 수행

[표 4-4] 회귀 테스트 수행 유형(NCS)

항목	Retest All	Selective Test	Priority Test
수행 방법	사용되었던 모든 테스트 케이스를 전부 사용	영향 범위를 결정해 테스트 수행	핵심 기능 위주로 우선순위화 테스트
적용 분야	고위험 시스템(금융 등)	일반 시스템	저위험 시스템(게시판 등)
장점	높은 테스트 커버리지	비용 대비 효과성	낮은 테스트 비용
단점	높은 테스트 비용	범위 선정이 어려움.	우선순위 산정이 어려움.

(4) 성능 테스트

- 빅데이터에서 가장 중요한 핵심은 대용량 데이터를 정해진 시간에 처리하여 만족스러운 결과를 조회
- 수정 이후에 성능 테스트를 수행
- 성능 테스트는 응답 시간, 시간당 처리량, 자원 사용량, 효율성 등을 중심으로 테스트를 수행

- 명확한 측정 지표를 선정하고 테스트 케이스를 활용하여 측정 지표를 확인

구분	성능 지표	설명
사용자	Named User	· 대상 SW를 사용하는 모든 사용자(전체 사용자) · Concurrent User + 비접속자
	Concurrent User	· 특정 시점 접속 사용자(동시 사용자) · Active User + Inactive User
	Active User	· 사용자가 해당 시점에 요청을 전달하고 대기 중인 사용자
	Inactive User	· 요청 결과를 보거나 다음 요청까지 대기하는 사용자
시간 유형	Response Time	· 서비스를 요청한 후 응답받을 때까지 걸리는 시간
	Think Time	· 서비스를 제공받은 후 다른 서비스 요청 시까지 걸리는 시간
	Throughout	· 단위 시간당 대상 시스템에 의하여 처리되는 요청 건수
자원 사용	자원 사용량 (Utilization)	· 자원(CPU, 메모리 등)들의 용량 중 실제 사용하고 있는 값의 비율
	효율성 (Efficiency)	· 시간당 처리량을 자원 사용량 또는 비용으로 나눈 값

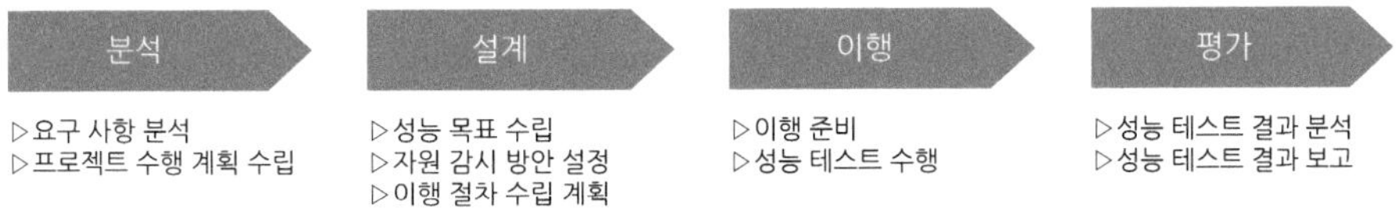

분석	설계	이행	평가
▷요구 사항 분석 ▷프로젝트 수행 계획 수립	▷성능 목표 수립 ▷자원 감시 방안 설정 ▷이행 절차 수립 계획	▷이행 준비 ▷성능 테스트 수행	▷성능 테스트 결과 분석 ▷성능 테스트 결과 보고

[그림 4-12] 성능 테스트 수행 절차(NCS)

과목 예상문제

(핵심 포인트로 잡아내는) 빅데이터 분석기사 필기

01. 다음 중 학습 알고리즘에서 잘못된 가정을 했을 때 발생하는 오차는?

① 편향   ② 분산
③ 평균   ④ 편차

> **해설** 편향은 학습 알고리즘에서 잘못된 가정을 했을 때 발생하는 오차임.

02. 다음 중 학습한 모델의 예측값이 평균으로부터 퍼진 정도는?

① 편차   ② 편향
③ 분산   ④ 산포도

> **해설** 학습한 모델의 예측값이 평균으로부터 퍼진 정도를 분산이라고 함.

03. 다음 중 실제 긍정 데이터를 긍정으로 제대로 예측하는 오차행렬은?

① TN   ② TP   ③ FN   ④ FP

> **해설** 실제 긍정 데이터를 긍정으로 제대로 예측하는 오차행렬을 TP라고 함.

04. 다음 중 불균형한 데이터 세트의 모델을 평가하는 데 사용하는 것은?

① 정밀도   ② 오차율
③ 재현율   ④ 정확도

> **해설** 불균형한 데이터 세트의 모델을 평가하는데 사용하는 것은 재현율임.

05. 다음 중 잔차의 제곱에 대한 평균 지표 자체가 직관적인 회귀모형 평가 지표는?

① MPE   ② RMSE   ③ MAE   ④ MSE

> **해설** 잔차의 제곱에 대한 평균 지표 자체가 직관적인 회귀모형 평가 지표는 MSE임.

06. 다음 중 머신러닝 모형의 성능 평가 지표에서 Positive 범주 중에서 긍정으로 True Positive한 비율은?

① 정확도   ② 민감도
③ 특이도   ④ 정밀도

> **해설** Positive 범주 중에서 긍정으로 True Positive한 비율은 민감도임.

07. 다음 그림에서 설명하고 있는 ROC 곡선은?

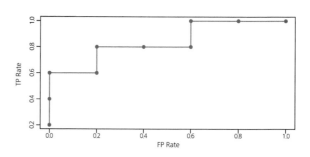

① 긍정범주   ② 부정범주
③ 혼합범주   ④ 목표범주

> **해설** 긍정범주 판정 기준 변화에 따른 ROC 곡선임.

정답 1. ① 2. ③ 3. ② 4. ③ 5. ④ 6. ② 7. ①

08. 다음 중 훈련 오류에 대한 설명이 아닌 것은?

① 미적합
② 일반화 오류의 반대되는 개념
③ 데이터의 특성을 덜 반영하도록 분석 모형을 만들어 생기는 오류
④ 분석 모형을 만들 때 주어진 데이터 집합의 특성을 지나치게 반영하여 발생하는 오류

> **해설** 데이터의 특성을 덜 반영하도록 분석 모형을 만들어 생기는 오류는 일반화 오류임.

09. 다음 중 회귀분석 결과를 효과적으로 활용하기 위한 4가지 전제조건이 아닌 것은?

① 선형성
② 독립성
③ 정규성
④ 분산성

> **해설** 회귀분석 결과를 효과적으로 활용하기 위한 4가지 전제조건은 선형성, 등분산성, 독립성, 정규성이 있음.

10. 다음 중 귀무가설이 참이 아닌데 잘못하여 이를 채택하게 되는 오류는?

① 제1종오류
② 제2종오류
③ 제3종오류
④ 제4종오류

> **해설** 귀무가설이 참이 아닌데 잘못하여 이를 채택하게 되는 오류는 제2종 오류임.

11. 다음 중 사용자가 해당 시점에 요청을 전달하고 대기 중인 사용자는?

① Active User
② Inactive User
③ Named User
④ Concurrent User

> **해설** 사용자가 해당 시점에 요청을 전달하고 대기 중인 사용자는 Active User임.

12. 다음 중 이상치에 취약한 단점을 가진 것은?

① 배깅
② 부팅
③ 부스팅
④ 앙상블

> **해설** 부스팅은 이상치에 취약한 단점을 가지고 있음.

[학습 방향]

분석 결과를 해석할 때 중요하게 사용되는 데이터 시각화 방법 등에 대해 알아본다. 그리고 분석결과를 실제 비즈니스 업무에 활용하는 절차를 이해하면 된다.

[핵심 내용]

- 분석 결과 해석에서 분석 모형을 해석하는 절차와 비즈니스 기여도를 평가하는 방법을 이해한다.
- 분석 결과 시각화에서 시간 시각화, 공간 시각화, 관계 시각화, 비교 시각화, 인포그래픽의 특징과 장단점을 비교해서 이해한다.
- 분석 결과 활용에서 최종 분석 모형과 분석 결과를 활용하기 위한 시나리오 개발에 대해 이해한다.

1. 분석 결과 해석

1) 분석 모형 해석★★

(1) 분석 모형 해석

- 데이터 분석 모형을 진단하고 정보 요구 사항을 비롯하여 관련 애플리케이션 및 시스템 전반에 걸친 사용자의 요구를 수집하고 분류하여 반영하는 작업 절차를 거침.

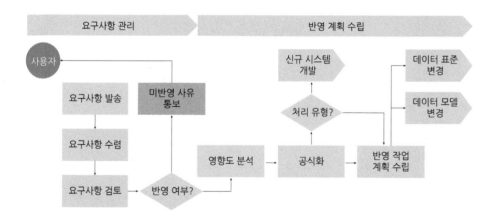

[그림 4-13] 정보 요구사항 및 반영 계획 수립

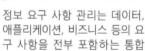 심오한 TIP

정보 요구 사항 관리는 데이터, 애플리케이션, 비즈니스 등의 요구 사항을 전부 포함하는 통합 관리 프로세스 정립하는 것임.

(2) 데이터 시각화

① 데이터 시각화 정의

- 데이터 시각화는 데이터 분석 결과를 사용자가 쉽게 이해할 수 있도록 시각적 수단을 통해 제시하는 것으로 도표나 이미지, 단어 구름 등을 이용하여 한눈에 이해할 수 있도록 함.
- 최근 빅데이터 시대에서 그 중요도가 높아지는 것이 바로 데이터 시각화
- 방대한 데이터가 빠르게 증가하는 빅데이터에서 통찰력을 얻기 위해 분석도 중요하지만 이를 한눈에 알아볼 수 있는 인지성 또한 중요하고 이러한 역할을 하는 것이 데이터시각화(Data Visualization)
- 대규모의 데이터를 탐색하거나 이해할 때 가장 유용한 방법으로 시각화를 사용하는데, 여기서 시각화란 같은 범주 안에서 많은 양의 데이터에 의미를 부여함으로써 공간에 배치된 숫자의 패턴을 인지
- 데이터의 시각화 작업은 오랜 시간 동안 단순한 수치의 그래프나 데이터의 패턴을 파악하는 방법으로 사용

② 시각화 기능

- **설명 기능**: 데이터의 시각화를 통해 전달하려는 메시지와 주요한 분석 결과를 설명하는 기능으로 데이터로부터 유의미하거나 흥미로운 이야기와 분석을 명확하게 보여주어야 함.
- **탐색 기능**: 데이터에 숨겨져 있는 관계와 패턴을 찾기 위한 시각적 분석 기능으로서, 데이터의 유의미하거나 흥미로운 요소를 이용자가 직접 탐색
- **표현 기능**: 데이터에 대한 분석적인 통찰보다는 데이터를 활용한 개인 작품이나 예술적인 표현을 통해 감정적인 시선이나 이야기 전달, 공감을 불러일으키기 위한 기능

③ 시각화 목적

- **정보 전달**: 데이터의 진실을 간단하고 정확하게 전달하고 분석할 수 있는 실용적이고 과학적 측면의 목적을 의미
- **설득**: 데이터의 창의적이고 심미적 표현을 통해 데이터를 통해 전달하고자 하는

  핵심 콕콕

시각화

사물에 대한 정신적 모델이나 이미지를 형성하는 것으로 데이터는 그 형태가 어떻든 그림으로 변형될 수 있으며 그 그림은 인간이 해석하는 것

 핵심 콕콕

최근 빅데이터의 이슈가 두드러지면서 다른 학문과 융합하여 다양한 정보 전달이나 상황 분석을 위한 시각적 도구로 메시지 전달을 위한 시각적 표현으로 많이 사용

메시지에 대한 공감, 설득 등의 감정적 반응을 유도하는 추상적이고 예술적 측면의 목적을 의미

④ 데이터 시각화 특성
- 시각화는 인간의 정보 처리 능력을 확장시켜 정보를 직관적으로 이해
- 많은 데이터를 동시에 차별적으로 보여줄 수 있음.
- 시각화는 다른 방식으로는 어려운 지각적 추론(Perceptual Inference)이 가능
- 시각화는 보는 이로 하여금 흥미를 유발하여 주목성이 높아지며 인간의 경험을 풍부하게 함.
- 시각화를 통해 문자보다 친근하게 정보를 전달하며, 다양한 계층의 사람들에게 쉽게 다가갈 수 있음.
- 시각화는 데이터 간의 관계와 차이를 명확히 드러냄으로써 문자나 수치에서 발견하기 어려운 이야기를 창출
- 시각화를 통해 데이터를 입체적으로 만들 수도 있으며, 필요에 따라 거시적 혹은 미시적으로 표현이 가능하고 위계를 부여

⑤ 데이터 시각화 프로세스(7단계)

획득(Acquire) → 구조화(Parse) → 추출(Filter) → 마이닝(Mining) → 시각화(Represent) → 재정의(Refine) → 상호작용(Interact)

- 1단계 획득: 데이터의 획득
- 2단계 구조화: 데이터 구조화 및 분류
- 3단계 추출: 관심 데이터 추출
- 4단계 마이닝: 통계적인 방법 또는 데이터 마이닝 기법 적용
- 5단계 시각화: 바 그래프, 리스트 또는 트리 등의 기본적 시각모델 선택
- 6단계 재정의: 보다 명확하게, 매력적 표현으로 개선
- 7단계 상호작용: 데이터 변경 또는 보여지는 특징을 조작하는 방법 추가

⑥ 3단계 시각화 프로세스
- 3단계 시각화 프로세스는 구조화 단계, 시각화 단계, 시각 표현 단계가 있음.

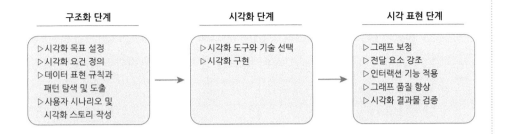

⑦ 데이터 시각화 과정

- 시각화 과정은 크게 4가지 단계를 포함하며, 여러 번의 피드백 과정을 거치는데, 1단계는 데이터의 선택과 저장, 2단계는 선행 과정에서 이해할 수 있는 형태로 데이터를 변형하기 위한 디자인, 3단계는 스크린에 이미지를 만드는 디스플레이 하드웨어와 시각화 알고리즘, 4단계는 사람의 이해와 인지 시스템 단계로 이루어짐.

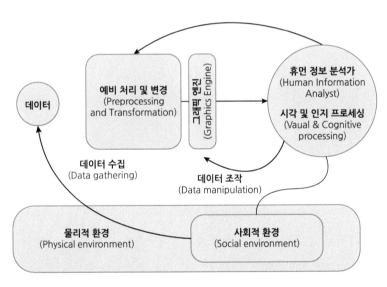

* 데이터 시각화에 대한 사항은 빅데이터 개론(광문각, 2020)이나 NCS 기반 경영 빅데이터 분석(와우패스, 2021)을 참고하면 구체적으로 나와 있음.

(3) 텍스트 분석 절차와 결과 해석

[그림 4-14] 텍스트 분석 절차(NCS)

① 요구 사항 분석

- 분석 대상에 대한 사용자의 요구 사항을 이해하고 문서화하는 과정
- 사용자 요구를 정확하게 분석하여 텍스트 분석 목적에 적합한 다양한 해결 방법을 검토

② 텍스트 수집

- 수집 대상 데이터를 선정하고 수집을 위한 세부 계획을 수립한 후 업무 특성 및 목적에 적합한 데이터를 수집하는 과정
- 텍스트 분석 서비스 품질을 결정하는 중요한 업무로 수집 가능성, 이용 목적에 맞는 데이터 항목 포함 여부, 개인정보 침해 여부, 수집 주기, 비용 등 관련 사항들을 사전에 검토한 후, 세부 수집 계획서를 작성
- 작성된 수집 계획서에 따라 사전 테스트를 진행하여 수집 활동을 진행

③ 텍스트 저장 및 전처리

- 텍스트 분석을 위한 데이터 처리 기술 및 데이터 저장 방식을 선정하고, 선정된 데이터 저장 방식에 따라 데이터 저장 계획서를 작성
- 데이터 처리 기술은 수집된 데이터로부터 불필요한 항목(불용어 등)을 제거하고 대상 텍스트의 품질을 향상하기 위한 과정으로 다양한 데이터 전·후처리 기법 (데이터 필터링, 변환, 정제, 통합 등)을 활용
- 수집된 텍스트의 특성에 맞게 저장의 유연성, 확장성 등을 고려하여 가장 접합한 DB를 선정하고 구축함.

④ 텍스트 분석

- 텍스트 분석 소프트웨어 혹은 패키지 등을 활용하여 수집·저장된 데이터를 분석하여 서비스를 제공하는 과정
- 해결하고자 하는 문제 정의, 분석을 위한 시스템 환경(소프트웨어 포함) 분석, 텍스트 분석 방법론 등 세부 분석 계획을 먼저 수립한 후 수립된 세부 분석 계획에 따라 텍스트 분석을 수행
- 입력 텍스트에 대한 형태소 분석, 불용어 처리를 통한 키워드 추출, 단어와 문서

핵심 콕콕

요구사항 분석을 통한 결과는 텍스트 수집 및 분석 과정에서 필요한 기본 자료가 되므로 사용자의 요구사항을 정확하고 일관성 있게 분석하여 문서화

핵심 콕콕

데이터 저장 계획서는 데이터 수집 주기, 저장 방식, 관리 방식(백업 등), 테스트 계획을 포함.

핵심 콕콕

텍스트 분석의 주요 방법으로는 텍스트 분류, 텍스트 군집, 텍스트 요약 등이 있으며, 해결하고자 하는 업무에 따라 적합한 분석 방법을 적용하여 의미 있는 정보를 추출

관계 표현 등 일련의 전처리(pre-processing) 과정을 수행한 후 진행

⑤ 텍스트 분석 서비스 제공
• 다양한 텍스트 분석 기술을 활용해 추출된 정보를 사람들이 쉽게 활용할 수 있도록 시각화하여 제공
• 시각화 자료는 텍스트 분석 과정에서 오류 부분에 대한 파악 및 수정, 보완이 용이함
• 시각화 기능은 텍스트 분석 서비스 목적에 따라 다르지만 일반적으로 태그 클라우드, 지도, 차트 등을 이용하여 제공되고 있으며, 사용자들이 분석 결과를 쉽게 검색할 수 있도록 지원

⑥ 산출물 관리 및 공유
• 산출물 공유를 위해서는 각 분석 단계 계획서 등을 문서화하고 버전 관리가 필요
• 외부로의 수집 데이터 및 분석 결과 유출을 방지하고 안전한 활용을 위해서는 개인정보 처리(비식별화, 암호화 등) 및 보안 관리를 수행

2) 비즈니스 기여도 평가★★★
• 빅데이터 분석 모형을 구축하고 결과가 도출이 되면 비즈니스에 대한 기여를 평가하게 되는데, 일반적으로 재무적인 성과와 비재무적인 성과로 기여도를 평가
• 재무적 관점과 비재무적 관점을 모두 평가하고 있는 BSC(균형성과표)를 통해 평가를 하기도 함.
• 비즈니스 기여도 평가를 위한 지표로는 총소유 비용(TCO), ROI(Return On Investment), 순현재가치(NPV), 내부수익률(IRR) 등이 있음.

평가 기법	내용
총소유 비용 (Total Cost of Ownership, TCO)	기업이 특정 기술에 대한 구현 비용을 결정하기 위해 이런 직간접 비용들을 분석하는 데 사용 제품 가격뿐 아니라 눈에 보이지 않는 비용까지 포함하는 것으로 도입 비용, 운영비용, 유지보수비용 등 많은 요소가 포함됨.
투자이익률(ROI)	투자액에 대해 얼마나 이익이 올랐는지를 나타내는 지표 투자자의 어떤 자원 투자로 인해 얻어진 이익 높은 투자자본수익률은 투자가 투자비용 대비 좋은 성과를 낸다는 의미 ROI = 이익 ÷ 투자액 × 100

심오한 TIP

태그 클라우드(Tag Cloud)
메타 데이터에서 얻어진 태그들을 분석하여 중요도나 인기도 등을 고려하여 시각적으로 늘어 놓아 웹 사이트에 표시하는 것

순현재가치(NPV)	어떤 사업의 가치(타당성)를 나타내는 척도 중 하나로서, 최초 가치가 있는 것으로, 0보다 작으면 타당성(가치)이 없는 사업, 0보다 크면 타당성(가치)이 있는 사업으로 판단 투자 결과 발생하는 현금 유입의 현재가치에서 현금 유출의 현재가치를 차감한 값 내용연수 동안의 모든 현금을 고려하고, 화폐의 시간가치를 고려한다는 점이 장점 가치의 가산 원칙이 성립 NPV > 0: 투자안 채택 NPV < 0: 투자안 기각
내부수익률(IRR)	어떤 사업에 대해 사업 기간 동안의 현금 수익 흐름을 현재가치로 환산하여 합한 값이 투자지출과 같아지도록 할인하는 이자율 투자안이 벌어들이는 최소수익률을 의미 IRR > 자본비용: 투자안 채택 IRR < 자본비용: 투자안 기각
rNPV (risk-adjusted Net Present Value)	현금흐름할인법인 DCF(Discounted Cash Flows)에 연도별 현금 흐름에 발생할 수 있는 위험 가능성을 적용 미래의 현금 흐름을 할인율 값으로 할인하여 현재가치로 변환한 위험 조정 미래 예상 현금 흐름
수익성지표 (PI, Profitability Index)	현재가치 지수법 NPV법과 마찬가지로 계산을 한 후 미래의 현금 흐름을 투자액으로 나눔 PI > 1: 프로젝트 채택(미래 현금 흐름의 현재가치 합이 투자액보다 크면) PI < 1: 프로젝트 기각(포기) PI = 미래 현금 흐름의 NPV/초기 투자

- 비즈니스 기여도 평가시의 고려사항으로는 효과검증, 성능 검증, 최적화 검증, 중복 검증 등이 있음.

ㄹ. 분석 결과 시각화**

1) 시간 시각화

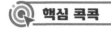

핵심 콕콕

시계열 데이터에서 가장 관심 있는 요소는 트렌드, 경향성임.

- 시계열 데이터는 관측치가 시간적 순서를 가지게 되며 주가, 기업 월별 매출액, 실업률, 환율 등의 자료로 관측 시점과 관측 시점들 사이의 간격인 시차(time lag)가 중요한 역할을 수행
- 막대 그래프, 누적 막대 그래프, 산점도 등은 이산형 데이터를 나타내기에 효과적이며, 선 그래프, 계단식 그래프, 영역 차트 등은 연속형 시계열 데이터를 표현하기에 적절함.

- 추세선과 산점도의 경우 시간의 흐름에 따른 추세를 알아볼 수 있는 대표적 시각화 방법이며, 계단식 차트의 경우 상승 또는 하락에 대한 차이를 표현할 때 많이 사용

[표 4-5] 시간 시각화

구분	내용
추세선과 산점도	• 시간의 흐름에 따른 추세를 알아볼 수 있는 대표적인 차트 • 시간에 따른 항목의 증감이 심하면 추세선을 추가하여 항목의 변화를 쉽게 파악할 수 있음. • 시간과 항목 간의 관계를 시각적으로 표현하고자 할 때 사용 • 일/월/연도별 통계 등에 이용
계단식 챠트	• 상승 또는 하락에 대한 차이를 표현할 때 사용하는 차트 • 계단의 높이를 통해 시간에 따른 값의 변화에 대한 비교가 쉬움. • 일정 기간 동안 변화가 잘 나타나지 않는 수치의 변화를 표현할 때 사용 • 기준 금리와 같은 금융의 이율, 연도별 우편 요금, 택배 무게와 택배 요금과의 관계 등에 이용

(자료원: 빅데이터 개론, 경영빅데이터 분석(광문각))

2) 공간 시각화

- 지도상에 해당하는 지리정보를 표현하는 것
- 지도는 위치와 거리에 대한 정보를 내포하고 있음.
- 지도를 읽는다는 것은 지도의 한 위치를 다른 위치와 비교하는 것과 같으며 앞에서 소개한 차트나 그래프에서 범주 간의 데이터 값을 비교하는 것과도 유사

[표 4-6] 공간 시각화

구분	내용
버블 플롯맵	• 지도상에 해당하는 정보를 표현하는 방법 지리-공간 데이터를 매핑하는 것을 의미

핵심 콕콕

지도에 데이터를 매핑하는 표현 방식에 따라 등치지역도, 도트 플롯맵, 버블 플롯맵, 등치선도, 카토그램 등 매우 다양

3) 관계 시각화

- 어떤 변수가 다른 변수에 영향을 주는지에 대한 관심이 있으면 주로 상관관계로 표현하는데, 상관관계를 알면 한 수치의 변화를 통해 다른 수치의 변화를 예측
- 산점도: 변수 간의 관계를 설명하기 위한 차트로 두 변수 간의 영향을 쉽게 이해가 가능함
- 히스토그램이나 밀도 플롯: 측정값을 몇 개의 구간으로 나누어 각 구간의 도수에 비례하는 면적을 가진 기둥의 높이로 표현
- 버블차트: 산점도에 버블의 크기라는 새로운 추가 정보를 표현

[표 4-7] 관계 시각화

구분	내용	
산점도	· 변수 간의 관계를 설명하기 위한 차트로 두 변수 간의 영향을 쉽게 파악 · 추세선을 추가하면 패턴을 좀 더 쉽게 파악 · 두 변수에 대해서 특성-요인의 관계를 규명하고 이 관계를 시각적으로 표현하고자 할 때 사용	
히스토그램과 밀도 플롯	· 측정값을 몇 개의 구간으로 나누어 각 구간의 도수에 비례하는 면적을 가진 기둥의 높이로 표현하는 차트 · 기둥의 높이를 비교함으로써 구간 간의 값을 쉽게 비교할 수 있음. · 데이터의 분포를 알아보기 위해 사용	
버블차트	· 산점도에 버블의 크기라는 새로운 추가 정보를 표현할 수 있음. · 한 번에 3개의 정보를 비교해 볼 수 있음(가로축, 세로축, 버블의 면적) · 버블의 지름이나 반지름이 아닌 버블의 면적이 값을 표현 · 데이터 분포 및 양을 표현할 때 사용	

4) 비교 시각화

- 하나의 변수를 비교하기는 쉬우나 비교해야 할 변수가 둘 이상, 또는 분류해야 할 대상이 수백 개가 된다면 여러 변수를 이해하기가 매우 어려움.

- 히트맵의 경우 색상의 명암으로 값의 크기를 표현하며, 다양한 정보를 일정한 이미지 위에 열 분포 형태의 그래픽으로 표현
- 체르노프 페이스의 경우 다차원 통계 데이터를 사람의 얼굴로 이미지화하여 시각적으로 표현
- 스타차트의 경우 중심으로부터 각 평가 항목의 정량화된 점수에 따른 거리로 계산하여 평가 항목 간 균형을 한눈에 알아볼 수 있는 도표

[표 4-8] 비교 시각화

구분	내용	
히트맵	• 표 대신 색상으로 높고 낮음을 표현하는데 보통 짙은 색상은 높은 값, 옅은 색상은 낮은 값을 표현 • 비주얼 리포트로서 쉽게 이해가 가능하며 데이터 탐색 과정에 유용함. • 웹사이트의 방문자를 분석하는 웹 로그 분석에 많이 사용	
체르노프 페이스	• 여러 정보들을 얼굴의 가로 너비, 세로 높이, 눈/코/입/귀 등 각 부위로 대체하여 데이터의 속성을 쉽게 파악할 수 있음. • 얼굴을 비교함으로써 데이터의 작은 차이도 쉽게 구분할 수 있음. • 하나의 대상을 몇 가지 기준으로 쪼개어 비교할 때 사용	
스타차트	• 여러 측정 목표를 함께 겹쳐 놓아 비교가 편리함 • 각 항목 간 비율뿐만 아니라 균형과 경향을 직관적으로 알 수 있으나 일련의 대상 또는 변수의 연관성을 파악하기는 어려움. • 항목(견고성, 편의성, 가격 등)을 기준으로 여러 제품의 품질을 평가할 때 주로 사용	

5) 인포그래픽

- 인포메이션(information)과 그래픽(graphic)의 합성어로 픽토그램에서 시작된 다량의 정보의 도식화, 사인, 지도 등의 도움으로 그림과 텍스트의 모양, 컬러, 배치를 통해 차트, 지도, 다이어그램, 로고, 일러스트레이션 등을 활용하여 파악할 수 있도록 하는 디자인을 의미

심오한 TIP

픽토그램(pictogram)

- 사물이나 시설 및 지시하는 행동 등을 상징화하여 언어 사용 없이도 관련 대상을 쉽고 빠르게 이해할 수 있도록 표현한 그림 기호를 의미
- 시대와 세대를 초월하여 인지할 수 있는 언어로 쓰이고 있는 그림 문자
- 불특정 다수를 대상으로 함
  예) 공공장소에서의 안내 표지판, 교통 표지판 등

- 복잡한 주제를 단순화하거나 매혹적인 경험으로 지루한 주제를 반전시킬 수 있어 디지털 마케팅 분야의 가장 효과적인 전략

[표 4-9] 인포그래픽

구분	내용	
인포그래픽	• 인포메이션(information)과 그래픽(graphic)의 합성어 • 다량의 정보를 차트, 지도, 다이어그램, 로고, 일러스트레이션 등으로 표현	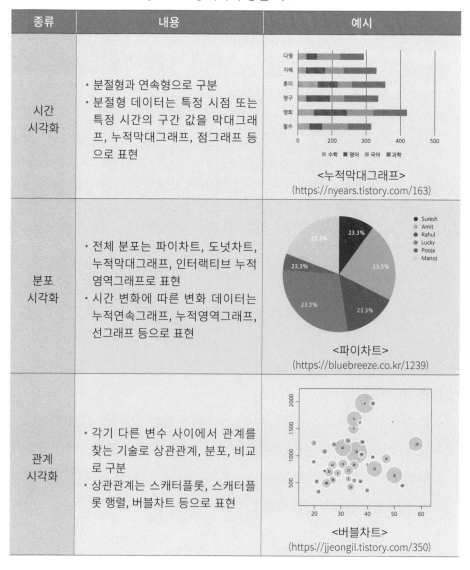

[표 4-10] 시각화 방법 비교

종류	내용	예시
시간 시각화	• 분절형과 연속형으로 구분 • 분절형 데이터는 특정 시점 또는 특정 시간의 구간 값을 막대그래프, 누적막대그래프, 점그래프 등으로 표현	<누적막대그래프> (https://nyears.tistory.com/163)
분포 시각화	• 전체 분포는 파이차트, 도넛차트, 누적막대그래프, 인터랙티브 누적영역그래프로 표현 • 시간 변화에 따른 변화 데이터는 누적연속그래프, 누적영역그래프, 선그래프 등으로 표현	<파이차트> (https://bluebreeze.co.kr/1239)
관계 시각화	• 각기 다른 변수 사이에서 관계를 찾는 기술로 상관관계, 분포, 비교로 구분 • 상관관계는 스캐터플롯, 스캐터플롯 행렬, 버블차트 등으로 표현	<버블차트> (https://jjeongil.tistory.com/350)

비교 시각화	• 여러 변수를 비교하는 히트맵, 체르노프 페이스, 스타차트, 평행좌표그래프, 다차원척도법, 아웃라이어 찾기 등으로 표현	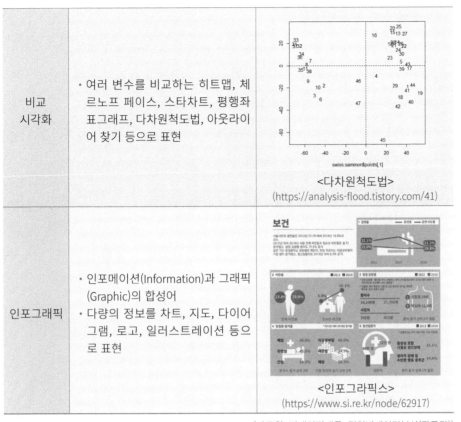 <다차원척도법> (https://analysis-flood.tistory.com/41)
인포그래픽	• 인포메이션(Information)과 그래픽(Graphic)의 합성어 • 다량의 정보를 차트, 지도, 다이어그램, 로고, 일러스트레이션 등으로 표현	<인포그래픽스> (https://www.si.re.kr/node/62917)

(자료원: 빅데이터개론, 경영빅데이터분석(광문각))

6) 분석 모형 해석★★

(1) 시간 시각화 해석

- 시간에 따라 변화하는 데이터를 표현하는 방법으로써 막대그래프, 누적막대그래프, 산점도 등은 이산형 데이터를 나타내기에 효과적이며, 선 그래프, 계단식 그래프, 영역차트 등은 연속형 시계열 데이터를 표현하기에 적절

- [그림 4-15] 그래프를 살펴보면, 교통사고 발생 건수가 가장 적고, 11월이 가장 높은 것을 알 수 있으며, 여름, 겨울보다 3~5월, 9~11월인 봄과 가을에 사고 건수가 더 많은 것을 알 수 있음.

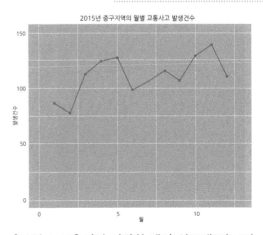

[그림 4-15] 시간 시각화 예시-선그래프(NCS)

(2) 비교 시각화 해석

- 주요한 변수 간의 관계를 살펴보거나 모든 변수를 고려한 상황에서 개체들을 비교하기 위해 사용하는 시각화 방법으로서, 지역별 교통사고 현황을 비교하기 위해 막대그래프와 히트맵, 버블차트, 선그래프를 사용
- 2015년 12월에 강서구, 광진구, 노원구, 동작구, 양천구는 사망자가 없었으며, 영등포구에서 사망자가 가장 많음.

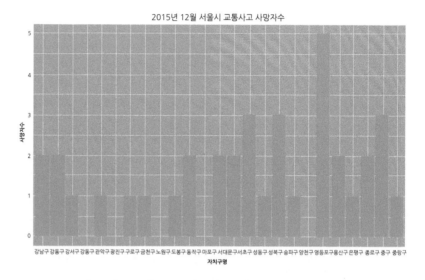

[그림 4-16] 비교 시각화 예시-막대그래프(NCS)

(3) 관계 시각화 해석

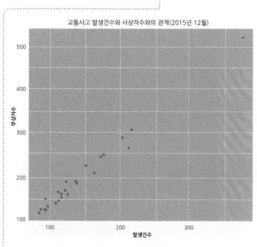

[그림 4-17] 관계 시각화 예시-산점도(NCS)

- 다변량 데이터 사이에 존재하는 변수 사이의 연관성, 분포와 패턴을 찾는 시각화 방법으로서, 교통사고 발생 건수와 부상자 수 사이의 관계를 파악하기 위해 산점도를 사용
- 산점도에서 교통사고 발생 건수와 사상자 수 사이에 높은 상관관계가 있음을 알 수 있음.

(4) 공간 시각화 해석

- 지도상에 해당하는 지리정보를 표현하는 것으로서, 지도에 데이터를 매핑하는 표현 방식에 따라 등치지역도, 도트 플롯맵, 버블 플롯맵, 등치선도, 카토그램 등 매우 다양함.
- 지도상에서 2015년 12월 부상자가 가장 많은 곳은 강남구이고, 가장 적은 곳은 광진구로 나타남.

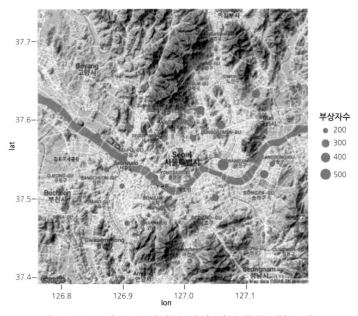

[그림 4-18] 공간 시각화 예시-버블 플롯 맵(NCS)

3. 분석 결과 활용★★

1) 분석 모형 전개

- 빅데이터 분석 모형을 개발 및 운영을 하기 위해서는 목적의 정의, 가설 검토, 데이터준비 및 처리, 모델링, 분석 수행, 결과 해석, 평가의 프로세스 과정을 거침.

(1) 빅데이터 분석 알고리즘★★

① 분석 목적별 분석 알고리즘을 선정

- 분석 목적을 명확히 함.
  - **지도학습**: 특정한 목적을 기반으로 Target(목적 변수)의 영향도를 기반으로 예측 모델(Prediction Model)을 만드는 데 활용
  - **비지도 학습**: 전체적인 데이터의 현황 분석을 통해 설명형 모델(Description Model)을 만드는 데 활용

- 데이터 유형을 구분
  - 빅데이터 분석은 다양한 데이터에 대한 부분을 모두 수용해서 분석
  - 비정형 텍스트 및 이미지 데이터에 대한 분석도 빅데이터 분석 시스템을 활용해 수행할 수 있기 때문에 분석하려고 하는 데이터의 유형에 대한 검토가 필요
  - 데이터의 유형에 따라 적용할 수 있는 빅데이터 분석 알고리즘이 다르므로 각 데이터 유형에 맞는 빅데이터 분석 알고리즘을 선정

[표 4-11] 빅데이터 데이터 유형별 알고리즘

데이터 유형	알고리즘
• 정형화된 컬럼 데이터 (구조화된 데이터 형식)	• 데이터 마이닝 알고리즘 등 (지도 학습, 비지도 학습 계열 알고리즘)
• 텍스트 데이터 (분석 데이터 식별/데이터 값 등)	• 텍스트 마이닝 알고리즘 등 (자연어 처리, 형태소 분석 등)
• 링크드 데이터 (소셜 네트워크 데이터 등)	• 그래프 기반 분석 알고리즘 등 (네트워크 분석, 밀도 분석 알고리즘 등)
• 이미지 데이터 (영상, 그림 파일 등)	• 딥러닝 알고리즘 등 (CNN: Convolution Neural Network 등)

- 분석 데이터 볼륨을 파악
  - 대용량 데이터 분석을 위해서는 대용량 데이터 처리가 가능한 분석 알고리즘을 선정
  - 어떤 알고리즘을 선정하느냐에 따라 분석 성능이 다를 수 있으며, 분석 데이터의 활용이 달라짐.

- 텍스트 및 이미지 데이터를 처리를 위해서는 딥러닝 기반의 알고리즘을 활용하여 수행

• 분석 인프라를 검토
- 대용량 분산 처리를 지원하는 하둡 인프라를 분석 시스템으로 활용할 때에 하둡에서 제공하는 Mahout(머신러닝 패키지) 소프트웨어를 활용하여 다양한 분석 알고리즘을 수행
- Mahout에서 제공하는 협업적 추천 알고리즘(Collaboration Filtering)을 활용하여 다양한 분석 모델을 개발
- R과 같은 분석 패키지를 이용할 경우는 분석가가 원하는 다양한 알고리즘을 설치하여 활용

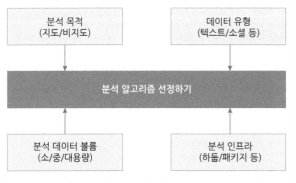

[그림 4-19] 빅데이터 분석 알고리즘 선정 절차(NCS)

② 분석 알고리즘을 실행하고 분석 결과 기록
• 분석 데이터 세트를 구분
- 분석 데이터의 크기에 따라 훈련용 데이터, 검증용 데이터, 시험용 데이터의 크기를 결정
- 훈련용 데이터(Training Data)는 일반적으로 가장 크기가 큰 데이터 집합으로서 분석 대상인 다양한 모형을 구축하기 위해 사용되는 데이터를 의미
- 검증용 데이터(Validation Data)는 빅데이터 분석 모델을 비교하여 가장 좋은 모델을 선택하기 위해 각각의 모델의 성과를 평가하기 위해 사용
- 시험용 데이터(Test Data)는 예비용 데이터(Holdout Data)라고도 불리며, 새로운 데이터를 가지고 선택된 모델의 성과를 평가할 필요가 있을 때 사용
- 데이터의 볼륨이 작을 경우 훈련용 데이터와 검증용 데이터로만 구분하여 알고리즘을 수행

• 분석 알고리즘의 파라미터를 설정
- 빅데이터 분석 알고리즘은 각각의 알고리즘별로 다양한 파라미터를 보유하고 있으며, 파라미터를 어떻게 설정하는지에 따라 분석 모델의 결과가 다르기 때문에 다양한 방법을 이용해 파라미터를 조정

– 파라미터에 민감한 뉴럴 네트워크 알고리즘 및 분류 기반의 학습 방법은 반복적으로 파라미터를 변경하면서 분석 알고리즘을 수행

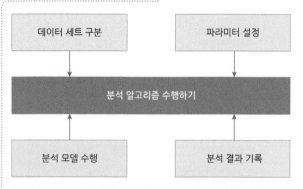

[그림 4-20] 빅데이터 분석 알고리즘 수행 절차(NCS)

• 분석 알고리즘을 수행하고 결과를 기록
– 분석 알고리즘별 파라미터를 변경하여 분석 알고리즘을 수행하고 수행 결과에 대해서는 기록하여 파라미터 변경에 대한 분석 결과의 차이점을 기록

(2) 빅데이터 분석 모델 적합성 평가

• 빅데이터 분석 모델 수행이 완료되면 분석 알고리즘의 적합성을 검토하여 최종 모델을 선정
• 최종 모델을 선정할 때에는 다양한 이해관계자(분석가, 데이터 처리자, 고객 등)가 모여 분석 모델에 대한 결과를 리뷰하고 검토 회의를 진행하여 최적의 분석 모델을 선정
• 최적의 분석 모델 선정을 위해서는 분석 모델에 대한 평가 기준과 함께 해당 모델의 실질적인 활용 가능성에 대해서도 검토
• 해당 모델의 성능이 좋더라도 분석 알고리즘을 수행할 때 활용한 데이터 세트가 한정적이거나 해당 데이터를 실제로 확보하기 어려운 경우는 다음 순위의 분석 모델을 선정

2) 분석 결과 활용 시나리오 개발★★★
(1) 사용자 분류

• 분석 결과를 활용하기 위해서 누가 사용할지를 정하고 사용자가 이해하기 쉽도록 결과를 시각화
• 시각화 활용 목적은 시각화 구축 목적과 일치하는 개념
• 시각화 결과물의 사용자가 누구인지에 따라 시각화를 통해 전달하고자 하는 정보의 수준과 내용이 다르게 결정

(2) 시각화 활용 목적

- 데이터를 설명하기 위함.
- 데이터를 시각적으로 탐색하기 위한 수단을 제공하기 위함.
- 표현을 위한 전시 목적으로 데이터를 사용하기 위함.

(3) 시각화 요건

① 시각화 요건

- 시각화 활용 목적과 사용자 가치 관점에서 데이터의 시각화를 위한 사업적·기술적 요구 사항과 시각화 원칙 및 품질 기준 등에 대한 요구 사항을 의미

② 사업적 요구 사항

- 빅데이터 분석 기획 시 정의한 사업 목표와 전략을 기준으로 시각화 결과물을 활용하는 데 필요한 요건들을 기술
- 시각화 결과물을 내부 업무의 의사결정 수단으로 이용하거나, 외부의 대중들에게 정보 전달이나 설득을 위한 수단으로써 활용하는 데 필요한 사항들을 기술

③ 기술적 요구 사항

- 시각화 구현을 위해 사용되는 시각화 도구인 분석 플랫폼 및 라이브러리 등에 대한 요구 사항을 정의
- 시각화 구현 도구는 단순한 그래프 형태로 제공하는 것에서부터 데이터의 분석과 시각화 결과물을 보고서 형식으로 제공하는 기능, 디자인이 강화된 인포그래픽 형태로 표현해 주는 솔루션까지 매우 다양함.
- 업무 환경에 맞는 시각화 구현 도구를 선택하고 기술적 요구 사항을 정의

④ 시각화 원칙 및 품질 요건

- 데이터의 표현 규칙과 패턴을 토대로 구현해야 할 기능적 측면과 시각화 결과물의 심미적 측면에서 요구되는 사항들을 기술
- 시각화 결과물은 사용자가 많은 학습 시간을 들이지 않아도 데이터가 전달하려는 정보나 메시지 및 스토리를 쉽게 이해

- 시각화의 기능성과 심미성을 모두 만족하도록 시각화 결과물을 만들기 위해 시각화 구축 초반에는 시각화 결과물의 기능적인 측면 위주로 작업을 진행
- 후반부에서는 사용자의 시각적 인지 효과를 높일 수 있는 디자인 표현을 강화하는 방향으로 작업

(4) 스토리보드

- 사용자별로 시각적 분석 결과 중 전달해야 하는 핵심 요소와 전달 효과를 높일 수 있는 시각화 방법 및 그래픽 표현 요소들을 발굴하고, 이를 사용자별로 작성된 시나리오에 적용한 스토리보드를 작성
- 스토리보드는 컴퓨터로 작업하기 전 대충의 아이디어를 종이나 보드에 그리는 스케치 작업으로 구성

① 스토리보드 도출 절차

- 1단계: 사용자별 데이터 표시 수준을 결정
- 2단계: 전달하려는 핵심 요소 선정
- 사용자별 이용 시나리오를 기준으로 데이터 및 분석 정보에 대하여 전달할 핵심 요소를 선정
- 예를 들어 데이터 시각화 목적이 시간에 따른 추세와 비교인 경우 전달하기 위한 핵심 요소를 시간에 따른 추세와 비교로 정함.
- 3단계: 레이아웃 결정
- 적절한 기본 그리드 또는 변형 그리드를 선택

[표 4-12] 스토리보드에서 사용자별 데이터 표시 수준(NCS)

업무 역할	스토리보드에서 데이터 표시 수준
임원급(CEO, CIO, CFO 등)	회사 전체: 상위 수준 데이터
부사장과 수석관리자	그룹별: 상위 수준 데이터
감독	부서별: 상위 수준 데이터, 드릴다운 데이터
관리자	팀별: 드릴다운 데이터
직원(개별 참여자)	작업: 드릴다운 데이터

- 4단계: 전달 효과를 높이는 시각화 방법 및 그래픽 표현 요소 선정
- 지도, 차트, 다이어그램, 텍스트, 인포그래픽 등 데이터 시각화를 위해 효과적인 시각화 방법을 선택하고, 각 시각화 방법에 따라 전달 효과를 높일 수 있는 그래픽 표현 요소들을 선택하여 배치
- 그래픽 표현 요소는 점, 선, 면, 입체와 같은 기하 요소나 색, 질감, 명도, 채도, 위치, 배치, 간격 등의 장식 요소를 의미
- 시각화 도구에 따라 제공되는 그래픽 표현 요소와 방법에 차이가 있지만, 일반적으로 데이터를 표현하기 위해 사용되는 막대, 선, 영역 등의 기하 요소와 축, 제목, 범례, 데이터 계열, 레이블, 눈금 등이 가이드 요소로 제공
- 5단계: 정보와 메시지 전달 방법
- 동선(movement), 순서(sequence), 상호작용(interactivity), 연결(connection), 다양한 색상, 설명 또는 레이블 중 데이터가 가지는 정보와 메시지를 효과적으로 전달할 방법을 선택하여 단계별로 그림.

[표 4-13] 기본 그리드와 변형 그리드 예(NCS)

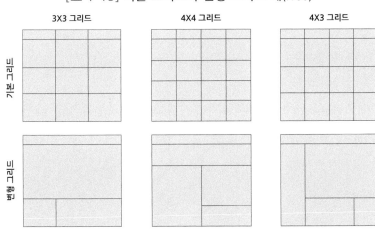

(5) 스토리텔링

- 데이터를 시각화하기 위해 가장 중요한 것은 스토리텔링으로 데이터 분석 결과 수집된 정보를 어떻게 보여주느냐에 관심을 두기보다는 정보를 효과적으로 보여주기 위해서 어떤 이야기로 설명해줄 것인지를 결정

핵심 콕콕

시각화 결과물 이용자가 누구인지 명확히 하는 것은 곧 시각화 결과물의 기능과 디자인 방향을 결정짓는 데 영향을 미침.

① 스토리텔링 과정

• 사용자별 이용 데이터 세트 및 정보 기술

- 시각화 결과물의 주된 사용자가 누구인지에 따라 시각화를 통해 전달하고자 하는 정보의 수준과 내용이 다르게 결정됨.

- 사용자는 내부 업무자(임원, 부사장, 감독, 관리자, 직원)와 외부 사용자(고객, 청중, 개인)로 구분

- 시각화 활용 목적과 사용자 가치 관점에서 데이터의 시각화를 위한 사업적·기술적 요구 사항과 시각화 원칙 및 품질 기준 등에 대한 요구 사항은 다음과 같음.

> • 사업적 요구 사항은 빅데이터 분석 기획 시 정의한 사업 목표와 전략을 기준으로 시각화 결과물을 활용하는 데 필요한 요건들을 기술
> • 기술적 요구 사항은 시각화 구현을 위해 사용되는 시각화 도구인 분석 플랫폼 및 라이브러리 등에 대한 요구 사항을 정의
> • 시각화 구현 도구는 단순한 그래프 형태로 제공하는 것에서부터 데이터의 분석과 시각화 결과물을 보고서 형식으로 제공하는 기능, 디자인이 강화된 인포그래픽 형태로 표현해주는 솔루션까지 매우 다양
> • 데이터의 표현 규칙과 패턴을 토대로 구현해야 할 기능적 측면과 시각화 결과물의 심미적 측면에서 요구되는 사항들을 기술함으로써 사용자가 많은 학습 시간을 들이지 않아도 데이터가 전달하려는 정보나 메시지 및 스토리를 쉽게 이해

② 사용자 시나리오 작성

• 시각화 요건을 사용자별로 분리하여 시각화 이용 기능과 사용 과정에 대한 사용자 시나리오를 작성

③ 스토리보드 기획

• 스토리보드는 컴퓨터로 작업하기 전 대충의 아이디어를 종이나 보드에 그리는 스케치 작업으로 구성

• 사용자별로 시각적 분석 결과 중 전달해야 하는 핵심 요소와 전달 효과를 높일 수 있는 시각화 방법 및 그래픽 표현 요소들을 발굴하고, 이를 사용자별로 작성된 시나리오에 적용한 스토리보드를 작성

416 Chapter 02. 분석 결과 해석 및 활용

(6) 시각화 구현 도구

- 시각화 구현 도구는 단순한 그래프 형태로 제공하는 것에서부터 데이터의 분석과 시각화 결과물을 보고서 형식으로 제공하는 기능, 디자인이 강화된 인포그래픽 형태로 표현해주는 솔루션까지 매우 다양

[표 4-14] 시각화 도구별 특징

분류	도구	특징
시각화 소프트웨어	마이크로소프트 엑셀, 구글 스프레드시트, 구글 차트 도구, 구글 퓨전 테이블, Infogram, Tableau, QlikView	・몇 번의 클릭으로 손쉽게 차트 및 그래프 작성 가능 ・설치 및 구축이 필요하며, 소프트웨어가 제공하는 기능을 실행하여 시각화 수행 ・제공되는 기능과 옵션 안에서만 차트와 그래프에 대한 디자인과 기능 수정 가능
프로그래밍 환경	KendoUI, D3.js, JavaScript InfoVis Toolkit, 파이썬(Python), HTML5, R, 프로세싱(Processing)	・시각화를 위한 라이브러리나 프로그래밍 언어를 통해 차트나 그래프 작성 ・설치 및 구축 필요 ・프로그래밍 관련 경험 또는 전문지식 필요 ・차트와 그래프에 대하여 사용자가 원하는 형식으로의 디자인과 동작에 대한 제어 가능
지도 매핑 도구	ArcGIS, 인디매퍼(Indiemapper), 인스턴트아틀라스(InstantAtlas), 카르토 DB(CartoDB), 모디스트맵(Modest Maps), 폴리맵스(Polymaps), 오픈스트리트맵(OpenStreetMap)	・지리-공간 데이터에 대한 최적의 지도 및 시각화 기능과 공간 분석
그래픽 소프트웨어	일러스트레이터(Adobe Illustrator), 인디자인(InDesign), 잉크스케이프(Inkscape), 코렐드로우(Corel Draw)	・시각화 도구와 기술을 사용하여 작성된 그래프의 보정 작업을 위한 그래픽 소프트웨어

(자료원: 한국데이터베이스진흥원(2014))

(7) 시나리오 작성

- 사용자별로 이용 데이터 세트 및 정보를 확인한 후, 사용자별 시각화 이용 기능과 사용 과정에 대한 시나리오를 작성

[표 4-15] 사용자별 시각화 이용 시나리오 예시(NCS)

구분	사용자	이용 데이터 및 정보	이용 시나리오
내부	1. 임원: CEO, CIO, CFO	판매 실적 데이터	임원은 OOO에 대한 연도별 ~~
	2. 그룹별 관리자		
	⁊		
외부	7. 고객		
	⁊		

(8) 스토리보드 작성

• 사용자별로 데이터 표시 수준을 결정한 후, 이용 시나리오를 기준으로 데이터 및 분석 정보에 대하여 전달할 핵심 요소를 선정

[표 4-16] 사용자별 시각화 이용 시나리오에 데이터 표시 수준 항목 추가 예시(NCS)

구분	사용자	이용 데이터 및 정보	스토리보드에서 데이터 표시 수준	이용 시나리오
내부	1. 임원	판매 실적 데이터	회사 전체: 상위 수준 데이터	임원은 OOO에 대한 연도별 ~~
	2. 그룹별 관리자			
	⁊			
외부	7. 고객			
	⁊			

3) 분석 모형 모니터링★★★

(1) 빅데이터 성과 관리 운영 프로세스의 이해

① 목표 설정 기준

㉠ 전략 목표의 후보 정렬

 - 기관(기업), 사업 본부별, 팀별의 목표가 최종적으로 개인의 목표와 상호 연계

 * 본부의 전략 목표는 기관의 전략 목표를 탑다운 방식(top-down)으로 설정

* 팀의 성과 목표는 본부의 전략 목표를 탑다운 방식으로 설정

ⓛ 목표 설정

- 사업 본부별 목푯값 및 가중치의 적정성에 대해서는 성과관리위원회에서 결정하며, 팀 단위의 목푯값 및 가중치의 적정성에 대해서는 사업 본부장이 결정

ⓒ 목표의 변경

- 확정된 목표는 원칙적으로 변경이 없도록 계획되고, 계획에 맞추어 실행
- 특수한 여건에 따라 변경이 필요한 경우 변경 조건을 별도로 하여 기준을 정함.

② 모니터링

⊙ 모니터링의 주체

- 기관(기업)의 전략은 기관장(대표 이사)이 주체가 되고, 사업 본부 및 팀별 전략은 사업 본부장과 팀장이 모니터링의 주체

ⓛ 회의체 운영 및 일상 모니터링

- 일반적으로 기관(기업) 단위는 분기, 사업 본부 및 팀은 월 단위로 하되, 각 조직의 장은 주기별 모니터링을 통한 전략 목표의 달성 수준을 점검하고 대응을 지시

ⓒ 주요 내용

- 전략 목표에 대한 달성 수준에 따른 차이 및 원인 분석과 예상되는 문제 요소 (주요 이슈 등)는 사전에 대응

ⓓ 피드백(feedback)

- 회의 시 의결 또는 도출된 안건은 다음 회의에서 실행 결과를 점검하고, 계획된 업무의 추진 여부 확인 및 필요한 경우는 실행 과제를 변경

③ 목표 조정

⊙ 목푯값 및 지표 조정 조건

- 경영 관련 통제 불가능 요인이 발생한 경우: 천재지변에 따른 정부의 정책 변경
- 기관(기업) 차원에서 전략 목표가 변경된 경우
- 기관 차원에서 전략 목푯값이 조정된 경우
- 전략 목푯값에 대해 부서 간 합의에 의한 조정
- 조직 개편에 따른 조정

핵심 콕콕

모니터링은 관리 및 측정 주기(상시, 일, 주간, 월간, 분기, 반기, 연)별로 전략 목표의 달성도를 점검함으로써 해당 조직의 목표 달성을 관리하여 기관(기업)의 전체적인 전략이 차질 없이 달성되도록 관리

핵심 콕콕

목표값은 기본적으로 애초에 계획을 변경하지 않도록 사전에 충분히 환경 분석 및 예측하여 목표를 설정하지만 특정 조건에서 조정 가능함.

ⓛ 조정 방법

- 성과 지표 변경(삭제)이 발생한 경우: 대체 지표 대체, 지표 간 가중치 조정 등

- 성과 지표 목푯값 하향 팀은 감점, 상향 팀은 가점을 적용 검토

- 성과 지표 목푯값 및 성과 지표 변경 사유 등

ⓒ 조정 시기

- 성과 지표의 변경(삭제)에 따른 조정은 해당 사유 발생 시 조정을 원칙

- 목푯값의 조정은 최종 평가를 하기 직전에 변경 관련 근거를 기준으로 제시

④ 평가 실시

• 각 성과 지표를 활용하여 성과를 측정하기 위해서는 성과 지표별로 가중치를 설정하여야 하고, 목표치를 설정

• 성과 지표별로 평가점수 산정 기준을 미리 마련

• 종합평가점수 산정 방법도 성과를 평가하기 이전에 마련되어 있어야 함.

⑤ 결과의 피드백

• 각 성과 지표를 목표치와 결과치를 비교하여 분석하고, 차이가 큰 성과 지표를 개선할 수 있는 방안을 마련

• 새로운 목표를 설정할 때 평가 결과를 활용

[표 4-17] 성과 지표를 이용한 평가 시 유의사항

구분	내용
성과 지표별 가중치 설정	• 관점 가중치: 업무 특성을 반영하여 관점별 가중치 설정 • 전략 목표 가중치: 관점별 가중치 범위에서 요소 평가 • 성과 지표 가중치: 전략 목표별 가중치 범위에서 쌍대 비교
성과 지표별 목표치 설정	• 성과 지표별 특성에 맞추어 선택 적용 • 목표치 조정/변경: 고정 목표 방식을 적용하되 특수 상황 발생 시 조정 검토
성과 지표별 평가점수 산정	• 성과 지표별 성과 판단 기준: 목표 달성도만 적용 • 목표 달성도 유형: 성과 지표별 특성에 맞게 선택 적용
종합평가점수 산정	• 평가 점수 산정: 절대평가 • 평가 등급 부여: 절대평가

(2) 분석 결과의 검증

① 분석 결과 검증

- 분석 정보 및 데이터를 시각화하고 검증하기 위해 우선 데이터 속에 숨겨져 있는 패턴과 규칙을 찾는 것이 중요

핵심 콕콕

데이터의 패턴과 규칙은 데이터가 설명하려는 정보가 되며, 전달하려는 이야기로 확장될 수 있음.

② 데이터 탐색

- 데이터 탐색 방법
- 위치(location)에 따른 데이터 배열: 데이터나 정보를 지리적인 위치를 포함해서 공간적인 위치에 배열함.
- 알파벳(alphabet)에 따른 데이터 배열: 일반적으로 가장 많이 사용되는 데이터 정렬 방법으로 알파벳으로 데이터를 나열함.
- 시간(time)에 따른 데이터 배열: 시간 순서에 따라 데이터를 배열함.
- 카테고리(category)에 따른 데이터 배열: 데이터나 정보의 속성에 따라 분류하는 것으로 중요도나 주제가 서로 유사한 정보에 적합한 배열함.
- 위계(hierarchy)에 따른 데이터 배열: 데이터 값이나 중요도 순서로 배열함.

핵심 콕콕

데이터 탐색은 분석 결과 검증을 위해 분석 결과에 대한 데이터 배열이 적절한지 확인함.

- 데이터 재배열
- 데이터 배열로 분류된 데이터를 이용자가 인지하기 쉽게 패턴을 만드는 것으로서 시각화와 밀접한 연관이 있는 단계

③ 데이터의 시각적 분석

ㄱ 범주나 비율 값 비교
- 범위: 값의 범위를 파악
- 분포: 개별의 변수들 혹은 변수의 조합이 갖는 분포 형태를 확인
- 순위: 크기를 기준으로 데이터의 순서를 확인하는 것으로 최댓값과 최솟값, 중앙값, 사분위수 등을 확인
- 측정: 값이 갖는 중요성을 파악하기 위해 숫자 자체(몇 자리 숫자인지 등)보다 깊이 있게 조사
- 맥락: 평균, 표준편차, 목표나 예측의 맥락에서 벗어나는 값 등을 판단

핵심 콕콕

데이터의 시각적 분석을 통해 데이터가 표현하고 있는 다양한 규칙과 패턴을 관찰함.

PART 1. 빅데이터 분석 기획

PART 2. 빅데이터 탐색

PART 3. 빅데이터 모델링

PART 4. 빅데이터 결과 해석

ⓛ 시간에 따른 추세와 패턴

- 추세 방향: 값이 증가하거나 감소하는 등 변화가 있는지 혹은 유지되는지를 확인
- 추세 패턴: 선형이나 지수형으로 변하는지, 혹은 변화가 없는지를 확인
- 추세 속도: 얼마나 급한지를 파악
- 변동 패턴: 반복되는 패턴, 변동의 폭, 계절효과와 같이 어떤 리듬이 있는지, 혹은 무작위 패턴인지 확인
- 중요도: 알아낸 패턴이 중요한 신호인지 무시해도 되는 잡음인지 파악
- 교차: 변수 사이에 교차나 중첩이 발생하는지, 관계의 변화를 나타내는 교차점이 발생하는지 확인

ⓒ 관계와 연결

- 예외: 이상치(outlier)와 같이 정상 범위를 벗어난 변수가 있는지 파악
- 상관성: 변수 간의 관련성이 강하거나 약한 상관관계가 존재하는지 확인
- 연관성: 변수와 값의 조합 간에 의미 있는 관계가 존재하는지 파악
- 클러스터 및 틈: 데이터가 여러 그룹으로 군집화되는 것처럼 보이는지, 데이터 포인트 사이에 빈틈이 없는지 확인
- 계층 관계: 데이터의 범주와 하위 범주의 구성과 분포, 관련성을 파악

(3) 시각화 결과물의 검증

① 사용자 테스트를 위한 조사 설계

- **사용자 그룹별 테스트를 위한 대상 선정**: 시각화 결과물을 이용하는 사용자 그룹 중 테스트 대상자를 선정
- **사용자 테스트 항목 구성**: 최종 디자인된 시각화 결과물이 원래 의도와 목적에 맞게 구현되었는지 검토하기 위한 항목을 구성
- 사용자가 이용한 후 반응
- 시각화 결과물을 읽거나 도구를 사용하는 방법의 이해
- 시각적 계층 구조와 구조적 배열의 측면에서 설명의 명쾌성
- 디자인의 직관성
- 시각화 결과물로부터 인사이트 도출 여부

- 정보의 효과적인 전달 여부 측정
- 기능적 측면에서 정상적인 동작 여부 점검
- 시각화 결과물의 명확성, 정확성, 성능을 저해하는 오류 검토
- 프로그램상의 에러
- 디자인의 결함 점검
• **사용자 테스트 방법 결정**
- 심층 인터뷰 또는 사용자 테스트 과정을 기록하는 관찰 조사 등의 방법을 적용

② 사용자 테스트 진행
• 설계한 사용자 테스트 방법에 따라 이용자별로 테스트를 진행

③ 사용자 테스트 결과 분석
• **데이터와 통계의 정확성 검토**
- 잘못된 숫자나 이상치(outlier)가 있는지 확인하기 위해 시각화 대상 데이터 중 적절한 크기의 샘플에 대해 검사를 수행
- 통계 숫자와 계산 결과의 정확도를 확인
• **시각화 정확성 검토**
- 데이터 묘사 방식이 기능적으로 효과적인지 확인
- 사용자나 청중에게 오해를 일으키지 않는지 확인
- 설명을 위한 선택 요소들이 데이터가 가지는 가치를 정확하게 보여주는지 확인
• **기능적 정확성 검토**
- 시각화의 기능과 요소가 의도한 대로 작동하는지 확인
• **시각적 추론 확인**
- 위치나 색의 선택 결과로 인해 중요한 무엇인가가 보이는지 확인
- 장식적인 요소이거나 필요하지 않으면 삭제

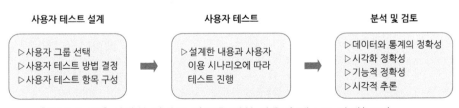

[그림 4-21] 시각화 결과물 검증을 위한 사용자 테스트 단계(NCS)

핵심 콕콕

기능적 정확성 검토는 특히 인터랙티브 시각화의 경우 꼭 확인해야 함.

핵심 콕콕

분석 모형 리모델링은 주기적으로 하는 것이 바람직하지만, 너무 빈번하게 리모델링을 하는 것은 바람직하지 않음.

4) 분석 모형 리모델링★★

- 빅데이터 분석 모형을 설정하였다고는 하지만, 앞서 학습한 하향식 프로세스에서처럼 유의미한 결과가 도출이 되지 않거나 데이터 확보가 어렵거나 분석 결과가 만족스럽지 못하다거나 하는 경우에는 분석 모형을 리모델링해야 함.

(1) 빅데이터 분석 절차 및 피드백

- 생성된 데이터를 수집하고, 비정형 데이터인 경우 비구조적 데이터로 저장하거나 정형 데이터로 변환하여 데이터베이스에 저장
- 저장된 데이터를 활용 목적에 맞게 데이터를 처리·분석하는 다양한 빅데이터 기술들이 필요
- 시각화 소프트웨어를 사용하여 분석 결과를 시각화하여 이해하기 쉽도록 하고, 이에 대한 요약본과 보고서를 작성
- 결과 평가를 통해 개선 방안을 확인하고 피드백을 통해 현장 검증의 절차를 거침.

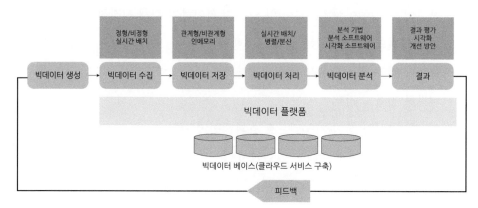

[그림 4-22] 빅데이터 분석 절차 및 피드백

(2) 데이터 흐름

- 빅데이터 수집 과정에서 변환 과정을 거친 데이터(전처리)를 저장하고, 정제된 데이터를 생산하기 위해 다시 변환 과정을 반복하여(후처리) 저장하는 과정을 거치면서 데이터 처리의 흐름이 양방향으로 이루어짐.
- 변환 과정과 저장 과정을 반복하는 이유는 빅데이터의 데이터 소스가 외부 조직에서 가져오는 비정형 데이터가 주를 이루어 필요한 부분을 선별하고 비교하여 재조합할 필요가 있음.

- 빅데이터 저장 기술로 저장된 데이터를 이용하여 분석하고, 분석된 결과를 다시 저장하여 2차 분석을 위한 기초 자료로 활용하는 피드백 구조를 가짐.

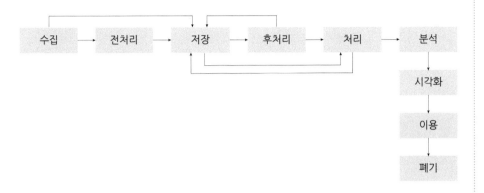

[그림 4-23] 빅데이터 분석 프로세스의 데이터 흐름도

(3) 분석 모형 운영 프로세스

① 빅데이터 운영 관리

- 빅데이터 서비스가 안정적이고 지속적으로 서비스를 제공하기 위한 필요 요소인 빅데이터 시스템, 빅데이터, 빅데이터 모델 및 빅데이터 운영 프로세스 관점에서 관리

② 빅데이터 시스템

- 빅데이터 서비스를 제공하기 위하여 빅데이터 시스템은 빅데이터 시스템 인프라, 빅데이터 분석 플랫폼, 빅데이터 분석 솔루션 및 빅데이터 응용 시스템으로 구성

③ 빅데이터 분석

- 빅데이터 시스템 구축 후 빅데이터 분석을 위한 데이터의 관리 및 빅데이터의 분석 목적, 대상, 범위 등의 변경 시에 데이터의 버전 관리 등을 빅데이터의 폐기 단계까지 데이터를 운영 관리

④ 빅데이터 분석 모델

- 빅데이터 분석 목적에 맞는 분석 모델을 확정한 후에도 분석 목적, 대상, 범위 등의 변경 시에 분석 모델의 버전 관리 등 빅데이터의 분석 모델을 운영 관리

 핵심 콕콕

빅데이터 시스템이 하드웨어와 소프트웨어로 구성되므로 이에 대하여 구성 관리, 변경 관리, 가용성 및 연속성 관리를 중심으로 운영 관리

⑤ 빅데이터 운영 관리 프로세스

- 빅데이터 서비스를 안정적으로 제공하기 위해서는 빅데이터 시스템의 오류, 장애, 기능 저하 등 손실을 최소화하여 빅데이터 업무의 연속성을 유지 관리
- 빅데이터 운영 관리 프로세스는 빅데이터 운영 서비스의 계획, 수행, 운영 평가 및 운영을 개선하는 단계로 구성

계획 단계	구축 단계	수행 단계	개선 단계
구축 시스템 인수	서비스 카탈로그 관리	서비스 자산 및 구성 관리	서비스 측정
사용자 요구 분석	서비스 수준 관리	서비스 장애 관리	서비스 분석
서비스 운영계획 수립	서비스 가용성 관리	서비스 변경 관리	서비스 보고
운영지침서와 절차서 작성	서비스 연속성 관리		서비스 개선

[그림 4-24] 운영 관리 프로세스(NCS)

(4) 빅데이터 분석 리모델링을 위한 방법

- 3V나 5V에 기반한 데이터 확보가 필요
- 데이터를 분석하기 위한 목적에 기반하여 가설과 추정 방법 등에 대한 재검토가 필요
- 분석을 위한 데이터 세트의 범위 설정 필요
- 분석을 위한 데이터 품질의 검토
- 과대적합 방지를 위한 알고리즘의 개선이 필요
- 데이터 분석 알고리즘 최적화
- 매개 변수의 최적화
- 분석 모형의 융합이 필요

(5) 분석 리모델링 절차

- 분석 모형의 리모델링 절차는 아래와 같음.

개선을 위한 데이터 수집 ➡ 데이터 처리 ➡ 분석 모델 개선 ➡ 분석 결과 ➡ 평가 ➡ 활용 및 저장

01. 다음 중 사물에 대한 정신적 모델이나 이미지를 형성하는 것을 무엇이라고 하는가?

① 탐색　② 전처리
③ 시각화　④ 데이터 활용

해설 사물에 대한 정신적 모델이나 이미지를 형성하는 것을 시각화라고 함.

02. 다음 중 데이터 시각화 프로세스 7단계가 아닌 것은?

① 추출　② 마이닝
③ 재정의　④ 그래프

해설 데이터 시각화 프로세스는 획득, 구조화, 추출, 마이닝, 시각화, 재정의, 상호작용의 7가지가 있음.

03. 다음 중 텍스트 분석 절차 중에서 가장 먼저 선행되어야 하는 것은?

① 요구사항 분석　② 텍스트 수집
③ 텍스트 전처리　④ 텍스트 분석

해설 텍스트 분석은 요구사항 분석, 텍스트 수집, 저장 및 전처리, 분석, 서비스, 공유 순임.

04. 다음 중 투자액에 대해 얼마나 이익이 올랐는지를 나타내는 지표는?

① TCO　② ROI　③ NPV　④ IRR

해설 투자액에 대해 얼마나 이익이 올랐는지에 대한 지표는 ROI임.

05. 다음 중 수익성 지표(PI)에서 프로젝트를 기각하게 되는 경우는?

① PI 〉 1　② PI = 1　③ PI 〈 1　④ PI≤1

해설 PI〈1인 경우에는 프로젝트를 포기(기각)함.

06. 다음 중 비즈니스 기여도 평가시 고려사항이 아닌 것은?

① 효과 검증　② 효율 검증
③ 중복 검증　④ 최적화 검증

해설 비즈니스 기여도 평가시의 고려사항으로는 효과 검증, 성능 검증, 최적화 검증, 중복 검증 등이 있음.

07. 다음 중 시간의 흐름에 따른 추세를 알아볼 수 있는 대표적인 시각화 방법은?

① 추세선　② 점
③ 선　④ 차트

해설 시간의 흐름에 따른 추세를 알아볼 수 있는 대표적인 시각화 방법은 추세선과 산점도가 있음.

08. 다음 중 변수 간의 관계를 설명하기 위한 차트로 두 변수 간의 영향을 쉽게 이해할 수 있는 것은?

① 히스토그램　② 밀도 플롯
③ 산점도　④ 버블차트

해설 산점도는 변수간의 관계를 설명하기 위한 차트로 두 변수간의 영향을 쉽게 이해할 수 있음.

정답 1.③ 2.④ 3.① 4.② 5.③ 6.② 7.① 8.③

09. 다음 글상자에서 설명하고 있는 것은?

> 복잡한 주제를 단순화 하거나 매혹적인 경험으로 지루한 주제를 반전시킬 수 있어 디지털 마케팅 분야의 가장 효과적인 전략

① 시간 시각화 　　　② 분포 시각화
③ 비교 시각화 　　　④ 인포그래픽

> 해설 인포그래픽은 복잡한 주제를 단순화 하거나 매혹적인 경험으로 지루한 주제를 반전시킬 수 있어 디지털 마케팅 분야의 가장 효과적인 전략임.

10. 다음 중 정형화된 컬럼 데이터 유형을 위한 알고리즘으로 가장 올바른 것은?

① 텍스트 마이닝 　　　② 소셜 데이터 마이닝
③ 데이터 마이닝 　　　④ 딥러닝

> 해설 정형화된 컬럼 데이터 유형을 위한 알고리즘은 데이터 마이닝 알고리즘이 있음.

11. 다음 중 사용자 테스트 항목 구성으로 올바르지 않은 것은?

① 사용자가 이용한 후 반응
② 디자인의 객관성
③ 정보의 효과적인 전달 여부 측정
④ 기능적 측면에서 정상적인 동작 여부 점검

> 해설 디자인의 직관성을 측정함.

12. 다음 중 분석 모형 리모델링에 대한 설명으로 올바르지 않은 것은?

① 리모델링은 자주하는 것이 좋다.
② 리모델링은 주기적으로 하는 것이 좋다.
③ 리모델링 절차에서 개선을 위한 데이터 수집이 제일 먼저 선행되어야 한다.
④ 리모델링의 마지막 절차는 활용 및 저장이다.

> 해설 리모델링은 빈번하게 하는 것은 바람직하지 않음.

(핵심 포인트로 잡아내는) 빅데이터 분석기사 필기

부록

(핵심 포인트로 잡아내는) 빅데이터 분석기사 필기

1과목 | 빅데이터 분석 기획

01 다음 중 빅데이터가 궁극적으로 추구하고자 하는 것으로 가장 올바른 것은?

① 가치 창출　　　　　　　　　② 분석 수행

③ 정보 제공　　　　　　　　　④ 정보 활용

02 다음 중 빅데이터 가치 산정 프레임워크가 <u>아닌</u> 것은?

① 전통적 데이터 처리　　　　　② 3V를 고려한 데이터 처리

③ 비정형을 고려한 데이터 처리　④ 새로운 데이터 가치 창출

03 다음 중 빅데이터 분석 절차로 올바른 것은?

① 분석 기획 → 데이터 준비 → 분석 → 시스템 구현 → 평가 및 전개

② 데이터 준비 → 분석 기획 → 분석 → 시스템 구현 → 평가 및 전개

③ 데이터 준비 → 분석 기획 → 분석 → 평가 및 전개 → 시스템 구현

④ 분석 기획 → 데이터 준비 → 분석 → 평가 및 전개 → 시스템 구현

04 다음 중 학습을 할 때 라벨(label)을 통해서만 하는 기법은?

① 강화　　　　　　　　　　　② 전이

③ 지도　　　　　　　　　　　④ 비지도

05 다음 중 익명화의 기법으로 가장 올바르지 <u>않은</u> 것은?

① 섭동   ② 치환

③ 특이화   ④ 가망처리

06 다음 중 분석 대상과 이미 분석을 해야 할 경우에 사용할 수 있는 방식은?

① 발견   ② 통찰

③ 가치   ④ 최적화

07 다음 중 개인정보를 수집할 경우 동의를 받지 않아도 되는 경우로 가장 올바르지 <u>않은</u> 것은?

① 입사지원자에 대해 회사가 범죄 이력 등을 조회하는 경우

② 요금 부과를 위해 회사가 사용자의 정보를 조회하는 경우

③ 위험에 처한 사람의 정보 조회

④ 정보 주체와의 계약을 체결하기 위해 불가피한 경우

08 다음 중 수집된 정형 데이터의 품질을 검증하는 방법으로 가장 올바른 것은?

① 비업무 규칙 적용   ② 메타 데이터 분석

③ 가변적 방식 중요도 산정   ④ 데이터 비표준

09 다음 중 데이터 자체의 특성을 파악하기 위해 이를 시각화하여 분석하는 방식은?

① 회귀 분석   ② 다변량 분석

③ 다차원 척도 분석   ④ 탐색적 데이터 분석

10 다음 중 빅데이터 분석 절차 중에서 문제의 단순화를 통해서 변수 간의 관계를 정의하는 것은?

① 모형화   ② 모델링

③ 연구조사   ④ 요인분석

11 다음 중 진단분석에 대한 설명으로 가장 올바른 것은?

① 무슨 일이 일어났는가?　　　　　　② 앞으로 무엇이 일어났는가?

③ 데이터 기반으로 왜 발생을 했는가?　④ 어떻게 대응을 해야 하는가?

12 다음 중 데이터를 추출하고 가공하여 DW 혹은 DM에 저장하는 기술은?

① CEP　　　　　　② BI　　　　　　③ API　　　　　　④ ETL

13 다음 중 딥러닝에 대한 설명으로 올바른 것은?

① 드롭아웃은 일정한 비율로 신경망을 제거한다.

② 딥러닝 분석에서는 주로 시그모이드 함수만을 사용한다.

③ 오류역전파 알고리즘을 사용한다.

④ 은닉층의 가중치를 사용하기 때문에 모형의 결과를 해석하기가 용이하다.

14 다음 중 데이터 가용성 평가에 대한 설명이 <u>아닌</u> 것은?

① 관련 데이터 존재 여부와 데이터 확보 여부를 검토하는 데이터 가용성 평가 단계가 이루어져야 함

② 설계된 논리적 대안을 실현할 빅데이터 분석을 하기 위해서는 무엇보다도 데이터가 확보되어야 함

③ 데이터 가용성이 미비하다고 판단될 경우에는 문제 해결을 위한 개념적 설계를 조정한 다음
　또 다시데이터 가용성을 평가

④ 데이터 가용성이 확보되지 못하면 이 대안은 폐기될 수도 있음

15 개인정보 파기하는 일반적 방법으로 가장 옳지 <u>않은</u> 것은?

① 기기에 구멍을 내거나 깨뜨려 파쇄　　② 기기를 소각

③ 기기의 데이터 삭제　　　　　　　　④ 전용 소자 장비를 이용한 삭제

16 데이터 수집 시 고려해야 할 사항에 대한 설명으로 옳지 <u>않은</u> 것은?

① 수집 난이도나, 정확성, 보안, 수집 가능성 항목 등이 고려되어야 함

② 데이터 수집 및 처리에 들어가는 구축 비용과 필요한 데이터를 얻기 위해 거쳐야하는 정제 과정이
   고려되어야 함

③ 개인정보는 수집 시 모든 경우 반드시 동의가 필요하며 고유식별정보, 민감정보에 대한
   안전성 확보에 필요한 조치와 함께 개인 식별이 되지 않도록 해야 함

④ 외부 데이터인 경우 데이터 양, 수집 시스템 연계 방식과 절차, 수집 주기, 관련 기술과 정책을
   파악하고 협의해야 함

17 데이터 변환과 관련된 용어로 그 내용이 옳지 <u>않은</u> 것은?

① 평활화(Smoothing): 데이터로부터 잡음을 제거하기 위해 데이터 추세에서 벗어나는 값들을
   변환하는 방법으로 구간화, 군집화 등이 있음

② 집계(Aggregation): 다양한 차원의 방법으로, 데이터를 요약. 두 개 이상의 표본을 하나의
   표본으로 집계하는 방법

③ 일반화(Generalization): 데이터 통합을 위해 새로운 속성이나 특징을 만드는 방법

④ 정규화(Normalization): 데이터에 대한 최소-최대 정규화, z-스코어 정규화, 소수 스케일링 등
   통계적 기법을 적용

18 데이터 품질 검증 대상 중 값을 분석하는 기법과 그 설명으로 옳지 <u>않은</u> 것은?

① 마스터 데이터 분석(Master Data Analysis): 독립적이고 공통적으로 참조되는 핵심 데이터에 대해
   표기·표준 및 기준 정보 중복 검증

② 패턴 분석(Pattern Analysis): 데이터를 구성하는 값에 대한 패턴을 분석

③ 날짜 분석(Date Analysis): 날짜 유형의 데이터로 구성된 값의 유효성을 검사

④ 상관 분석(Mutual Analysis): 코드 값이 정의된 표준에 따라 구성되었는지를 검증

19 데이터의 통계, 패턴 등을 수집하여 잠재적 오류 징후를 발견하는 방법으로 주로 값 진단, 구조 진단 시 완전성과 유효성, 정확성 등의 지표에 매칭되어 활용되는 정량적 진단 기법은?

① 프로파일링

② 비정형 실측

③ 업무규칙

④ 체크리스트

20 데이터 통합과 관련된 내용으로 가장 옳지 <u>않은</u> 것은?

① 출처가 다른 상호 연관성이 있는 데이터들을 하나로 결합하는 기술을 활용하여 데이터를 통합

② 데이터 통합 시 동일한 데이터가 입력될 수 있으므로 연관관계 분석 등을 통해 중복 데이터를 검출해야 함

③ 분석에 필요 없거나 중복 항목 제거

④ 여러 가지 단위(lb와 kg, inch와 cm, 시간 등) 등 서로 다른 표현 방식이 일치되도록 변환해야 함

2과목 **빅데이터 탐색**

21 데이터 결측치 처리와 관련된 내용으로 옳지 <u>않은</u> 것은?

① 결측치가 발생하였으나, 유사성을 계산하는 데 미치는 영향이 크지 않을 경우 무시한다.

② 베이지안 확률 추론, 결정 트리 등의 마이닝 방법을 활용하여 결측값을 예측하여 채우는 방법이 있다.

③ 속성의 평균값을 사용하여 결측치를 채우는 방법은 분석 결과에 미치는 영향이 적어 가장 선호되는 방법이다.

④ 전문가가 수작업으로 직접 확인하고 적절한 값으로 수정하는 방법으로 신뢰성은 높으나 작업 시간이 많이 소요되는 방법이다.

22 이상치 발생 원인에 대한 설명으로 올바른 것은?

> 자기보고식 측정에서 나타나는 오류로 정확하게 기입한 값이나 의도적으로 이상값을 기입한 경우에
> 발생한 이상치

① 입력 실수(Data Entry Error)　　　　② 측정 오류(Measurement Error)

③ 의도적 아웃라이어(Intentional Outlier)　　④ 자료 처리 오류(Data Processing Error)

23 잡음이 발생하였을 때 처리하는 방법과 그 설명으로 옳지 <u>않은</u> 것은?

① 구간화 - 정렬된 데이터 값들을 몇 개의 빈(Bin, 혹은 버킷)으로 분할하여 평활화하는 방법,
　 즉 평평하게 만드는 작업

② 선형회귀분석 - 회귀함수를 이용한 데이터 평활화 기법으로 하나의 속성이 다른 하나의 속성을
　 예측하는 데 이용할 수 있도 록 선형관계를 찾음

③ 평균값 평활화(smoothing by bin means) - 들어 있는 최솟값과 최댓값으로 가장 가까운 쪽 값으로
　 대체

④ 군집화(Clustering) - 유사한 값들끼리 그룹화하는 과정을 지칭하며, 어떤 군집에도 속하지 않는
　 이상값에 대해 평활화를 수행

24 반드시 다른 변수에 영향을 받는 변수를 지칭하는 용어는?

① 독립변수　　　　　　　　　② 종속변수

③ 매개변수　　　　　　　　　④ 조절변수

25 독립변수(X)와 종속변수(Y)가 모두 범주형 변수일 때 분석 기법으로 옳지 <u>않은</u> 것은?

① 인공신경망 분석　　　　　　② 의사결정트리

③ 로지스틱 회귀분석　　　　　④ 판별분석

26 연관 분석에 대한 설명으로 옳지 <u>않은</u> 것은?

① 방대한 데이터 세트에서 객체나 아이템 간의 연관관계를 찾아내는 분석 기법

② 연관규칙은 {X}→{Y}처럼 아이템 'X'가 발생하면 'Y'가 함께 발생한다는 형태로 표현

③ 신뢰도는 빈도적 관점에서 확률을 정의할 때, 전체 데이터 세트 중 아이템 집합 {X,Y}가 발생할 확률을 구함

④ 향상도는 조건 {X}가 주어지지 않았을 때의 결과 {Y}가 발생할 확률 대비, 조건 {X}가 주어졌을 때의 결과 {Y}의 발생 확률의 증가 비율을 의미

27 대표적인 연속확률분포는?

① 초기하분포   ② 연속확률분포

③ 이항분포   ④ 정규분포

28 다음 중 탐색적 데이터 분석에 대한 설명이 <u>아닌</u> 것은?

① 공통 요인을 추출하여 논리적 데이터 구조를 발견

② 이미지 및 사운드 등에서 주요한 데이터 특징 패턴 추출

③ 텍스트 등 문서에서의 숨겨진 주제나 개념 추출

④ 다차원 공간의 정보를 저차원 정보로 시각화

29 다음 중 기존의 변수들이 조합되어 새로운 변수가 만들어진 것은?

① 요약변수   ② 파생변수   ③ 회귀변수   ④ 독립변수

30 다음 중 상관관계 분석에 대한 설명이 <u>아닌</u> 것은?

① 상관계수의 범위는 $-1 \leq rxy \leq 1$이다.

② $rxy=0$이면, X와 Y는 각각 독립이고, 상관관계가 전혀 없다.

③ $rxy=1$이면, X와 Y는 각각 종속이고, 완전한 상관관계에 있다.

④ $rxy=-1$이면, X와 Y는 각각 독립이고, 완전한 상관관계에 있다.

31 다음 중 등간 척도가 <u>아닌</u> 것은?

① 평균　　　　　　　　　　　② 표준편차

③ 정규분포 검정　　　　　　　④ 카이제곱 검정

32 다음 중 EDA의 주제가 <u>아닌</u> 것은?

① 저항성의 강조　　　　　　　② 잔차 계산

③ 자료변수의 재표현　　　　　④ 그래프를 이용한 경향성

33 다음 중 알파 요인추출법에 대한 설명으로 올바른 것은?

① 공통 요인 분석 방법의 하나로 연구에 사용되는 변수는 모집단이고 대상자가 표본이라고
　가정할 수 있을 때 사용됨. 요인수에 대한 가설 검정이 가능

② 측정대상자와 변수가 모두 모집단이기 때문에 그 분석결과는 다른 모집단에 대해 일반화시킬 수
　없음. 많은 표본과 많은 변수와의 관계를 기술하는 것이 목적일 경우에 유용한 방법

③ 측정대상자는 모집단이고 변수는 모집단으로부터 추출된 표본이므로 연구 목적이 최대우도법이나
　최소제곱법과는 달리 표본인 변수를 분석하여 얻은 결론을 변수의 모집단에 일반화시킬 수 있는 방법

④ 측정대상자와 변수가 모두 모집단이기 때문에 그 분석결과는 다른 모집단에 대해 일반화시킬 수 없음.
　많은 표본과 많은 변수와의 관계를 기술하는 것이 목적일 경우에 유용한 방법

34 다음 중 모집단에서 일부 샘플링하여 실제 조사한 대상을 의미하는 것은?

① 평균　　　　　　　　　　　② 표본

③ 측정　　　　　　　　　　　④ 산포도

35 다음 중 비율척도의 특성은?

① 대상을 확인 및 분류　　　　② 대상의 상대적 순서 위치

③ 비교대상들 간 차이, 크기 등　④ 절대영점이 존재하고 척도값 비율을 계산하여 이용

36 다음 중 표본 추출 과정으로 올바른 것은?

① 표본 프레임 결정 → 모집단 확정 → 표본추출방법 결정 → 표본 크기 결정 → 표본 추출

② 표본 프레임 결정 → 모집단 확정 → 표본추출방법 결정 → 표본 추출 → 표본 크기 결정

③ 모집단 확정 → 표본 프레임 결정 → 표본추출방법 결정 → 표본 크기 결정 → 표본 추출

④ 모집단 확정 → 표본 프레임 결정 → 표본추출방법 결정 → 표본 추출 → 표본 크기 결정

37 다음 중 전체 대상자의 수를 뽑고자 하는 대상자의 순으로 나눈 수의 순서마다 대상자를 선정하는 방법은?

① 군집표본   ② 계통표본

③ 행위표본   ④ 편의표본

38 다음 글상자에서 설명하고 있는 추출 방법은?

> 연구 계획의 초기 단계에서 설문지의 적용 가능성이나 조사 도구의 타당성 등을 검토하기 위하여 많이 사용

① 할당   ② 판단

③ 편의   ④ 고의성

39 다음 중 추정량의 조건 중 불편성에 대한 설명이 <u>아닌</u> 것은?

① 추정량의 실제 모수와 차이가 없다는 의미

② 최소의 분산을 가진 추정량이 가장 효율적이라는 의미

③ 추정량의 기댓값이 모수와 같아지는 것이 좋은 추정량의 요건

④ 편의가 없다는 것을 의미

40 다음 중 검정의 오류를 허용하는 한계를 무엇이라고 하는가?

① 기각역   ② 임계값

③ 유의수준   ④ 대체가설

3과목 빅데이터 모델링

41 다음 중 분석 모형에 대한 설명이 <u>아닌</u> 것은?

① 유사한 개념으로 계획이 있음

② 상황에 따라서 모형의 갱신을 유연해야 함

③ 빅데이터 분석 기법 설계는 기획, 수립, 수행, 시각화의 4단계가 있음

④ 무엇을 그리고 왜 하는지를 명확히 하는 것으로 목표 설정의 역할을 수행함

42 다음 중 절편만 있는 상수 모형의 중요한 설명변수부터 모형에 추가해 나가는 방식은?

① 전진선택법 ② 전진제거접

③ 후진선택법 ④ 후진제거법

43 다음 중 인공신경망에서 훈련을 시키는 값은?

① 뉴런 ② 커널

③ 오차 ④ 가중치

44 다음 중 CNN에서 원본의 이미지가 5×5이고, Stride가 1이고 Padding이 0이다.
그리고 필터가 3×3일 경우에의 행렬 크기는?

① (4,4) ② (3,3) ③ (2,2) ④ (1,1)

45 다음 중 선형회귀 분석에서 오창 및 잔차항과 관련이 가장 적은 것은?

① 독립성 ② 정규성

③ 선형성 ④ 등분산성

46 다음 중 SVM에 대한 설명이 <u>아닌</u> 것은?

① 모델 분석결과에 대한 설명이 부족하다는 단점이 있다.

② 이진분류가 아니어도 적용이 가능하다.

③ 다른 모형 보다 과대적합에 강하다.

④ 모형을 위한 계산과 속도가 빠르다.

47 다음 중 데이터 분석의 절차로 가장 올바른 것은?

① 자료 수집 → 문제 인식 → 모형화 → 연구조사 → 분석 → 결과 공유

② 문제 인식 → 연구조사 → 모형화 → 자료 수집 → 분석 → 결과 공유

③ 자료 수집 → 문제 인식 → 연구조사 → 모형화 → 분석 → 결과 공유

④ 문제 인식 → 모형화 → 연구조사 → 자료 수집 → 분석 → 결과 공유

48 다음 중 모델링의 내용이 <u>아닌</u> 것은?

① 모델링 마트 설계 및 구축 ② 요건 확정

③ 모델링 성능 평가 ④ 수행 방안 설계

49 다음 중 PCA에 대한 설명이 <u>아닌</u> 것은?

① 원본 데이터의 차분성을 가장 중요한 정보로 간주

② 대표적인 차원 축소 방법

③ 고차원의 원본 데이터를 저차원의 부분 공간으로 투영하여 데이터를 축소하는 기법

④ 생성된 벡터에 원본 데이터를 대입하면 벡터 축의 개수만큼 원본 데이터의 차원이 축소

50 다음 주 추정의 과정에 대한 설명이 올바르지 <u>않은</u> 것은?

① 1단계: 베이즈 정리의 도입 ② 2단계: 추정 문제의 설계

③ 4단계: 초기 추정치 설정 ④ 5단계: 사후 분포 도출

51 표본 추출로 구한 분할표를 이용하여 도시가스 사용료와 전기 사용료가 서로 독립인지 카이제곱 검정으로 확인하려고 한다. 카이제곱 검정 통계량을 구하시오.

도시가스 사용료	전기 사용료			소계
	하	중	상	
하	22	15	13	50
중	18	10	7	35
상	10	9	6	25
소계	50	34	26	110

① 1.062   ② 2.721   ③ 3.887   ④ 4.125

52 주사위를 던져서 얻은 아래의 자료를 이용하여 주사위가 이산균일분포를 따르는지를 카이제곱 검정을 이용하여 확인하려고 한다. 카이제곱 검정 통계량을 구하시오.

숫자	1	2	3	4	5	6
빈도	17	23	24	16	21	19

① 0.47   ② 1.60   ③ 2.60   ④ 4.12

53 오분류 행렬이 아래와 같이 주어졌을 때 정확도를 계산하면 얼마인가?

실제	예측		소계
	Y=1	Y=0	
Y=1	33	7	40
Y=0	9	51	60
소계	42	58	100

① 0.15   ② 0.60   ③ 0.84   ④ 0.92

54 계층적 군집 방법을 시각화 표현한 것을 무엇이라고 하는가?

① k 평균 그래프   ② 워드 클라우드

③ 덴드로그램   ④ 스크리 그래프

55 A, B, C, D 4개 국가의 GDP가 2018. 2019, 2020년 3개 연도밖에 없는 가운데, 반응변수 GDP와 관심 독립변수 시장 이자율의 관계를 분석하고자 할 때 사용할 수 있는 시계열 분석 방법은?

① 분해 모델   ② 자기회귀 모델

③ ARIMA 모델   ④ 패널 모델

56 원 시계열 자료의 스케일을 작게 하여 등분산성을 갖도록 하는 변환은 무엇인가?

① 로그 변환   ② 차분

③ 지수 변환   ④ 제곱 변환

57 딥러닝 기법 가운데 단기 기억만 구현하는 재귀신경망의 한계를 극복하기 위해 제안된 방법은?

① CNN   ② LSTM   ③ GAN   ④ Open CV

58 다음 중 다차원 척도법에 대한 설명으로 <u>틀린</u> 것은?

① 시각화 기법의 하나이다.

② 두 개체 간의 유사성을 유클리드 거리를 이용하여 측정한다.

③ 스트레스 값이 클수록 모형 적합도가 개선된다.

④ 개체를 2차원이나 3차원 공간에 점으로 표현한다.

59 다음 중 웹에서 텍스트 데이터를 수집하는 방법이 <u>아닌</u> 것은?

① 파싱   ② 스크래핑

③ 크롤링   ④ 플링

60 소셜 네트워크 분석의 노드의 중심성 가운데 다른 노드를 연결하는 중개인 역할 측면의 중심성으로 노드 사이의 허브를 찾는데 도움을 주는 것은?

① 연결 중심성

② 근접 중심성

③ 매개 중심성

④ 고유벡터 중심성

4과목 빅데이터 결과 해석

61 다음 중 산점도와 비슷한 시각화 방법으로 올바른 것은?

① 트리맵

② 히트맵

③ 버블차트

④ 파이차트

62 다음 중 매개변수와 초매개변수에 대한 설명이 <u>아닌</u> 것은?

① 매개변수는 측정되거나 데이터로부터 학습된다.

② 가중지는 대표적인 매개변수이다.

③ 초매개변수는 학습을 위해서 임의로 설정한다.

④ 히든(hidden) 유닛수는 사용자가 지정할 수 없다.

63 다음 중 변수의 수가 늘어날 때마다 축이 늘어나고 이를 각 축에 표시하는 시각화는?

① 히트맵

② 트리맵

③ 버블차트

④ 스타차트

64 다음 중 k-means 분석에서 최적의 군집 개수를 정하는 방법은?

① K-centroid 기법

② 엘보우 기법

③ 역전파 알고리즘

④ 최단연결법

65 다음 중 한 번에 3개의 정보를 비교해 볼 수 있는 관계 시각화 기법은?

① 산점도   ② 밀도플롯

③ 버블차트   ④ 히스토그램

66 다음 중 시간당 처리량을 자원 사용량 또는 비용으로 나눈 값은?

① 효율성   ② 효과성

③ 자원사용량   ④ 테스트 양

67 다음 중 언더피팅됐던 학습 데이터 샘플의 가중치를 높여가는 것은?

① Ada Boost   ② Adagrad Boosting

③ Gradient Boost   ④ Gradient Boosting

68 다음 중 앙상블 학습의 기본이며 하위 모든 기법들이 사용하는 것은?

① 보팅   ② 배깅

③ 부스팅   ④ 패러럴

69 다음 중 모멘텀에 대한 설명이 <u>아닌</u> 것은?

① 모멘텀은 운동량을 뜻한다.

② 확률적 경사 하강법에 속도라는 개념을 적용한다.

③ 공이 구르는 듯한 모습을 보여준다.

④ 학습 최적화에 있어서 가장 간단한 방식을 의미한다.

70 다음 중 샘플수가 2,000개 미만인 데이터 세트에 적합한 정규성은?

① Parameter test   ② Quantile-Quantile plot Graphic test

③ Shapiro-Wilk test   ④ Kolmogorov-Smirnov test

71 다음 중 성과지표를 이용한 평가시 유의사항이 <u>아닌</u> 것은?

① 성과지표별 가중치 설정   ② 성과지표별 목표치 설정

③ 성과지표별 평가점수 산정   ④ 상대적 종합평가점수 산정

72 다음 중 사용자별 데이터 표시 수준이 올바르지 <u>않은</u> 것은?

① 임원급: 회사 전체 – 상위 수준 데이터   ② 부서장: 그룹별 – 상위 수준 데이터

③ 감독: 부서별 – 드릴다운 데이터   ④ 관리자: 팀별 – 드릴다운 데이터

73 다음 중 이미지 데이터의 알고리즘으로 가장 올바른 것은?

① 데이터 마이닝   ② 텍스트 마이닝

③ 그래프 기반 분석   ④ 딥러닝

74 다음 중 하나의 대상을 몇 가지 기준으로 쪼개어 비교할 때 사용이 가능한 비교 시각화 기법은?

① 스타차트   ② 체르노프페이스

③ 히트맵   ④ 인포그래픽

75 다음 그래프는 어떠한 그래프인가?

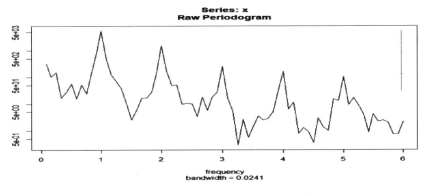

① spectrum   ② log

③ pacf   ④ acf

76 다음 중 시각화 결과물 검증을 위한 사용자 테스트 단계 중에서 설계 단계가 <u>아닌</u> 것은?

① 사용자 그룹 선택　　　　　　　② 사용자 테스트 방법 결정

③ 사용자 테스트 항목 구성　　　　④ 사용자 시나리오 테스트 진행

77 다음 중 아래의 소스를 실행하면 나오는 결과가 <u>아닌</u> 것은?

```
pressure = as.factor(c(320, 340, 360, 310, 330, 350, 300, 320, 340, 310,
330, 350))
temp = as.factor(c(rep('low',6),rep('high',6)))
y = c(130.5, 120.2, 150.8,
+ 170.2, 157.1, 164.7,
+ 102.6, 181.6, 160.5,
+ 189.5, 165.3, 176.5)
op = par(mfrow = c(2,2))
plot(y ~ temp)
plot(y ~ pressure)
stripchart(y ~ temp, vertical = TRUE, xlab = "temperature")
stripchart(y ~ pressure, vertical = TRUE, xlab = "pressure")
par(op)
```

①
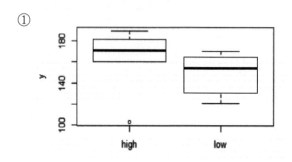

②
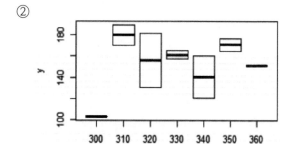

③
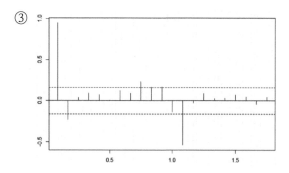

④
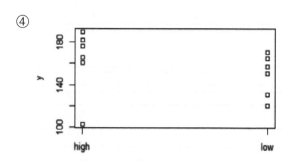

78 다음 중 빅데이터 분석 리모델링을 위한 벙법이 <u>아닌</u> 것은?

① 3V나 5V에 기반한 데이터 확보가 필요

② 분석을 위한 데이터 품질의 검토

③ 분석을 위한 데이터 세트의 범위 설정 필요

④ 과소적합 방지를 위한 알고리즘의 개선이 필요

79 다음 중 빅데이터 운영관리 프로세스 중 개선 단계에 속하지 <u>않는</u> 것은?

① 측정   ② 분석

③ 관리   ④ 보고

80 다음 시계열 분해 그래프를 통해 확인이 <u>어려운</u> 것은?

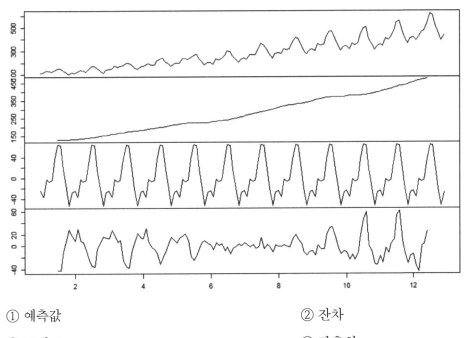

① 예측값   ② 잔차

③ 트렌드   ④ 관측치

실전 모의고사 2회

1과목 빅데이터 분석 기획

01 다음 중 빅데이터의 투입 가치에 대한 설명이 <u>아닌</u> 것은?

① 빅데이터는 혁신, 경쟁력, 생산성의 핵심 요소이다.

② 데이터는 21세기의 원유이며 미래 경쟁 우위를 결정한다.

③ 데이터 분석을 잘 활용하는 조직일수록 차별적 경쟁력을 갖추고 높은 성과를 창출한다.

④ 기업은 다가올 데이터 경제 시대를 이해하고 정보 홍수를 경계해야 생존이 가능하다.

02 다음 중 정보의 범람으로 기회를 파악하기가 모호해지고 규정 준수가 어렵다는 것을 의미하는 빅데이터의 사회 경제적 의미는?

① 천연자원　　　　　　　　　　② 산업적 도구

③ 새로운 재난　　　　　　　　　④ 데이터 산업혁명

03 다음 중 빅데이터의 처리 방식으로 올바르지 <u>않은</u> 것은?

① 적응성 확보　　　　　　　　　② 대용량성 확보

③ 실시간성 확보　　　　　　　　④ 창조성 확보

04 다음 중 하나의 사실을 하나의 장소에만 기록하여 데이터 일관성을 유지하기 위한 데이터 설계 기법은?

① 데이터 웨어하우스　　　　　　② 데이터 모델링

③ 데이터 관리자　　　　　　　　④ 데이터 아키텍트

05 다음 중 인공지능의 3대 혁신이 <u>아닌</u> 것은?

① 초융합   ② 초연결

③ 초지능   ④ 초광역

06 다음 중 빅데이터 사이언티스트가 갖추어야 할 역량이 <u>아닌</u> 것은?

① 수학적 능력   ② 다학제적 이해

③ 비판적 능력   ④ 시각화 능력

07 다음 중 빅데이터 분석 처리 프로세스 절차 중 마지막 단계는?

① 저장   ② 처리

③ 시각화   ④ 폐기

08 다음 중 빅데이터 전처리 과정은?

① 필터링   ② 통합

③ 축소   ④ 변환

09 다음 중 빅데이터 일괄처리 기법으로만 짝지어진 것은?

① 맵리듀스, 드라이애드   ② 맵리듀스, 하이브

③ 하이브, 피그   ④ 하이브, R

10 다음 중 강한 인공지능이 가지고 있는 능력으로 가장 거리가 <u>먼</u> 것은?

① 감정   ② 자아의식

③ 정보 이해   ④ 지혜

11 다음 중 개인정보 보호 관련 주요 법률이 <u>아닌</u> 것은?

① 개인정보보호법　　　　　　　　② 유통산업발전법

③ 전자상거래법　　　　　　　　　④ 통신비밀보호법

12 다음 중 개인정보의 일부 또는 전부를 삭제하거나 대체함으로써 다른 정보와 쉽게 결합하여도 특정 개인을 식별할 수 없도록 하는 조치하는 비식별화 조치로 가장 올바르지 <u>않은</u> 것은?

① 데이터값 수정　　　　　　　　　② 가명 처리

③ 범주화　　　　　　　　　　　　④ 데이터 마스킹

13 다음 중 비식별조치 및 사후 관리 절차의 순서로 올바른 것은?

① 사전 검토 → 적정성 평가 → 비식별 조치 → 사후 관리

② 사전 검토 → 비식별 조치 → 적정성 평가 → 사후 관리

③ 비식별 조치 → 적정성 평가 → 사전 검토 → 사후 관리

④ 비식별 조치 → 사전 검토 → 적정성 평가 → 사후 관리

14 다음 중 가명 처리 방식이 <u>아닌</u> 것은?

① 휴리스틱 가명화　　　　　　　　② 라운딩

③ 암호화　　　　　　　　　　　　④ 교환방법

15 다음 중 대규모의 다양한 원시 데이터 세트를 기본 형식으로 저장하는 데이터 리포지토리 유형은?

① 데이터 마트　　　　　　　　　　② 데이터 웨어하우스

③ 데이터 라운딩　　　　　　　　　④ 데이터 레이크

16 다음 중 수집 데이터 선정 시 고려 사항이 <u>아닌</u> 것은?

① 가능성 ② 정확성

③ 창의성 ④ 수집 보안

17 다음 중 반정형 데이터 수집 기술로 가장 거리가 <u>먼</u> 것은?

① Streaming ② RSS

③ Crawling ④ Open API

18 다음 중 수집 에이전트 기능이 <u>아닌</u> 것은?

① 에이전트 운영(기동, 중지 등) 기능을 제공

② 에이전트 관리(추가/변경/삭제) 기능을 제공

③ 새로운 URL 리스트를 추가하는 기능을 제공

④ 다중 웹 크롤링 기능을 제공

19 다음 중 RDB Aggregator 수집 에이전트 기능이 <u>아닌</u> 것은?

① RDB 메타정보에서 테이블을 선택하는 기능을 제공

② RDB 데이터를 레코드 단위로 수집하고 파일 시스템으로 Export하는 기능을 제공

③ RDB 데이터 수집 중 오류가 있을 경우 오류 경고 처리와 함께 수행 중단 경고를 출력하는 기능을 제공

④ RDB 메타정보에서 Column, 유형, 크기를 선택하는 기능을 제공

20 다음 중 사전 지식을 가지고 특정 데이터 주체에 속하는 레코드를 재식별하는 공격 모델은?

① Marketer Attack ② Journalist Attack

③ Prosecutor Attack ④ Inference Attack

21 데이터 탐색을 위해 활용되는 통계 기법들에 대한 내용이 옳지 <u>않은</u> 것은?

① 기술통계량 – 대표적으로 평균(산술평균, 중앙값, 최빈값), 분산, 표준편차 등

② 회귀분석 – 독립적인 두 변수 간에 어떤 선형적 관계를 갖고 있는지를 분석하는 방법으로
　 이들 간의 관계 강도를 상관관계라 함

③ 분산분석 – 두 개 이상 다수의 집단을 비교하고자 할 때 집단 내의 분산, 총평균과 각 집단의 평균
　 차이에 의해 생긴 집단 간 분산의 비교를 통해 만들어진 F분포를 이용하여 가설검정을 하는 방법

④ 주성분분석 – 다양한 변수들에 대해 분석하는 다변량(multivariate) 분석으로 많은 변수들로부터
　 몇 개의 주성분들을 추출하는 방법. 즉 주성분 분석은 차원 축소(dimension reduction)를 위한 것임

22 대용량의 데이터로부터 패턴 인식, 인공지능 기법 등을 이용하여 숨겨져 있는 데이터 간의 상호 관련성 및
유용한 정보를 추출하는 기술과 그 내용이 옳지 <u>않은</u> 것은?

① 예측 – 대용량 데이터 집합 내의 패턴을 기반으로 미래를 예측

② 분류 – 일정한 집단에 대한 특정 정의를 통해 분류 및 구분을 추론

③ 군집화 – 구체적인 특성을 공유하는 자료들을 분류. 미리 정의된 특성에 따라 구분하는 것으로
　 일종의 분류 기법

④ 패턴 분석 – 동시에 발생한 사건 간의 상호연관성을 탐색

23 다음 글상자에서 설명하는 척도는?

> 한 변인이 측정 또는 분류되었을 때 어떤 사물, 사람 또는 속성을 분류하기 위한 목적을 가지고 있으며,
> 계량의 의미가 없고, 질적인 성격을 가진다. 빈도분석, 교차분석, 카이 검정 등이 적합하다.

① 명목척도　　　　　　　　　　　② 서열척도

③ 등간척도　　　　　　　　　　　④ 비율척도

24 독립변수와 종속변수가 모두 등간 및 비율변수일 때 가장 적절한 상관관계를 나타내는 것은?

① Phi 계수　　　　　　　　　　　　② 사분상관계수

③ Spearman 등위상관계수　　　　　　④ Pearson(적률) 상관계수

25 탐색적 데이터 분석의 4가지 주제에 대한 설명으로 가장 옳지 <u>못한</u> 것은?

① 저항성의 강조 – 탐색적 자료 분석은 일부 자료의 파손에 민감하여 되도록 파손되지 않도록 관리하여야 하므로 중위수보다는 산술평균을 선호

② 잔차 계산 – 잔차는 각 개별 관측 값이 자료의 주경향(main trend)으로부터 얼마나 벗어났는지를 나타내는 것으로, 잔차를 구해봄으로써 데이터의 보통과 다른 특징을 찾아내야 함

③ 자료변수의 재표현 – 자료의 변환으로(측정측도를 적당히 다른 척도로 재표현) 분포의 대칭성, 관계의 선형성(직선화), 분산의 균일성, 관련 변수의 가법성 등에 도움이 됨

④ 그래프를 이용한 현시성(revelation) – 자료 안에 숨어있는 정보를 시각적으로 나타내줌으로써 자료의 구조를 효율적으로 파악

26 공간적 자기상관 분석을 수행할 경우 사용하는 모란 지수에 대한 설명으로 가장 옳지 <u>않은</u> 것은?

① 모란 지수 값은 –1~1 사이의 값을 갖음

② 데이터 속성값의 유사도로 두 변수 간의 중위수를 사용하는 지수

③ 모란 지수 값이 1의 값에 가까울수록 공간 객체가 서로 클러스터되어 있음을 나타냄

④ 모란 지수 값이 0의 값에 가까울수록 공간 객체가 임의적으로 분포하고 있음을 나타냄

27 다음 중 데이터 정제 과정에 대한 설명으로 가장 옳지 <u>않은</u> 것은?

① 데이터 수정 변환　　　　　　　　② 데이터 특성 파악

③ 데이터 모순점 발견　　　　　　　④ 데이터 가치 파악

28 다음 중 잡음 처리 방법이 <u>아닌</u> 것은?

① 해당 레코드 무시　　　　　　　② 구간화

③ 자동으로 채우기　　　　　　　④ 담당자가 수작업 입력

29 의미가 있는 최소의 단위로서 더 이상 분리가 불가능한 가장 작은 의미의 요소는?

① 변수　　　　　　　　　　　　② 상수

③ 형태소　　　　　　　　　　　④ 어근

30 다음 중 데이터 마이닝 관련 기법으로 가장 거리가 <u>먼</u> 것은?

① 순차패턴　　　　　　　　　　② 군집화

③ 예측　　　　　　　　　　　　④ 주성분

31 다음 중 EDA 분석에 대한 설명으로 가장 거리가 <u>먼</u> 것은?

① 데이터의 특징과 내재하는 구조적 관계를 알아내기 위한 기법들을 총칭

② 데이터의 구조와 특징을 파악하며, 여기서 얻은 정보를 바탕으로 통계 모형을 만드는 단계

③ 관련된 다른 자료 분석에서 얻어진 정보를 적절히 배려하는 일

④ 탐색 단계와 확증 단계로 구분

32 다음 중 다중공선성 해결 방법으로 올바르지 <u>않은</u> 것은?

① 상관관계가 높은 종속변수를 제거

② 변수를 변형시키거나 새로운 관측치를 이용

③ PCA 방법을 이용하여 설명력이 높은 변수를 선택

④ 다중공선성 문제를 일으키는 변수를 제외

33 다음 글상자에서 설명하고 있는 기법은?

> 반응 값이 이원이며, 종속변수가 두 종류의 값 또는 0과 1 사이의 값을 가질 때 종속변수와 독립변수와의 관계를 추정할 수 있는 모형

① 회귀 모형
② 자기상관 분석 모형
③ 이항 로지스틱 회귀 모형
④ 다항 로지스틱 회귀 모형

34 다음 글상자에서 설명하고 있는 클러스터링 기법은?

> 두 클러스터의 중심점 사이의 거리를 두 클러스터의 거리로 정의하여 가장 유사성이 큰 클러스터를 묶어나가는 방법

① 단일연결법
② 평균연결법
③ 중심연결법
④ 와드연결법

35 다음 중 공분산에 대한 설명이 <u>아닌</u> 것은?

① 공분산이 0보다 크면 X가 증가할 때 Y도 증가한다
② 공분산이 0보다 작으면 X가 증가할 때 Y는 감소한다.
③ 공분산이 0이면 두 변수 간에는 아무런 상관 관계가 없다.
④ 오버피팅을 구하기 위해서는 공분산 개념이 필요하다.

36 다음 중 명목척도의 기술통계에 허용되는 통계량은?

① 최빈값
② 범위
③ 분산
④ 표준편차

37 다음 중 편의 표본 추출에 대한 설명으로 옳지 <u>않은</u> 것은?

① 비확률적인 추출의 가장 일반적인 형태

② 사전 조사에 이용

③ 손쉽게 이용 가능한 대상만을 선택

④ 연구대상의 범주와 할당량 설정

38 다음 중 추출된 표본을 기초로 하여 모수를 하나의 값으로 추정하는 것은?

① 추정

② 점추정

③ 구간추정

④ 신뢰추정

39 다음 중 귀무가설에 대한 설명이 <u>아닌</u> 것은?

① 주로 긍정적인 생각을 반영

② 영가설로 불리기도 함

③ 통계적 가설검정에서는 귀무가설만을 테스트함

④ 영향이 없는 현재 상태이기 때문에 가정하고 시작

40 다음 중 교차분석에 사용하는 검정 통계량은?

① x^2

② $t - test$

③ 회귀분석

④ 상관분석

3과목 빅데이터 모델링

41 다음 중 추정의 과정 중에서 가장 먼저 선행되어야 하는 것은?

① 추정 문제 설정 ② 사전 분포 설정

③ 베이즈 정리 도입 ④ 사후 분포 도출

42 다음 글상자에서 설명하고 있는 프로세스는?

> 도출된 패턴과 관계를 비즈니스 관점에서 해석하고, 그 결과 의미가 있다고 판단되면 면밀한 검토를 거쳐 그 자체가 문제나 기회의 발견에 사용

① 하향식 분석 ② 상향식 분석

③ 혼합식 분석 ④ 프로토타입 분석

43 다음 중 차원 축소에 대한 설명이 아닌 것은?

① 다차원 데이터의 차원을 줄여서 시각적으로도 보다 쉽게 패턴을 인지할 수 있도록 도와줌

② 차원 축소의 장점은 불필요한 변수를 줄여서 분석을 위한 시간을 절약하고 예측 성능의 향상에 기여

③ 변수들 간의 거리에 기반한 다변량 자료들은 결과에 나쁜 영향을 미치거나 제대로 된 결과를 도출하지 못함

④ 데이터의 차원이 작을수록 데이터 포인트들 간의 거리가 늘어나기 때문에 데이터가 희소

44 다음 중 이해가 쉽고 변수의 개수가 많은 경우에도 사용이 가능하지만 안정성이 떨어진다는 단점이 있는 기법은?

① 전진선택법 ② 후진선택법

③ 혼합선택법 ④ 후진저계법

45 다음 중 텍스트 수집을 위한 주요 개념이 <u>아닌</u> 것은?

① 토큰

② 파싱

③ 스크래핑

④ 크롤링

46 다음 글상자에서 설명하고 있는 소셜 네트워크 분석 기법은?

> 중요한 노드와의 연결이 많은 측면에서의 중심성으로 중요하지 않은 여러 노드와 연결되어 있는 것보다는
> 소수이지만 매우 중요한 노드와의 연결이 중요한 상황에 유용하게 활용할 수 있다는 장점이 있다.

① 연결 중심성

② 매개 중심성

③ 근접 중심성

④ 고유벡터 중심성

47 다음 중 비모수 통계 기법에 대한 내용이 <u>아닌</u> 것은?

① 런 검정

② 윌콕슨 부호 순위 검정

③ 피어슨 상관계수

④ 스피어만 순위 상관계수

48 다음 중 독립된 두 집단의 중앙값에 대한 차이 검정에 이용되며, 정규분포에 대한 가정 없이 적용 가능한 기법은?

① 윌콕슨 부호 순위 검정

② 만 휘트니 검정

③ 스피어만 순위 상관계수

④ 크루스칼-왈리스 검정

49 다음 중 행과 열의 위치를 바꾸어도 해당 셀의 요소 값이 같은 행렬은?

① 정방행렬

② 대칭행렬

③ 오차행렬

④ 인접행렬

50 다음 중 신경망을 학습시키기 전에 층 단위의 학습을 거치는 것으로 보다 좋은 초깃값을 얻는 방법은?

① 사전 훈련

② 사후 훈련

③ 혼합 훈련

④ 확률적 경사 하강법

51 표본 추출로 구한 분할표를 이용하여 암 진단과 흡연이 서로 독립인지 두 표본 비율 검정으로 확인하려고 한다. 두 표본 비율의 검정 통계량을 얼마인가?

흡연	암 진단		소계
	예	아니오	
예	32	19	51
아니오	20	29	49
소계	52	48	100

① 0.971

② 2.194

③ 4.751

④ 8.657

52 분할표를 이용하여 대기업 대비 중소기업의 부도율에 대한 승산비를 구하면 얼마인가?

기업 구분	부도 여부	
	예	아니오
중소기업	14	86
대기업	2	48

① 0.547

② 1.290

③ 2.013

④ 3.907

53 다음 달 에어컨 판매량 예측 모델을 구축하려고 한다. 일반적으로 월간 에어컨 판매량은 전월과 1년 전 월간 판매량에 영향을 받는다고 알려져 있다고 하자. 여기서 추가적으로 전월 평균온도를 예측 모델에 포함할지를 고려할 때 어떤 검정법을 이용하여야 하는가?

① 그랜저 인과 검정

② 단위근 검정

③ 백색잡음 검정

④ 공적분 검정

54 주성분 분석의 제1 주성분에 대한 설명으로 **틀린** 것은?

① 주성분 가운데 분산이 가장 크다.

② 스크리 그래프에서 기울기가 급격하게 평평해진 다음의 주성분이다.

③ 제2 주성분과 서로 독립관계를 갖는다.

④ 기존 변수들의 선형결합으로 만들어진다.

55 다음과 같이 20개의 연속된 관찰값으로 이루어진 이진 타입의 사건이 있다고 할 때, 런 검정을 위한 런의 개수를 구하면 얼마인가?

> AAABBABBBBAABBAAAABBA

① 11   ② 20   ③ 9   ④ 9.9

56 시계열 자료가 ARIMA(p=0, d=1, q=0)로 모델 가능하면, 다음 중 어느 것에 해당되는가?

① 랜덤워크   ② ARMA(p=0, q=0)

③ 안정 시계열   ④ 백색잡음

57 주성분의 개수를 결정할 때 스크리 그래프(scree graph)를 활용하는데, 이 그래프의 종축에 표시되어 있는 것은 무엇인가?

① 주성분의 중앙값   ② 주성분의 평균

③ 주성분의 분산   ④ 주성분의 누적 분산

58 소셜 네트워크에서 다른 노드를 연결하는 중개인 역할 측면의 중심성으로 노드 사이의 허브를 찾는 데 도움을 주는 것은?

① 연결 중심성   ② 근접 중심성

③ 고유벡터 중심성   ④ 매개 중심성

59 모델의 파라미터 추정을 위해서 모든 훈련 표본에 대하여 계산되는 오차를 최소화하는 방법은?

① 오차 역전파법 ② 배치학습 방법 ③ 확률 경사 하강법 ④ 재귀 신경망 기법

60 개체 간 거리에 따른 모든 군집 과정을 계층적으로 표현할 수 있는 군집 방법을 계층적 군집 방법이라고 한다. 계층적 군집 방법과 관련이 <u>없는</u> 것은?

① k 평균 군집 방법 ② 단일 링크법 ③ 완전 링크법 ④ 덴드로그램

4과목 빅데이터 결과 해석

61 다음 중 예측값과 실제값의 거리는?

① 편향 ② 분산 ③ 오차 ④ 분해

62 다음 중 재현율에 대한 설명이 <u>아닌</u> 것은?

① 암환자에게 암을 예측한 경우(TP)

② 암환자에게 암이 아니라고 예측한 경우(TN)

③ 암환자가 아닌 사람에게 암을 예측한 경우(FP)

④ FN을 낮추는 데 초점을 두어야함

63 다음 중 OLS 회귀분석에서의 모델 복잡도가 높을 경우는?

① bias는 증가, variance가 감소 ② bias는 감소, variance가 감소

③ bias는 감소, variance가 증가 ④ bias는 증가, variance가 증가

64 다음 중 ROC 곡선과 AUC 곡선에 대한 설명이 <u>아닌</u> 것은?

① ROC 곡선은 FPR(X축)과 TPR(Y축)의 관계를 그린 곡선

② TPR은 재현율로 이와 대응하는 지표에 TNR(특이성)이 있음

③ ROC 곡선이 가운데 직선에 가까울수록 성능이 뛰어남

④ ROC곡선이 직선에 가까울수록 성능이 떨어짐

65 다음의 공식의 지표는?

$$\frac{1}{n}\sum|y-\hat{y}|$$

① Mean Square Error　　　　　　② Mean Absolute Percentage Error

③ Root Mean Square Error　　　　④ Mean Absolute Error

66 다음 중 일반화 오류에 대한 설명으로 올바른 것은?

① 분석 모형을 만들 때 주어진 데이터 집합의 특성을 지나치게 반영하여 발생하는 오류

② 미적합(underfitting) 되었다고 함

③ 교차 오류와 반대되는 개념

④ 주어진 데이터 집합에 부차적인 특성과 잡음이 있다는 점을 고려하여 데이터의 특성을 덜 반영하도록 분석 모형을 만들어 생기는 오류

67 다음 중 홀드아웃 교차 검증에 대한 설명이 <u>아닌</u> 것은?

① 데이터를 훈련 데이터와 테스트 데이터로 나눔

② 훈련 데이터로 모델을 학습하고 테스트 데이터로 모델의 성능을 평가

③ 훈련 데이터와 테스트 데이터의 비율은 50:50, 80:20 등 사용자가 결정

④ 모든 데이터를 훈련 데이터와 테스트 데이터에 쓸 수 있고, 과대적합 염려가 크지 않음

68 다음 중 긍정 범주 중에서 긍정으로 올바르게 예측한 비율은?

① 정확도　　　　　　　　　　② 특이도

③ 민감도　　　　　　　　　　④ 정밀도

69 다음 중 실제와 예측이 모두 거짓인 것은?

① 진양성　　　　　　　　　　② 가음성

③ 진음성　　　　　　　　　　④ 가양성

70 다음 중 회귀분석 검증을 위한 4가지 전제조건 중에서 추정 오차들은 같은 분산을 갖는다는 것을
의미하는 것은?

① 선형성　　　　　　　　　　② 독립성

③ 정규성　　　　　　　　　　④ 등분산성

71 다음 중 귀무가설이 참이 아닌데 잘못하여 이를 채택하게 되는 오류는?

① 제1종 오류　　　　　　　　② 제2종 오류

③ 제3종 오류　　　　　　　　④ 제4종 오류

72 다음 중 과대적합에 대한 설명이 <u>아닌</u> 것은?

① 불필요한 잡음(noise)를 과도하게 모델링에 반영한 상태

② 제한된 훈련 데이터 세트에 너무 과하게 특화되어 새로운 데이터에 대한 오차가 커지는 경우를 의미

③ 분석 모델이 훈련 데이터에 너무 잘 맞지만 일반성이 떨어진다는 의미

④ 과소적합은 데이터를 충분히 반영하지 못해 잡음이 적게 발생함

73 다음 중 시각화의 목적으로 가장 올바르지 <u>않은</u> 것은?

① 정보 전달   ② 설득

③ 감정적 반응 유도   ④ 데이터 분류

74 다음 중 수정 활동에 의해 다른 부분에 영향을 미쳐 다른 부분까지 테스트를 해야 하는 것은?

① 파급 효과   ② 행동 효과   ③ 수행 효과   ④ 비용 효과

75 다음 중 목표변수 입력변수에 의하여 어떻게 설명되고 예측되는지 분석하기 위해 대상 자료를 적절한 함수식으로 나타내어 분석하는 통계적 방법은?

① K-means   ② 주성분 분석

③ DBSCAN   ④ 로지스틱 회귀

76 다음 중 카이제곱 검정에 대한 설명으로 옳지 <u>않은</u> 것은?

① 두 변수의 독립성을 검정하는 데 사용한다.

② 귀무가설이 기각되면 실제 분포와 이론적 분포가 같다.

③ 카이제곱 통계량은 기대 도수와 관측 도수를 이용하여 계산한다.

④ 기대 도수와 관측 도수의 차이가 커지면 카이제곱 통계량도 커진다.

77 다음 중 인포그래픽에 대한 설명으로 옳지 <u>않은</u> 것은?

① 인포메이션과 그래픽의 합성어로 픽토그램에서 시작

② 변수 간의 관계를 설명하기 위한 차트로 두 변수 간의 영향을 쉽게 표현 가능

③ 복잡한 주제를 단순화하거나 매혹적인 경험으로 지루한 주제를 반전시킬 수 있어 디지털 마케팅 분야의 가장 효과적인 전략

④ 다량의 정보의 도식화, 사인, 지도 등의 도움으로 그림과 텍스트의 모양, 컬러, 배치를 통해 차트, 지도, 다이어그램, 로고, 일러스트레이션 등을 활용하여 파악할 수 있도록 하는 디자인을 의미

78 다음 중 혼동 행렬에 대한 설명이 <u>아닌</u> 것은?

	Predicted	
	Positive	Negative
Actual True	TP	FN
Actual False	FP	TN

① Kappa value는 0과 1 사이의 값을 가지며, 0에 가까울수록 예측값과 실제값이 일치한다.

② 긍정인 범주 중에서 긍정으로 올바르게 예측한 비율은 민감도 지표를 사용한다.

③ 긍정으로 예측한 범주 중에서 실제 긍정인 범주의 비율은 정밀도 지표를 사용한다.

④ 머신러닝 성능 평가 지표 중 정확도를 표기하는 식은 (TP+TN)/(TP+FP+FN+TN)이다.

79 다음 중 데이터 분석 결과 활용에 대한 설명으로 가장 올바르지 <u>않은</u> 것은?

① 분석 모형 개발과 피드백 적용 과정을 반복하는 것은 지양한다.

② 정확도, 재현율 등의 평가 지표를 분석 모형 성능 지표로 활용한다.

③ 분석 모형 최종 평가 시에는 학습에 사용하지 않았던 데이터를 사용한다.

④ 분석 결과는 비즈니스 업무 담당자, 시스템 엔지니어 등 관련 인원들에게 모두 공유되어야 한다.

80 다음 중 분석 모형 검증에 대한 설명이 <u>아닌</u> 것은?

① 데이터 수가 많으면 검증 데이터로 충분하므로, 테스트 데이터는 불필요하다.

② K-fold 교차 검증은 성능을 K번 측정을 하고 난 후, 평가 지표 값의 평균을 구함으로써 모델의 성능을 평가한다.

③ 교차 검증을 통해 분석 모형의 일반화 성능을 확인할 수 있다.

④ 데이터 수가 적으면 교차 검증하는 것이 좋다.

부록

실전 모의고사 정답 및 해설

실전 모의고사 1회 해답							1과목 빅데이터 분석 기획		
1. ①	2. ③	3. ④	4. ③	5. ③	6. ④	7. ①	8. ②	9. ④	10. ①
11. ③	12. ④	13. ③	14. ②	15. ③	16. ③	17. ③	18. ④	19. ①	20. ③

1. 빅데이터가 궁극적으로 추구하는 것은 가치 창출이다.

2. 빅데이터 가치 산정 프레임워크는 전통적 데이터 처리, 3V를 고려한 데이터 처리, 새로운 데이터 가치 창출의 3가지가 있다.

3. 빅데이터 분석 절차는 분석 기획 → 데이터 준비 → 분석 → 평가 및 전개 → 시스템 구현 순이다.

4. 학습을 할 때 라벨(label)을 통해서만 하는 기법은 지도이다.

5. 익명화 기법으로는 섭동, 치환, 가명 처리가 있다.

6. 분석 대상과 이미 분석을 해야 할 경우에 사용할 수 있는 방식을 최적화라고 한다.

7. 회사가 범죄 이력 등을 조회하는 경우는 반드시 동의를 받아야 한다.

8. 수집된 정형 데이터의 품질을 검증하는 방법은 메타데이터 분석이다.

9. 데이터 자체의 특성을 파악하기 위해 이를 시각화하여 분석하는 방식은 탐색적 데이터 분석이다.

10. 모형화는 문제의 단순화를 통해서 변수 간의 관계를 정의하는 것을 의미한다.

11. 진단 분석은 '데이터 기반으로 왜 발생을 했는가?'가 있다.

12. ETL은 데이터를 추출하고 가공하여 DW 혹은 DM에 저장하는 기술이다.

13. 딥러닝은 오류 역전파 알고리즘을 사용한다.

14. 설계된 개념적 대안을 실현할 빅데이터 분석을 하기 위해서는 무엇보다도 데이터가 확보되어야 한다.

15. 개인정보를 파기의 일반적인 방법은 다음과 같다.

완전 파괴(소각·파쇄 등), 전용 소자 장비를 이용한 삭제, 데이터가 복원되지 않도록 초기화 또는 덮어쓰기 수행이 있다. 개인정보의 일부만을 파기하는 경우 추가적인 방법으로는 개인정보를 삭제한 후 복구 및 재생되지 않도록 관리 및 감독이 있다.

16. 데이터 3법 개정 전, 개정 후 정보 활용을 위한 법적 규제 완화로 가명 정보를 정보 주체의 동의 없이 원본 개인정보의 목적 외의 용도를 이용 제3자에게 제공한다.

17. 일반화는 특정 구간에 분포하는 값으로 스케일을 변화시켜 주는 방법이다. 데이터 통합을 위해 새로운 속성이나 특징을 만드는 방법은 속성 생성 방법이다.

18. 상관 분석은 상호 연결된 컬럼 간의 데이터 정합성을 검증한다.

19. 정량적 진단 방법은 프로파일링, 업무 규칙이며, 문제에서 정의한 활동은 프로파일링임. 데이터 프로파일링 기법은 크게 Column Profiling, Single-Table Profiling, Cross-Table Profiling 기법으로 구분되며 단일 컬럼과 같은 작은 단위로 시작하여 테이블과 테이블의 상관관계 데이터를 검증하는 복잡한 단계로 프로파일링 진단을 확대 적용한다.

20. 보기 3은 데이터 축소 방식 중 차원 축소 방식에 대한 설명이다.

실전 모의고사 1회 해답   2과목 빅데이터 탐색

21. ③	22. ③	23. ③	24. ②	25. ④	26. ③	27. ④	28. ①	29. ②	30. ④
31. ④	32. ④	33. ③	34. ②	35. ④	36. ③	37. ②	38. ④	39. ②	40. ③

21. 속성의 평균값을 사용하여 결측값 자리를 채우는 방법으로 분석 결과가 왜곡되는 위험성을 가지고 있다.

22. 비자연적 이상치 발생의 한 유형이다.

23. 경곗값 평활화(smoothing by bin boundaries) – 들어 있는 최솟값과 최댓값으로 가장 가까운 쪽 값으로 대체한다.

24. 다른 변수에 영향을 받는 변수를 종속변수라고 한다.

25. 독립변수(X)와 종속변수(Y)가 모두 범주형 변수일 때 분석 기법은 인공신경망, 의사결정나무, 로지스틱 회귀 분석이 있다. 판별 분석은 독립변수가 연속형이고 종속변수가 범주형일 때 적절한 방법 중 하나이다.

26. 지지도는 빈도적 관점에서 확률을 정의할 때, 전체 데이터 세트 중 아이템 집합 {X, Y}가 발생할 확률을 구한다.

28. 공통 요인을 추출하여 잠재된 데이터 구조를 발견한다.

29. 기존의 변수들이 조합되어 새로운 변수가 만들어진 것을 파생변수라고 한다.

30. $rxy = \pm 1$이면, X와 Y는 각각 종속이고, 완전한 상관관계에 있다.

31. 등간척도는 단순상관, t검정, ANOVA, 회귀분석, 요인분석 등이 있다.

32. EDA의 주제로는 저항성의 강조, 잔차 계산, 자료변수의 재표현이 있다.

33. 알파 요인 추출법은 측정 대상자는 모집단이고, 변수는 모집단으로부터 추출된 표본이므로 연구 목적이 최대우도 법이나 최소제곱법과는 달리 표본인 변수를 분석하여 얻은 결론을 변수의 모집단에 일반화시킬 수 있는 방법이다.

34. 모집단에서 일부 샘플링하여 실제 조사한 대상을 의미하는 것은 표본이다.

35. 절대영점이 존재하고 척도 값 비율을 계산하여 이용하는 특성을 가진 것은 비율 척도이다.

36. 표본 추출 과정으로는 모집단 확정 → 표본 프레임 결정 → 표본 추출 방법 결정 → 표본 크기 결정 → 표본 추출 순이다.

37. 전체 대상자의 수를 뽑고자 하는 대상자의 순으로 나눈 수의 순서마다 대상자를 선정하는 방법은 계통 표본이다.

38. 연구 계획의 초기 단계에서 설문지의 적용 가능성이나 조사 도구의 타당성 등을 검토하기 위하여 많이 사용하는 것은 고의성이다.

39. 추정량의 불편성은 추정량의 실제 모수와 차이가 없다는 의미, 치우침이 없는 '0'의 편의를 의미하고 이때의 추정량을 불편 추정량이라고 하며 편의가 없다는 것을 의미, 추정량의 기댓값이 모수와 같아지는 것이 좋은 추정량의 요건이다.

40. 검정의 오류를 허용하는 한계를 유의 수준이라고 한다.

실전 모의고사 1회 해답								3과목 빅데이터 모델링	
41. ③	42. ①	43. ④	44. ②	45. ③	46. ④	47. ②	48. ④	49. ①	50. ④
51. ①	52. ③	53. ③	54. ③	55. ④	56. ①	57. ②	58. ③	59. ④	60. ③

41. 빅데이터 분석 기법은 기획, 수립, 수행의 3단계가 있다.

42. 절편만 있는 상수 모형의 중요한 설명 변수부터 모형에 추가해 나가는 방식은 전진 선택법이다.

43. 인공신경망에서 훈련을 시키는 값은 가중치라고 한다.

44. 주어진 문제를 아래의 공식에 대입을 하여 계산을 하면 된다.

$$OH = \frac{H + 2P - FH}{S} + 1, \quad OW = \frac{W + 2P - FW}{S} + 1$$

입력 크기: (H, W), 필터 크기: (FH, FW), 출력 크기: (OH, OW), 패팅: P, 스트라이드: S

입력이 (5, 5,), 필터가 (3, 3), 패딩이 0, 스트라이드가 1

$$\frac{5 + (2 \times 0) - 3}{1} + 1 = 3, \quad \frac{5 + (2 \times 0) - 3}{1} + 1 = 3 \quad 즉 (3, 3)이 정답이다.$$

45. 선형 회귀분석에서 오차항 및 잔차항과 관련이 높은 것은 독립성, 정규성, 등분산성이 있다.

46. SVM은 입력 데이터가 크고 변수의 수가 많다면 훈련 시간이 많이 걸릴 수 있다는 단점이 있다.

47. 데이터 분석 절차로는 문제 인식 → 연구조사 → 모형화 → 자료 수집 → 분석 → 결과 공유 순이다.

48. 모델링은 모델링 마트 설계 및 구축, 탐색전 분석 및 유외 변수 도출, 요건 확정, 모델링 성능평가가 있다.

49. PCA는 원본 데이터의 변동성을 가장 중요한 정보로 간주한다.

50. 추정의 과정은 1단계는 베이즈 정리의 도입, 2단계는 추정 문제의 설계, 3단계는 사전 분포의 설정, 4단계는 초기 추정치 설정, 5단계는 확률 분포 수정, 6단계는 사후 분포 도출, 7단계는 최종 추정치 도출의 과정이다.

51. 324p를 보면, 본문에 자세한 계산 방법이 나와 있다.

52. 327p를 보면, 본문에 자세한 계산 방법이 나와 있다.

53. 322p를 보면, 본문에 자세한 계산 방법이 나와 있다.

54. 계층적 군집 방법을 시각화 표현한 것을 덴드로그램이라고 한다.

55. GDP와 관심 독립변수 시장 이자율의 관계를 분석하고자 할 때 사용할 수 있는 시계열 분석 방법은 패널 모델이다.

56. 원 시계열 자료의 스케일을 작게 하여 등분산성을 갖도록 하는 변환을 로그 변환이라고 한다.

57. 단기 기억만 구현하는 재귀신경망의 한계를 극복하기 위해 제안된 방법은 LSTM이다.

58. 스트레스 값이 최소화될 때까지 개체들의 2차원 또는 3차원 공간 최적 좌표를 업데이트하여 최종 모델을 산출해 낸다.

59. 웹에서 텍스트 데이터를 수집하는 방법은 크롤링, 파싱, 스크래핑이 있다.

60. 매개 중심성은 소셜 네트워크 분석의 노드의 중심성 가운데 다른 노드를 연결하는 중개인 역할 측면의 중심성으로 노드 사이의 허브를 찾는 데 도움을 준다.

실전 모의고사 1회 해답									4과목 빅데이터 결과 해석
61. ③	62. ④	63. ④	64. ②	65. ③	66. ①	67. ①	68. ①	69. ④	70. ③
71. ④	72. ③	73. ④	74. ②	75. ①	76. ④	77. ③	78. ④	79. ③	80. ①

61. 버블 차트는 산점도에 버블의 크기라는 새로운 추가 정보를 표현한다.

62. 히든(hidden) 유닛수는 사용자가 지정할 수 있다.

63. 스타 차트는 변수의 수가 늘어날 때마다 축이 늘어나고 이를 각 축에 표시하는 시각화하는 방법이다.

64. k-means 분석에서 최적의 군집 개수를 정하는 방법은 엘보우 기법이다.

65. 버블 차트는 산점도에 버블의 크기라는 새로운 추가 정보를 표현할 수 있으며, 한 번에 3개의 정보를 비교해 볼 수 있다(가로축, 세로축, 버블의 면적). 또한, 버블의 지름이나 반지름이 아닌 버블의 면적이 값을 표현하고 데이터 분포 및 양을 표현할 때 사용한다.

66. 효율성은 시간당 처리량을 자원 사용량 또는 비용으로 나눈 값이다.

67. 언더 피팅됐던 학습 데이터 샘플의 가중치를 높여 가는 것을 Ada Boost라고 한다.

68. 보팅은 앙상블 학습의 기본, 하위 모든 기법들이 보팅 사용하며, 여러 모델에서 구해진 예측값들을 대상으로 다수결 투표를 하여 최종 클래스를 예측한다.

69. 확률적 경사 하강법은 학습 최적화에 있어서 가장 간단한 방식을 의미한다.

70. Shapiro-Wilk test는 샘플 수가 2,000개 미만인 데이터 세트에 적합하다.

71. 성과 지표를 이용한 평가 시 유의사항은 420p에 있다. 평가 점수 산정 및 평가 등급 부여는 절대평가이다.

72. 감독은 부서별은 상위 수준 데이터와 드릴다운 데이터가 표시 수준이다.

73. 이미지 데이터의 알고리즘은 딥러닝이다.

74. 체르노프 페이스는 얼굴을 비교함으로써 데이터의 작은 차이도 쉽게 구분할 수 있으며, 하나의 대상을 몇 가지 기준으로 쪼개어 비교할 때 사용한다.

75. 주어진 그래표는 spectrum 그래프이다.

76. 사용자 테스트를 위한 조사 설계는 사용자 그룹별 테스트를 위한 대상 선정, 사용자 테스트 항목 구성, 사용자 테스트 방법 결정이 있다.

77. 주어진 소스는 분산분석의 예시이며, 소스를 실행하면 3번을 제외한 나머지 그래프 결과가 나온다.

78. 과대 적합 방지를 위한 알고리즘의 개선이 필요하다.

79. 개선 단계는 서비스 측정, 분석, 보고, 개선의 4가지가 있다.

80. 주어진 그래프는 시계열 분석 그래프로 잔차, 관측치, 트랜드, 랜덤 확인이 가능하다.

실전 모의고사 2회 해답   1과목 빅데이터 분석 기획

1. ④	2. ③	3. ④	4. ②	5. ④	6. ③	7. ④	8. ①	9. ①	10. ③
11. ②	12. ①	13. ②	14. ②	15. ④	16. ③	17. ①	18. ④	19. ②	20. ③

1. 기업은 다가올 '데이터 경제시대'를 이해하고 정보 고립을 경계해야 생존이 가능하다.

2. 정보의 범람으로 기회를 파악하기가 모호해지고 규정 준수가 어렵다는 것은 새로운 재난에 대한 설명이다.

3. 빅데이터의 처리 방식은 적응성 확보, 대용량성 확보, 실시간성 확보의 3가지가 있다.

4. 데이터 모델링이란 하나의 사실을 하나의 장소에만 기록하여 데이터 일관성을 유지하기 위한 데이터 설계 기법이다.

5. 인공지능의 3대 혁신은 초융합, 초연결, 초지능이 있다.

6. 빅데이터 사이언티스트가 갖추어야 할 역량으로는 수학, 공학, 경제학, 통계학, 심리학 등 다양한 학문에 대한 이해 – 비판적 시각과 커뮤니케이션 능력, 스토리텔링 등 시각화 능력이 있다.

7. 빅데이터 분석 프로세스 절차는 수집 → 저장/관리 → 처리 → 분석 → 시각화 → 이용 → 폐기 순이다.

8. 빅데이터 전처리는 필터링, 유형 변환, 정제가 있으며, 빅데이터 후처리는 변환, 통합, 축소가 있다.

9. 빅데이터 일괄 처리 기술로는 하둡의 맵리듀스와 MS의 드라이애드가 있다.

10. 강한 인공지능은 감정, 자아의식, 지혜, 양심이 있다.

11. 개인정보 보호 관련 주요 법률로는 개인정보 보호법, 정보통신망 이용 촉진 및 정보 보호 등에 관한 법률, 위치정보의 보호 및 이용 등에 관한 법률, 신용 정보의 이용 및 보호에 관한 법률, 통신비밀 보호법, 전자금융거래법, 전자상거래 등에서의 소비자보호에 관한 법률 등이 있다.

12. 비식별 조치 방법은 가명 처리, 총계 처리, 데이터 삭제, 데이터 범주화, 데이터 마스킹 등 여러 가지 기법을 단독 또는 복합적으로 활용한다.

13. 비식별 조치 및 사후관리 절차의 순서는 사전 검토 → 비식별 조치 → 적정성 평가 → 사후관리 순이다.

14. 가명 처리 방식으로는 휴리스틱 가명화, 암호화, 교환 방법이 있다.

15. 데이터 레이크는 대규모의 다양한 원시 데이터 세트를 기본 형식으로 저장하는 데이터 리포지토리 유형이다.

16. 수집 데이터 도출 시 고려사항으로는 가능성, 보안, 정확성, 수집 난이도, 수집 비용이 있다.

17. 반정형 데이터 수집 기술로는 Crawling, RSS, Open API, FTP이 있다.

18. 수집 에이전트 기능은 다음과 같다.

    에이전트 관리(추가/변경/삭제) 기능을 제공, 에이전트 운영(기동, 중지 등) 기능을 제공, 에이전트가 Mash-up

이 용이하도록 RESTful 방식의 Open API를 제공, 제공하려는 웹사이트의 콘텐츠 자원에 유일한 URI을 부여하는 기능을 제공, POST(create), GET(Read), PUT(update), DELETE(delete) Method를 제공, XML, JSON, RSS 정보 제공 방식을 지원, 에이전트 통신 오류, 이상 동작에 대한 에이전트 감사(monitoring) 및 복구 기능이 제공

19. RDB 데이터를 레코드 단위로 수집하고 분산 파일 시스템으로 Import 하는 기능을 제공해야 한다.

20. Prosecutor Attack은 사전 지식을 가지고 특정 데이터 주체에 속하는 레코드를 재식별하는 공격 모델이다.

실전 모의고사 2회 해답								2과목 빅데이터 탐색	
21. ②	22. ③	23. ①	24. ④	25. ①	26. ②	27. ④	28. ①	29. ③	30. ④
31. ④	32. ①	33. ③	34. ③	35. ④	36. ①	37. ④	38. ②	39. ①	40. ①

21. 회귀분석은 연속형 변수들에 대해 독립변수와 종속변수 사이의 상관관계에 따른 수학적 모델인 선형적 관계식을 구하여 어떤 독립변수가 주어졌을 때, 이에 따른 종속변수를 예측. 또한 이 수학적 모델이 얼마나 잘 설명하고 있는지를 판별하기 위한 적합도를 측정하는 분석 방법이다.

22. 군집화는 구체적인 특성을 공유하는 자료들을 분류. 미리 정의된 특성에 대한 정보를 가지지 않는다는 점에서 분류와 다르다(유사 행동 집단의 구분).

23. 글상자의 설명은 명목 척도에 대한 설명이다.

24. Pearson(적률) 상관계수는 두 변수 X와 Y 간의 선형 상관관계를 계량화한 수치. 등간척도(간격척도)나 비례척도(비율척도)의 데이터에서 두 변수의 공분산(covariance)을 각각의 표준 편차의 곱으로 나눈 값이다.

25. 저항성의 강조는 탐색적 자료 분석은 일부 자료의 파손에 관한 저항성을 가져야 하며, EDA의 관점에서는 평균보다는 일부 자료의 파손(변형)에 저항적인 중위수가 바람직한 대푯값의 측도로 선호한다.

26. 모란 지수는 데이터 속성 값의 유사도로 두 변수 간의 공분산을 사용한다.

27. 데이터 정제 과정은 데이터 수정 변환, 데이터 특성 파악, 데이터 모순점 발견이 있다.

28. 잡음 처리 방법은 구간화, 자동으로 채우기, 담당자가 수작업 입력이 있다.

29. 형태소는 의미가 있는 최소의 단위로서 더 이상 분리가 불가능한 가장 작은 의미의 요소이다.

30. 데이터 마이닝 기법으로는 예측, 분류, 군집화, 패턴 분석, 순차 패턴 분석이 있다.

31. 자료 분석은 탐색 단계와 확증 단계로 구분한다.

32. 다중공선성 해결 방법은 상관관계가 높은 독립변수를 제거하고 변수를 변형시키거나 새로운 관측치를 이용한다. 주성분 분석(PCA) 방법을 이용하여 설명력이 높은 변수를 선택한다.

33. 이항 로지스틱 회귀 모형이란 반응 값이 이원이며, 종속변수가 두 종류의 값 또는 0과 1 사이의 값을 가질 때 종속변수와 독립변수와의 관계를 추정할 수 있는 모형이다.

34. 두 클러스터의 중심점 사이의 거리를 두 클러스터의 거리로 정의하여 가장 유사성이 큰 클러스터를 묶어 나가는 방법은 중심 연결법이다.

35. 주성분(PC)을 구하기 위해서는 공분산 개념이 필요하다.

36. 명목 척도는 퍼센트, 최빈값, 카이스퀘어, 이변량 검정이 있다.

37. 편의 표본 추출은 비확률적인 추출의 가장 일반적인 형태, 손쉽게 이용 가능한 대상만을 선택, 표본 추출 과정에는 어느 정도의 편의성이 개입, 모집단을 대표할 수 없으며, 사전조사에 이용한다.

38. 점 추정이란 추출된 표본을 기초로 하여 모수를 하나의 값으로 추정하는 방법이다.

39. 귀무가설은 주로 부정적인 생각을 반영한다.

40. 교차분석에 주로 사용하는 검정 통계량은 x^2이다.

실전 모의고사 2회 해답								3과목 빅데이터 모델링	
41. ③	42. ②	43. ④	44. ①	45. ①	46. ④	47. ③	48. ②	49. ②	50. ①
51. ②	52. ④	53. ①	54. ②	55. ③	56. ①	57. ③	58. ④	59. ②	60. ①

41. 추정의 과정은 다음과 같다. 1단계는 베이즈 정리의 도입, 2단계는 추정 문제의 설계, 3단계는 사전 분포의 설정, 4단계는 초기 추정치 설정, 5단계는 확률 분포 수정, 6단계는 사후 분포 도출, 7단계는 최종 추정치 도출의 과정 순이다.

42. 도출된 패턴과 관계를 비즈니스 관점에서 해석하고, 그 결과 의미가 있다고 판단되면 면밀한 검토를 거쳐 그 자체가 문제나 기회의 발견에 사용하는 방법은 상향식 방법이다.

43. 데이터의 차원이 커질수록 데이터 포인트들 간의 거리가 늘어나기 때문에 데이터가 희소하다.

44. 전진 선택법은 이해가 쉽고 변수의 개수가 많은 경우에도 사용이 가능하지만 안정성이 떨어진다는 단점이 있다.

45. 텍스트 수집을 위한 주요 개념은 파싱, 크롤링, 스크래핑이 있다.

46. 고유 벡터 중심성은 중요한 노드와의 연결이 많은 측면에서의 중심성으로 중요하지 않은 여러 노드와 연결되어 있는 것보다는 소수지만 매우 중요한 노드와의 연결이 중요한 상황에 유용하게 활용할 수 있다는 장점이 있다.

47. 비모수 통계 기법으로는 런검정, 윌콕슨 부호 순위 검정, 만 휘트니 검정, 스피어만 순위 상관계수, 크루스칼-왈리스 검정, 프리드만 검정이 있다.

48. 만 휘트니 검정은 독립된 두 집단의 중앙값에 대한 차이 검정에 이용되며, 정규 분포에 대한 가정 없이 적용 가능한 기법이다.

49. 대칭 행렬이란 행과 열의 위치를 바꾸어도 해당 셀의 요소 값이 같은 행렬이다.

50. 신경망을 학습시키기 전에 층 단위의 학습을 거치는 것으로 보다 좋은 초깃값을 얻는 방법은 사전 훈련이다.

51. 322p를 보면, 본문에 자세한 계산 방법이 나와 있다.

52. 328p를 보면, 본문에 자세한 계산 방법이 나와 있다.

53. 주어진 문제에서 설명하고 있는 것은 그랜저 인과 검정에 대한 설명이다.

54. 선형 결합된 변수 가운데 분산이 가장 큰(설명력이 가장 높은) 변수를 제1 주성분이라고 하고, 두 번째로 분산이 큰(설명력이 높은) 변수를 제2 주성분이라고 한다. 스크리 그래프에서 기울기가 급격하게 평평해진 다음의 주성분은 제2 주성분에 대한 설명이다.

55. 352p를 보면, 본문에 자세한 계산 방법이 나와 있다.

56. 랜덤 워크의 시계열은 ARIMA(0, 1, 0)에 해당된다.

57. 스크리 그래프는 종축에 주성분이 순서대로 나열되어 있고, 횡축에는 주성분의 분산이 표시되어 있다.

58. 매개 중심성(betweenness centrality)은 다른 노드를 연결하는 중개인 역할 측면의 중심성으로 노드 사이의 허브를 찾는 데 도움을 주기도 한다.

59. 모델의 파라미터 추정을 위해서 모든 훈련 표본에 대하여 계산되는 오차를 최소화하는 방법은 배치학습이다.

60. k 평균 군집 방법은 비계층적 방법이다.

실전 모의고사 2회 해답						4과목 빅데이터 결과 해석			
61. ①	62. ②	63. ③	64. ③	65. ④	66. ①	67. ④	68. ③	69. ③	70. ④
71. ②	72. ④	73. ④	74. ①	75. ④	76. ②	77. ②	78. ①	79. ①	80. ①

61. 예측값과 실제값의 거리를 편향이라고 한다.

62. 재현율은 불균형한 데이터 세트의 모델을 평가하는 데도 사용하는데 다음과 같다.

암환자에게 암을 예측한 경우(TP), 암환자가 아닌 사람에게 암을 예측한 경우(FP), 암환자에게 암이 아니라고 예측한 경우(FN), 암환자가 아닌 사람에게 암이 아니라고 예측한 경우(TN), FN을 낮추는 데 초점을 두어야 한다.

63. OLS 회귀분석에서의 모델 복잡도가 높을 경우에는 bias는 감소하고 variance가 증가한다.

64. ROC 곡선이 가운데 직선에 가까울수록 성능이 떨어지며, 멀어질수록 성능이 뛰어나다.

65. 주어진 보기의 공식은 Mean Absolute Error의 공식이다.

66. 분석 모형을 만들 때 주어진 데이터 집합의 특성을 지나치게 반영하여 발생하는 오류를 일반화 오류라고 한다.

67. 모든 데이터를 훈련 데이터와 테스트 데이터에 쓸 수 있고, 과대 적합 염려가 크지 않은 것은 K-교차 검증에 대한 설명이다.

68. 긍정(Positive) 범주 중에서 긍정으로 올바르게 예측(True Positive)한 비율을 민감도라고 한다.

69. 실제가 참, 예측이 참이면 진양성, 실제가 참, 예측이 거짓이면 가음성, 실제가 거짓, 예측이 참이면 가양성, 실제가 거짓, 예측도 거짓이면 진음성이다.

70. 등분산성은 추정 오차들은 같은 분산을 갖는 다는 것을 의미한다.

71. 귀무가설이 참이 아닌데 잘못하여 이를 채택하게 되는 오류는 제2종 오류이다.

72. 과소 적합은 데이터를 충분히 반영하지 못해(샘플 개수가 충분치 않음) 잡음이 많이 발생한다.

73. 시각화의 목적으로는 정보 전달, 설득, 감정적 반응 유도 등이 있다.

74. 수정 활동에 의해 다른 부분에 영향을 미쳐 다른 부분까지 테스트를 해야 하는데, 이런 효과를 파급 효과(ripple effect)라고 한다.

75. 목표변수 입력변수에 의하여 어떻게 설명되고 예측되는지 분석하기 위해 대상 자료를 적절한 함수식으로 나타내어 분석하는 통계적 방법은 로지스틱 회귀 방법이다.

76. 귀무가설이 기각되면 실제 분포와 이론적 분포가 같다.

77. 변수 간의 관계를 설명하기 위한 차트로 두 변수 간의 영향을 쉽게 파악하는 것은 산점도이다.

78. Kappa value는 0과 1 사이의 값을 가지며, 1에 가까울수록 예측값과 실제값이 일치한다.

79. 분석 모형 개발과 피드백 적용 과정을 반복하는 것은 중요하다.

80. 데이터 수가 많아도 테스트 데이터는 반드시 필요한 과정이다.

개념 원리! 핵심포인트로 잡아내는

빅데이터 분석기사

필기 완성

| 2022년 | 3월 | 8일 | 1판 | 1쇄 | 인 쇄 |
| 2022년 | 3월 | 15일 | 1판 | 1쇄 | 발 행 |

지 은 이 : 김진화, 김명석, 박성택, 박은미,
　　　　　 오명륜, 이성원, 정재림, 신지아

펴 낸 이 : 박　　　정　　　태

펴 낸 곳 : **광　　　문　　　각**

10881
파주시 파주출판문화도시 광인사길 161
광문각 B/D 4층
등　　 록 : 1991. 5. 31 제12 - 484호
전 화(代): 031-955-8787
팩　　 스 : 031-955-3730
E - mail : kwangmk7@hanmail.net
홈페이지 : www.kwangmoonkag.co.kr

ISBN : 978-89-7093-688-8　93000

값 : 30,000원

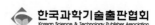
한국과학기술출판협회
Korean Science & Technology Publisher Association